Hoe durven ze?
De euro, de crisis en de grote hold-up

Stemmen over *Op mensenmaat*

Peter Mertens verschaft op een glasheldere wijze inzicht in de destructieve mechanismen van het kapitalisme. De concrete oplossingen die hij voorstelt zijn verbijsterend eenvoudig en voor de hand liggend en toch kronkelen politici en staatsleiders zich in de onmogelijkste bochten om de indruk te wekken dat dit geen realistische voorstellen zijn. De grootste verdienste van dit boek is dat het je achterlaat met een gevoel van woede. Gelukkig, want woede is de aanzet tot actie en verandering.
Rachida Lamrabet, auteur

Op mensenmaat lezen is pijnlijk confronterend. Je wordt er gefrustreerd en moedeloos van. Maar is woede niet beter dan onverschilligheid door desinformatie? Peter Mertens slaat nagels met koppen én biedt alternatieven. Het boek toont een verfrissende manier van politiek bedrijven: duurzaam, eerlijk, geïnspireerd en vooral "op mensenmaat".
Cutting Edge

Wie een beetje syndicale gevoelens heeft, behoort te weten dat er nood is aan een tegenmacht en dus ook nood aan een tegenvisie. Besparingen, inleveringen, meer flexibiliteit in loonberekening en in arbeidsprestaties... het kunnen en mogen niet nogmaals de recepten zijn met het oog op de zogenaamde crisisaanpak. Goed dus dat, wars van zwaar ideologische citaten, de andere zijde van de medaille leesbaar wordt beschreven.
Ferre Wyckmans, LBC

Waarom de PVDA? Lees het boek van Peter Mertens. Voor zijn verhaal teken ik.
Dirk Tuypens, acteur

Het boek bespreekt niet alleen oorzaken en gevolgen van deze crisis, maar geeft ook een aanzet tot een noodzakelijke linkse remedie voor deze rechtse kwaal. Een aanrader voor hen die links-progressief denken, verplicht leeswerk voor diegene die dat nog niet doen.
Eddy Van Lancker, ABVV

Wat Peter Mertens doet is de ideologie terug een plaats geven in de politiek. Geen dogma's maar een verfrissende rationele hantering van marxistische principes. Zijn boek verdient het om gelezen te worden, en zijn discours verdient een plaats in het politieke debat.
Ludo De Brabander in Uitpers

Het boek is een warme oproep om in beweging te komen en niet langer als passieve toeschouwers toe te kijken hoe de Titanic zinkt.
Fred Louckx, socioloog VUB

Eindelijk hebben we een robuust linkse *parler vrai* in dit land, na twee decennia waarin 'de dingen zeggen zoals ze zijn' een rechts en uiterst rechts privilege was.
Jan Blommaert, linguïst universiteit Tilburg

Als je even verder wil kijken dan wat de gemiddelde krant en politieke partij voorhoudt, worden de "realistische" oplossingen van Peter Mertens realistische oplossingen zonder aanhalingstekens.
Website AFF

Een evenwichtiger en overzichtelijker analyse van de financieeleconomische crisis heb ik nog maar zelden gevonden.
Koen Steel, gewezen voorzitter KWB

Peter Mertens opent opnieuw het broodnodige socialismedebat. *Op mensenmaat* is een brug naar een open debat, een zoektocht naar pistes voor een samenleving op mensenmaat. Onontbeerlijke lectuur midden in de chaos van de financiële, economische en ecologische crisissen.
Eric Goeman, Attac Vlaanderen

Geen utopische denkbeelden, maar concrete, haalbare alternatieven. Een welkom tegengif voor de stortvloed aan antisociale en kortzichtige maatregelen die ons boven het hoofd hangen. *Op mensenmaat* is ook op mensenmaat geschreven, in heldere bewoordingen en met toepasselijke metaforen, en in een aanstekelijke no-nonsensestijl.
Jonas Geirnaert, tv-maker

Bij EPO verschenen ook:

Op mensenmaat. Stof voor een socialisme zonder blauwe plekken
Peter Mertens

Het pensioenspook
Gilbert De Swert

Uw sociale zekerheid in gevaar
Jef Maes

Straf de armen. Het nieuwe beleid van de sociale onzekerheid
Loïc Wacquant

Democratie voor de elite
Michael Parenti

Ondersteboven
Eduardo Galeano

Big Brother in Europa
Raf Jespers

Dokter van het Volk
Kris Merckx

Dokter ik ben op
Staf Henderickx en Hans Krammich

De heruitvinding van de samenleving
Jan Blommaert

Het koekje bij de koffie
Ben Schokkaert

Een veerkrachtige samenleving
Jef Peeters (red)

Het Kapitaal. Deel I en deel II (graphic novel)
Karl Marx

Hoe durven ze?

Peter Mertens

DE EURO,
DE CRISIS
EN DE
GROTE HOLD-UP

WOORD VOORAF
DIMITRI VERHULST

Derde druk, januari 2012
Tweede druk, januari 2012
Eerste druk, december 2011

Omslagontwerp: Compagnie Paul Verrept
Foto voorplat: © Salim Hellalet
Vormgeving: EPO
Druk: drukkerij EPO

© Peter Mertens en uitgeverij EPO vzw, 2011
Lange Pastoorstraat 25-27, 2600 Berchem
Tel: +32 (0)3 239 68 74
Fax: +32 (0)3 218 46 04
E-mail: uitgeverij@epo.be
Web: www.epo.be

Isbn 978 94 91297 13 7
D 2011/2204/28
Nur 740

Verspreiding voor Nederland
Centraal Boekhuis BV Culemborg

Niets uit deze uitgave mag worden verveelvoudigd en/of openbaar gemaakt door middel van druk, fotokopie, microfilm of op welke andere wijze ook zonder voorafgaande schriftelijke toestemming van de uitgever.

Inhoud

Dankwoord 9

Woord vooraf 11

Deel 1. Bij ons, in België 17
1. Cero coma cero cero cero cero cero cinco (en andere belastingen) 19
2. De miljonairstaks is een noodzaak geworden 31
3. Waardig ouder worden 42
4. De Hendriken aan het roer van de bankensector 54

Deel 2. Europa in het moeras 77
1. Het lagelonenland Duitsland 79
2. In Griekenland botsen twee werelden met elkaar 102
3. The Men in Black strijken neer in Riga, Dublin en Lissabon 133
4. Het Europa van concurrentie en ongelijkheden 152
5. De stille staatsgreep van BusinessEurope 180

Deel 3. De ideologen van een voorbije eeuw 205
1. De kardinale deugden van hebzucht en egoïsme volgens Ayn Rand 207
2. De kwakzalverij van dokter Dalrymple 214
3. Edmund Burke en de vrijheid om altijd ja te knikken 231

Deel 4. De crisis en de terugkeer van het nationalisme 239

Deel 5. Niet minder maar meer maatschappijdebat 271
1. System Error: de kapitalistische economie loopt vast 273
2. Een diepe samenlevingscrisis 290
3. Socialisme 2.0, op maat van mens en natuur 319

Noten 343

Opgedragen aan mijn vader,
overleden op 5 mei 2010,
een man uit één stuk.

Er hebben zomerdagen en herfstdagen over dit boek geschenen. Ik heb gevloekt en gelachen, en veel te veel mensen meegezogen in het grillige ritme van het schrijven ervan. Mijn kinderen, mijn partner, mijn moeder hebben een eindeloos geduld aan de dag gelegd en mij gesteund met veel toewijding. Merci Armin, Karim, Nadine en mama.

Hugo Franssen heeft dit boek op klank gezet. Zoals een fotograaf vroeger mijn foto's ontwikkelde, rustig en vakkundig in de warmwaterkuip van de donkere kamer, heeft Hugo alle teksten ondergedompeld in het bad van de taal. Daarbij hebben ook Ann, Karim, Kris en Johan geholpen, nauwgezet en opbouwend. Net als uitgever Jos Hennes die vanaf het begin zijn schouders onder dit boek zette en vol vertrouwen zorgde voor een aangename bewegingsvrijheid.
  Toen ik Dimitri Verhulst vroeg het woord vooraf te schrijven, zei hij dat dat afhing van de inhoud van het boek. Dat vind ik een prachtige houding. Ik ben heel fier dat hij het heeft willen doen, en over de drive ervan.
  Marco Van Hees hielp me door de financiële jungle, Danny Carleer leidde me rond in de catacomben van de banken, Jo Cottenier bracht me van de wereld van de pensioenen tot in de regelgeving van de Europese Commissie, Fotoula Ioannidis toonde me opstandig Griekenland, Ruben Ramboer bracht me in de achterkamer van Dalrymples kabinet, Herwig Lerouge nam me mee van Burke tot het socialisme, Henri Houben kneedde me in de economie en David Pestieau zorgde ervoor dat ik tijdens deze wonderlijke reis het noorden niet verloor.
  Ik heb dit boek maar kunnen maken omdat andere mensen mij de kans hebben gegeven dat te doen. Partijgenoten die in alle stilte taken hebben overgenomen, in deze turbulente tijden. Dan denk ik onder

meer aan Lydie Neufcourt en Jo Cottenier, maar ook aan David, Raoul, Jef en Boudewijn. En uiteraard aan al die leden die aan mijne frak trekken, die me spreken en die niet alleen onze partij maar ook mijzelf boetseren tot wat we zijn.

Tot slot mag ik niet vergeten tien knuffels en konijnen te schenken aan Lotus Schrijvers. Zes jaar is ze, het levendige dochtertje van mijn Kempische boezemvrienden. Toen ze hoorde dat ik een boek begon te schrijven, bezorgde zij mij een fantastisch cadeau. De A4's eigenhandig vastgeniet: een zelfgetekend werk over sterren en dieren, een eigen boek over durven dromen. Ze gaf mij dat op een warme dag in juli met de onvergetelijke woorden: "Zo, dit boek is voor jou, dan weet je hoe dat moet." In de vier schrijfmaanden die volgden kon ik altijd terugvallen op de brede glimlach van Lotus, telkens wanneer de herfst de zomer overvleugelde.

Ja, "een zanger is een groep", zong Wannes Van de Velde. Ik weet nu, een boek is ook een groep.

Borgerhout, 11 november 2011

Woord vooraf

Er klopt iets niet. De mediakanalen lijken zich de laatste jaren steeds pluriformer te willen opstellen; kranten gunnen het pennen van diverse politieke strekking een hele kolom te vullen, televisieprogramma's allerhande bieden tribunen in primetime een emmer aan waarin zij hun wandtegelspreuken kunnen uitbraken, en zelfs een extreem rechtse politica, ooit vermaledijd en persona non grata verklaard in de gangen van de Reyerslaan, bleek opeens salonfähig geworden door de kanker, zodat zij een hele blog bij elkaar mocht schrijvelen op de website van de Vlaamse openbare omroep en haar beeltenis voor pagina's sieren mocht van magazines gespecialiseerd in de vuile was van celebriteiten en de laatste onderbroekentrends. Hij of zij is een slecht lezer die bij deze heeft gedacht dat ik mij vrolijk maak om de ziekte van mensen die ideologisch gezien lichtjaren van mij verwijderd staan. En neen, ik heb niets tegen het feit dat de kranten een papieren boksring willen zijn waarin de meningen elkaar op een beschaafde manier te lijf gaan. Integendeel! Was het maar zo! Was het inderdaad maar zo dat de meningen vrijelijk mochten clashen! Maar de stem van Peter Mertens (Wie Datte?) is nog maar tot in weinig woonkamers mogen geraken, zijn mening wordt het kijkvee onthouden, alsof het cordon sanitaire niet rondom de racistische partij, dan wel rondom het socialisme wordt gelegd. Uitgerekend in deze tijden van bancair banditisme nog wel. Uitgerekend nu er schaamteloos, zelfs lacherig wordt gespekeld in het gezicht van de gewone man die het onderste uit zijn spaarpot heeft te schrapen om zijn benzinebak te vullen, zijn kinderen hun vermeende gratis onderwijs te kunnen bekostigen, de energiefactuur te betalen waarvan hem werd beloofd dat zij sinds de liberalisering van vanalles en nog wat flink goedkoper zou worden... terwijl financiële instellingen spelen en verliezen met het geld van de gemeenschap en zich zonder scrupules uit de drek laten trekken met het geld van diezelfde, vervolgens wederom uit te melken gemeenschap. Welke platte poujadistentruc is het geweest die ideologisch links stilletjes uit het daglicht duwde? In het Vlaanderen dat men olijk ten onafhankelijkheid vaandelt hebben 7 op 10 gemeenteraden hun geld compleet mallotig belegd, naïef gelovend dat de beurs zoiets is waar de bankbiljetten elkaar bezwangeren. Wel, je kan je kop in die Vlaamse gemeentekassen steken, er een zin in kelen, en horen hoe die echoot. Waarom zou de stem van links dan moeten worden gesmoord in de wanen van dit moment? Alsof er een Rood Gevaar schuilt in de gedachte dat elkeen recht heeft op een menswaardig bestaan. Mayday, mayday; de bolsjewieken zijn terug, zij eisen gelijkheid tussen man en vrouw bovendien! Stort snel toch dat beton voor uw schuilkelder!

Vanwaar weer al dat gesidder en gebeef voor het socialisme? Omdat er braaf een miljonairstaks wordt gevraagd? Omdat men het volkomen van de pot gerukt vindt dat de farmaciebaronie van Solvay ondanks een monsterwinst van 2 en oneffen miljard euro, geen rotte centiem bijdraagt aan de gemeenschapspot, straffer nog, zelfs terugtrekt van eerder betaalde belastingen, daar waar elke postbode, staalarbeider, poetsdame, heftruckchauffeur, kleine zelfstandige, kantoorbediende en noem maar op zich met een ei in de broek naar de brievenbus sleept, de dag dat de belastingbrieven worden uitgedeeld? En zeggen dat onderwijl de politie doodleuk op de radio komt beweren dat fraudebestrijding allang geen prioriteit meer is. Teloorgegane miljarden die men wel zal recupereren uit de zakken van bijvoorbeeld verpleegsters en leraren.

Het is crisis. Als u haar (nog) niet voelt wees dan behoedzaam gelukkig maar weet dat anderen haar wel al voelen. En goed voelen. Het is voorzeker crisis, en omdat men de blik star op een kieskring gefocust hield zag men haar kennelijk minder goed aankomen. Maar goed, er moet rap rap wat geld bij elkaar worden gesprokkeld wil men vermijden dat de hele natie op de vlooienmarkt belandt. En dan grabbelt men het geld waar men het altijd grabbelt: men snoeit in de sociale sector, men zet de schaar in het openbaar vervoer en dwingt diegenen die hun ruggenwervel al ruim om zeep hebben gelabeurd hun pensioen uit te stellen tot ze compleet gebroken van de werkvloer rechtstreeks naar het bejaardentehuis kunnen worden gerold. Het is een walgelijk mechanisme om onze financiële putten te dichten met inspanningen van immer weer dezelfde sectoren, van immer weer dezelfde inkomstencategorieën, en ik vraag me af hoelang wij dit zullen volhouden.

Dat we almaar langer leven impliceert niet dat we opeens op ons vijfenzestigste nog het tempo van een productieband aankunnen. Overigens wordt er ook alleen maar langer geleefd vandaag in dat deel van de bevolking dat het financieel reeds wel stelt; ook de dood is minder democratisch dan men soms denkt. De Hemel, voor wie erin mocht geloven, is beursgenoteerd.

Het leven en het sterven als markt.

Geheugens hoef je niet altijd te vertrouwen, maar ik meen mij te herinneren dat in mijn kindertijd het journaal werd afgesloten met een, vaak onbegrijpelijk, gedicht of iets anders uit de artistieke wereld. Later in mijn leven werden die journaals afgesloten met beursberichten, die, althans voor mij, nog onbegrijpelijker waren dan het meest hermetische poëem. Nu goed, het valt op mijn eigen conto te schrijven dat ik even warm te krijgen ben voor obligaties als voor cilindermotoren. Maar toch, er greep opeens een bizar soort enthousiasme voor beleggingen overal om mij heen. Ik zag vrienden zich aandelen aanschaffen en wederom verpatsen, zonder ook maar iets van voeling te hebben met het eigenlijke product. Ons pensioen – waarvoor we toch, en met overtuiging, een sociale bijdrage leveren – werd plotsklaps liever toevertrouwd aan banken, die met de spaarcenten en dus de pensioenen van een ander volkomen onverantwoorde dingen deden. Zoals geld uitgeven dat er helemaal niet is. Lenen bij een bank om deze bank te kunnen kopen. Te zot voor woorden. Maar er was geen stuiten aan; iedereen was, en is, in de greep van het marktdenken. Daarmee heeft Europa zich een illusie van welvaart geschapen. Alles, immers, draait om handel. Het handelt en wandelt maar een goeie gang aan. Maar de waarheid is dat er schrikwekkend veel analfabeten op het oude continent rondlopen, dat het aantal gezinnen dat zich geeneens een doktersbezoek kan veroorloven is gestegen tot op misselijkmakende hoogte. En zij die de crisis hebben veroorzaakt, de speculanten, de kredietwalhalla's, laten de kleine kruimels alle ziekten uitzweten en reiken zichzelf ondertussen riante bonussen uit. En vragen de hoeren die ze hebben gewipt een bonnetje. De ene mens sterft omdat hij zijn medicijnen niet kan betalen, ook al verwierf hij een uit arbeid verworven inkomen; de andere brengt zijn pijpbeurt in bij de fiscus. Volledig aftrekbaar, bwoe-haha.

De Verlichting moet hier nog passeren.

Wat er ondertussen gebeurt is dat de bakkers van lucht, en daar zijn er tamelijk wat van, goochelen met economische modellen die vooral interessant zijn als je zelf niet eigenpotig hoeft te werken voor jouw snee brood. Duitsland, de mammoet binnen Europa, heeft inwoners, en niet zomaar enkelingen, die het horen te rooien met loontjes van 1 euro per uur. Ik durf het amper een loon te noemen. Toch zijn er meneren die vinden dat wij de weg van het moedige Duitsland – zo lekker gezellig concurrentieel dankzij de hyperlage lonen – hebben in te slaan. Diezelfde meneren orakelden enige jaren terug dat wij het Ierse succesmodel moesten volgen. U weet hoe het Ierland nu vergaat: het loopt leeg. De volgende golf economische vluchtelingen komt uit Europa, zwermt uit naar Australië.

Er staat een essentiële gedachte in dit boek, namelijk dat economie in wezen niet de leer is van het geld, maar die van de behoeften. Het zou een open deur moeten zijn, maar zij is allang weer dichtgespijkerd door de industrie. Economie draait dus wel om geld, wat zeg ik, draait enkel om geld. En als dat overproductie met zich meebrengt, dan ziet blijkbaar niemand daar het geschifte van in. In wat voor wereld leven wij, als er voedseloverschotten worden vernietigd terwijl je de lege magen der aarde hoort klagen tot in het zwartst van het heelal? Ben je te poezelig, te truttig, te teerhartig, omdat je zulks *zum kotzen* vindt? En zij die worden geslachtofferd door het keiharde kapitalisme, de modale arbeider en bediende, worden op de koop toe van kop tot teen met pek en veren door het populisme ingesmeerd. Het zijn cafétoogfilosofen, vulgair in hun uitlatingen, die stellen dat Europa niet langer hoeft op te draaien voor het Griekse failliet, eraan toevoegend dat de Grieken luie zuiderlingen zijn. Wat de volksmenners, uit wier bord de domste monden hun meningen lepelen, er niet bij vertellen is dat de Grieken meer arbeidsuren presteren dan de Belgen. Omdat zij het gat van de kapitaalkrachtigsten glanzend wensen te lebberen zijn deze volksmenners tevens zo vrekkig op informatie die de waarheid net iets meer eer aandoet, namelijk: dat de Griekse reders, zo rijk als de zeeën die zij bevaren diep zijn, geen sikkepit bijdragen aan de fiscale steunpilaren van de maatschappij. Zoals het evenmin van tel lijkt te zijn dat sommige van die Griekse ambtenaren al in bijna geen twee jaar meer nog een loon is uitbetaald. Maar de vakbonden slijten voor een bende werkonwillige onruststokers die een rem zetten op de voortgang van het bedrijfsleven, dat mag. Het is hier en daar zelfs bon ton.

Ik heb niets tegen multimiljardairs; ik wou dat ik er zelf een was. Maar dat, in een wereld waarin niet iedereen een even mooie startplaats heeft gekregen, de aller-allerrijksten dezer aarde niet financieel wensen bij te dragen in verhouding tot hun vermogen, dat zij zelfs niet willen horen van een petieterig kleine belasting op valutatransacties is, en ik wik mijn woorden op de fijnst afgestelde schaal, crapuleus.

Voorwaar het klopt niet dat het woord van Peter Mertens uit de meeste debatten wordt geweerd. Intellectuele eerlijkheid begint daar waar men de moed heeft zijn opinies te toetsen aan die van anderen. De wind waait nu al lang genoeg van rechts. Dit boek, dat ik des te zeer zou willen bestickeren als "noodzakelijk", begroet ik als een warm en hernieuwd begin in de strijd tegen het asocialisme.

Dimitri Verhulst

Deel 1.

Bij ons, in België

1. Cero coma cero cero cero cero cero cinco (en andere belastingen)

> In de hogere kringen
> geldt over eten praten als laag.
> Dat komt: zij hebben al gegeten.
>
> Bertolt Brecht

> - Belzabel, open de brandkast!
> Ik wil weten wat ik vandaag verdiend heb.
> - Het lijkt een kalme dag, directeur.
> - Dat kunnen hoogstens een paar slordige miljoenen zijn.
> De moeite niet om te tellen. Haal de kruiwagen!
>
> Lambik in *De Poenschepper*, Suske & Wiske

Het is zaterdag 20 november 2010. Mijn Corsa dokkert via de nodige omleidingen en met de bijbehorende adrenalinestoot naar het huis van Sven Speybrouck in Hove. Een eenvoudige woning, geen grand chic. Het huis stelt me op mijn gemak. Ik ben uitgenodigd voor het programma *Interne Keuken* van Sven Speybrouck en Koen Fillet op Radio 1. Dat gaat rechtstreeks in de ether vanuit de keuken van Sven Speybrouck. Het is volop onderhandelingstijd in de Wetstraat, de borrelnootjes vliegen in het rond en De Wever heeft het over zijn vette vis. Voor mijn vertrek naar Hove heb ik daarom rap rap op Facebook laten weten: "Het thema is: de fiscale pamperpolitiek. Over waarom multinationals en banken miljarden winst boeken maar als belasting amper wat borrelnootjes betalen. En waarom zij die van arbeid leven, vette vissen op de fiscale tafel moeten leggen. Voilà, ik ben klaar voor het menu van *Interne Keuken* ;-) Luisteren dus."

Het format van *Interne Keuken* – met vier gasten aan tafel – is uniek omdat je mag uitpraten en zowaar een redenering mag opbouwen. Er wordt dan wel gegeten in de keuken van Speybrouck, maar het is er niet van hap slik weg: je krijgt veel meer dan zestien seconden om iets te zeggen.

Ik ben uitgenodigd omdat onze studiedienst net heeft uitgevlooid dat een aantal grote bedrijven haast geen belastingen betaalt. Het financieel centrum van ArcelorMittal bijvoorbeeld boekte 1,3 miljard euro winst maar betaalt daar welgeteld 496 euro belasting op. C'est tout. Een aanslagvoet van nauwelijks 0,000038 procent. Dat is van het niveau van de aanwezigheid van Clenbuterol in de urine van Alberto Contador: cero coma cero cero cero cero, u kent dat wel. De staalreus is de kampioen in de aftrek via notionele interesten. Toch besloot het bedrijf de Luikse warme lijn te sluiten.

Janssen Pharmaceutica NV betaalde al een paar jaar zelfs niet één euro belasting, zo bracht onze studiedienst aan het licht. Ze rekende ook uit dat Electrabel in vijf jaar tijd 1,8 miljard euro bedrijfsbelasting ontweek en dat staat de dag voor mijn etentje bij *Interne Keuken* in *De Morgen*.[1]

Interne Keuken, op zaterdag, wordt druk beluisterd. Jeroen Olyslaegers heeft die middag de radio aan in zijn auto. Hij schrijft er meteen een stuk over. Het heeft me voor de titel van dit boek geïnspireerd. Het gaat zo:

"Wij. Gij niet dus. Tenzij u nieuws door uw hoofd laat spoken dat al een week oud is. Soms kan nieuws je dan zelfs bezwangeren, blijft het woekeren in de baarmoeder van je geest. En dan komt er iets uit, het is onvermijdelijk. Bij deze schrijver, uw dienaar, kan daarom een blijde gebeurtenis worden aangekondigd. Er is een kind geboren in dit huis en het kind heet Woede.

Vorige week las ik immers in deze krant dat Electrabel ongeveer 0,04 procent belastingen betaalt. De informatie kwam van fiscaal expert Marco Van Hees van de PVDA. Op zaterdag pakte het Radio 1-programma *Interne Keuken* uit met nog meer nieuws. Peter Mertens wist ons letterlijk tussen de soep en de patatten te vertellen dat staalgigant ArcelorMittal vorig jaar iets meer dan 400 euro had betaald qua belastingen. Toen werd er een liedje gespeeld. En na het liedje vroeg de sympathieke radiopresentator Koen Fillet of we nog op onze stoel zaten. Vierhonderd euro... Er volgden nog meer fiscaal creatieve strapatsen van bijvoorbeeld Janssen Pharmaceutica. Mertens begon over iets dat 'notionele interest' heet en hoe iets wat 'regering' heet zoiets invoerde om de megabedrijven te plezieren. Ik zat in de wagen toen ik het hoorde. Vallen kon ik niet, vloeken wel. Ik werd zwanger door dit nieuws, beviel vervolgens meteen en mijn baby heet Woede."

L'impôt c'est pour les poires

Zowel in 2010 als in 2011 brengt onze studiedienst een bredere studie uit over de fiscale activiteiten van vijftig grote ondernemingen in ons land. Electrabel, Janssen Pharmaceutica en ArcelorMittal zijn geen uitzonderingen. Hun fiscale uitkomst is eerder de regel. De vijftig bedrijven die met fiscale spitstechnologie het meest belastingen weten te ontlopen, betalen gemiddeld 1,04 procent belastingen in plaats van het wettelijke tarief van 33,99 procent, zo tonen de recentste cijfers. Vorig jaar hebben ze samen 27 miljard euro winst geboekt en betaalden daarop 280 miljoen euro belastingen. Amper één procent dus. De staat verliest daarmee bijna negen miljard inkomsten.

Met stip op één staat de Antwerpse vestiging van de wereldleider in de petroleumsector, ExxonMobil, met welgeteld 10.400 euro belastingen op 4,1 miljard euro winst. Een aanslagvoet van 0,0002 procent. Op nummer twee: Solvay, actief in farmacie en fijne chemie. Solvay boekte een winst van 2,75 miljard euro maar wist 366 miljoen euro belastingen af te trekken, met daarbovenop de vrijstelling voor een bedrag van 2,46 miljard op de meerwaarde van aandelen. Die meerwaarde werd gehaald door de verkoop van bepaalde farmaceutische activiteiten. Kortom, de speler van Big Farma betaalt 0 euro belastingen.

Telenet boekte 1,4 miljard euro winst maar kon dat bedrag helemaal in mindering brengen door de verkoop van haar filiaal Telenet Communications NV. Dat bedrag is vrijgesteld krachtens het complexe DBI-stelsel, het definitief belastbaar inkomen.

"L'impôt, c'est pour les poires", belastingen betalen is iets voor dombo's. Dat zei lang geleden de eerste baas van Karel Anthonissen op het ministerie van financiën. Karel Anthonissen is ondertussen zelf gewestelijk directeur van de Bijzondere Belastingsinspectie, de BBI. Vandaag steekt de fiscale topman zijn ontevredenheid niet weg: "Concreet betekende die uitspraak dat een deel van de economie geen belastingen betaalde. Helaas is dat deel door de jaren heen alleen maar gegroeid."[2]

De dubbele tong van Rudi Thomaes

Zelden heb ik zoiets absurds gehoord als wat een professor economie beweerde toen hij mij bezwoer dat bedrijven eigenlijk "onrechtstreeks" belastingen betalen. Hij zei me: "De winst van de grote bedrijven wordt in ons land nog wél belast, maar via het kanaal van de personenbelasting. Men gebruikt de winst om de lonen uit te betalen, en de lonen worden dan zwaar belast bij de werknemers."[3]

Ik stond perplex, trok zes haren uit mijn hoofd, maar het radiodebat was jammer genoeg afgelopen. Ik had mijnheer de professor nog graag gezegd dat de lonen niet met de winst worden betaald. Want de winst is het verschil tussen omzet en kosten, en de lonen worden bij de kosten gerekend. Dat is echt elementaire economie. Maar vooral, er is ook elementaire logica, professor. Wat u zegt, dat is een sofisme. Ik kan in mijn broek, mijn broek kan in mijn valies, dus ik kan in mijn valies. Multinationals betalen lonen, de mensen betalen belastingen op hun loon, dus multinationals betalen wel belastingen. "Non sequitur", het ene volgt niet uit het andere, roept de logica dan. Het overkwam me op een koude decembermorgen in 2010, in de studio van *De Ochtend* op Radio 1.

Een paar weken later moest ik in een andere studio de degens kruisen over de belastingen. In de grondwet staat dat inzake belastingen geen voorrechten mogen worden toegekend, maar heel ons fiscaal stelsel draait rond voorrechten voor grote bedrijven. Daarover ging ik met Rudi Thomaes in de clinch op de Antwerpse regionale zender ATV, voor *Wakker op Zondag*.

Het was geen toeval dat meneer Thomaes, de gedelegeerd bestuurder van het Verbond van Belgische Ondernemingen in de studio zat. Want dat de grote reuzen zo goed als onbelast blijven, speelt hij bij selecte groepen buitenlandse investeerders als grote troef uit. Citaat:

"De nominale vennootschapsbelasting in België is een van de hoogste in de EU. Maar met de aftrek van de notionele intrest kan een bedrijf de belastbare basis fors verminderen. De effectieve vennootschapsbelasting ligt daardoor drastisch lager. Het resultaat is dat België effectief de laagste vennootschapsbelasting ter wereld heeft."

Ter wereld! Zo stond het in een brochure om Japanse investeerders aan te trekken. Getekend: Thomas Leysen, VBO-voorzitter.[4] En als bewijs werd er nog een vergelijkende tabel bijgevoegd. Klare taal. Maar tegen de loontrekkers en hun vakbonden spreekt meneer Thomaes een totaal andere taal. Dan heet het dat de lasten te hoog zijn, dat er dringend een vermindering van de vennootschapsbelastingen moet komen, enfin, u kent het plaatje wel.

In de discussie geeft Rudi Thomaes toe dat de cijfers van onze studiedienst correct zijn. Toch is hij boos:
- "Mijnheer Mertens, ik vind het heel ergerlijk dat u midden het interprofessioneel overleg voor het grote publiek de indruk wekt dat dit land een paradijs is voor grote ondernemingen."
- "Neen", antwoord ik, "dat doet u zelf." En ik haal de bewuste brochure boven.
- "Ja, ik spreek een dubbele taal. Wanneer ik de wereld rondreis om België te verdedigen, dan ga ik de notionele intresten aanprijzen. Dan zeg ik dat dit het beste systeem van de wereld is."

Nou moe. Zo werkt dat dus: in het loonoverleg zeggen dat bedrijven te veel belastingen betalen, in het buitenland het tegendeel beweren.

Ook Gwendolyn Rutten zit in de ATV-studio. Zij wordt aangekondigd als de fiscale experte van Open Vld.

– "Wat me hier stoort is dat een heel eenzijdig beeld wordt geschetst, want ondernemingen betalen op andere terreinen wel belastingen. Het zijn bedrijven die veel mensen tewerkstellen en we hebben in ons land een heel hoge personenbelasting."

Slik. Weer die drogredenering: wij betalen ons blauw aan belastingen en "daarom" moeten bedrijven, die van onze infrastructuur, ons onderwijs, ons opleidingssysteem gebruikmaken, geen belastingen betalen. Fiscaal experte? Mevrouw Rutten staat ongetwijfeld nog een grote uitbolcarrière te wachten in een of andere raad van bestuur.[5]

Wiens brood men eet, diens woord men spreekt

Er is nog een lange staart aan dit verhaal. Daarvoor moeten we terug naar de mannen van *Interne Keuken*. Aan *De Standaard* vertelt Sven Speybrouck:

"Ik zit op de Ossenmarkt in Antwerpen op een terras en lees in de krant dat grote bedrijven zo goed als geen belastingen betalen. Normaal betaal je in dit land 33,99 procent vennootschapsbelasting, maar wie zich een leger goed opgeleide universitairen kan veroorloven, weet daar met wat fiscale spitstechnologie makkelijk een mouw aan te passen." En Speybrouck legt uit: "Sinds dit academiejaar heeft de Universiteit Antwerpen een gloednieuw magazine. Of ik daar geen column voor wilde schrijven? Tuurlijk. Graag zelfs."

Speybrouck zet zich naarstig aan het schrijven over de belastingontwijking. "Maar mijn bijdrage staat er helaas niet in. Na overleg met rector Alain Verschoren besloot de universiteit mijn column niet te publiceren. Wegens te kritisch en te delicaat. Men had gehoopt op 'iets luchtigers', 'iets ludiekers'.

Het grootste bezwaar, werd mij gezegd, is dat bijna alle bedrijven die er met naam en toenaam in worden genoemd, zakelijke banden hebben met de universiteit. Twee ervan adverteren zelfs in het gloednieuwe tijdschrift. Vandaar dat ze mijn tekst onmogelijk konden afdrukken. 'Het is ook geen echte column', kreeg ik nog te horen. 'Dit is meer een opiniestuk. Iets voor in een krant.'"[6]

In *De Standaard* mag Speybrouck zijn verhaal wel kwijt, onder de titel "De UA houdt van haar sponsors. Wiens brood men eet, diens woord men spreekt". Maar wat blijkt? Ook *De Standaard* heeft enige druk gezet. In de originele versie heeft Sven Speybrouck de cijfers niet gevonden op een terrasje op de Ossenmarkt maar wel bij de studiedienst van de PVDA. Al heeft Rudi Thomaes toegegeven dat onze cijfers waterdicht waren, het vierletterwoord PVDA mag er van *De Standaard* niet in. En dus moest onze studiedienst plaats ruimen voor de Ossenmarkt. Dat is nog niet alles. *De Standaard* wil ook een bedrijf schrappen uit de lijst nulbelastingbetalers van Sven Speybrouck. Zoniet kan het stuk ook niet geplaatst worden. En welk bedrijf dan wel? De Persgroep, de eigenaar van *Het Laatste Nieuws*, het Nederlandse *Algemeen Dagblad*, *De Morgen*, *De Tijd*, *L'Echo* en de *Volkskrant*. Of hoe persmonopolies elkaar beschermen. Wat zou daar tegenover staan?

Op *DeWereldMorgen* schrijft professor Jan Blommaert: "Wel, wel, wel. We botsen hier op een taboe, dat is duidelijk. Wie in dit land het onzegbare zegt – de grote kapitaalverwervers betalen geen belastingen – die wordt van een cordon sanitaire voorzien. Nochtans zijn de bevindingen van 'de studiedienst van de PVDA' nooit feitelijk weerlegd. Dat is dus het grote taboe in dit land. Wie daarover spreekt, krijgt de prikkeldraad van de stilte rond zich, waarop men dan de elektrische stroom van de persoonlijke verdachtmakingen aankoppelt."[7]

En over de rol van de universiteiten schrijft hij: "Als universiteiten denken dat er geen wolkje aan de hemel is, dat ze als vanouds kunnen blaffen en grommen naar eender wie hun integriteit in vraag stelt, en zich intussen diepgaand transformeren tot bedrijfstakken in een service-industrie – als ze dat blijven denken, dan zijn ze goed fout. Het is zeer onwaarschijnlijk dat Universiteit Antwerpen aan dit incident een grondig zelfonderzoek zal koppelen. Ik kan haar enkel met klem aanbevelen dat wel te doen. Want als ze het niet doet, blijft er binnenkort geen andere rol voor wetenschap meer in deze samenleving dan het dienen van de belangen van de sponsors. Ik werk zelf aan een universiteit en ik werk vanuit het gegeven dat mijn producten gemeenschappelijk goed zijn, door belastingen betaald en dus ter beschikking van elke belastingbetaler. Dat is de historische rol van universiteiten in samenlevingen zoals de onze. Wie deze rol opgeeft of uitholt, die doet de samenleving – letterlijk – een hoge prijs betalen, en die zal zelf ook de rekening gepresenteerd krijgen."

"De aandeelhouders zijn de grote winnaars van de crisis"

Bovenstaand titeltje kopte zakenkrant *De Tijd*.[8] De Nationale Bank maakte bekend dat de bedrijfswinsten in ons land tussen 2000 en 2009 van 47 naar 82 miljard euro stegen. Dat is 35 miljard meer winst, een stijging met 75 procent.

Minder dan een derde van die extra winst werd geïnvesteerd. Bijna een derde ging cash naar de aandeelhouders. Die ontvingen in 2009 26 miljard euro dividend, drie keer meer dan in 2000. De rest van het geld werd gewoon opgepot.

"De bedrijven plukken vandaag de vruchten van de herstructureringen, de afvloeiingen en de verhoging van de productiviteit, die ze dankzij de crisis konden doorvoeren", schreef de beurskrant.[9] Dat leest u goed: bedrijven konden afdanken "dankzij de crisis" en zo kwam de winst van de industriële bedrijven op het record waar de beurskrant over schrijft.

"Wij willen investeren", dat is het grote argument van de bedrijven om hun belastingen naar omlaag te duwen. Maar nu blijkt dat minder dan een derde van de winsten naar investeringen gaat. En dat een derde gewoon aan de aandeelhouders wordt uitgekeerd. Het is een kwestie van elementair fatsoen dat de notionele intresten worden afgeschaft en dat grote bedrijven hun maatschappelijke verantwoordelijkheid niet langer ontlopen.

Stijgende bedrijfswinsten, het is een algemene trend. In mijn boek *Op mensenmaat* staat één grafiek, die van de evolutie van de bedrijfswinsten van de grootste industriële firma's in de wereld. Ook in dit boek houd ik het op één grafiek. Een gelijkaardige: de evolutie van de nettowinsten in de Verenigde Staten.

De winstcurve legt in deze grafiek een lange weg af. Een weg van zestig jaar. De weg loopt steil omhoog, Himalaya-gewijs. De curve gaat van 20 miljard dollar in 1947 naar 140 miljard in 1977. En van daar naar 570 miljard in 1997. Om dan nog eens te dubbel zo hoog te gaan tot 1.300 miljard in 2007. En dan kwam de bankencrisis: de winsten vielen terug tot 640 miljard. Maar, en dat is het belangrijkste van deze grafiek, vanaf 2009 gaat het opnieuw steil omhoog naar 1.470 miljard dollar in het voorjaar van 2011. Dat is zeventig keer hoger dan het beginpunt van de grafiek. Het zijn de hoogste winstcijfers ooit.

Bron: US Department of Commerce: Bureau of Economic Analysis

Soms denk ik dat de winsten zo groot zijn geworden dat je ze niet meer ziet. Zoals iemand die tussen de bomen loopt maar het bos niet ziet. Hef op die recordwinsten een vennootschapsbelasting zoals voor de jaren 1980, en het probleem van de overheidsschulden is grotendeels opgelost. Is dat niet onvoorstelbaar?

"Het belastingaandeel van de rijkste Amerikanen en hun grote bedrijven, de corporations, is gestaag afgenomen. Als de rijkste families en bedrijven evenveel belastingen zouden betalen als ze in 1961 deden dan zou de Amerikaanse schatkist jaarlijks 716 miljard dollar aan bijkomende inkomsten hebben. Vaarwel schuldencrisis!" Dat schrijft Johan Depoortere, die jarenlang VRT-correspondent was in de VS. Hij voegt eraan toe: "De miljardair Warren Buffett betaalt minder belastingen dan zijn secretaresse, zegt hij zelf."[10]

Zowel in de VS als in Europa heeft die neoliberale pamperpolitiek grote gaten geslagen in de staatskas. Ondanks de galopperende winsten kwamen er verhoudingsgewijs massa's minder fiscale inkomsten. En vandaag roepen die neoliberale bellenblazers in koor dat het onmogelijk is opnieuw een ernstige vermogensbelasting in te voeren. De staten moeten maar beknibbelen op hun uitgaven, zeggen ze. Om de torenhoge winstvoeten ongemoeid te laten en de renteniers en grote aandeelhouders in de watten te leggen, offeren ze liever de sociale bescherming en de publieke dienstverlening op.

De corebusiness van een complexloos links

"Het thema herverdeling behoort tot de corebusiness van linkse partijen. Maar wanneer het ging over de fiscale discriminatie tussen inkomsten uit arbeid en die uit kapitaal, lieten ze steken vallen. In België wordt arbeid zwaar belast, terwijl de meeste kapitaalinkomsten wegkomen met relatief lage vlaktaksen", schrijft de Gentse professor Dries Lesage.

Hij heeft het dan over de sociaaldemocraten en de groenen. Lesage noemt het fiscale discours van deze partijen ten tijde van paarsgroen

(1999-2003) en paars (2003-2007) "problematisch". Paarsgroen schafte de hoogste tarieven in de personenbelasting af, "maar daar stond niets tegenover inzake vermogensfiscaliteit". Onder Verhofstadt II keurde de sp.a de fiscale amnestie en de notionele intrestaftrek voor de bedrijven goed. Lesage noteert: "Officieel hadden de groenen een lastenverschuiving van arbeid naar kapitaal meestal in hun programma staan. Maar in de praktijk was dat geen belangrijk strijdpunt. Net als bij de socialisten kon de regeringsdeelname worden ingeroepen als een – flauw – excuus om niet voluit te gaan."[11]

De sociaaldemocraten hebben bijna twintig jaar lang onafgebroken in de regering gezeten, van 9 mei 1988 tot en met 21 december 2007. De Franstalige sociaaldemocraten zitten nog altijd in de regering. Twintig jaar geleden lag de hoogste belastingschaal van de personenbelasting op 68 procent, vandaag is ze verlaagd naar 50 procent. In 2001 schafte paarsgroen de schaal van 55 procent af.

En de vennootschapsbelasting? In 1988 lag die theoretisch nog op 45 procent, vandaag bedraagt ze 33,99 procent. Intussen werden de fiscale achterpoorten voor multinationals groter dan die van de Herald of Free Enterprise. Dieptepunt was de wet op de notionele intrestaftrek in 2005. In *Op mensenmaat* heb ik uitgebreid beschreven hoe die magische fiscale truc er kwam en hoe dat mechanisme werkt.

Natuurlijk zijn de liberalen rond minister Reynders de motor geweest van deze onrechtvaardige belastinghervormingen die de rijken rijker maken en de armen armer in plaats van omgekeerd. Maar de christendemocraten, de sociaaldemocraten en de groenen hebben eraan meegewerkt en dat was geen accident de parcours. Zij hebben de internationale trend van het neoliberalisme hier in België mee vorm gegeven. In Duitsland gebeurde onder de roodgroene regering van Schröder hetzelfde; daarover meer in het tweede deel van dit boek.

"Het is straf dat alle onthullingen over het fiscale gunstregime voor multinationals moeten komen van een partij die niet in het parlement zit, die geen parlementaire medewerkers ter beschikking krijgt en geen subsidies om onderzoekscentra te financieren." Dat fluisterde een politiek journalist me in het oor na een VRT-debat. Rechtvaardige fiscaliteit is dan ook een corebusiness van onze partij, van complexloos links dus. Vandaar dat we veel energie steken in de uitbouw van een studiedienst met experts als de voortreffelijke Marco Van Hees.

2. De miljonairstaks is een noodzaak geworden

> Majestueus is de gelijkheid voor de wet,
> die rijken en armen verbiedt onder bruggen te slapen,
> op straat te bedelen en brood te stelen.
>
> Anatole France (1894)

Zolang er scheepsbouwers zingen: mooie titel van een onvolprezen documentaire. Een chef-d'oeuvre van filmmaker Jan Vromman. Toen Dominique Willaert van de Gentse Victoria de Luxe me vroeg of ik een nabespreking wilde houden na de vertoning van de film, aarzelde ik. Was ik wel à la hauteur voor de mannen en vrouwen van de Boelwerf in Temse? Ik koester het diepste respect voor hen. Zij toverden stalen platen om tot oceaanreuzen en de oude zandplaat langs de stroom – de zaat – tot een grote scheepswerf. Als student leerde ik vakbondsmensen Jan Cap en José De Staelen van de scheepswerf kennen tijdens de bedrijfsbezetting in 1995, toen de doodsklokken luidden over de werf. Jan Cap heeft me sindsdien nooit losgelaten. Hij is iemand die zich in je hart plant en er dan blijft. Jan heeft de gave van het woord. Hij bezit het vermogen de dingen kristalhelder uit te leggen, in een eenvoudige, beklijvende taal. "Ze hebben ons Belogen, Bedrogen en Bestolen", vertelde hij over het faillissement en hij had drie grote B's bij die hij uit hout had gesneden om zijn verhaal uit de doeken te doen.

In het verhaal van de werf speelt de familie Saverys een grote rol. De vrouwen van de scheepsbouwers trokken ooit in een zingende en swingende betoging naar de villa van Saverys. "Saverys deed toen ronduit onbeschoft en madam, och, madam keek heel erg ongeïnteresseerd. Het lag op haar gezicht te lezen dat de scheepsbouw hen niet meer interesseerde, dat de scheepsbouwers toch maar het vuil van de straat waren."[12]

De familie Saverys was eigenaar van de Boelwerf via de holding Albamo. Die holding bezat tien procent van de rederij Compagnie Maritime Belge. Voor elk schip dat door deze CMB bij een Belgische werf werd besteld, kreeg ze bijna gratis staatsleningen. De overheid moest zich daarvoor pijn doen maar ja, CMB dreigde ermee haar schepen in het buitenland te bestellen. En zo bouwde de clan-Saverys een miljoenenimperium uit op de rug van de scheepsbouwers en met subsidies van de overheid.

Wat erfden de scheepsbouwers? Van vader op zoon erfden ze ervaring, gezond verstand en een arbeidsfierheid. Tot de werf de deuren dichtdeed. Wat erfden Marc, Nicolas en Virginie Saverys? In 2002 erfden ze het miljoenenimperium van vader Philippe. Ze behoren tot de crème de la crème van vermogend België.

Om op herten en everzwijnen te jagen hebben Marc en Nicolas Saverys bossen gekocht in de buurt van Saint-Hubert, de hoofdstad van de jacht. Voor het trouwfeest van een van de dochters van Nicolas werd de basiliek van Saint-Hubert helemaal leeggehaald en heringericht. Voor die gelegenheid liet papa ook een vervallen herenhoeve opkalefateren. Zowat alle bouwvakkers en klusjesmannen van de streek – inclusief het gemeentepersoneel – werden opgevorderd om dat bijtijds klaar te krijgen. De prijs van het trouwkleed van dochterlief haalde de kranten.

In 2001 liet Nicolas het kasteel van Warinsart bouwen in de bossen tussen Saint-Hubert en Libramont, met een lange privéoprit die haast onmerkbaar op de N86 uitmondt. Enkele jaren eerder had broer Marc het kasteel van Buchay in Libin opgekocht. Dat is omringd door een park van vijftig hectare met daar rond nog eens zevenhonderd hectare bos. Hij liet er voor de prijs van 25.000 euro vier honderdjarige beuken aanplanten. Om op zondagavond het drukke terugkerend verkeer uit de Ardennen te vermijden, verplaatst hij zich per helikopter naar Libin.

Hoe worden miljonairs rijk? Vraag het eens aan Jan Cap of José De Staelen. Je kunt de arbeid lezen op hun handen. Ze lachen in hun baard van "allen die willen te kap'ren varen" en ze zingen hun strijdlust uit. En zeg hen vooral niet dat er geen geld is in ons land.

Een verhaal uit de jaren tachtig en negentig van vorige eeuw? Toen in de staalsector Albert Frère – ook al met hopen staatssubsidies – miljardair kon worden, en Saverys insgelijks, maar dan in de scheepsbouw? Ja, natuurlijk een verhaal uit de voorbije eeuw, want rijkdom wordt doorgegeven! Maar tegelijk is het een verhaal van vandaag. Want wat gebeurt er ànders met ArcelorMittal? Wordt de familie Mittal niet steenrijk op de rug van staalarbeiders en met subsidies van de overheid? Onze studiedienst berekende bijvoorbeeld dat de staalreus aan Belgische staatsteun voor het circuit van CO_2-uitstootrechten 263 miljoen euro verdiende.

Het aantal miljonairs stijgt gestaag in Europa. Maar in ons land het snelst: in 2010 kwam er weer tien procent bij.[13] De teller staat daarmee op 88.000 gezinnen, dat is twee procent van de bevolking. Zowat duizend gezinnen in België zitten zelfs op een fortuinberg van meer dan 20 miljoen euro elk.

En op wereldschaal? Miljonairs hebben bijna de halve wereld. De bijna dertig miljoen volwassen mensen – nog geen halve procent van de volwassen wereldbevolking – met een vermogen van één miljoen dollar of meer controleren 38,5 procent van alle rijkdom. Ze beschikken samen over 89,1 biljoen dollar – dat is 89.100 miljard dollar. Dat blijkt uit het Global Wealth Report 2011 van Credit Suisse.

Die elite van dat halve procent bezit meer dan dubbel zoveel als 91,2 procent van de volwassen wereldbevolking. Anders gezegd: nog geen 30 miljoen volwassen miljonairs bezitten samen 89,1 biljoen dollar, terwijl vier miljard andere volwassenen samen maar 41,1 biljoen hebben.

Die miljonairs zagen hun rijkdom op anderhalf jaar met 29 procent aanzwellen, zo rekende Credit Suisse uit.[14]

Hier zou ik een blad wit willen laten om het toch even stil te laten worden. De onzichtbare hand van de markt graait en grijpt en grabbelt als nooit tevoren tot een oneindig klein groepje meer dan het dubbele bezit van het vermogen van negen tiende van de wereldbevolking. Maar de grootste capaciteit van deze winnaars uit de crisis, is niet dat ze deze hold-up kunnen plegen. Hun grootste capaciteit is deze overval te doen verzwijgen. Tot taboe te maken dat ze over-vermogend zijn. En alle politieke families te laten kibbelen over hoe ze geld gaan besparen bij de rest van de bevolking.

0,5 procent
van de volwassen wereldbevolking bezit
38,5 procent van alle rijkdom op de planeet.

In anderhalf jaar
zagen deze miljonairs hun fortuin met
29 procent aanzwellen.

Tegenstanders van de *miljonairstaks* zeggen
dat het beter is dat Jan Modaal de crisis betaalt.

Gewoon, een belasting op het bezit van miljoenenvermogens

Het vermogen, dat is het bezit van een gezin op een bepaalde datum. Het bestaat voornamelijk uit gebouwen en gronden (onroerende goederen), uit bankrekeningen, aandelen, obligaties en beveks (financiële goederen), en – in mindere mate – uit wagens, diamanten en kunstwerken (roerende goederen). Dat alles wordt niet belast.

Er bestaat een belasting op overdracht van vermogen: de registratierechten bij de aankoop van een huis en de sucessierechten bij het overlijden. Maar die overdrachtsbelasting treft natuurlijk bijna iedereen

En er bestaat ook een belasting op de inkomens uit vermogen, de onroerende en de roerende voorheffing. De ploeg Di Rupo – op het moment dat ik dit boek afwerk zitten we al meer dan 500 dagen zonder regering – wil de roerende voorheffing die je betaalt op de intresten van je roerende goederen, optrekken. Van 15 procent naar 20 of 21 procent. Dat is geen fortuinenbelasting maar een inkomensbelasting. Ze zou niet de miljonair treffen die z'n geld plaatst bij meer gesofisticeerde financiële producten die aan elke belasting ontsnappen. De maatregel zou een groot deel van de bevolking viseren voor een magere buit.

We hebben een vermogensbelasting nodig, een belasting op het bezit van fortuinen. Een die alleen de ultrarijken treft, en geen belasting die tien procent of meer van de bevolking treft. Geen nieuwe belasting op mensen die door hard werken een vermogen hebben bijeengespaard, of op wie een huis hebben geërfd van hun ouders of grootouders. Daarom hebben wij van meet af aan bewust gekozen voor een andere naam: de *miljonairstaks*. Want de miljonairs, dat is de minieme bevolkingsgroep die schandalig rijker wordt en die bergen vermogen bezit. Op de waspoederdozen voor de miljonairstakscampagne prijkt het opschrift: "Treft alleen de 2 procent allerrijksten". En daaronder: "Creëert werk en welvaart".

We vonden ook dat deze belasting niet eenmalig of symbolisch kan zijn. De situatie is uitzonderlijk, de vermogens van de miljonairs zijn bovenmatig groot en er is veel geld nodig. Onze studiedienst heeft een structureel voorstel uitgewerkt dat jaarlijks meer dan acht miljard euro oplevert.

Hoe ziet die miljonairstaks eruit? De taks slaat alleen op fortuinen van meer dan een miljoen euro, bovenop de eigen eerste woning met een waarde tot 500.000 euro. Ze volgt het 1-2-3-principe: één procent belasting op het deel van het vermogen boven één miljoen euro, twee procent op het deel boven twee miljoen, en drie procent op het deel boven drie miljoen euro.

Volgens de gegevens van de spreiding van de vermogens in België gaat het slechts over de twee procent allerrijksten van het land, 88.000 gezinnen.

In september 2011 kwam een grondige haalbaarheidsstudie tot de slotsom dat de miljonairstaks technisch perfect uitvoerbaar is.

Het rendement van de miljonairstaks

Centiel	Vermogen per gezin	Belasting per gezin	Totale belasting
99	€ 2.465.957	€ 9.659	€ 424.996.000
100	€ 8.787.143	€ 188.616	€ 8.299.104.000
Totaal			€ 8.724.100.00

Elk gezin van het 99e centiel zal gemiddeld 9.659 euro miljonairstaks betalen op een gemiddeld vermogen van 2,4 miljoen euro. Daarvoor zullen zij dus geen boterham minder moeten eten. Elk gezin van het 100e centiel, het één procent allerrijkste gezinnen dus, zal gemiddeld 188.616 euro betalen op een gemiddeld fortuin van 8,7 miljoen euro. Ook dat bedrag zit niet in een sensitieve orde: ze gaan het niet eens voelen. De miljonairstaks brengt zo jaarlijks 8,7 miljard op.

In Griekenland zijn de miljonairs buiten schot gelaten en wordt de rekening van de crisis in de schoenen van de gewone Griek geschoven. Dat hebben we uitgewerkt in het tweede deel van dit boek. Wij kunnen dat nog voorkomen, op voorwaarde dat de miljonairstaks er komt. De opbrengst ervan levert het budget voor:
- duurzame banen en ecologische voorzieningen: 3 miljard;
- de sociale zekerheid en de pensioenen: 3 miljard;
- onderwijs en openbaar wetenschappelijk onderzoek: 2 miljard euro.

Op www.miljonairstaks.be zijn de precieze voorstellen gestipuleerd.

In Frankrijk is er een vermogensbelasting, de ISF. Die Franse ervaring leert dat de kapitaalvlucht voor deze belasting, het grote spook dat de tegenstanders steevast oproepen, in feite verwaarloosbaar klein is. Sinds het jaar 2000 hebben drieduizend kapitaalkrachtigen Frankrijk verlaten; dat is 0,53 procent van al wie onderworpen is aan de ISF. Met andere woorden: 99,47 procent van de belastingplichtigen blijft de solidariteitsbelasting betalen en blijft dus de schatkist spijzen. Een rapport van de Franse senaat bevestigt dat: "Het argument betreffende een verlies van kapitaal voor Frankrijk is ongegrond want de investeringen van die belastingplichtigen (hun bedrijven) zijn niet gebonden aan hun verblijfplaats."[15]

Activeer de vermogens om nieuwe tewerkstelling te scheppen

Ik wil even stilstaan bij de drie miljard euro die erg nodig is om nieuwe, duurzame banen te creëren. De sluiting van het rendabele ArcelorMittal in Luik, omdat de aandeelhouders het rendement van 15 procent tegenwoordig onvoldoende vinden, is wellicht de ouverture van een nieuwe golf afdankingen. Het is heel waarschijnlijk dat we naar een tweede dieptepunt in de crisis evolueren, de "double dip". De Internationale Arbeidsorganisatie van de Verenigde Naties waarschuwt: "Vlak na de wereldcrisis van 2008 was het mogelijk het verlies aan banen in zekere mate uit te stellen en te temperen. Vandaag zou de economische vertraging een veel snellere en sterkere weerslag kunnen hebben op de tewerkstelling."[16]

In 2008 zorgde het stelsel van economische werkloosheid voor een buffer tegen de crisis. Met dat stelsel kunnen bedrijven personeel voor een bepaalde tijd op werkloosheid zetten, deels betaald door de RVA, deels door het bedrijf. Zo waren in april 2009 bijna 313.000 werknemers in economische werkloosheid, meer dan het dubbele van daarvoor. Velen van hen moesten het maandenlang met minder inkomen doen. Als de gevreesde nieuwe recessie er inderdaad komt, die wellicht dieper zal zijn dan de vorige, dan kan het zijn dat economische werkloosheid niet langer volstaat als buffer.

We zullen dan nieuwe maatregelen nodig hebben, defensieve en offensieve. In *Op mensenmaat* heb ik gepleit voor een moratorium op afdankingen voor grote bedrijven die nog geen twee opeenvolgende jaren verlies maken. Bij de bankencrisis werd de vrije markt tot twee keer toe opzijgezet om in te grijpen tegen "de hebzucht van de bankiers" zoals de regering het toen noemde. Bij de economische crisis moet de vrije markt ook maar een stapje opzij, en moet de regering doortastend ingrijpen om de jobs te beschermen tegen de "hebzucht van de industriële CEO's en aandeelhouders". Dat is het defensieve luik.

Maar wanneer honderdduizenden mensen hun werk verliezen, heb je ook een offensief luik nodig, een sociaal noodplan. Een luik dat nieuwe tewerkstelling niet meer alleen laat afhangen van de privé en van de gulle fiscale cadeaupolitiek die tot nog toe geen enkele baan heeft opgeleverd. Dan heb je geld nodig om duurzame publieke tewerkstelling te creëren. Met 3 miljard euro van de miljonairstaks zou je honderdduizend nieuwe banen voor verpleegsters, onderwijzers, kinderverzorgers, bouwvakkers voor nieuwe sociale woningen, en stielmannen die huizen helpen isoleren kunnen creëren. Die banen zijn nuttig en nodig. De miljonairstaks is een hefboom om de vermogens te activeren om iets aan de werkloosheid te doen.

Pas op voor slechte imitaties!

Als het slecht wordt uitgevoerd kan elk goed idee omkeren in een slecht idee. Er loeren zo voor de miljonairstaks drie gevaren om de hoek.

Het eerste gevaar is de verdeeldheid. Zonder breed draagvlak is de invoering van de taks niet haalbaar. De sterkte van het voorstel van miljonairstaks is dat 98 procent van de bevolking er onmiddellijk baat bij heeft, ook de hogere inkomenscategorieën. Een vermogensbelasting die op een brede laag van de bevolking mikt, zou het draagvlak ondermijnen.

Het tweede gevaar is dat een heel klein, symbolisch bedrag zou geïnd worden. Dat is: een grote strijd aangaan om een habbekrats binnen te halen. Wie zal daarna de grote rekening betalen?

Het derde gevaar is dat van een eenmalige bijdrage. Dat hebben een aantal bekende Amerikaanse, Duitse en Franse multimiljonairs zelf voorgesteld in de zomer van 2011: "Wij willen wel één keer een uitzonderlijke taks betalen." Onze eigen Etienne Davignon is hen daarin gevolgd. De demarche heeft met geld niks te maken. Het is een manoeuvre om de publieke opinie te sussen. Een Amerikaanse beursjournalist schreef: "We moeten de rijken meer belasten, zoniet zal er in 2012 oproer uitbarsten."[17] Met een eenmalige, symbolische bijdrage kan het establishment jarenlang vertellen: "Kijk, wij hebben ook onze duit in het zakje gedaan, nu is het aan jullie."

Professor Marc De Vos van de liberale denktank Itinera ontdekte nog een andere piste: "Wie het familiefortuin wil aanspreken om terug te geven aan het land, kan best het andere voorbeeld volgen. Dat van Warren Buffett. Samen met Bill Gates staat hij achter The Giving Plegde waarbij rijke Amerikanen de helft van hun fortuin aan goede doelen geven."[18] Voilà, in plaats van een deel van de exorbitante privévermogens *terug te geven* aan de samenleving – de woordkeuze van Marc De Vos is correct – op een structurele en democratische manier, wil deze high society een elitair systeem van aalmoezen. Rijke mecenassen die geld geven aan zeehondjes en arme sloebers en af en toe aan een bibliotheek of een filmfestival. Naar eigen believen en als het hen uitkomt. Om hun zieltje te redden voor het hiernamaals en hun imago in het heden. Die middeleeuwse praktijk hoort niet thuis in de wereld van vandaag, al beweert Siegfried Bracke met een uitgestreken gezicht: "Het is in het belang van de armen dat er rijken zijn." Daar staan we bij stil in het vierde deel van dit boek.

Tussen West-Vlaamse kasseien en Wase zandwegen: de miljonairsroute

Het stond in de zomervakantie 2010 in *Humo*: "Ze zien eruit als een mix tussen de rijkemensenlijstjes van *Forbes Magazine* en de catalogus van *Vlaanderen Vakantieland*: de brochures *De miljonairsroute – deel 1 & 2*. Keurige meerkleurendruk, geïllustreerd met stemmig beeldmateriaal en voorzien van handige overzichtskaartjes. Verantwoordelijk uitgever: de Partij van de Arbeid. Doelpubliek: mensen die de revolutie in het hart dragen, wielertoeristen en fortuinspotters die willen weten hoe de rich and famous wonen."[19]

Via West-Vlaamse kasseien en Wase zandwegen passeren de miljonairsroutes – dat zijn mooi uitgestippelde fietstochten – langs enkele riante stulpjes van de rijkste Belgen. Tot ergernis van de bewoners ervan: De Clerck, Saverys, Bekaert en nog een lange lijst ronkende namen. Meter van dit initiatief is Tine Van Rompuy, verpleegster, sociaal activiste en zus van de Europese president. *Humo* had een gesprek met haar.

– *Humo*: Begrijpt u dat die mensen niet opgetogen zijn?
– Tine: Nee, dat begrijp ik niet. Eigenlijk hebben wij daar niet veel gedaan. We zijn om hun domeinen heen gefietst – wat wel even duurt. Af en toe zijn we gestopt zodat de gids wat uitleg kon geven. Zoals bij de paardenstoeterij van de familie De Clerck: een indrukwekkend bouwsel met vloerverwarming voor die arme beestjes.

- *Humo*: Sommige van die miljonairsfamilies vinden het niet prettig dat u hun hebben en houden belicht in uw brochures.
- Tine: We hebben die gegevens uit de pers en van het internet. En oké: er staan wel wat foto's in van hun huizen. Maar daar staan geen mensen op, hè? Hier en daar een poort, ja, wat natuur en een kerktoren.'t Is niet de bedoeling die mensen te ambeteren. We willen er geen persoonlijke kwestie van maken. Het gaat ons om de essentie: wij willen een miljonairstaks voor de rijkste Belgen.

In oktober 2011 bereikt de miljonairsroute ook Wall Street in New York. Die dag houdt de beweging Occupy Wall Street haar Millionaire's March in de rijke Upper East Side van de stad. Niet per fiets, maar te voet. Met één eis: een Millionaire's Tax.

"Vandaag hebben we het erover dat de staat New York overweegt de rijkste miljonairs en miljardairs een belastingkorting van 5 miljard dollar te geven. Besnoeien in de scholen, besnoeien in de diensten voor daklozen, in het hoger onderwijs, in de bibliotheken, in hulp aan de ouderen om daarmee de belastingkorting te betalen van rijke mensen die dat geld niet nodig hebben?! We trekken naar het huis van Rupert Murdoch, en naar dat van David Koch. Dat van John Paulson, van Howard Milstein, van Jamie Dimon, om te wijzen op de morele plicht deze korting te stoppen", zegt organisator Michael Kink.

3. Waardig ouder worden

> Ik zing over Les Vieux, de oudjes,
> omdat veel oudjes miserabel leven en wij dat weten, maar het niet
> willen geweten hebben.
> Dat vind ik menselijk gesproken een gemene houding.
>
> Jacques Brel

Ze hebben de kaap van 65 net overschreden. Ze hebben nog een goede gezondheid. En een brede interesse voor wat in de wereld gebeurt en te koop is. Zotte wensen hebben ze niet. Maar ze willen de dag plukken. Alleen: hun inkomen is mager. Ze hebben een gezinspensioen van 1.250 euro per maand. Dat is 220 euro onder de armoedegrens. Ze moeten besparen.

Zij moet 200 euro uit haar uitgavenpatroon wegknippen. Ze heeft als alleenstaande een pensioen van 1.018 euro. Dat is nipt boven de armoedegrens: vijf euro. Ze vraagt zich af hoe vrouwen met minder dan 800 euro per maand het doen, en dat is meer dan de helft van de gepensioneerde vrouwen.

Hoe doe je dat, 200 of 300 euro besparen, als je inkomen maar net iets meer dan 1.000 euro is? De socialistische vakbond ABVV legde die vraag voor aan schuldbemiddelaars van dertig OCMW's. Het eerste wat die bemiddelaars zeggen is: bespaar op de krant. Geen lectuur meer, net wanneer je daar meer tijd voor hebt. Vervolgens bespaar je best op je auto, en het meest aangewezen scenario is dan: je auto maar meteen van de hand doen. Dat is een drastische vorm van budgetbeheer want buiten de steden kan je echt niet alles met het openbaar vervoer bereiken. En verlies aan mobiliteit vergroot dikwijls het isolement. Als je huurt moet je zorgen, best vijf jaar voor je op pensioen gaat, dat je je inschrijft bij een sociale huisvestingsmaatschappij want de wachtlijsten zijn lang. Je mag ook niet vergeten bij de mutualiteit een hospitalisatieverzekering af te sluiten, zoniet zouden onvoorziene ziekenhuizenkosten in één zwaai maanden pensioen wegmaaien. De bemiddelaar maant ook aan bijvoorbeeld maximum tien euro per maand aan kleding uit te geven, 120 euro per jaar dus. Dat kan als je tweedehandskleding koopt. En er zijn ook kringloopwinkels voor het geval je een huishoudtoestel moet vervangen.

De schuldbemiddelaars geven aan dat het onmogelijk is bedragen van 200 of 300 euro te besparen zonder te raken aan de levenskwaliteit. Een van hen schrijft: "Dit is mission impossible. Je kunt inderdaad snoeien maar dan heeft een gedetineerde meer comfort en sociaal leven dan iemand die veertig of vijfenveertig jaar gewerkt heeft."[20]

Een gedetineerde heeft meer comfort dan iemand die veertig jaar lang heeft gewerkt. Het zijn harde woorden. Je kunt een samenleving beoordelen aan de manier waarop ze met haar oudere bevolking omgaat.

De mooiste jaren om gezond van een pensioen te genieten

Ons land staat in de top drie. Niet bij het voetbal of het Eurovisiesongfestival. Maar bij de landen met de hoogste arbeidsproductiviteit. Onze mensen werken hard en intensief. De werkstress en de ik-hol-van-de-ene-plaats-naar-de-andere-economie eisen hun tol, fysiek en psychisch. Bij ons kampen meer mensen met werkstress dan in de ons omringende landen.[21] De helft vindt dat het werk echt te zwaar is geworden. Driekwart van de mensen ouder dan 50 ziet het niet zitten tot 65 aan de slag te blijven.[22] En bij de mensen die kiezen voor brugpensioen, spelen medische redenen een groeiende rol.[23]

In zijn boek *Het Pensioenspook* noemt Gilbert De Swert, de oud-chef van de ACV-studiedienst, het brugpensioen "een compensatie voor de grootste discriminatie die er inzake pensioenen bestaat: de sociale ongelijkheid in levensverwachting en vooral gezónde levensverwachting."[24] Dat is een sleutelzin. En dit is waarom:

Een studie van de Koning Boudewijnstichting geeft aan dat de meeste vrouwen een gezonde levensverwachting hebben die lager ligt dan de wettelijke pensioenleeftijd van 65 jaar. De gezonde levensverwachting hangt nauw samen met het onderwijsniveau. Hooggeschoolde vrouwen leven elf jaar langer in goede gezondheid dan vrouwen met enkel een diploma lager onderwijs.[25] Dat verschil is onaanvaardbaar groot, het weerspiegelt de klassenverschillen in leef- en werkomstandigheden. Wil je de pensioenleeftijd aanpassen aan de levensverwachting, dan moet je hem uiteraard aanpassen aan de gezonde levensverwachting. En dat betekent dat brugpensioen en vervroegde uittreding mogelijk moeten blijven.

De mensen die de maatregelen uitdokteren om het brugpensioen en andere "vroegtijdige" uittredingen af te schaffen, zitten bijna allemaal in de hoogopgeleide categorie. Niet dat ze daarom die maatregelen voorstellen, maar het zorgt er wellicht wel voor dat zij bitter weinig inlevingsvermogen hebben voor mensen die het niet zien zitten langer aan de slag te blijven. De grootste slachtoffers van het langer werken zijn de mensen die geen hoger onderwijs hebben gevolgd: kassiersters, machinisten, verpleegsters, postbodes, bandwerkers, schoonmaaksters, bouwvakkers, winkeliers, electriciens, brandweerlui. De jaren tussen 58 en 65 zijn voor hen de moeilijkste om te werken, maar wel de mooiste om nog min of meer gezond van een pensioen te genieten, zich te ontspannen en sociaal te ontplooien. Hoe later ze op pensioen gaan, hoe groter de kans dat het een aaneenrijging zal zijn van periodes van ziektes en aandoeningen.

Dat wordt bevestigd in een studie van Geneeskunde voor het Volk bij 2.475 ex-werknemers in de leeftijdscategorie van 55 tot 65 jaar in de elf groepspraktijken. Deze studie wijst uit: driekwart van de Belgische arbeiders en bedienden lijdt aan een of meerdere chronische ziekten nog voor het pensioen. *Le Soir* vond de studie "uniek" omdat ze, anders dan de peilingen door het ministerie van Volksgezondheid, niet peilt naar subjectieve gezondheid maar zich baseert op door artsen gestelde diagnoses, bijgehouden in medische dossiers. "Deze studie levert dan ook een precieze foto van de gezondheidstoestand van de oudere werknemers in de volksbuurten", schreef de krant.[26]

De bevindingen van de studie zijn ernstig:
- Driekwart lijdt aan één of meerdere chronische aandoeningen.
- Bijna de helft lijdt aan ziekten van het spier-, beender- of gewrichtsstelsel.
- Eén op vijf heeft belangrijke mentale problemen.
- Vrouwen scoren opvallend slechter dan mannen: een duidelijk hoger percentage van de vrouwen lijdt aan meerdere chronische ziekten tegelijk.

De gram op de persconferentie van de Algemene Centrale van het ABVV, eind september 2011 is dan ook begrijpelijk: "De maatregelen om mensen langer aan het werk te houden, zijn discriminerend en onrechtvaardig. Ze viseren vooral mensen met zware beroepen en dat zijn ook de mensen die het laagst geschoold zijn en het minst verdienen. De patroons zeggen dat 'de' mensen langer leven. Maar dat is volgens wetenschappelijk onderzoek absurd, want vergrijzing, ziekte en dood slaan niet bij iedereen op hetzelfde moment toe."

Jong CD&V voert hetze over een "clash van de generaties"

"99 procent van de verontwaardigden heeft gelijk." Onder deze titel schrijft Pieter Marechal, de voorzitter van Jong CD&V, in *De Morgen*: "Jongeren moeten een toekomstperspectief krijgen. Zoniet duwen we hen in de richting van extreem links of populistisch rechts." Marechal ziet het zo: iedereen moet "een bijdrage leveren", "geen achterpoortjes" meer. En vooral: "Wie de arbeidsmarkt wil ontvluchten via vervroegd pensioen, zal dat niet meer kunnen."[27]

Indignado Marechal meent het. Twee weken eerder heeft hij ook al een opinie in *De Standaard* gepleegd: "De jonge generaties worden zwaar onder druk gezet. Dat maakt ons opstandig. Zeker als we zien dat de generatie van onze ouders ondertussen het hazenpad kiest en met vervroegd pensioen gaat. Het uitblijven van oplossingen komt neer op een nieuwe transfer in dit land. Niet in de klassieke zin, tussen Vlaanderen en Wallonië, maar wel tussen de jonge en de oude generaties."[28]

Jong CD&V is opstandig, dat is lang geleden. Stokebrand tegen struikrovers die het hazenpad kiezen.

Handig natuurlijk, van Marechal. Hij draait en verdraait het protest van de verontwaardigden tot iets waar die jonge Spaanse pleinbezetters zich juist vierkant tegen verzetten. 45 procent van de Spanjaarden tussen 16 en 25 vindt geen job. Werk. Eerbaar, menswaardig werk. Toekomst. Daarvoor bezette de Spaanse jeugd de pleinen. Niemand heeft hen horen pleiten ouderen langer te laten werken. Niemand heeft hen oudere mensen horen beschimpen en beledigen als "hazenpadkiezers". Behalve Marechal dan. Want je kan wel Vlamingen tegen Walen opzetten maar nu is het volgens de voorzitter de beurt om de jongeren op te zetten tegen hun ouders, die verwende babyboomers die vervroegd op pensioen willen gaan. Marechal zou toch moeten weten dat de pensioenhervorming die hij voorstaat, twee keer nefast is voor de jongeren. Niet alleen zullen ze dan tot hun zeventigste moeten werken, ze zullen het ook nog eens moeilijker hebben om werk te vinden. Eén op vijf jongeren in ons land heeft geen baan, dat is het dubbele van de totale werkloosheidsgraad. Hoe gaat Marechal hen aan het werk krijgen, als hij mensen die een baan hebben, langer wil laten werken?

Neem nu Brussel. 40 procent van de Brusselse jongeren is werkloos en 14 procent van hen die er wel een job hebben, heeft een onzeker contract. "De bazen strijken de cadeaus en de aanwervingspremies op en daarna zetten ze ons na een of twee jaar weer op straat. Dan worden we vervangen door anderen", klaagt een jeugdige ACV-militant.

De voorzitter van Jong CD&V krijgt de wind van voren van de christelijke vakbond: "Er is nood aan meer en betere jobs voor iedereen. Het is tijd om over te gaan van een eindeloopbaanbeleid naar een loopbaanbeleid. De werkgevers herleiden de strijd om meer mensen aan het werk te krijgen tot een schaamteloze aanval tegen de rechten van de werknemers (brugpensioen, uitstapregelingen, tijdskrediet, outplacement...), in het bijzonder tegen de rechten van oudere werknemers." Dat schrijft het ACV in een scherp persbericht.[29]

Een loopbaanbeleid in plaats van een eindeloopbaandiscussie, daar heeft Marechal nog niet van gehoord. Jong CD&V pleit voor een "clash van de generaties", het ACV pleit voor solidariteit.

Als je kan zorgen voor goede banen voor jongeren, als oudere werknemers hun ervaring kunnen doorgeven aan jongere collega's, als meer bruggepensioneerden vervangen worden door jongeren, dan blijft het percentage werkenden precies even groot. Met dat verschil dat je dan kansen geeft aan een nieuwe generatie en tegelijk aan de oudere generatie de kans biedt gezond en wel te genieten van de jaren na de loopbaan.

De solidariteit speelt ook in het "omslagstelsel" van de wettelijke pensioenen. Dat stelsel houdt in dat de pensioenen van het niet-actieve deel van de bevolking betaald worden door de bijdragen van het actieve deel. In de wetenschap dat de levensverwachting blijft toenemen moet je wel gek zijn je systeem te beperken tot je eigen generatie. De generatie die na je komt, zal je pensioen betalen. Het omslagstelsel is dus gunstiger en zorgt voor meer solidariteit tussen de generaties.

"Als ik ga spreken, is de eerste vraag van jongeren in de zaal dikwijls: gaan wij nog wel een pensioen krijgen? Ik zeg dan altijd: het beste wat je kan doen, is nu afdragen voor mij. Dat gaat je wat kosten, want mijn generatie is met een grote hoop. Maar eens wij weg zijn, is er zo'n groot volume dat jullie, die met veel minder zijn, een groter pensioen zullen krijgen. De babyboom is een tijdelijk fenomeen, dat wordt vaak vergeten", zegt Gilbert De Swert.[30]

Neen, Marechal maakt met zijn hetze geen kans. De jeugd is geen ezel die gelijk wat slikt omdat iemand toevallig laat vallen dat hij de verontwaardigden zou steunen. Dat hebben we bij onze zuiderburen gezien.

Tussen maart en november 2010 kwamen miljoenen Fransen op straat tegen de pensioenhervorming van Sarkozy. Die riep woest: "Het is niet democratisch dat een minderheid de pensioenhervorming blokkeert." Maar driekwart van de Fransen stond achter de actievoerders, zo wezen enquêtes uit. Het was opvallend: ook de jeugd sloot zich aan bij de beweging. Scholen gingen dicht, leerlingen stapten samen met hun leerkrachten op, hogescholen en universiteiten sloten de deuren en studenten betoogden samen met arbeiders en bedienden met de slogan: "Les jeunes au boulot, les vieux au repos".

Het is waar dat de levensverwachting stijgt, dat de mensen gemiddeld langer leven. Het is even waar dat de babyboomgeneratie de pensioenleeftijd bereikt. De sociale zekerheid zal voor groeiende kosten voor pensioen en gezondheidszorg moeten instaan. De grote vraag is: hoe gaan we daarmee om?

De antwoorden op deze vraag gaan twee tegenovergestelde kanten uit. Ofwel: geld vrijmaken en dat beleggen op de beurs, ofwel: vertrekken van het recht op een goed wettelijk pensioen. De pensioendiscussie is dan ook een spiegel van een breder maatschappijdebat. Het "ieder zorgt voor zichzelf" stimuleren of de solidariteit organiseren? Een maatschappij van concurrentie, dividendenjacht en winstbejag? Of een samenleving op mensenmaat?

De ieder-voor-zichvisie op de pensioenen

Van mij mogen de Ivan Van De Cloots van deze wereld gerust denken dat "alles voor de winst, en de winst voor alles" de spil is waarrond de hele wereld moet draaien. Geen probleem. Ze moeten alleen niet beweren dat dit de "enige" manier is om een samenleving te organiseren. Zij zeggen dat de sociale organisatie van de samenleving moet veranderen omwille van de vergrijzing en dan hebben ze het over loopbaanverlenging en aanvullende pensioenen. De grote Europese industriële organisaties, de groen- en witboeken van de Europese Commissie, liberale denktanks in allerlei soorten en maten, politieke partijen van allerlei kleur, allemaal stellen zij deze visie voor als de enig mogelijke. Onwrikbaar staat dat vast, geen ontsnappen aan, debat gesloten. Debat gesloten? Met zo'n eenheidsdenken is er zelfs geen debat.

De Van De Cloots van deze wereld bekijken alles door de bril van de kostprijs, de opbrengst, het concurrentievoordeel en de winst. In die visie zijn pensioenen natuurlijk pure ballast, geld dat besteed wordt aan mensen die niet productief zijn. Pensioen uitkeren, dat brengt niet op, redeneren ze. Het is beter dat geld op de markten te brengen en in de economie te beleggen. Daarom willen zij de wettelijke pensioenpijler laag houden, net boven de armoedegrens. Zodat mensen aangespoord worden zelf aan pensioensparen te doen. Dat geld gaat via pensioenfondsen naar de beurs.

Het is ook veel nuttiger – volgens deze visie – oudere mensen aan het werk te houden. Zo spaart de gemeenschap geld uit en bovendien kunnen al die bijkomende krachten op de arbeidsmarkt ervoor zorgen dat de druk op de ketel blijft. Dan is er veel concurrentie onder loontrekkers die op zoek zijn naar werk en dat houdt de lonen laag. De ultraliberale school van Chicago, die jarenlang volhield dat de onzichtbare hand van de markt alles oplost, formuleerde het zo: "De natuurlijke graad van werkloosheid verhindert dat de lonen te fel stijgen." Een cynische maatschappijvisie die het tot een biologische wet verheft dat massa's mensen in werkloosheid tot gedwongen nietsdoen zijn veroordeeld, en die volhoudt dat dit economisch darwinisme ervoor zou zorgen dat diegenen die wel werk hebben, niet veel verdienen.

Die Chicagoboys hebben in de jaren zeventig van vorige eeuw ook het driepijlersysteem van de pensioenen uitgedacht. De wettelijke pensioenpijler is voor deze ultraliberalen een soort openbare onderstand, om te zorgen dat de ouderen niet omkomen van honger en kwel. De tweede pijler is een private pijler op het niveau van bedrijven en sectoren, en de derde pijler is die van het privépensioensparen.

Het wettelijke pensioen, de eerste pijler, uithollen en laag houden heeft in deze visie twee voordelen. Hoe groter de bezorgdheid dat je met je wettelijk pensioentje niet zal rondkomen, hoe meer mensen gepusht worden toch maar zelf aan pensioensparen te doen, en hoe meer de bedrijven hun tweede pijler kunnen uitbouwen. Het beleid heeft die twee private pijlers jarenlang aangemoedigd met grote fiscale kortingen. Een groeiend deel van het pensioengeld wordt dan ook als beleggingsfonds beheerd door privékapitaal. En de perceptie dat het wettelijk pensioen iets voor sukkelaars is, wint meer en meer veld. Zo vergeten mensen dat het om een basisrecht gaat waar je jarenlang een deel van je loon voor hebt afgedragen.

En zo wordt sneller dan ons lief is de trotse sociale zekerheid vervangen door een politiek van armoedebestrijding en aalmoezen. De trend is dat iedereen zijn geld afstaat aan pensioenfondsen, aan bank- en verzekeringsmaatschappijen, die ermee naar de beurs trekken.

Dat kan tegenvallen. Sinds de crisis van 2008 weten we: de beurs kan heel "volatiel" zijn, dat is letterlijk: "snel vervliegend, in rook opgaand". De Belgische pensioenspaarfondsen zagen één miljard euro in rook opgaan in de eerste helft van 2011. Dat is 784 euro per pensioenspaarder, rekende *De Tijd* uit.[31] Ook de zogenaamde "defensieve fondsen", die "op zeker spelen", verliezen 4 à 5 procent. Het beurscasino blijft het beurscasino.

De solidariteitsvisie op de pensioenen

Er is ook een visie op de pensioenen die vertrekt van de mensenmaat.

Als de samenleving verandert en er zich nieuwe noden stellen, moeten we creatief op zoek naar middelen om ze te financieren. Dat mensen die dertig of veertig jaar aan de welvaart van de samenleving hebben bijgedragen in alle gezondheid van hun pensioen kunnen genieten, is in het belang van ons allemaal. En wie er heel zijn leven een stuk van zijn loon voor heeft afgedragen, heeft recht op een degelijk wettelijk pensioen en moet daarvoor niet nog eens gaan bijsparen via riskante pensioenfondsen. Dat is een zaak van waardig ouder worden.

We moeten dus op zoek naar nieuwe bronnen. Over welk bedrag spreken we dan?

"Het probleem wordt ferm opgeklopt. In 2030 zou de sociale zekerheid ons 3,8 procent meer van het bruto binnenlands product (bbp), kosten: zo'n 17 miljard. Maar men doet alsof we die meeruitgaven morgen al moeten ophoesten. Alsof we Alpe d'Huez in één keer moeten beklimmen. Maar het is verdorie een parcours dat je op twintig jaar kan afleggen! Het is eerder Scherpenheuvel dan Alpe d'Huez. Of, zoals ik het VBO eens gezegd heb, het is van op de rotonde van het Schumanplein de Wetstraat oprijden. Zelfs ik met mijn oude botten slaag daar nog in", zegt pensioenspecialist Gilbert De Swert.[32]

17 miljard vinden tegen 2030, dat is 650 miljoen per jaar. Onze regering wist in 2008 wel 20 miljard vrij te maken voor de "redding" van Fortis en Dexia. Om het op z'n Hugo Chavez te zeggen: "Als de pensioenen een bank waren, dan waren ze al lang gered." Maar de pensioenen zijn geen bank en we willen ook niet dat ze een bank zouden worden. En 17 miljard euro blijft veel geld.

Toch is het probleem niet zozeer die middelen te vinden maar wel ze te wíllen vinden. Er is geen politieke wil om meer geld te geven aan wat in de concurrentielogica "niet-productieve bestedingen" wordt genoemd.

De arbeidersbeweging is frontaal tegen die logica ingegaan toen ze de instelling van de sociale zekerheid afdwong. Wij zullen in dat voetspoor moeten gaan om het "generatiepact bis", dat de pensioenrechten wil beknotten, af te slaan. Om het wettelijk pensioenstelsel te behouden en te versterken, als een fundament van een menselijke samenleving. En dus zal er een herverdeling van het nationaal inkomen, het bbp, nodig zijn.

Dat nationaal inkomen is de laatste jaren flink groter geworden. Maar met de verdeling ervan is het grondig scheef gelopen. In 1980 ging 57 procent van de nationale rijkdom naar inkomens uit arbeid en naar sociale uitkeringen. De rest ging naar de inkomens uit kapitaal. In 2008 ging er nog slechts 51 procent van de nationale rijkdom naar loon- en uitkeringstrekkers. Moesten de verhoudingen dezelfde zijn gebleven, dan zouden de loon- en uitkeringstrekkers jaarlijks 21 miljard euro meer inkomen hebben.[33] Een "gigantische hold-up", zo becommentarieerde journalist Paul Goossens die cijfers. Als de vergrijzingskosten de glooiingen van Scherpenheuvel zijn, dan is dit wel degelijk Alpe d'Huez.

Vier hoekstenen

Wij kunnen samen de keuze maken om de toekomstige groei van het nationaal inkomen opnieuw anders te verdelen. Het proces van de vergrijzing spreidt zich uit over twintig tot vijftig jaar. Daar moet een langetermijnvisie aan gekoppeld worden die de rijkdom anders verdeelt. Deze herverdeling vanuit de solidariteit heeft vier hoekstenen.

- De belangrijkste is: de sokkel van de sociale zekerheid verbreden met méér stabiele, duurzame en goedbetaalde banen. Elke stijging van de tewerkstellingsgraad met één procent vermindert de vergrijzingskost met een halve procent. Wij stellen voor dat een deel van de miljonairstaks wordt aangewend om die banen te creëren, dat schreef ik al.

- Een tweede deel van deze miljonairstaks – 3 miljard – wordt gebruikt voor een nieuwe "alternatieve financiering" van de sociale zekerheid. Op die manier kan de eerste pijler versterkt worden en kunnen de pensioenen omhoog. Professor Dries Lesage noteerde kritisch: "Zelden of niet werd een rechtvaardige vermogensfiscaliteit naar voren geschoven als één van de antwoorden op de vergrijzing."[34]

- Ook een efficiënte aanpak van de fiscale fraude zal van belang zijn, met opheffing van het bankgeheim, openbaarheid van verrichtingen, zerotolerantie en zware straffen tegen overtredingen.
Die fraude komt voornamelijk uit de rijkste bevolkingslagen. Ze kost ons jaarlijks tussen 15 en 20 miljard euro.

- Tot slot zal ook de houtworm uit het systeem weg moeten. Die houtworm, dat is de stelselmatige verlaging van de patronale bijdragen aan de sociale zekerheid. Hij vreet al jaren aan het hele stelsel en woekert verder in allerlei extralegale betalingen. Maaltijdcheques of ecocheques dragen niets bij aan de sociale zekerheid. Deze houtworm kost de sociale zekerheid jaarlijks 9 miljard euro aan minder inkomsten. Sommige van die voordelen zullen teruggeschroefd moeten worden en wat overblijft moet beantwoorden aan strikte, waterdichte voorwaarden voor bijkomende tewerkstelling.

4. De Hendriken aan het roer van de bankensector

> Wat stelt het beroven van een bank voor
> in vergelijking met het openen ervan?
>
> Bertolt Brecht

> Waanzin is:
> telkens opnieuw hetzelfde doen
> en toch verschillende resultaten verwachten.
>
> Albert Einstein

In de storm wordt het hardst gesproken maar als de wind gaat liggen, herneemt het leven zijn alledaagse gangetje. Schande! Nooit meer! We moeten de speculatie aan banden leggen! Weg met de perverse bonussencultuur! Geen belastinggeld meer voor een sector die het niet verdient! Ze waren het allemaal roerend eens, in de herfst van 2008. Politici, financiële journalisten, opiniemakers. Zelfs een gewiekste vermogensbeheerder als Geert Noels vertelde toen: "Het kan niet zijn dat verliezen genationaliseerd worden en winsten geprivatiseerd." En in september 2009 noteerde de zelfverklaarde wereldregering van de G20 in haar besluiten van Pittsburgh: "We hebben stappen gezet om het beschadigde toezichtregime te repareren en zijn begonnen met het doorvoeren van stevige hervormingen om het risico te verlagen dat de financiële uitspattingen nog een keer de wereldeconomie destabiliseren." Ja, het was zeker, ze hadden hun lesje geleerd, het zou nu anders worden.

In de herfststorm van 2008 schreef ik in *Op mensenmaat* dat niets zou veranderen zolang de bankensector in handen van private Hendriken bleef. "Het kan toch niet zijn dat er in de maatschappelijke huishouding sectoren zijn waar je tegen zegt: 'Maak gerust winst, veel winst zelfs. Als het fout gaat neemt de belastingbetaler de verliezen wel voor z'n rekening.' En dan nog wel aan een sector waar je van tevoren van weet dat die niet failliet mág gaan, omdat er anders chaos ontstaat. Dan moet die sector toch gewoon in publieke handen. Dat is de logica zelf."[35]

Maar dat was uiteraard veel te radicaal. Realistisch werd geheten de bankiers aan het roer te laten, publiek geld en staatsgaranties te blijven toekennen aan speculerende grootbanken – KBC en Dexia kregen bijkomende miljarden – en het publiek te paaien met wat stresstests en een roodwit veiligheidslintje – Basel III genaamd – waar de haaien niet meer mochten voorbij zwemmen. Met dat realisme werd in de bankencatastrofe van 2008 alles al klaargestoomd voor een nieuwe, nog diepere bankencrisis. Die van 2011-2012.

Bazelen in Basel

In 1988 was in het Zwitserse Basel een systeem uitgewerkt dat voor een uniformisering van bankregels zorgde: Basel I. Twintig jaar en veel lobbywerk later werd Basel II van kracht. De regel dat tegenover uitstaande beleggingen een vast percentage eigen vermogen moet staan, werd losgelaten. Van de oude regeling bleef alleen over: hoe risicovoller de belegging, hoe meer eigen kapitaal daar tegenover aangehouden moest worden. En wie mocht dat risico vaststellen? De banken zelf! In de praktijk hoefde geen enkele bank haar hoeveelheid eigen kapitaal te verhogen. De banken leenden dezelfde euro telkens opnieuw weer uit, the sky was the limit. Dankzij het betere lobbywerk bracht Basel II een versoepeling van de regels in plaats van een verzwaring.

Maar dan kwam even later die verdomde bankencrisis van 2008. De gigantische rijkdom van de banken bleek vooral te bestaan uit mooi verpakte lucht. En opeens moesten allerlei banken worden gestut met publiek geld en overheidsgaranties. De politiek, die in de neoliberale periode volgaarne allerlei regeltjes en controle uit handen had gegeven, moest wel ingrijpen.

Er kwamen einde 2009 een aantal aanbevelingen uit de bus, het voorstel voor een nieuw Basel III. De banken moesten voortaan een eigen vermogen van zeven procent hebben: voor elke uitgeleende euro moesten ze ten minste zeven cent opzijzetten. Dat vond the old boys network maar niks, want ja, zo kan je niet elke euro nog onbeperkt uitlenen en bovendien: een groter eigen kapitaal drukt het rendementsprocent naar omlaag.

Een andere aanbeveling in het voorstel voor Basel III luidde dat de bankiers op hun kennis zouden worden getest, ze moesten iets van het bankwezen afweten. Alsof je aan een hoofdelektricien op een bedrijf na tien jaar zegt: we gaan eens kijken of je wel iets van elektriciteit kent. "Wat een vernedering!", riepen alle bankiers in koor. Ze waren alweer vergeten dat de crisis net bewezen had dat het niet zo goed gesteld was met hun parate kennis over allerlei "afgeleide producten", waaraan ze de centen hadden toevertrouwd. Het woord toxisch stond niet in hun vocabularium. Ze deden alsof ze nooit hadden geloofd in de onzichtbare hand die de bankierswereld onverdroten naar hogere sferen leidt, inclusief de bonussen onderweg.

Samengevat: de bankiers waren not amused over de toch bescheiden voorstellen voor Basel III. Ze toonden zich alive and kicking, en arrogant als vanouds, alsof ze nooit in de bedelrij hadden staan aanschuiven om publiek geld te ontvangen. Hun lobby stuurde catastrofale rampscenario's de wereld in: met Basel III zou de werkloosheid "ongeveer met 10 miljoen personen extra" oplopen (sic). En dus kregen de bankiers het gedaan dat het gros van de voorgestelde maatregelen werd uitgesteld. Ze zullen pas in 2019 in voege gaan, en dat is ten tijde van crisis een eeuwigheid ver. Vooral de Duitse en Franse banken speelden dat spel hard en kochten acht jaar tijd omdat ze voor tientallen miljarden aan staatsobligaties uit de probleemlidstaten op de balansen hebben staan.

Binnen een eeuwigheid van vier of acht jaar moeten de banken zorgen dat ze meer vermogen ter beschikking hebben. De kosten daarvan zullen ongetwijfeld worden doorgerekend aan de klanten.

Zo komt het dat Basel III, ondanks alle retoriek, nauwelijks voor een marginale wijziging in het controlesysteem zorgt. Aan de uitgangspunten van de heilige markt heeft Basel niet durven raken. En dus is er vier jaar na het uitbreken van de crisis weinig of niets veranderd. Geen scheiding tussen spaar- en investeringsbanken. Geen verbod op hedgefondsen en private equity funds. Geen verbod op transacties die niet in de balans worden opgenomen. Geen verbod op offshore financiële centra. Geen financiële transactietaks om de speculatie een beetje af te ronden. En vooral: geen publieke bankensector. Bazel III is een lachertje en de bankiers lachen het hardst.

De wondere wereld van de Brusselse bankenlobby

Wat deden de bankenlobbyisten om hun slag grotendeels thuis te halen? We maken een ommetje langs de Europese wijk in Brussel om te kijken hoe die verfijnde lobbymechanismen werken.

Begin april 2011 volg ik in het Europees parlement een conferentie van de linkse partijen over de crisis. Er geraken is gemakkelijk. Gewoon met de trein naar het Brusselse Luxemburgstation en daar met de roltrap naar boven. Binnenkomen in dat gigantische parlementsgebouw is een ander paar mouwen. Je hebt een badge nodig, en voor de rest gelden de luchthavenprocedures. Riem uit, sleutels, jas, aansteker en alles van ijzer – zilver heb ik zo niet – in een bakje, en dan door de metaaldetector.

Parlementsleden komen uiteraard gemakkelijker binnen. Maar ook de lobbyisten, mensen die werken voor ING, Suez, BASF of BNP Paribas, nergens verkozen zijn en toch een badge hebben. 4500 lobbyisten zijn geaccrediteerd en uitgerust voor voltijdse toegang. Dat is zes keer meer dan er parlementsleden zijn. In maart 2004 schreef de Society of European Affairs Professionals, de lobbygroep van de lobby's, een scherpe klachtenbrief naar de parlementsvoorzitter omdat er niet genoeg zetels en hoofdtelefoons voorzien zijn voor... de lobbyisten. Ze zien zichzelf niet graag als backroom boys. Ze willen gewoon in de voorkamer zitten.

Alles samen zijn er ongeveer vijftienduizend lobbyisten in de Europese wijk van Brussel. Drievierde van hen werkt voor de bedrijfswereld. Dat zijn dus meer dan tienduizend bedrijfslobbyisten om 736 parlementsleden te bewerken. In statige herenpanden en opzichtige torengebouwen achter de Europese mastodonten van de Wetstraat huizen zo maar eventjes vijftienhonderd lobbyorganisaties. Van alle industriële takken. Er is het kleine kantoor van de Europese enveloppenproducenten en het grote hoofdkwartier van de Europese chemische industrie, Cefic, waar 150 mensen voltijds werken.[36] Welkom in de achterkamers van de macht. Ze proberen besluitvorming en het schrijven van wetten te sturen, in het voordeel van hun opdrachtgevers. In de "expertengroepen", onafhankelijke werkgroepen die de Commissie adviseren, hebben de lobbyisten het grotendeels voor het zeggen.

Alter-EU, de organisatie die ijvert voor meer transparantie in het Europees Parlement, rekende uit dat in de expertengroepen rond financieel beleid bijna negen van de tien deelnemers uit de bankwereld en de financiële sector komen. Rechtstreeks door de grote banken gestuurd, zitten zij het dichtst bij het vuur. Als "onafhankelijke" expertengroep schrijven ze zelf wetgeving voor de Europese Commissie. Niks onafhankelijk dus. Alter-EU publiceerde daarover een boek: *Bursting the Brussels Bubble*. Het besluit ervan gaat zo: "Grote privébanken als BNP Paribas en Deutsche Bank, reuzen uit de verzekeringswereld en een hele rij financiële instellingen controleren een reeks expertengroepen. Daardoor bezitten ze aanzienlijke macht in het EU-proces, van het opstellen van EU-strategieën en wetten tot de uitvoering ervan."[37]

Notitie van een waarnemer: "Vandaag, maandag 14 februari 2011, nam ik als waarnemer deel aan een werkgroep van de Group of Experts on Banking Issues, die door de Europese Commissie was opgezet als dialoogplatform tussen de Commissie zelf, de bankwereld, en consumenten. Aan de werkgroep namen veertig mensen deel. Ik telde slechts één onafhankelijke academicus, één iemand van een consumentenorganisatie en twee deelnemers van ngo's. De 36 andere leden waren vertegenwoordigers van Goldman Sachs, Deutsche Bank, ING, Royal Bank of Scotland enzovoort. Zo'n vergadering is niet pluralistisch samengesteld, al moet ze wel advies geven aan de Europese Commissie over de financiële wereld."[38]

Er zijn nooit zoveel lobbyisten van de bankierswereld in Brussel neergestreken als na de bankencrisis van 2008. Zij moesten verhinderen dat er een te strenge bankenwetgeving zou komen, en proberen de normen van Basel III zo ver mogelijk uit te stellen. "Je kent de parlementsleden die openstaan voor de verlangens van de industrie", zegt een bankenlobbyist aan Reuters. "Je bouwt een relatie op en je weet dat zij jouw amendementen zullen binnenbrengen. Veel parlementsleden zijn lui. En ze schrijven wetgeving op terreinen die ze niet kennen." De machtigste grootbanken hebben zich verenigd in een lobbygroep voor banken, de Association for Financial Markets in Europe. Deze AFME is gevestigd op de vierde etage van een glazen torengebouw op het De Meeusplein in de Leopoldwijk.

Onder meer het parlementslid Jean-Paul Gauzes diende de bankenamendementen van de AFME in. "Ik zie daar geen graten in", zegt Gauzes. "Waarom zou ik zelf amendementen schrijven, die slechter zouden zijn dan die van de industrie? Het is een heel technische materie. De amendementen moeten correct geschreven worden. De lobbyisten kunnen dat veel beter schrijven dan ik."[39]

Zijn collega parlementslid Ernst Strasser trad in maart 2011 terug nadat de *Sunday Times* bekendmaakte dat Strasser bedragen tot 100.000 euro had willen aanvaarden in ruil voor het indienen van wetswijzigingen ten aanzien van regulering van banken. De krant kwam met het nieuws na een stingoperatie, waarbij uitspraken van Strasser op video werden opgenomen. Volgens het blad probeerden ook andere parlementsleden, Adrian Severin en Zoran Thaler, in ruil voor geld wetgeving te beïnvloeden. Strasser heeft verschillende bedrijven waaronder het eenmansbedrijf Consulting, Coaching & Education Gsmb, dat aandelen heeft in andere ondernemingen. Parlementslid Adrian Severin wordt door de grootbank Unicredit betaald als lid van de International Advisory Board van de bank. Hij is van oordeel dat hij "niks illegaals of abnormaals" heeft gedaan.

Parlementslid Edward Scicluna, die in het Comité voor Economische en Monetaire Zaken van het Parlement zetelt, schreef mee aan de wetgeving over de agressieve hedgefunds. Scicluna is ondertussen zelf wel voorzitter van twee zo'n agressieve investeringsfondsen. Ik schreef het al: het is een klein wereldje van "ons kent ons" en vooral van "wie doet ons wat".

De stresstest

Het Europese establishment moest nog bewijzen dat het bankenprobleem van de baan was. De Europese Commissie en de Europese Centrale Bank wilden een stresstest. Ha, elke bank zou getest worden. Zo zou onomwonden vast komen te staan dat de meerderheid van de bancaire sector gezond was. Einde discussie en iedereen tevreden. Publiek gerustgesteld, en de heilige markten gekalmeerd. Didier Reynders zag het zitten.

De test werd uitgewerkt door de Europese banktoezichthouder EBA in Frankfurt. In juni 2010 werden de resultaten van de eerste test met veel poeha bekendgemaakt. 84 van de 91 banken slaagden in de test, de zeven andere kwamen samen slechts 3,5 miljard euro tekort. De stresstest gaf de Europese banken dus een rapport van 92 op 100 en welke ouder zou niet blij zijn met zulke cijfers van zoon- of dochterlief? Ware het niet dat de echte stresstest natuurlijk in de werkelijke wereld plaatsvindt. Nauwelijks een paar maanden later moesten de

Ierse banken, die de test met vlag en wimpel hadden doorstaan, alweer met overheidsgeld worden rechtgehouden. Met een bedrag dat een veelvoud bleek te zijn van 3,5 miljard euro; de Ierse belastingbetaler weet daar ondertussen alles van – dat staat in het tweede deel van dit boek.

Geen nood, de stresstest van 2011 zou strenger worden. En ja, in juni 2011 kregen niet zeven, maar... acht banken op 91 een buis. Bij de 83 geslaagden onder meer Dexia en KBC. Een paar maanden later – in de werkelijke wereld – was het failliet van Dexia nabij. In het scenario van de stresstest was gewoon geen rekening gehouden met een Griekse schuldherschikking, hoewel zo'n scenario ondertussen zelfs voor blinden zichtbaar was. Hoe lang nog gaat dat hypocriete spelletje duren? De echte en enige stresstest van de privébanken was de totale bankencrisis van 2008. Die bewees dat private bankiers niet bekwaam zijn ernstig te bankieren.

Dexia en de chokoladefabriek: de snoep voor de banken, de verliezen voor ons

In het bankenverhaal duiken heel wat namen op van mensen die al lange jaren vertrouwd zijn met het milieu. We kijken even achterom.

De ASLK werd heel lang geleden opgericht: in 1865; het Gemeentekrediet nog vijf jaar eerder. Deze financiële instellingen waren tevreden met een kleine winstmarge en schuwden de risico's. Klanten kregen een behoorlijke rente voor hun spaarcenten en konden aan aantrekkelijke voorwaarden geld lenen. Het Gemeentekrediet was marktleider voor kasbons en als financier van de overheden. De dienstverlening verliep prima en iedereen kon er terecht, ook de minder kapitaalkrachtigen. Niet dat alles koek en ei was, er waren ook problemen. Niet het minst met de politisering van deze openbare kredietinstellingen. Vooral het Gemeentekrediet leed daaronder, politici van allerlei traditionele partijen verdeelden er de zitjes.

In 1996 verkocht de roomsrode regering Dehaene-Di Rupo het Gemeentekrediet voor nog geen 750 miljoen euro. Samen met het Crédit Locale de France werd het omgetoverd tot een nieuwe private bank: Dexia. Het jaar nadien verkocht Dehaene-Di Rupo het laatste stuk van de ASLK aan Maurice Lippens.

De drie grote politieke families vertelden aan al wie het horen wou dat ze daarmee de sociale zekerheid gingen redden en de overheidsschuld gingen verminderen. Minister van Begroting Herman Van Rompuy deed op de radio dure eden dat voor het personeel en de klanten van de banken "niets zou veranderen". We weten ondertussen beter: alles zou veranderen. Het was gedaan met voorzichtig bankieren, geld moest rollen! De banken begonnen een expansieavontuur vol fusies en overnames. Want wie niet waagt, niet wint. Zolang het risicobankieren – met spaargeld van de mensen wel te verstaan – goed liep, boekten de grootbanken miljarden euro winst, en die winst verdween in de diepe zakken van de aandeelhouders. Toen het feestje afgelopen was en de rommelkredieten hoger stonden dan water dat aan de lippen staat, kwamen de privébanken aankloppen bij de vermaledijde overheid. Resultaat: in plaats van de beloofde kleinere overheidsschuld, werd die veel groter.

En in die nieuwe situatie spelen de hoofdrolspelers van vijftien jaar geleden opnieuw een hoofdrol. Dehaene is voorzitter geworden van de bank die hij destijds als premier zelf privatiseerde. Hij keerde zichzelf een dikke bonus uit, gaf er ook nog een aan Pierre Mariani en noemt dat vandaag een "inschattingsfout".

In 1996 werd het Gemeentekrediet verkocht mede onder impuls van de toenmalige minister van Overheidsbedrijven en vicepremier, Elio Di Rupo. Nu de verlieslatende privébank vijftien jaar later door de overheid terug moet worden overgenomen, is Di Rupo daar als formateur nauw bij betrokken. En minister van Begroting er-zal-niets-veranderen Van Rompuy schopt het zelfs tot president van de Europese Unie en wordt daar op continentale schaal geconfronteerd met de falende grootbanken. Wat is de wereld toch klein! Zij die gisteren goed functionerende openbare kredietinstellingen aan de private Hendriken verpatsten, zijn vandaag alweer verantwoordelijk om de private schulden van die banken door te rekenen aan de bevolking. Tjonge jonge toch.

In de tocht naar de hemelse hoogten, the sky as the limit, verslikte Fortis zich in de haaienhap naar ABN Amro en in Amerikaanse rommelkredieten. Ook Dexia verhapte zich in rommelkredieten en bij het binnenrijven van FSA, de Amerikaanse verzekeraar van openbare besturen Financial Security Assurance. Toen FSA werd opgekocht trommelden de bankiers van Dexia zich op de borst: wij worden "wereldleider op de markt van de financiële dienstverlening aan de publieke sector". De winsthonger was niet te stillen. Maar FSA nam meer en meer rommelproducten op in haar portefeuille en toen die heroïne op was, crashte de bank. Dexia zat in het oog van de storm en moest op een weekend in september 2008 gered worden door een kapitaalverhoging van 6,4 miljard euro, plus 150 miljard euro staatswaarborg van de Franse en Belgische overheid.

Verkocht voor 750 miljoen, teruggekocht voor 4 miljard en zoveel meer

Dat was 2008. Maar wat baten kaars en bril, als…? Ondanks de staatsteun blijft Dexia ook na 2008 de neus steken in dubieuze kredieten. En ze doet vrolijk mee met de aankoop van Griekse en Italiaanse staatspapieren. Dexia blijft Toxia. In oktober 2011 krijgt de bank een slecht rapport van kredietbeoordelaar Moody's. Er volgt een begin van bankrun, de klanten halen driehonderd miljoen euro weg en Dexia dreigt te vallen.

Alweer in een herfstig weekend, alsof de geschiedenis ons uitlacht, moet een regering Leterme het hoofd buigen over de bank in moeilijkheden. En opnieuw moet ze diep in haar beurs tasten, heel diep. De Dexia Groep wordt ontmanteld en opgesplitst, onder andere in een Belgisch bankfiliaal waarvoor 4 miljard op tafel moet gelegd. De overheid moet dat geld zelf gaan lenen. De Franse regering doet hetzelfde met de Franse tak van Dexia. En wat overblijft van de Dexia Groep is voor de aandeelhouders, maar die Groep zit vol toxische producten en miljarden aan Griekse en Italiaanse staatsobligaties.

Vijftien jaar geleden deed roomsrood het Gemeentekrediet voor nauwelijks 750 miljoen euro van de hand om "de staatsschulden terug te dringen". Ondertussen heeft de teloorgang van Dexia de overheid in 2011 al 8 miljard euro gekost. Vier miljard euro voor de aankoop van de Dexia Bank, achthonderd miljoen euro aan bijdragen voor de vereffening van de gemeentelijke holding en meer dan drie miljard euro aan verliezen bij de gemeenten – daarover meteen meer.

En dan mag er niks mislopen met het restant van de groep, de bad bank, want daaraan werd voor niet minder dan 54 miljard euro staatswaarborg gegeven. "Als het fout afloopt, zadelt deze regering de volgende generatie op met een vergelijkbare schuldslavernij als die in Griekenland of Ierland. Het is een gigantisch risico om te nemen, het is niet meer of niet minder dan het op het spel zetten van een toekomst", schrijft Yves Desmet in *De Morgen*.

Leterme – veel langer ontslagnemend premier in de regering Leterme II dan effectief premier in Leterme I – prijst zijn regering voor het geleverde werk: "Dexia Bank is weggehaald uit een risicovolle omgeving. We hebben de aandelen voor honderd procent verworven. Spaarders en klanten kunnen dus voor tweehonderd procent gerust zijn. Ook voor het personeel van de bank is de overname goed nieuws." Om dan te besluiten dat de zware crisis van Dexia "de belastingbetaler niets zal kosten". Niets kosten? De zaak heeft ons al bijna acht miljard gekost en het is lang niet zeker dat het hierbij zal blijven.

"Uw gemeentelijke bestuurders doen aan casinokapitalisme"

Hoe zit het precies met de verliezen van de gemeenten door het Dexia-fiasco?

Tot de jaren zeventig van vorige eeuw kregen de meeste gemeenten nog meer dan de helft van hun middelen van de federale overheid, via dotaties van het gemeentefonds. Vandaag is de overheidssteun – en die is ondertussen geregionaliseerd – nog amper goed voor een vijfde van de stedelijke middelen.

De stelselmatige afbouw van het gemeentefonds beroofde de gemeenten van die stabiele inkomstenbron. Dat veroorzaakte jarenlang ernstige financiële problemen voor steden en gemeenten. Zij probeerden het verlies te compenseren door hogere gemeentebelastingen en grondbelastingen.

De steden en gemeenten hadden grote stukken van hun vermogen belegd bij het Gemeentekrediet. Toen roomsrood de bank privatiseerde, werden die aandelen ondergebracht bij de Gemeentelijke Holding, die vanaf dan 14,1 procent van het vermogen van Dexia in handen zou hebben. Er ontstond een dubbele relatie met Dexia. Enerzijds leenden de gemeenten er geld en anderzijds waren ze er aandeelhouder. De aandelen van de Holding waren voor hen een belangrijke inkomstenbron, gemiddeld haalden ze 0,7 procent van hun inkomsten uit de jaarlijkse dividenden.

Maar vanaf 2004 loopt het goed fout. Tussen 2004 en 2008 vertienvoudigen de schulden van de Holding: ze gaan van 186 miljoen euro naar 1,8 miljard euro. Dat komt vooral door twee leningen die de Holding zelf aanging bij Dexia. Nu blijkt dat die leningen onder andere gebruikt werden om aandelen van... Dexia te kopen. Geld lenen bij Dexia om aandelen van Dexia te kopen, de beurslogica drijft de steden en gemeenten tot de meest bizarre constructies.

Als Dexia in 2008 een eerste keer onderuit gaat, moeten de overheden staatswaarborgen geven aan de Gemeentelijke Holding, zodat die haar schulden kan blijven afbetalen. De koers van de aandelen blijft ondertussen zakken. In 2009 keert Dexia "als gevolg van de crisis" geen dividend uit. Nochtans is dat bedrag wel al ingeschreven op bijna alle gemeentebegrotingen voor 2010. Een flinke tegenvaller, zeker voor steden met belangrijke participaties zoals Antwerpen en Oostende. In allerijl dienen die gemeenten over te gaan tot onvoorziene besparingen: Blankenberge schaft meteen de schoolbus voor de kleuters af.

In Antwerpen maakt het college – in het geheim – een plan op voor de schrapping van honderden banen en voor de sluiting van verschillende wijkbibliotheken en van de ijspiste in Deurne. Een gunstige wind brengt dat document later op ons Antwerps partijsecretariaat. Onze districtraadsleden in Hoboken en Deurne maken het aan de pers bekend. Er moeten bij de stadsdiensten 523 voltijdse medewerkers weg. En in een resem stadsdiensten wordt het mes gezet, zegt het plan: vooral bij cultuur, sport en jeugd. Dat moet een besparing van 675.000 euro opleveren. Het stadscollege overweegt blijkens het document nog eens 1,3 miljoen te schrappen aan personeelskosten.

In hun persmededeling schrijven onze districtraadsleden: "Deze maatregelen moeten zes procent besparing realiseren op de stadsbegroting onder meer omdat de stad minder inkomsten haalt uit haar aandelen bij Dexia dan voorzien. Moeten de inwoners en het stadspersoneel dan opdraaien voor een crisis waar zij totaal geen verantwoordelijkheid in dragen? Banken als Dexia, die door te speculeren deze crisis hebben veroorzaakt, maken opnieuw megawinsten en keren opnieuw megabonussen uit."[40]

Het groeiende onheil belet niet dat de meeste gemeenten zich in 2009 laten verleiden om zich aan de zijde van Dexia nog wat dieper in het financiële moeras te wagen. Zij worden aangespoord deel te nemen aan een nieuwe kapitaalverhoging van de Gemeentelijke Holding met de belofte dat op deze nieuwe "preferente aandelen" een spectaculair dividend van maar liefst 13 procent per jaar zal uitgekeerd worden.

Vandaag hoor ik politici met uitgestreken gezicht vertellen dat ze "het niet geweten hebben", maar toen, in september 2009, protesteerden alle gemeenteraadsleden van de PVDA hevig. "Zo'n rendement kan een bank alleen bereiken door te speculeren, door nieuwe rommelkredieten te verpakken, door gevaarlijke investeringen. De betrouwbare beursbeleggingen brengen 6 procent op. De Gemeentelijke Holding belooft meer dan het dubbele. De kans is dus groot dat de gemeenten de komende tien jaar weinig of geen dividend zullen innen." Deze gezamenlijke mededeling van de vijftien PVDA-raadsleden uit september 2009 blijkt twee jaar later maar al te waar.[41] Maar behalve in Gent en nog een handvol andere gemeenten, tekent in 2009 de grote meerderheid van de gemeentebesturen toch in.

De Antwerpse gemeenteraad keurt op de zitting van september 2009 zijn deelname aan de kapitaalverhoging goed. "Het zou financieel onverantwoord zijn niet deel te nemen", zegt schepen van financiën Luc Bungeneers van Open Vld. En dus stemt heel de meerderheid – met Patrick Janssens, Philip Heylen van CD&V en Bart De Wever van N-VA – ermee in om alweer met stedelijk geld op de beurs te gaan spelen. Wellicht vindt De Wever het debat niet eens interessant, hij komt niet tussen en keurt gewoon goed.

Dexia: van jackpot naar doofpot

Wie vandaag de verslagen van de algemene vergaderingen erop naleest, zal merken dat de steden en gemeenten helemaal niet wakkerlagen van het investeringsbeleid van de Holding. Na de kapitaalverhoging om Dexia overeind te houden, kwam slechts 52 procent van de algemene vergadering opdagen. "Het enige agendapunt dat ertoe deed, was of de dividendenstroom gegarandeerd was", zegt een bron.[42] De journalist van de *Gazet van Antwerpen* is er niet over te spreken. Onder de veelzeggende titel "Uw bestuurders doen aan casinokapitalisme", schrijft hij: "Men zou voor minder sympathie krijgen voor de indignados, die nu overal de financiële bovenlaag van de maatschappij op de korrel nemen voor hun gepruts." De journalist kent zijn dossier want hij vervolgt: "Men moet maar eens uitleggen waarom steden en gemeenten schreeuwen om financiële middelen terwijl ze intussen op de beurs niet alleen beleggen in Dexia, maar ook in de vastgoedbevaks Cofinimmo,

Montea en Banimmo. En ook nog in de beheerder van het hoogspanningsnet Elia, dat steeds meer internationaal actief wordt. Een van de grootste aandeelhouders van de Holding is trouwens de stad Antwerpen. Die bezit er liefst twee miljoen aandelen. Dat zijn er drie keer meer dan Brussel. Ook dat verdient een woordje uitleg."[43]

In 2009 wilde niemand naar de waarschuwing van onze gemeenteraadsleden luisteren, hoe terecht die achteraf ook gebleken is: steden en gemeenten kregen geen dividenden meer uitgekeerd. Nu plannen ze allemaal nieuwe besparingen en de inwoners zullen daar de dupe van zijn. De lokale politieke partijen doen er alles aan om de dramatische financiële situatie, die de toekomst van hun stad of gemeente nog lang zal tekenen, niet tot onderwerp van de komende gemeenteraadsverkiezingen te maken. Wat zal het thema worden van die verkiezingen? Goed bestuur?

Volgens onderzoeker Koen Hostyn kost de hele Dexiasaga onze steden en gemeenten niet minder dan 3,1 miljard euro. 500 miljoen euro bij de kapitaalverhoging in 2009, 2 miljard euro aan waardevermindering van de aandelen, en 600 miljoen euro aan dividenden die tussen 2008 en 2011 werden mislopen.[44]

Als gevolg van de crisis zullen naar schatting 327 van de 589 Belgische gemeenten in 2011 in het rood eindigen: zeven op tien van de Vlaamse gemeenten, bijna de helft van de Brusselse en vier op tien van de Waalse.

Klap op de vuurpijl: dezelfde partijen die in de raad van bestuur van de Dexia Bank en de Dexia Holding zitten, dezelfde partijen die op gemeentelijk vlak in 2009 enthousiast met de kapitaalverhoging hebben ingestemd, mogen vandaag in het parlement een onderzoek voeren naar wat misliep. Ze onderzoeken dus zichzelf. Mooie democratie is dat, van jackpot naar doofpot. "Het bankensysteem moet beter worden gecontroleerd", roepen ze daar in koor. Wat een hypocrisie! Ze hebben jaren niets anders mogen doen dan de banken controleren maar bijna de helft kwam niet eens opdagen op de vergaderingen. Het bewijst alleen maar dat een paar politici in de raad van bestuur de zaak niet gaan veranderen. Het bankensysteem moet grondig anders. Het moet onder publiek bezit en onder publieke, democratische controle. En vooral, het moet andere doelstellingen hebben. Zolang de banken als hoogste doel stellen maximale rendementen te halen, en dus onvermijdelijk risico's aangaan op de beurzen, zal er niets veranderen.

"Voor wat hoort wat", zegt Patrick Janssens

Als het goed gaat leveren krankzinnige beursrisico's maximale boni op. Als het slecht gaat, mag de gewone man het gelag betalen. Dat heet: het privatiseren van de winsten en het socialiseren van de verliezen. Net als bij Fortis in 2008 vindt in 2011 ook weer niemand dat hij ook maar iets verkeerd heeft gedaan. Neen, ge moet dat in de context bekijken, in die tijd was dat allemaal normaal, mijnheer.

Ze hebben ook niets zien aankomen. "Zoiets konden wij niet voorzien", stamelden de CEO's van Lehman Brothers toen de bank failliet was. "'t Was niet te voorspellen", prevelden ze bij Fortis in 2008. "Ik heb de crisis niet zien aankomen", zegt de baas van KBC vandaag.

En natuurlijk treft ook de beheerders van Dexia geen fout. Alles ging "per ongeluk". Dat zeggen ook alle politici uit de raad van bestuur, en dat zijn er niet weinig. Bij de Dexia Groep zaten het laatste decennium onder meer Elio Di Rupo, Jean-Luc Dehaene, Karel De Gucht, François-Xavier de Donnéa en Didier Donfut in de raad van bestuur. En in dezelfde periode kon je in die van Dexia Bank België onder meer Patrick Janssens, Herman Van Rompuy, Patrick Lachaert, Tony Van Parys en Antoine Duquesne tegen het lijf lopen.

De Antwerpse burgemeester Janssens stoort zich aan de perceptie dat politici niks verloren hadden in die raden van bestuur. "Ik heb vijftien jaar lang bedrijven geleid, ik heb heel veel financiële instellingen geadviseerd. Ik ben geen domme achterlijke politicus die daar alleen maar zit om zijn zakken te vullen", zegt hij.

"Maar", zo bekent hij grootmoedig, "er zijn in dat dossier op alle niveaus fouten gemaakt. Wie zou ik zijn om te zeggen dat dat ook voor mij niet het geval is." Welke fouten, dat zegt hij er niet bij. En Janssens wil zijn niet-verdiende loon "graag" teruggeven. Hij stelt maar één voorwaarde: hij wil eerst de belastingen en sociale bijdragen terugkrijgen die hij op die vergoedingen heeft betaald. Als dat niet gebeurt, dan houdt hij zijn centjes gewoon.

"Ik krijg jaarlijks een brutovergoeding van 20.000 euro. Ik krijg geen zitpenningen. Van die twintigduizend euro gaat er tienduizend naar belastingen en vijfduizend naar sociale bijdragen, want ik ben zelfstandige in bijberoep moeten worden door dat beheerdersmandaat", legt Janssens uit. Zelfstandige in bijberoep: Janssens heeft blijkbaar hetzelfde statuut als iemand die na zijn uren op zelfstandige basis ook nog tupperware verkoopt. "Ik houd daar dus maar vijfduizend euro aan over", rekent hij vlijtig uit. "Ik wil die heel graag terugstorten, als men mij voor die voorbije jaren dan ook telkens die vijftienduizend euro betaalt. Dat gaat mij misschien zelfs nog een spaarpotje opleveren."[45] Je houdt het niet voor mogelijk dat iemand die zich socialist durf te noemen, zoiets vertelt: ik wil best mijn niet-verdiende loon terugstorten, maar dan wil ik niet meer solidair zijn voor de sociale zekerheid. Zoiets maak je zelfs in het Echt Antwaarps Teater niet mee: "Ja schatteke, ik geef per jaar vijfduizend euro terug, op voorwaarde dat gij mij per jaar vijftienduizend euro geeft." Het werpt meteen een ander licht op de titel van het nieuwe boek van Janssens: *Voor wat hoort wat*.

Onze regering is vastbesloten alle fouten uit 2008 te herhalen

In het debat over de bankensector lopen er wel een aantal rond met een mistkanon. Hoe meer verwarring, hoe liever. Zo doet men alsof de aankoop van de Dexia Bank door de Belgische overheid iets met een publieke bank zou te maken hebben. Dat is dus niet zo. Het is niet omdat de aandelenstructuur in overheidshanden komt dat de bank plots een publieke, maatschappelijke doelstelling zou nastreven en over een democratisch gecontroleerd beheer zou beschikken.

Omdat over Dexia stijf en strak alle frases en beweringen herhaald worden uit de tijd van de tijdelijke staatsovername van Fortis, is het goed nog eens na te lezen wat over de herfststorm van 2008 rond Fortis en Dexia in *Op mensenmaat* staat. Alles in die passage werd later immers bevestigd door de feiten. De passage gaat zo: "De staat droeg vers kapitaal aan maar kondigde al meteen aan dat het geld alleen diende om de bank door de storm te loodsen. Daarna, zo was de afspraak, wordt alles weer netjes overgedragen aan de privé. Als de deal doorgaat, zullen in de raad van bestuur van BNP Paribas een paar vertegenwoordigers van de overheid plaatsnemen. Maar de teugels blijven in handen van de privébezitters. Er wordt geen enkele les getrokken uit een onbetrouwbaar systeem dat sjachert met de centen van de kleine man. Er komt geen enkele garantie dat het spaargeld in de toekomst niet opnieuw in handen zal komen van speculanten, of in risicobeleggingen zal worden geplaatst. De meeste verantwoordelijken blijven gewoon aan. Niks is er opgelost: noch de speculatie, noch de veilige marges, noch de controle."[46]

Fortis werd snel verpatst aan het Franse BNP Paribas, een bank die ondertussen boordevol giftige Griekse staatsobligaties zit.

De overheid wil mordicus alle fouten uit 2008 herhalen en de Dexia Bank snel weer van de hand doen. De grote politieke families blijven verblind door het liberale credo dat ons in de crisis heeft gestort: "Het is voor de overheid geen kerntaak om een bank te besturen." De namen van kandidaat-kopers circuleren volop: Banco Santander, Deutsche Bank, Rabobank en het Franse Société Générale.

En wat gebeurt er als BNP Paribas of de Société Générale in moeilijkheden komen? Een derde tournee overheidsgeld? Is het voor de overheid dan wel een kerntaak om falende privébanken tot in den treure bij te springen? Een never ending story tot alle burgers, alle steden en alle overheden kapot zijn bespaard?

"Waarom zouden we de stuurlui aan het roer laten die hebben gezorgd voor de catastrofe? Waarom de leiding aan de privé overlaten?", vroeg ik me af in mijn boek. Het is toch niet meer dan logisch dat een staat die kapitaal in de banken inbrengt, er ook zelf het beheer van overneemt. Dat hij er een instelling van openbaar nut van maakt, zoals destijds de ASLK. Toegegeven, ook een openbaar statuut biedt geen waterdichte garantie. Maar dat statuut is in elk geval een waarborg tegen wild speculerende bankiers en tegen riskante operaties met onze spaarcenten en pensioenen. Een openbaar statuut maakt stringente regels mogelijk: Geen mandaat in private raden van beheer voor de bestuurders. Geen cumul. Afgebakende bezoldiging voor de bankleiding, zonder gouden parachutes. Een controlecomité met vertegenwoordigers van vakbonden, sociale organisaties en klanten, en met vetorecht in strategische beslissingen.

Vanaf 2008 hebben wij steevast gepleit voor een publieke bankensector. Een bank als dienaar van de reële economie en als publieke dienstverlener voor het grote publiek. Net zoals post, spoor- en luchtvervoer, water en energie, ziekenhuizen, scholen en universiteiten dat zouden moeten zijn. Een sector die zijn handen afhoudt van de internationale kapitaalmarkten en hun rommelproducten, en die alle gokafdelingen afstoot zodat met het spaargeld geen Russische roulette meer kan worden gespeeld. Een sector die de mensen betrouwbare hypothecaire leningen kan verschaffen, zoals de ASLK destijds. Die goedkoper werkt voor de klanten, omdat hij niet die waanzinnige rendementen van 20 of 30 procent moet nastreven. Die bereikbaar is voor alle mensen, ook voor de ouderen onder ons. Die zijn opbrengsten in de gemeenschap kan investeren: in sociale investeringen, energiebesparing, de zorg, duurzame economie. Die geen toestanden duldt zoals bij Dexia, dat via een Israëlisch filiaal geld steekt in de bouw van koloniale nederzettingen in de bezette gebieden. Die een bevoorrechte schuldeiser wordt van de staat en de gemeenten, zodat die niet langer gewurgd worden met torenhoge rentevoeten. En die, tot slot, een humaan personeelsbeleid kan voeren.

Dat zijn toch allemaal straffe argumenten, die je niet zomaar naast je neer kan leggen. Mijn goede vriend Danny Carleer was jarenlang ondervoorzitter voor de ACOD-delegatie in de ASLK. Hij heeft een website opgericht: www.openbarebank.be waar dagelijks nieuwe argumenten voor een publieke bank op staan. Zonder Danny, dat moet ik hier toch even vermelden, was dit hoofdstuk ook niet mogelijk geweest.

Waarom van Dexia Bank België niet een eerste speler maken van een nieuwe publieke bankensector, een modern Gemeentekrediet 2.0? Daar hebben al onze gemeenteraadsleden heel 2011 voor gepleit. Leningen aan gemeenten – die nu dikwijls een variabele en hoge interestvoet hebben – zouden dan omgezet kunnen worden in langetermijnleningen met een vaste interestvoet.

De Publieke Bank 2.0 zou zich kunnen richten op goedkope leningen aan particulieren en gemeenten omdat de eis van maximale winst wegvalt – en daarmee ook de speculatie van de bank. Zo kan de structuur, de activiteit en de werking van Dexia Bank België gezond worden. Met een toezichtcommissie waarin de vakbonden en verbruikersorganisaties vetorecht hebben als het over belangrijke beslissingen gaat.

Openbare good banks: naar een publieke bankensector

Aan de muur in het kantoor van Lloyd Blankfein, de senior CEO van Goldman Sachs in West Street 200, Lower Manhattan New York, prijkt een cartoon. We weten, Goldman Sachs is de zakenbank die in vrijwel alle stinkende potjes van de crisis opduikt: van de Amerikaanse rommelkredieten tot de opsmuk van de Griekse begrotingscijfers. Op de cartoon in het kantoor van de CEO kijken een vader en zijn zoon over het tuinhek naar een meute wolven die het huis van de buren binnendringt. "Ik weet dat je de buren zal missen, Bobby", zegt de vader, "maar het zijn zwakke en domme mensen, en daarom hebben we wolven en grote roofdieren."[47]

Beter kan je de kapitalistische kijk op de wereld niet uitleggen: we hebben roofdieren nodig om zwakke mensen op te eten. Die roofdieren hebben de hele samenleving in 2008 in een crisis gestort. In Europa alleen al moesten de landen 1.240 miljard euro toestoppen voor de muil van de wolven, waarvan 757 miljard aan garanties. Maar de roofdieren bleven jagen, ze vielen nu ook de "zwakke overheden" aan om ze te verscheuren. En Europese wolven die zich banken noemen, azen en loeren op honderd of tweehonderd miljard euro en noemen dat "herkapitalisatie", en de hap van de staatsgaranties moet daar bovenop.

Hoe meer de wolven gevoed worden, hoe groter ze worden, en hoe groter hun honger wordt.

De grote winnaars van de bankencrisis van 2008 waren... de grootbanken.

De Franse economist Eric Briys schrijft daarover: "De huidige crisis toont hoezeer de kracht en de macht van de banken is gegroeid. Na de crisis van 2008 legde iedereen uit dat we de omvang van de banken en financiële instellingen naar beneden moesten bijstellen. Maar vandaag constateren we: ze zijn nog nooit zo groot geweest. En nog nooit zo machtig en arrogant. Ze bedreigen de staten met besmetting: 'Als u ons laat vallen, ontploft het hele systeem.' Op die manier hebben ze geïnstitutionaliseerd wat economisten 'moral risk' noemen. Dat wil zeggen dat de banken de garantie hebben dat ze altijd gered zullen worden."[48]

De mening van Briys wordt door veel economisten gedeeld. "Banken die too big to fail zijn, weten dat ze kunnen gokken. Winnen ze, dan wandelen ze naar buiten met de poen op zak. Verliezen ze, dan zal de belastingbetaler de rekening wel betalen", zegt econoom Joseph

Stiglitz bijvoorbeeld. Hij voegt eraan toe: "En het slechte nieuws is dat dit probleem veel groter is geworden door de crisis en de manier waarop ze is aangepakt. Er is meer concentratie in de bankierswereld, er zijn vandaag grotere banken dan vóór de crisis, en bovendien is de zekerheid dat ze gered zullen worden vandaag groter dan twee jaar geleden."[49]

Een sector die te groot is om failliet te gaan, moet per definitie onder publieke controle komen. Geen enkele samenleving kan het zich veroorloven melkkoe te spelen voor een handvol privégokkers en cowboys. Op 27 mei 2011 heeft zelfs het IMF, toch niet bepaald een linkse club, zich over het fenomeen gebogen. Onder de titel 'The too Important-to-fail Conundrum: Impossible to ignore and difficult to resolve' heeft het IMF het bezorgd over de groeiende almacht van de grootbanken in de wereld. Het is moeilijk het probleem op te lossen, zo zegt het lijvige rapport, maar dat is alleen omdat het IMF van de politieke premisse vertrekt dat de financiële sector in geen geval een publieke sector mag worden.

Voormalig VRT-journalist Dirk Barrez formuleert op het progressieve onlineblad *DeWereldMorgen* het tegenovergestelde besluit: "Als de grootbanken een permanente publieke functie hebben, dan moeten overheden die uitoefenen en garanderen, net zoals fysieke veiligheid, faire rechtspraak, goede wegen of postbedeling overal."[50]

Deel 2.

Europa in het moeras

1. Het lagelonenland Duitsland

> Zonder waardigheid ben je geen mens. Ik zie te veel landgenoten die hun waardigheid kwijt zijn. Ze doen zwaar werk of heel nuttig werk maar ze worden er niet voor gewaardeerd. Men geeft hen het gevoel er niet meer bij te horen. Niet alleen voor arbeiders die vuil werk verrichten in fabrieken is dat zo maar ook voor opvoeders in kinderdagverblijven. Nog nooit hadden zoveel Duitsers psychische problemen. Er gaan nu stemmen op hen weg te steken in speciale klinieken. Een vader die maar zes euro per uur verdient, kan niet eens met zijn zoon of dochter op vakantie. Welk beeld krijgt zo'n kind van zijn ouder?
>
> Günter Wallraff

Dinsdag 31 mei 2011. Het regent in Houthalen-Helchteren. Het is 14 graden, veel te koud voor de tijd van het jaar. Voor nauwelijks 100 euro schuiven 160 ondernemers hun benen onder tafel voor een businesslunch in restaurant De Barrier op de Grote Baan. Zij lunchen samen met de nieuwe god in Vlaanderen, Bart De Wever. "Met een Vlaams front moet het mogelijk zijn hervormingen naar Duits model door te duwen", zegt De Wever. De ondernemers in het restaurant knikken instemmend. De spreker gaat door op zijn elan: "De sociale hervormingen in Duitsland waren hard. Maar ze werpen wel hun vruchten af. Dat moet hier ook gebeuren: besparen op de uitgaven en structureel hervormen. De Franstaligen willen dat niet, uit vrees voor een sociaal bloedbad. Dus moeten we een Vlaams front vormen. Met de partijen die het meest enthousiast zijn om hierin mee te stappen."[1]

Bart De Wever als heraut voor het Duitse Wirtschaftswunder. Uitrit crisis? Afrit Duitsland! De nieuwe hype van alle vrije markters. "Het voorbeeld ligt in het oosten, het nabije oosten, meer bepaald in Duitsland", ronkt de titel in *De Standaard*. En dan: "Het is een beetje zoals met het voetbal: een eenvoudig spelletje van elf tegen elf... en op het einde winnen de Duitsers. Kan België er wat van leren?"[2]

Een proeftuin voor loondumping en sociale dumping: de Ossi's

Op 14 september 2010 zendt de Duitse zender ZDF een reportage uit over de economische aspecten van de Duitse eenmaking: *Beutezug Ost. Die Treuhand und die Abwicklung der DDR*. In het Nederlands: Strooptocht oosten. Treuhand en de afwikkeling van de DDR. Ik zit op het puntje van mijn zetel. De documentaire brengt een veel genuanceerder beeld van de economie in de voormalige DDR dan dat van grijze, vervallen fabrieken. Natuurlijk was er de oude industrie, die we kennen van de beelden. Maar er was ook een moderne industrie, die we niet kennen. En er waren de Oost-Duitse openbare banken, die bij de annexatie in 1990 grof onder hun waarde aan West-Duitse privébanken werden verkocht. Vijf jaar later stelde het Rekenhof van de Bondsrepubliek vast dat die privatisering de heropbouw van de Oost-Duitse economie "sterk benadeelde".

De ZDF-reportage maakt ook de balans op van de curatormaatschappij. Die droeg de naam 'Treuhand': iemand die trouw (treu) het beheer voert over een eigendom ten bate van de eigenaar. Maar dit was geen beheer. Dit was een leegroof. Een strooptocht. "De DDR was economisch helemaal niet bankroet. Pas met de invoering van de D-mark tegen een valse omrekeningskoers waren wij bankroet", zegt Edgard Most, de voormalige topbankier die bij de publieke Oost-Duitse Staatsbank werkte, en nadien bij Deutsche Bank aan de slag ging. Op het einde van de activiteiten van Treuhand in 1994 waren duizenden openbare bedrijven aan de privé verkocht, bijna allemaal diep onder hun waarde. Bij aanvang van de operatie, in 1990, werkten er vier miljoen mensen bij de 12.000 bedrijven onder Treuhand-controle. Na vier jaar werk van André Leysen, de leider van Treuhand, bleven er nog maar anderhalf miljoen over.

Ik mag dat uiteraard allemaal niet schrijven in deze tijden van rechtse politiek correcte gedachten. Het over de maffiose praktijken bij de annexatie van de DDR hebben, is not done. Maar de eenmaking van

Duitsland, en de invoering van de nieuwe Duitse economische en monetaire unie op 1 juli 1990, was nu eenmaal de start van een ratrace naar beneden. Ongeveer 6 miljoen banen in het oosten gingen daarbij verloren. Bankier Edgard Most: "Kijk in Görlitz. Kijk in Bautzen. Schitterende stadjes, prachtig gerestaureerd. Maar het zijn Potemkim-dorpen, lege omhulsels. Miljoenen mensen zijn vertrokken. Zoiets komt nergens anders voor in de geïndustrialiseerde wereld. Dat kan geen land zich veroorloven."[3]

Het oosten van Duitsland werd een proeftuin voor het dumpen van lonen en sociale verworvenheden, voor het omzeilen van cao-akkoorden en voor het uittesten van nieuwe sociale verhoudingen. In het oosten mocht alles, en wat verkeerd liep werd op rekening van het Oosten geboekt. Het offensief werd begeleid door een schelle mediasymfonie over luie en verwende Ossi's die niet gewoon waren te werken. Die harmonie staat twintig jaar later opnieuw op de kiosk, maar nu tegen de luie en corrupte Grieken.

De proeftuin in het oosten stak de ogen uit van de ondernemers in heel Duitsland.

In 1993 vond Volkswagen dat het 30.000 arbeiders te veel had. Zoveel mensen op straat zetten is een dure operatie. Personeelsdirecteur Peter Hartz dokterde een oplossing uit: arbeidsduurvermindering met loonverlies. De autobouwers van Volkswagen moesten bijna een vijfde van hun loon inleveren, 17,9 procent om precies te zijn. De grote baas van Volkswagen, de schatrijke meneer Ferdinand Piëch, leverde niet in. Piëch erfde het bedrijf als kleinzoon van Ferdinand Porsche, de oprichter van Volkswagen. Hij verdiende een klein miljard euro aan de operatie van zijn personeelsdirecteur in 1993. En uiteindelijk verloren toch 32.000 VW-arbeiders hun baan.

Zo begon een algemene aanval van de Duitse patroons op de arbeidsverhoudingen. Vanaf 1996 werd loonbevriezing hun centrale ordewoord. De aanval werd even later ook op de politieke flank gevoerd. In 1998 waren de Duitse kiezers kanselier Helmut Kohl grondig beu, ze stemden de sociaaldemocraten aan de macht. De roodgroene coalitie van Gerhard Schröder wilde minder reglementering en minder voorschriften op de arbeidsmarkt. Deregulering dus. Zo moest het bijvoorbeeld makkelijker – lees: goedkoper – worden om mensen de laan uit te sturen. De nieuwe coalitie vond dat ook de loonkosten naar omlaag moesten. Het wemelde van uitspraken over te dure lasten op arbeid: er moest iets gebeuren aan de bijdragen die de patroons als deel van ieders loon storten voor de kassen van de sociale zekerheid. Die bijdragen moesten naar beneden. Maar de vakbonden hielden op dit punt voet bij stuk en de onderhandelingen erover mislukten.

Daarmee was de kous niet af. Rood én groen waren vastbesloten de Duitse arbeidsmarkt grondig te hervormen.

De derde weg van de "Genosse der Bosse"

Net voor de eeuwwisseling, als de oude eeuw verdwijnt in het mythische jaar tweeduizend, borrelt een dronken gevoel van new age op: een nieuwe lente, een nieuwe tijd! De moderniteit. Ook de sociaaldemocraten dompelen zich in die tijdgeest. Voor hen wordt dat: het nieuwe midden! Die neue Mitte. De Derde Weg. Het midden tussen wat? Tussen liberalisme en socialisme, zo zien ze dat. Gerhard Schröder is enthousiast. Hij zet dat enthousiasme voor die nieuwe koers op papier samen met die andere modernist van de sociaaldemocratie, die van over het Kanaal: Tony Blair. Hun manifest krijgt als Duitse titel: *Der Weg nach vorne für Europas Sozialdemokraten*. Het verschijnt in de hooimaand van 1999.

De openingszin van het manifest heeft het niet over een spook dat door Europa zou waren, maar luidt: "De sociaaldemocraten zijn nu aan de macht in bijna alle landen van de Unie". En de tekst vervolgt: "De sociaaldemocratie heeft een nieuwe aanvaarding gevonden omdat ze op een geloofwaardige manier is begonnen haar ideeën te vernieuwen en haar programma te moderniseren, terwijl ze aan haar traditionele waarden vasthoudt." De sociaaldemocratie zal zich moderniseren en het zal geloofwaardig zijn! Modern voor wie? Geloofwaardig voor wie? Aanvaard door wie? Het zijn vragen die niet meer gesteld worden.

Op 766 kilometer van Berlijn, in Brussel, is er een minister die geestdriftig reageert op die neue Mitte. Hij heeft de moderniseringsbeweging van de sociaaldemocraten in Engeland op de voet gevolgd toen hij, na een accident de parcours met smeergeld van een wapenproducent, in Oxford was beland. Zijn naam? Frank Vandenbroucke.

Voor de operatie "geloofwaardig moderniseren" doet Gerhard Schröder een beroep op zijn vrienden. Niet uit de vakbond. Niet uit de academische wereld. Niet uit de progressieve of democratische wereld. Neen, uit de ondernemerswereld. Hij spreekt zijn persoonlijke vriend Peter Hartz aan. Die kennen we als de fameuze personeelsdirecteur bij Volkswagen. Sommigen kennen hem beter als de organisator van lustreisjes bij Volkswagen, callgirls inbegrepen. Aan de vooravond van de nieuwe verkiezingen in 2002 vraagt Schröder aan zijn vriend Hartz een commissie op poten te zetten om de arbeidsmarkt te hervormen. Hartz werkt met zijn commissie de plannen uit: gemakkelijker ontslag, vermindering van de bijdragen voor de sociale zekerheid bij de lage lonen, de werkloosheidsuitkeringen in de tijd beperken, werklozen verplichten om het even welke job om het even waar in Duitsland te accepteren, de tijdelijke contracten stimuleren...

Die hele modernisering legt een bom onder het begrip "een baan hebben". Van "baan" naar "job". Niet langer een vast contract. Niet langer vaste uren. Niet langer een loon dat volstaat om rond te komen. Schröders bijnaam wordt al snel "der Genosse der Bosse", de kameraad van de bazen. Daarmee formuleert de volksmond voor wie de moderne sociaaldemocratie geloofwaardig en aanvaardbaar overkomt.

"Mensen worden doelbewust verkeerd geïnformeerd"

Niet dat wat Hartz en Schröder uitspoken, allemaal verborgen blijft. Integendeel, het wordt uithangbord. Ook van de tweede roodgroene coalitie, die midden oktober 2002 na twee weken onderhandelen in het zadel stijgt. "Roodgroen heeft altijd klaar en duidelijk gezegd dat het zijn bedoeling was de lagelonensector te vergroten", herinnert vakbondsman Detlef Hensche ons eraan.[4] Die roodgroene politiek leidde recht naar de totale loonconcurrentie, inclusief loondumping.

De Duitse groenen van Bündnis 90/Die Grünen zien er geen graten in. Ze zijn bereid aan de draconische afbraak mee te werken in ruil voor de belofte van 's lands ecologische modernisering en in ruil voor drie ministersposten. Het is de geboorte van het roodgroene marktdenken. Tot het bittere einde zullen de Duitse sociaaldemocraten én groenen hartstochtelijk de Hartz-wetten verdedigen.

De regering van kanselier Schröder neemt bijna alle voorstellen van de commissie-Hartz over in het document met de titel *Agenda 2010*. Die agenda wordt op 14 maart 2003 gelanceerd. "In de toekomst zullen wij niemand nog toestaan op kosten van de gemeenschap te blijven teren", vertelt Schröder daarbij aan de Duitse Bundestag. Tussen die dag en 1 januari 2005 keurt roodgroen vier hervormingspakketten goed: van Hartz I tot Hartz IV. Interimwerk wordt versoepeld, zodat het principe van gelijk loon voor gelijk werk vervalt. Er komen mini-jobs, die minder dan 400 euro per maand betalen. En, na één jaar werkloosheid valt men op een sociale bijstand terug, een soort OCMW-steun zeg maar.

Met al die precaire lonen kunnen de Duitse bedrijven hun producten aan lage prijzen verkopen in het buitenland. En dus meer marktaandeel verwerven op hun concurrenten.

De verontwaardiging over deze gang van zaken groeit, maar ook de angst. Want wie werkt, mag zich al gelukkig prijzen dat hij nog werk heeft, en houdt zijn mond. Er staan buiten genoeg mensen aan te schuiven die hem of haar kunnen vervangen voor minder geld en met een slechter contract. In augustus 2004 heeft de groene minister Joschka Fischer het erover in *Tagesspiegel*: "Ik neem de angst van de mensen heel ernstig maar wij kunnen hem ontzenuwen. Hartz IV zal niet zorgen voor massale verarming. Integendeel. Hartz IV zal, met behoud van een sociale basisverzekering, meer kansen bieden voor toegang tot de arbeidsmarkt." Volgens Fischer zijn de mensen angstig omdat ze "doelbewust verkeerd geïnformeerd en aan het twijfelen gebracht worden". En wel door lui die "alleen goedkoop politiek of ander profijt voor ogen hebben".[5] De minister doelt daarbij op vakbondskringen en op de linkse PDS. Michael Sommer, de topman van het Duitse vakverbond DGB, bijvoorbeeld heeft het over de "sociale declassering van mensen" door Hartz IV. "Voor honderdduizenden is het een verarmingsprogramma."

Hartz IV

Officieel heet Hartz IV: Vierde Wet voor moderne Dienstverlening op de Arbeidsmarkt. Het is een brutale tekst. Na één jaar zonder werk vervalt je werkloosheidsuitkering. Voor 55-plussers is dat anderhalf jaar. Daarna val je terug op een bijstand met de naam Arbeitslosengeld II. Op z'n Duits: ALG-II.

Die bijstand bedraagt vandaag 364 euro per maand voor een alleenstaande of gezinshoofd. Met een bijpassing tussen 215 en 287 euro voor kinderen, naargelang de leeftijd. En als je geen eigen huis hebt, ook nog een vastgesteld bedrag voor de huur en de verwarmingskosten. Tenminste als je ouder bent dan 25. Want tot je 25 ben je verplicht bij je ouders te wonen. Een eigen huurappartementje voor een jonge werkzoekende, dat is uiteraard overdreven luxe. De 364 euro moeten volstaan om alle kosten van voeding, kleding, gezondheid, transport, huisraad, communicatie en – godbetert – ontspanning, te dekken.

Maar voor je een beroep kunt doen op ALG-II, moet je eerst je spaargeld opmaken. Met spaargeld geen bijstand. Je mag ook geen partner met een inkomen hebben, of een ander gezinslid met een inkomen. Want dat wordt allemaal verrekend. Daardoor geraken veel vrouwen opnieuw economisch totaal afhankelijk van hun partner. Roodgroene moderniteit, weet je wel. Alle mensen met een beetje spaargeld of met wat hulp van familieleden vallen voortaan onder de categorie "niet-hulpbehoevend". Ze verdwijnen uit de werkloosheidsstatistieken.

Intussen besnuffelt de Bundesagentur für Arbeit, de Duitse RVA, driftig het privéleven van uitkeringstrekkers. Met toezicht op bankrekeningen maar ook met al dan niet aangekondigde huisbezoeken. Leef je niet samen met je partner? Heeft die partner geen job? Is deze flatscreen niet boven je stand? Kan die niet verkocht worden? Welke pillen moet je slikken, welke medicijnen? Enzovoort. Wanneer een controleur veronderstelt dat je omwille van dat tweede bord op tafel of het slipje of marcelleke naast je bed toch met iemand samenwoont, moet je zelf bewijzen dat dit niet zo is. De omgekeerde bewijslast dus. Bij een overtreding kunnen alle uitkeringen, ook de betaling van huur en verwarming, geschrapt worden. Een half miljoen Duitse werklozen heeft op die manier elke uitkering verloren.

Angela is één van hen. Zij kreeg einde 2010 een aanbod om – voor één euro per uur – in een schoolkantine te gaan werken. Dat viel haar zwaar. Angela was toen vier maanden zwanger. Door haar fysieke toestand zag ze dat niet zitten. Angela speelde drie maanden uitkering kwijt en ook haar aanvullende zwangerschapsuitkering.

Eén euro per uur? Het klinkt als een verhaal uit Haïti. Maar dit is Duitsland: hier zijn werklozen verplicht de arbeidskansen van de 1-eurojobs aan te nemen. Dan moet je in weer en wind hagen scheren, straten vegen, boodschappen doen voor verzorgingsinstellingen of openbare gebouwen schoonmaken. Je ontvangt dan bovenop je 364 euro ALG-II maximum 1,50 euro per uur. Officieel gaat het alleen om arbeid die "aanvullend en nuttig is voor de samenleving". Maar ook privéfirma's maken er gebruik van. En zo verdwijnen vaste arbeidsplaatsen.

Al wie overbodig bevonden wordt, belandt in een statuut onder het bestaansminimum. Dat is het "meer kansen op toegang tot de arbeidsmarkt" van Gerhard Schröder en Joshka Fischer. Het activeringsbeleid. En naast die hongeruitkering is er de verplichting. Elke dag van de week, behalve zondag, moet je klaar staan en beschikbaar zijn, van 8 uur 's morgens tot 8 uur 's avonds. En je mag dan het district van je arbeidsbureau niet verlaten. Je moet bereid zijn gelijk welke baan gelijk waar te aanvaarden. Om je werkwilligheid te bewijzen moet je honderden kilometers ver gaan solliciteren. Ongeacht je opleiding. Ook wanneer die nieuwe job geen levensminimum biedt. Want dat wordt je bijgepast tot het Arbeitslosengeld II. Het is een uitgekiend systeem van moderne dwangarbeid.

In 2010 werden volgens informatie van de Bondsregering 828.300 sancties uitgesproken tegen Hartz IV-trekkers. Volgens het Werklozenforum Duitsland was zeventig procent van die straffen onterecht. "De straffen van de jobcentra zijn totaal overtrokken. Al wanneer iemand een afspraak mist of te laat komt, verliest hij tien procent van zijn uitkering. Bij ander plichtsverzuim zelfs dertig procent. In geval van herhaling is de inhouding nog groter: eerst dertig, dan zestig en daarna zelfs honderd procent, de totale intrekking van het bestaansminimum", zegt Martin Künkler. Hij is medewerker van de Coördinatie van Syndicale Werklozengroepen.[6]

Hartz IV bezorgt rechters veel werk. Er zijn al viermaal zoveel klachten als in 2005, toen Hartz IV van kracht werd. De Berlijnse rechtbank voor sociale zaken kreeg in 2010 32.000 gevallen te behandelen. In 2004 had ze zestig rechters, intussen zijn dat er honderdzesentwintig van wie zich zeventig uitsluitend met problemen in verband met Hartz IV bezighouden. Zeventig rechters die voltijds de problemen van de werklozenjacht onderzoeken, in Berlijn alleen![7]

Hartz IV heeft ervoor gezorgd dat het werkloosheidsprobleem uit het oog is verdwenen. Het probleem werd namelijk verlegd naar de werkloze. Hij is de schuldige. Hij alleen is verantwoordelijk. De roodgroene Hartz-wetten hebben geleid tot een stigmatisering van de werklozen. "Hartz" is nu een veelgebruikte term in het Duits. "Ein Hartzer" is een nietsnut en het werkwoord hartzen werd in 2009 zelfs verkozen tot het woord van het jaar. Het staat voor nietsdoen, chillen, luieren en daar toch geld voor krijgen.

Maar voor wie werkloos is, staat Hartz IV voor angst en schaamte. Een merkteken. Bernd Mombaüer werkt bij het centrum voor werklozenbegeleiding van Köln. Het centrum draait op steun van kerken en sociale organisaties. "Voor veel mensen is Hartz IV een catastrofe. Wie op deze sociale hulp terugvalt, kan dat psychologisch moeilijk verwerken en blijft daar dikwijls in zitten. Slechts weinigen geraken eruit", zegt Mombaüer.[8]

Het stemt allemaal tot nadenken, zeker in een land waarin mensen als Bart De Wever ernaar smachten dat ook in te voeren, en wel liever vandaag dan morgen:

"Iemand die ik zeer bewonder en die niet altijd het respect krijgt dat hij verdient, is Gerhard Schöder. Hij verdient grote erkentelijkheid. Hij is een socialist die de moed heeft gehad de voor Duitsland noodzakelijke hervormingen door te duwen. Als Duitsland vandaag zo sterk staat, dan dankt het dat aan de maatregelen die Schröder heeft genomen. Hij heeft het land grondig gezond gemaakt. De Duitse kiezer heeft er hem niet voor bedankt... Maar hij was een moedig man. Ik houd eraan hem hulde te brengen."[9] Daarmee laat De Wever pijnlijk duidelijk zien hoe beklemmend het politieke eenheidsdenken wel is.

"Hoe kan in godsnaam een land dat zijn armoede met meer dan een kwart zag toenemen, een rolmodel zijn voor Europa?", reageert ACV-voorzitter Luc Cortebeeck. "Als gevolg van de verspreiding van minicontracten en de afwezigheid van minimumlonen steeg het aantal Duitsers die volgens de Europese normen door een te laag inkomen armoede riskeren, op amper vier jaar tijd met 26,4 procent: 2.630.000 mensen erbij. Een groot deel van die armen werkt. Bij de werklozen is het nog schrijnender: vier op de vijf werkloze Duitsers lopen het risico in armoede te belanden. Geen enkele andere Europese lidstaat doet slechter." En Luc Cortebeeck besluit: "Het enige wat Duitsland met deze voorstellen op lange termijn naar de rest van Europa exporteert, is loondumping en armoede."[10]

Aan de andere kant van de berg wonen mensen zoals Doris K.

De hoogste stad in Europa ligt in Zwitserland: Davos. Een skiresort en naar eigen zeggen een echt "Ferienparadies für den aktiven Urlaub in herrlicher Berglandschaft". En laat de sky nu net the limit zijn. Waar beter dan in de hoogst gelegen stad op het oude continent kunnen business leaders en hun vrienden uit de politiek elkaar jaarlijks ontmoeten?

Op de samenkomst van The World Economic Forum einde januari 2005 is kanselier Gerhard Schröder in zijn nopjes. De bankierswereld, de zakenwereld, ondernemers en politici, ze zijn allemaal naar de grote zaal afgezakt voor zijn toespraak. Het is zijn moment. "Wij moesten onze arbeidsmarkt liberaliseren en we hebben dat gedaan. We hebben een van de beste lagelonensectoren van Europa uitgebouwd. Er zijn daarbij hevige discussies gevoerd met sterke belangengroepen. Maar wij hebben die doorstaan. We zijn ervan overtuigd dat het nieuwe systeem op de arbeidsmarkt succesrijk zal zijn. Dames en heren, dit programma, dat we ondanks hevige maatschappelijke tegenstand toch doorgevoerd hebben, begint te werken. We hebben in Duitsland nu al ettelijke jaren geen groei van de loonkosten per product. We kunnen op het vlak van internationale concurrentie exportresultaten voorleggen die niet een teken van zwakte, maar een teken van sterkte zijn. Want we hebben in een tijd van stagnatie geen marktaandeel verloren maar integendeel gewonnen."

Het Davos-moment voor de sociaaldemocraten. Op YouTube kan je de toespraak nog bekijken. Een lagelonensector uitbouwen zodat de producten goedkoper worden. En daarmee markten veroveren op buitenlandse concurrenten. Het is de kern van het Duitse Wirtschaftswunder.

Maar de berg is zo hoog als het dal diep is. En aan de andere kant van de berg wonen mensen zoals Doris K. Mensen die niet langer rondkomen met één baan. Doris is vijftig. Ze werkt al haar hele leven als thuisverpleegster. De Berlijnse ziet, zoals zoveel collega's, haar werk niet als een job maar als een engagement. Een optimist is ze, Doris, het type dat niet zaagt en klaagt maar de koe bij de hoorns vat. Met haar loon is ze niet tevreden. "Oké, ondertussen heeft de sector een minimumloon van 8,50 euro. Maar ik heb een contract van dertig uur. Daarmee zou ik amper duizend euro bruto verdienen. Ik moet kiezen: meer uren doen of bij de sociale dienst aankloppen."

Doris koos ervoor voor meer uren te gaan. Sommige weken haalt ze zelfs 57 uren. "De baas verrekent mijn overuren gedeeltelijk als verlofdagen of ziektedagen, al is dat niet toegelaten. Ik heb er klacht tegen neergelegd. Het klimaat in ons bedrijf laat te wensen over. Wie zijn mond durft opendoen, krijgt het deksel op de neus. Onze chef gedraagt zich als een despoot. Hij bepaalt wie het minimumloon krijgt en wie niet. Hij maakt ook moeilijkheden over de kosten voor vervoer en brandstof." Het personeelsverloop is dan ook heel groot. "Sommige patiënten hebben de laatste twee jaar dertig tot veertig verschillende verpleegsters leren kennen. Zo is een vertrouwensband of een waardevolle omgang met patiënten nog moeilijk haalbaar."

Als het water zakt, kraakt het ijs: door de Hartz-hervormingen sloeg de armoede toe. De Oeso komt tot de ontnuchterende vaststelling: "Sinds 2000 zijn inkomensongelijkheid en armoede in Duitsland sneller gestegen dat in de andere Oeso-landen. Beide indicatoren zijn in vijf jaar tijd, tussen 2000 en 2005, sneller gestegen dat tijdens de vijftien voorgaande jaren."[11]

Dat is de pijnlijke balans van zeven jaar roodgroen beleid. Duitsland bouwde zijn exportpositie op ten koste van de eigen werkende bevolking. De economist Hans-Werner Sinn was jarenlang adviseur van de sociaaldemocraten op het kabinet van Arbeid en Sociale Zaken. Hij vat de balans van roodgroen als volgt samen: "De uitbouw van een sector van lage lonen en van zeer lage lonen is niet het bewijs van de mislukking van onze Agenda 2010, maar van haar succes."[12] Armoedelonen, ons grootste succes!

Vijftig cent voor een kamer, vijfenzeventig cent voor het bad

Goed acht maanden na het Davos-moment van Schröder komt er na nieuwe verkiezingen een "grote coalitie" tussen sociaaldemocraten en christendemocraten uit de bus. Op 22 november 2005 wordt Angela Merkel de eerste vrouwelijke kanselier van het land. De SPD behoudt het ministerie van Arbeid en Sociale Zaken, de sleutelpost bij de hervorming van de arbeidsmarkt.

De grote coalitie blijft het ingeslagen pad bewandelen. Export über alles. De uitvoer moet zorgen voor de economische groei. Dat betekent dat de aanval op lonen en arbeidsomstandigheden onverminderd wordt voortgezet. De consumptie van de gezinnen maakt een vrije val: van 59 procent van het bbp in 2006 naar 56 procent in 2008. Het is het jaar waarin Norbert Walter, de hoofdeconoom van Deutsche Bank, doodgemoedereerd komt vertellen dat veel Duitsers zich moeten voorbereiden op een toekomst met een loon dat onvoldoende zal zijn om van te leven.[13]

Ulrike B., het is niet haar echte naam, weet wat zo'n uitspraak betekent. Als kamermeisje werkt ze voor drie euro per uur. In haar contract is bepaald dat ze volgens het aantal gepoetste kamers wordt betaald: vijftig cent voor een kamer waar de gast nog in verblijft, vijfenzeventig cent voor het bad. "Ik werk dikwijls veertig tot vijftig uur per week, maar houd aan het einde van de maand amper zeshonderd euro over", vertelde het meisje in de zomer van 2010 aan *Financial Times Deutschland*.

"Duitsland evolueert van een klassenmaatschappij naar een kastenmaatschappij", zegt de schrijver Günter Wallraff. Inderdaad. In 2010 kwamen er in Duitsland meer dan vijftigduizend euromiljonairs bij. Vijftigduizend! Dat is 7,2 procent meer dan het jaar voordien. Intussen moeten Ulrike, Doris en zoveel anderen schrapen om rond te komen. Ja, de armoede van de ene is de rijkdom van de andere. Ze zijn nu met 862.000, de Duitse miljonairs. Anders gesteld: bijna één op drie Europese miljonairs, en dat zijn er drie miljoen, woont in Duitsland.[14] Aldi-chef Karl Albrecht bijvoorbeeld. Hij zag zijn privévermogen toenemen tot 17,7 miljard euro. Of Susanne Klatten van BMW die niet weet wat gedaan met haar 10,1 miljard euro persoonlijk fortuin.

Toen tussen 1999 en 2003 de paarsgroene regering in ons land de hoogste belastingschalen afschafte en de vennootschapsbelasting verlaagde van 40 naar 33,9 procent, was dat een kopie van wat de roodgroene regering in buurland Duitsland in die jaren deed. Ook daar schafte roodgroen de hoogste belastingschalen af en verlaagde ze de vennootschapsbelasting van 45 naar 25 procent.

De belastingverlagingen sinds 1998 hebben de Duitse staat tot vandaag 400 miljard euro armer gemaakt. Was fiscaal alles zo gebleven als bij het aantreden van roodgroen, dan zou de fiscus nu 51 miljard euro meer innen per jaar. Dat berekende het Duitse Instituut voor Macro-economie en Conjunctuuronderzoek IMK.[15]

De neoliberale stelling dat belastingverlaging, in combinatie met een zuinig begrotingsbeleid, voor groei zorgt en daardoor de staat meerinkomsten bezorgt, werd dus nog maar eens ontkracht. Nee, die neoliberale fantasie heeft niks met de realiteit van doen. De fiscale geschenken, die vooral "welstellende" gezinnen ten goede kwamen, konden de conjunctuur niet stimuleren, zo concluderen de wetenschappers van het IMK sec en streng. Onder de streep bleef voor de staat alleen maar een minus.

Het besluit van het instituut is dan ook dat de hoop, in binnen- en buitenland, dat belastingverlagingen zich uiteindelijk zelf financieren, ijdel is gebleken. Was alles bij het oude gebleven, dan ging de overheid van de Bondsrepubliek niet gebukt onder een budgettair tekort maar had ze een overschot.

Dat in dezelfde periode de grote vermogens buitengewoon gestegen zijn, is er het bewijs van dat de politiek gewenste herverdeling van onder naar boven formidabel gewerkt heeft, zo besluit het gezaghebbende instituut sarcastisch.

Exportweltmeister: leve de schuld van de buren!

Om Duitsland naar het walhalla te exporteren was er nog een straffer paardenmiddel nodig dan de lage lonen alleen. Hans Tietmeyer kende er het recept voor. Tietmeyer was ten tijde van de oprichting van de Europese Centrale Bank (ECB) in 1998 de voorzitter van de oppermachtige Duitse centrale bank, de Bundesbank. Hij regelde dat de hoofdzetel van de ECB in Frankfurt kwam en waakte erover dat de basisrente van de ECB laag was. Op het moment dat aan de overkant van de Atlantische Oceaan Alan Greenspan de Amerikaanse rente naar vijf procent bracht, zorgde Tietmeyer er via zijn vriend Wim Duisenberg voor dat de rente van de ECB op 2,5 procent bleef staan. Tussen 1999 en 2001 werd Europees geld dus fors goedkoper en dat was goed nieuws voor de Duitse industrie.

Het was driedubbele pep: de dalende munt, de ultralage rentetarieven en daar bovenop de loonkostenverlagingen. Schröder en Tietmeyer konden daarmee de Duitse economie uit haar lethargie halen. Die ontwikkelde zich tot een fenomenale exportmachine. In 2008 stak Duitsland de veel grotere Verenigde Staten voorbij en werd voor een jaartje Exportweltmeister. De Duitse handelsbalans kreeg een fors en groeiend overschot: 154 miljard in 2010. Ja, de euro was uitstekend nieuws voor Duitsland.[16]

In 2010 exporteerde Duitsland voor 960 miljard euro, vooral voertuigen, chemische producten, elektrische apparaten en machines. De Bondsrepubliek heeft veel overheidsgeld gepompt in onderzoekscentra van grote bedrijven, die het betere gamma als niche hebben. De nieuwe Chinese, Braziliaanse en Indische rijken willen liever een BMW of Mercedes kopen dan een Renault of een Fiat.

De Chinese industrie is zich in een razendsnel tempo aan het upgraden naar productie met een grotere toegevoegde waarde dan die van bijvoorbeeld goedkope T-shirts. Daarvoor zijn hoogtechnologische machines en robotten nodig. En wie maakt die? Duitsland.

Maar, en dit wordt wel eens uit het oog verloren, vijfenzestig procent van de Duitse export gaat naar de Europese Unie zelf.[17]

In standplaats Duitsland gold het principe Beggar thy Neighbour, leef ten koste van je buur, breng hem tot de bedelstaf, of het nu een verre of een naaste buur is. Met hun agressieve loonpolitiek en lage rentes palmden Duitse bedrijven buitenlands marktaandeel in ten koste van andere Europese landen, ten koste van andere Europese industrie en ten koste van heel veel arbeidsplaatsen in die landen. De importlanden moesten zich in de schulden steken om hun import te kunnen betalen. De Duitse exportboom aan de ene kant en de groeiende schuldenberg in Ierland, Griekenland, Italië en Portugal aan de andere kant: twee kanten van dezelfde medaille.

Of zoals het financiële dagblad *De Tijd* het samenvatte: "Om het scherp te stellen: Duitsland behaalde zijn indrukwekkende groeicijfers op kap van het buitenland, ook de landen van de eurozone. Nog scherper: de Grieken kochten zich blauw aan Duitse producten."[18] Leve de schuld van de buren...

Drogisterij Schlecker, Pieter Timmermans en het minimumloon

Anton Schlecker heeft een drogisterij met zo maar eventjes 14.000 filialen en 25.000 personeelsleden. Met een fortuin van 2,5 miljard euro is hij een van de rijkste mensen in Duitsland. Beleefd is hij niet. Op de ondernemingsraad noemde hij een personeelsafgevaardigde "blöde Kuh". Lompe koe, is dat. Schlecker volgt dan ook een sociale ramkoers. Zijn plan? Het personeel ontslaan om het nadien aan een dumpingloon opnieuw te werk te stellen. Een groots plan om nieuwe winkels op te zetten. Hij heeft er de nederige naam "Schlecker XL-Markten" voor bedacht. Extra smalle lonen, XS, in extra grote winkels, XL. En dus zet meneer Schlecker zelf een uitzendkantoor op: "Menschen in Arbeit" of kortweg Meniar. En, mooi gezien, Meniar valt niet onder de cao-afspraken van de sector. En dus kan Schlecker 6,5 euro loon betalen in plaats van het minimumloon van 12,7 euro. Een halvering! Dat heeft hij even mooi uitgekiend.

Waren er niet de verkoopsters van Schlecker. De mensen in arbeid, zeg maar. Want die nemen dat allemaal niet. Ze gooien roet in het eten. Na twee jaar actievoeren bekronen de dappere verkoopsters hun verzet. Schlecker moet zijn plan opdoeken.

In Duitsland bestaat er geen interprofessioneel wettelijk minimumloon, dat voor iedereen geldt. Alleen sommige sectoren hebben een eigen minimumloon. Dat blijft niet zonder gevolgen. Volgens het Bondsagentschap voor Arbeid is het aantal mensen met meerdere jobs sinds 2003 verdubbeld tot 2,4 miljoen. Meestal gaat het om een hoofdjob met daarnaast een mini-job. Deze mensen moeten er na hun uren nog een extra nachtbaantje of zaterdagwerk bij nemen, omdat de reële lonen zo laag zijn.[19] Om de eindeloze spiraal van loonconcurrentie naar beneden tegen te gaan, eisen de Duitse vakbonden een wettelijk minimumloon van 10 euro voor iedereen. Dat zou 7,7 miljoen mensen een loonsverhoging opleveren. Gelijk loon voor gelijk werk, is het uitgangspunt van de vakbonden. Equal pay. Vanaf de eerste arbeidsdag. Volgens studies van de Friedrich Ebert Stiftung zou het instellen van zo'n minimumloon de staatskas 12,8 miljard euro opleveren.[20]

Merkwaardig genoeg mengt directeur-generaal Pieter Timmermans van het Verbond van Belgische Ondernemingen zich in juni 2011 opeens in dat debat. Hij kruipt in zijn pen voor een stuk met als titel: "Duitsland wel degelijk een goed voorbeeld". Daarmee is alvast duidelijk welke richting het VBO wenst uit te gaan met ons land. In zijn tekst laat Timmermans zich ontvallen dat hij niet wil dat Duitsland "een interprofessioneel minimumloon invoert, zoals sommigen verdedigen". Dat is helemaal niet nodig, schrijft de directeur-generaal want "dat heeft betrekking op de working poor, waar Duitsland beter scoort dan gemiddeld."[21]

Heeft Timmermans het nieuwe rapport van de Verenigde Naties over Duitsland niet gelezen, dat een maand eerder is uitgekomen? Daar staat te lezen dat een recordaantal Duitsers – 13 procent van de bevolking – onder de armoedegrens leeft. Er zijn 2,5 miljoen kinderen bij. En 1,4 miljoen mensen mét een baan. Working poor dus.[22] Timmermans liegt dat hij zwart ziet maar dat deert hem wellicht niet. De waarschuwing tegen een veralgemeend intersectoraal Duits minimumloon is vooral voor... ons land bedoeld. In België wordt het minimumloon – een gewaarborgd gemiddeld minimum maandinkomen – geregeld door CAO nr 43 van de Nationale Arbeidsraad. Deze regeling is een doorn in het oog van de patroons, het Vlaamse Voka op kop.[23] Zij willen het minimumloon weg.

De conservatieve kramp

In ons land zijn VBO-topman Timmermans en Bart De Wever niet de enigen die de weg willen vrijmaken voor het Duitse verpauperingsmodel. Ook anderen proberen met hun ideologische machete de weerstand tegen het model weg te maaien.

"De conservatieve kramp, zo kenmerkend voor elk grondig debat over verandering in ons land, dook weer op. Het Duitse model werd verdacht gemaakt. Hamburgerjobs, sociale afbraak, working poor... alles werd uit de kast gehaald om toch maar niet het Duitse voorbeeld van de vorige socialistische bondskanselier Gerhard Schröder te moeten volgen." Hier is Alexander De Croo aan het woord. De voorman van Open Vld vervolgt: "Dat de Duitse werkloosheid in de voorbije jaren ondanks de crisis halveerde, vergeet men natuurlijk te zeggen." Daarmee zit Alexander De Croo trouw op de lijn van het VBO. Hij heeft als uitsmijter nog een raadgeving in petto voor de formateur: "Hopelijk heeft Elio Di Rupo de moed een Gerhard Schröder te zijn."[24]

Het verontwaardigde vertoon van De Croo: "Het Duitse model wordt verdacht gemaakt!" Welke snoodaard, met een conservatieve kramp nog wel, heeft het gewaagd zoiets te doen? Misschien is het Bärbel Pross wel. Zij kent wat van een proper Duitsland. Bärbel is schoonmaakster bij de Berlijnse firma Gegenbauer. Haar autootje is altijd volgeladen met poetsmiddelen, papieren handdoeken en wc-papier. Ze moet er elke werkdag ook nog eens vijf ferm gevulde vuilniszakken bij proppen.

Ze verdient 8,40 euro per uur. Maar wat voor dat loon van haar verlangd wordt! Dat is niet meer normaal. "Vroeger moest je in vier uur tijd een verdieping van tweeduizend vierkante meter kuisen in het gebouw van de Duitse pensioenverzekering. Vandaag heb ik een contract van 3,8 uur per dag. In die tijd moet ik mijn verdieping schoongemaakt hebben. Ik weet soms gewoon niet meer waar mijn kop staat", zegt Bärbel. Ze heeft lange tijd onbetaalde overuren geklopt, gewoon om haar werk gedaan te krijgen. Dat doet ze nu niet meer. "Met al die overuren zou ik een jaar betaald verlof hebben", lacht ze. Ze concentreert zich nu bij het schoonmaken op het essentiële.

Bärbel heeft er een tweede baan bijgenomen. In de kleinhandel. Dat verdient 12,60 euro per uur. "Spijtig dat ik daar mijn aantal uren niet kan optrekken. Nu moet ik wel blijven schoonmaken. Hoeveel Gegenbauer voor mijn schoonmaakwerk krijgt? Dat kan ik niet nachecken. Het zal zeker niet minder zijn dan vroeger. Toch wordt op het personeel bespaard. Het Duitse model is een onding!"

Maar, zo stribbelt De Croo tegen, de werkloosheid is wél met de helft gedaald. Is dat zo? We hebben al geschreven over de werklozen die gewoon uit de statistieken zijn verdwenen wegens niet uitkeringsgerechtigd. Omdat ze bij papa of mama wonen, omdat ze een lief hebben dat wel een job heeft, omdat ze nog enkele maanden verder kunnen dankzij een erfenis. Of omdat ze gesanctioneerd werden. Nee, over de verborgen werkloosheid hoor je De Croo niet.

Tussen 1999 en 2008 verdwenen in Duitsland volgens de statistieken van Eurostat 180.000 voltijdse banen. 130.000 bij de mannen en 50.000 bij de vrouwen. Maar er kwamen niet minder dan 2,7 miljoen deeltijdse baantjes bij in die periode. Officieel heb je een "baan" vanaf het ogenblik dat je één uur per week werkt. Interimarbeid, mini-jobs, tijdelijke tewerkstelling, noem maar op. Vooral vrouwen kwamen in die nieuwe baantjes terecht. Duitsland creëerde geen tewerkstelling, het deed alsof: door goedbetaalde voltijdse arbeid op te splitsen in twee, drie of vier tijdelijke, onderbetaalde baantjes.[25]

Eén op tien banen in Duitsland is een mini-job, ook wel 400-eurojob genoemd. Die 400 euro is een magische grens: tot dat bedrag moet de baas geen sociale zekerheid betalen. De meeste mini-jobs verdienen een pak minder. Het gemiddelde maandloon ervan is 250 euro per maand. Dat betekent dat de overheid die baantjes dus sponsort.[26] Resultaat: er zijn in Duitsland twee miljoen banen minder die bijdragen aan de sociale zekerheid dan in 1991. Dat is het model dat garant moet staan voor heel Europa. Voorwaar een emanciperende visie op tewerkstelling. Maar als je dat zegt, lijd je dus aan een conservatieve kramp.

"Ik denk dat ze in uw land niet goed weten waar ze over praten"

Günter Wallraff, vooral bekend van het boek *Ganz Unten*, vertaald als *Ik, Ali*, denkt daar het zijne van: "De sociaaleconomische politiek heeft veel Duitsers in de Scheisse doen belanden. Neen, Duitsland is zeker geen voorbeeld voor België."[27]

Hij gaf een lang interview aan *De Standaard*. Dat loopt zo:

De Standaard: "Belgische politici lopen elkaar voor de voeten om het profijt van de Duitse sociaaleconomische politiek te roemen. Ze juichen dat er een nieuw Wirtschaftswunder is en dat België dat best kopieert."

Wallraff: "Ach zo. Ik denk dat ze in uw land niet goed weten waar ze over praten. Ik weet dat Duitsland in het buitenland goed scoort. Er worden statistieken geciteerd over de economische groei, over de daling van het aantal werklozen. Maar veel van die statistieken geven maar de halve waarheid of ze worden gemanipuleerd. Een voorbeeld. Men zegt dat de voorbije jaren in Duitsland twee miljoen nieuwe jobs zijn gecreëerd. Dat klopt. Maar men vergeet eraan toe te voegen dat slechts een kwart van die nieuwe arbeidsplaatsen een loon heeft dat voldoende is om van te leven. Er zijn 1,4 miljoen Duitse werknemers die wel werk hebben, maar niet genoeg verdienen om in hun basisonderhoud te voorzien. We spreken hier over jobs waarvoor vijf tot acht euro per uur wordt betaald. Dan kom je aan een maandloon van zo'n 900 euro per maand. Dat zijn armen die werken, working poor. En dan heb ik het niet eens over de zogenaamde mini-jobs. Dat zijn klussen en karweien die werklozen verplicht moeten opknappen voor soms maar één euro per uur. Vindt u dat normaal? Het zijn mensen die stickers en kauwgom van verkeerspalen moeten krabben. Zulke mensen beroof je van hun waardigheid."

De Standaard: "In de auto op weg naar hier vertelde Alexander De Croo tijdens een radio-interview dat de armoede in Duitsland daalt. Klopt dat?"

Wallraff: "Wablieft? Duitsers zijn altijd goed geweest in het bijhouden van statistieken. Over alles, zelfs over de meest verwerpelijke dingen. Ook de armen in ons land worden goed gemonitord. Evangelische kerken, katholieke organisaties, sociale instellingen en ook de overheden houden de armoede goed in de gaten. Ik ken geen enkele studie of enquête waaruit zou blijken wat die Belgische mijnheer zegt. De armoede neemt toe. Erger nog, de armoede wordt structureel, ze gaat sneller over van de ene op de volgende generatie. Ook door het slechte onderwijssysteem in Duitsland. Wat dat betreft worden we stilaan een onderontwikkeld land. Wie het tegendeel beweert, zoals die mijnheer die u citeert, doet gewoon aan propaganda."[28]

"Een kwestie tussen onder en boven"

Eind februari 2011 protesteerden de arbeiders en bedienden van de metaalsector in heel de Bondsrepubliek. De acties waren gericht tegen het nieuwe wetsontwerp dat in de Bondsdag voorlag: géén minimumloon voor de metaal, geen enkele beperking meer voor interimarbeid, géén gelijk loon met vast personeel...

Toch blijft georganiseerd verzet bij onze buren in het oosten vooralsnog klein. "Ik zie niet meteen de mogelijkheid van groot sociaal protest in Duitsland. Maar dat kan snel veranderen." Dat is de teneur in de toespraak van Bernd Riexinger, de verantwoordelijke van ver.di (de grootste vakbond voor de sector van de dienstverlening) in Stuttgart, op een vakbondsconferentie op 9 juli 2011. Ook Dieter Sauer van het Instituut voor Sociaalwetenschappelijk Onderzoek in München is er spreker. De situatie in de bedrijven is getekend door "diepe ervaringen van onmacht", zegt Sauer. Maar ook door het groeiende inzicht, zo wijst zijn onderzoek uit, dat achter de problemen "niet alleen de macht van bepaalde personen staat, maar de hele kapitalistische economie. Dat inzicht beschouw ik als een vooruitgang." Een terugkeer naar de oude modellen van optreden ziet de wetenschapper niet zitten. "Het corporatisme zit vol scheuren en barsten. Win-winsituaties door onderhandelingen alleen zijn er niet gek veel meer."

"De solidariteit organiseren is de kern van vakbondswerk, dat moet centraal staan", komt Christa Hourani van het Initiatief voor de uitbouw van een Netwerk van linkse Vakbondsmensen tussen op de conferentie. Bernd Riexinger voegt eraan toe: "Wij moeten duidelijk maken dat het bij de zogenaamde hulp aan Griekenland niet gaat om een kwestie tussen Duitsland en Griekenland maar om een kwestie tussen onder en boven. Overal moet de oplossing zijn dat zij de crisis betalen, die haar veroorzaakt hebben en die ook het geld hebben."

Het ziet er allemaal zo mooi uit in de Duitslandfolder van de toeristische dienst: Bruisende steden met architectonische highlights, winkelparadijzen en een spannend nachtleven. Betoverende vakwerkplaatsjes en traditionele wijndorpjes met gezellige feesten en hun traditionele specialiteiten. Fascinerende landschappen in een schilderachtige natuur. Burchten en kloosters en de typisch Duitse romantiek. Het plaatje van een land met duizend mogelijkheden. Maar Duitsland is ook het land met 1,4 miljoen working poor, met 2,5 miljoen kinderen in armoede, met 7,5 miljoen analfabeten.

Mag een toevallige ontmoeting dit hoofdstuk afsluiten? Een babbel langs de autoweg met Jürgen, een trucker uit het Duitse Essen: "Mensen knarsen op hun tanden. Er gaat een ogenblik komen dat iedereen er genoeg van heeft. De politici zien dat totaal niet aankomen. Ze zijn zo vervreemd, zo corrupt. Niemand wil nog van hen weten. Het is emotioneel, het zit hoog, overal. Ik weet niet wanneer het gaat uitbarsten maar ik weet wel dat het zal uitbarsten. En wanneer het aan de oppervlakte komt, ja, dat zal een explosie zijn. Wij moeten vooral zien dat die ontploffing ook een kracht zal worden."

2. In Griekenland botsen twee werelden met elkaar

Toen de dageraad aanbrak
stond Theseus, de zoon van Aegaeus, van zijn bed op.
Hij bond glanzende sandalen aan
en wandelde langs de golfrijke zee.
Daar zag hij een groep mensen
ellendig jankend als de schicht van pijlen.
Ook zag hij zeven Atheense jonggezellen en zeven dochters
die aan boord van een schip met zwarte zeilen werden gebracht,
de handen gebonden met zwaar touw.
Theseus vroeg met heldere stem:
"Wie zijn die jonge mensen?"
"Snelvarende schepen varen hen naar Kreta.
Wij hebben medelijden met hen."
"Waarom?", vroeg Theseus. "Wat gebeurt er dan met hen?"
"Weet je dat dan niet?
Ze worden levend gevoerd aan de Minotaurus,
het woedige dier dat in het doolhof op Kreta woont,
aan de zoom van de wijnkleurige zee."

Griekenland en de zee! Omgeven door twee zeeën, de Ionische Zee in het westen en de Egeïsche Zee in het oosten, is het schiereiland altijd een land van zeevaarders geweest. Toen het gewelfde schip van Theseus, die de Minotaurus op Kreta had overwonnen, de haven van Athene weer binnenvoer, vergat de held dat hij witte zeilen moest hijsen, in plaats van de zwarte. Zijn vader, Aegaeus, dacht daardoor dat zijn zoon door de Minotaurus gedood was. Wanhopig van verdriet wierp Aegaeus zich in de zee, die daarom zijn naam zou dragen: de Egeïsche zee.

De haven van het oude Athene, nauwelijks een paar kaden toen, is nu de haven van Piraeus. Griekenland telt vandaag zo maar eventjes 123 havens. Piraeus is de grootste, in een wemeling van cargo's, ferry's, roroschepen, cruiseschepen, tankers, catamarans en vissersvaartuigen. Dan komt Thessaloniki in het noordoosten, richting Zwarte Zee en Azië.

De Griekse reders hebben de grootste handelsvloot ter wereld in handen: samen ruim 4100 schepen, goed voor 16 procent van de wereldhandelsvloot. Dat is meer dan de Japanners of de Chinezen. De Griekse rederijen verdienen meer dan de hele toeristische sector. In 2010 zagen de grote reders hun inkomsten stijgen tot 15,4 miljard euro. Het toerisme genereerde 9 miljard euro inkomsten. Toch vloeit van die rederij-miljarden haast geen cent naar de staat. De reders genieten sinds jaar en dag, via een netwerk van fiscale maatregelen, feitelijk een belastingvrijstelling. De fiscus kijkt hun rekeningen niet in. Elke Griekse miljonairsfamilie met aandelen in een rederij of in een maritiem consortium – samen zo'n duizend families – is op die manier vrijgesteld. Een goed geolied fiscaal paradijs. De reders bewaren hun geld in Zwitserland of in Cyprus, in Liechtenstein of in Londen.

De allerrijkste is Spiros Latsis, de zoon van de oude scheepsmagnaat John Latsis. De familie Latsis is ook actief in de scheepsbouw en de bankwereld. Zoon Spiros is bovendien de grootste aandeelhouder van Hellenic Petroleum. Op de lijst van de multimiljardairs in de wereld staat hij op nummer 68. Hij studeerde aan de London School of Economics, samen met ene José Manuel Barroso. In juni 2004 wordt Barroso voorzitter van de Europese Commissie. Twee maanden later, in augustus, is hij uitgenodigd voor een weekje vakantie op een pronkerig plezierjacht van de familie Latsis. Latsis heeft net *PrivatSea* opgestart, een exclusieve jachtclub die haar leden "een buitengewone ervaring aan boord van 's werelds spectaculairste jachten" belooft. Inclusief de Alexandria, die met haar lengte van 400 voet het op drie na grootste jacht ter wereld is. Daar waar Aegaeus zich in zee stortte, trekken Barroso en Spiros Latsis samen de zwembroek aan op het dek van misschien wel het meest luxueuze jacht op aarde. Een maand later keurt de Europese Commissie 10,3 miljoen euro subsidie van de Griekse staat aan de scheepswerven van de familie Latsis goed. Toeval? Of "ons kent ons, wie doet ons wat"?

Langs de achterdeur wordt de rijkdom het land uitgesleurd

Terwijl in de vroege herfst van 2011 veel Grieken in vuilnisbakken scharrelen naar voedsel – "het zijn keurige mensen maar ze zijn gedwongen in het huisvuil naar eten te zoeken", zegt een man van de reinigingsdienst – zijn er ook Grieken met geld. Veel geld. Heel veel geld zelfs. Griekenland blijft ook midden deze crisis een fiscaal paradijs voor de rederijen, voor de zesduizend grotere bedrijven en voor het instituut van de orthodoxe kerk.

Tot voor kort stond op het Griekse paspoort ook je religie vermeld. Dat werd pas in 2001 ongedaan gemaakt na een klacht bij het Europese Hof voor de Rechten van de Mens in Straatsburg. De Griekse orthodoxe kerk is machtig, zoveel is zeker. Kerk en clerus beheersen nog een flink deel van het leven, moreel, politiek maar ook economisch. De orthodoxe kerk bezit het grootste vermogen van het land, op de staat na. Ze heeft meer dan negen miljoen aandelen in de Griekse Nationale Bank, ze bezit hotels, parkings, magazijnen, ondernemingen en 350 toeristische centra. Het kerkinstituut is met zijn 130.000 hectare bossen, velden, bergen en stranden meteen ook de grootste grootgrondbezitter van het land. Het levert de kerk jaarlijks miljoenen euro's op en dat geld bleef tot voor kort belastingvrij. Toen in 2010 toch een taks werd geheven, weigerden sommige monasteries te betalen. Gechoqueerd gingen gelovigen voor de grootste kerk van Athene betogen met het spandoek: "Jezus heeft gezegd dat men moet delen".

Delen? Dat is alvast niet de houding van de Griekse miljonairs. Het geld dat in Griekenland wordt verdiend, verdwijnt steeds sneller naar het buitenland. Vooral naar de veilige kluizen van Zwitserse banken, waar men geen vragen stelt. De Griekse miljonairs hebben in totaal al 280 miljard euro naar Zurich verkast, en nog eens evenveel naar andere buitenlandse banken. Een fiscale exodus ter waarde van 560 miljard euro; dat is het dubbele van het Griekse bbp, de jaarlijks geproduceerde rijkdom in het land.[29] Dat veel landgenoten hun ziektekosten of elektriciteit niet meer kunnen betalen, dat meer en meer mensen hongerlijden, trekken deze miljonairs zich geen moer aan. En dus krijg je een surrealistische situatie: aan de voordeur smeekt de Griekse regering de Europese Unie om nieuwe leningen en garandeert ze dat ze de allerlaatste centiem uit het werkvolk zal persen om die leningen terug te betalen. Terzelfdertijd slepen de miljonairs de rijkdom van het land via de achterdeur het land uit.

Griekenland is in principe een rijk land. In 2007 werd er vijf keer meer rijkdom geproduceerd dan in 1990. Maar terwijl het bbp maal 5 ging, gingen de winsten maal 28! Neoliberale belastinghervormingen zorgden ervoor dat die winsten fiscaal grotendeels onaangeroerd bleven. Nauwelijks een derde van de Griekse rijkdom belandt bij de loontrekkers: slechts 36,3 procent van het bbp gaat naar de lonen. Dat is veruit het laagste percentage in de Europese Unie. De salarissen liggen dan ook op een magere 60 procent van het Europese gemiddelde. De rijkdom die de Griekse samenleving voortbrengt, komt niet in handen van die samenleving maar van de rijkste segmenten ervan. Zeggen dat "de" Grieken jarenlang boven hun stand hebben geleefd, is dan ook larie en apekool.

Midden in de crisis: 7,9 miljard euro voor Frans en Duits wapentuig

In de zomer van 2009 gebeurt iets merkwaardigs. Griekenland betaalt in dat crisisjaar 2,5 miljard euro voor zes Franse fregatten, nog eens 400 miljoen euro voor vijftien Franse Puma-gevechtshelikopters van de wapengigant EADS nv en tot slot nog eens 5 miljard euro voor zes onderzeeërs van het Duitse ThyssenKrupp. Boem, paukenslag! 7,9 miljard euro voor Frans en Duits wapentuig, middenin de crisis.

Merkel en Sarkozy tekenen plan na plan uit om ervoor te zorgen dat Griekenland de leningen aan Duitse en Franse banken kan betalen. Het duo spuit mening na mening over wat het Griekse volk moet doen maar in het medialicht houdt het de kiezen op elkaar wanneer het over de wapendeals gaat. *Der Spiegel* zette het Griekse shoppen in Duitsland op een rijtje en dat is indrukwekkend. Onderzeeërs, jachtbommenwerpers, tanks... Het kleine Griekenland met zijn 11 miljoen inwoners staat op de wereldranglijst van big spenders inzake conventionele bewapening op de vijfde plaats. Het geeft exorbitant veel uit aan defensie: 3,1 procent van de nationale rijkdom. Landen als Frankrijk en Groot-Brittannië besteden respectievelijk 2,3 en 2,4 procent aan defensie. Alleen de VS doen beter, met 4 procent.

Crisis of geen crisis, de grote Europese broers zetten de Grieken onder druk om de wapenaankopen gewoon te laten doorgaan, op straffe van geen lening. Het persbureau AP citeert een adviseur van premier Papandreou: "Niemand zegt: 'Koop onze oorlogsschepen of we helpen je niet met je schulden.' Maar de niet mis te verstane onderliggende boodschap is dat we meer hulp krijgen als we doen wat zij willen op bewapeningsvlak." Het tijdschrift *Vrede* schrijft: "President Sarkozy zou in februari 2010 druk uitgeoefend hebben op Papandreou toen die op bezoek was in Frankrijk voor hulp bij de financiële perikelen van zijn land. Op de dag dat Papandreou naar Parijs ging, kondigden de Grieken aan dat ze de geplande aankoop van zes Franse Fremm-fregatten ter waarde van 2,5 miljard euro niet zouden herzien, ondanks de financiële afgrond waar ze voor stonden."[30]

Griekenland is een Navobondgenoot om door een ringetje te halen. Op het kruispunt van drie continenten is het een strategische plek. Zeker nu de Navo en de Amerikaanse strategen alle aandacht hebben voor noordelijk Afrika, het Midden-Oosten, Iran, de Balkan, de landen van Oost-Europa en Rusland. Begin oktober 2011 koopt het failliete Griekse establishment nog maar eens 400 tanks en een twintigtal amfibievoertuigen van het Amerikaanse leger. En, zo blijkt, ook nog eens vier oorlogsschepen ter waarde van elk drie miljoen euro van Frankrijk.

De Verenigde Staten, Duitsland en Frankrijk spelen de rivaliteit tussen Griekenland en buurland Turkije handig uit. De wapenfabrikanten eten van twee walletjes als leveranciers aan beide rivalen. Bestelt Griekenland nieuwe wapens, dan kan de wapenfabrikant even wachten en daar melden de Turken zich al voor dezelfde spulletjes. De Koude Oorlog in het klein, zo lijkt het wel. Ware het niet dat al dat nieuwe oorlogsmateriaal helemaal niet geschikt is voor een confrontatie met Turkije, maar des te meer voor de Navostrategie en om nieuwe machtsverhoudingen in het Midden-Oosten te helpen creëren zoals Washington die graag zou zien. Waarom blijft het anders zo pijnlijk stil in Washington, Brussel en Frankfurt over het feit dat de Griekse regering op alles bespaart behalve op oorlogstuig?

Fact-free politics of hoe een haatcampagne wordt opgezet

Op het Griekse eiland Hydra, waar de woningen hagelwit zijn en de zee diepblauw, woont de Nederlandse journaliste Ingeborg Beugel. Ze berichtte jarenlang over het land. Ze schrijft passioneel over het geritsel van de Griekse politieke en economische elite. "Ik vind het interessant dat de Europese Unie heel arrogant, keihard en meedogenloos allerlei eisen stelt aan Griekenland terwijl Brussel de Griekse regering niet onder druk zet om de corrupte politici aan te pakken. Daar stuurt Brussel geenszins op aan. Sterker nog: Brussel zwijgt als het graf omdat er anders heel veel louche praktijken aan het licht zouden komen die met Europa te maken hebben. Siemens bijvoorbeeld heeft ongenadig veel smeergelden uitgedeeld in ruil voor een monopoliepositie tijdens de Olympische Spelen in Athene in 2004. Daar zijn miljarden omgegaan maar als je dat gaat aanpakken dan kom je ook aan een Duits bedrijf en dat wil Duitsland niet. Er zijn ook heel veel smeergelden betaald voor dure Duitse onderzeeërs. Griekenland heeft die gekocht tegen twee keer de prijs die Turkije ervoor moest betalen. Frankrijk dwong Griekenland in ruil voor 'hulp' peperdure gevechtsvliegtuigen aan te schaffen. De Wildertjes liegen echt: er wordt niks gegeven, er wordt dik verdiend aan de zogenaamde steun aan Griekenland", vertelt ze aan de Nederlandse Radio 1.[31]

Wildertjes? Geert Wilders noemt Grieken "junks" aan wie je geen geld moet geven. "De sjoemel-Grieken maken onze euro kapot", kopt *Bild Zeitung*. En Frits Bolkestein beweert: "Een groot deel van de Griekse bevolking is lui."[32] Volgens Angela Merkel nemen de Grieken te veel vakantie en gaan ze te vroeg op pensioen. "We kunnen niet één munt delen terwijl de een heel veel vakantie heeft en de ander heel weinig. Dat gaat op den duur niet samen", citeert het Duitse persbureau DPA de Bundeskanzlerin.[33] En die Atheners krijgen nog een bonus om op tijd op het werk te verschijnen, horen we in *De Zevende Dag*. Allemaal gefundenes Fressen voor het grote publiek. Die Zuid-Europeanen toch. Op vakantie gaan, luxepensioenen trekken en dan nog eens om steun komen aankloppen van op hun terrasje waar ze de godganse dag zitten te niksen.

Dat al die beweringen over de luie aanleg van de Grieken pure fictie is, doet er niet toe. Fact-free politics, heet dat. Zich niet storen aan de feiten.

Hangen de Zuid-Europeanen de kiel vroeger aan de kapstok om te genieten van de mediterrane zon? Nee hoor. Oeso-cijfers van 2011 geven aan dat de Griekse mannen gemiddeld stoppen met werken als ze 61,9 jaar zijn, een maand later dan in Duitsland. Griekse vrouwen houden er wel eerder mee op: als ze 59,6 jaar zijn, tegen 60,5 in modelstaat Duitsland.

In 2007 bedroeg, ook volgens de Oeso, het gemiddelde Griekse pensioen 617 euro. Ingeborg Beugel vertelt over mensen op Hydra die met pensioen gaan en meteen werk moeten zoeken om rond te komen. "Mijn onderbuurvrouw van 94, een weduwe, trekt een pensioen van 400 euro per maand. Dat is niet eens genoeg voor haar luiers en medicijnen. Ze redt het, in afschuwelijke omstandigheden, dankzij familie en buren. Ik ken geen enkele Nederlander met drie banen om de eindjes aan elkaar te knopen, maar wel tientallen Grieken die drie banen hebben om te overleven. Ja, er zijn Grieken met te hoge en vroegtijdige pensioenen. Zij vormen een uitzondering, geen regel. Trouwens: op Hydra woont een zorgeloze Nederlandse oud-lerares, die op haar vijftigste met pensioen is gegaan, nooit meer hoeft te werken en zonder enig financieel gebrek de rest van haar leven kan genieten van Griekenland. Geen enkele Griekse collega kan haar dat nadoen."[34]

Ook over de Grieken als permanente vakantiegangers zit Merkel er merkelijk naast. De Grieken hebben volgens Eurofound gemiddeld 23 vakantiedagen per jaar. De Duitsers hebben er 30. Over het aantal vakantiedagen van Angela Merkel zelf durven we ons niet uitspreken. Haar jaarlijkse vakantiegeld zal wellicht wel iets boven het gemiddelde liggen.

Misschien werken de Grieken gewoon minder? Ook niet. Volgens Oeso-cijfers hebben de Grieken in 2008 gemiddeld 2120 uren gewerkt, dat is 740 uren meer dan de Nederlanders, 690 uren meer dan de Duitsers, 570 uren meer dan de Belgen, 470 uren meer dan de Britten.

Nog een bewering in de hype van de luie Griek is die over de overbevolking in de Griekse openbare sector. De feiten? In 2009 telde Griekenland 768.009 ambtenaren, alles inbegrepen: de tijdelijken, de gedetacheerden enzovoort. Dat is 11,4 procent van de beroepsbevolking. Goed voor de veertiende plaats in Europa. Zweden bijvoorbeeld heeft 30 procent ambtenaren, Denemarken 29 procent en Frankrijk 21 procent. Duitsland heeft er 10,2 procent.

Van alle beweringen over de luie, vakantieovergoten Grieken – en bij uitbreiding ook de Portugezen, Spanjaarden en andere bewoners "uit de knoflooklanden", zoals de altijd fijnbesnaarde Geert Wilders ze omschrijft – klopt dus niets. Maar het kwaad is geschied. Merkels uitspraken haalden de voorpagina's. En wie leest nadien de rechtzettingen op bladzijde 18? Het cliché blijft hangen: de mediterrane profiteurs die op kosten van de rechtschapen, Noord-Europese belastingbetaler potverteren. En, zoals Einstein al wist: een vooroordeel is moeilijker te splitsen dan een atoom.

Rousfeti en fakelakia: het goddelijke monster in Griekenland

In de twintigste eeuw heeft Griekenland twee dictaturen, een buitenlandse bezetting en een burgeroorlog doorstaan. Na de rechtse dictatuur van de kolonels werd Griekenland in 1975 een parlementaire republiek. Het land had tot dan nooit een uitgebouwd socialezekerheidsstelsel gekend. Sociale hulp voor zieken, gepensioneerden, invaliden en werklozen was er haast niet. En dus moest alles wat sociale voorzieningen aangaat, "geregeld" worden. Er was de steun van familie en vrienden of – voor wie het zich kon permitteren – een envelopje in het vuistje.

In 1981 kwam de sociaaldemocratische partij Pasok aan de macht en die maakte een begin met een heel systeem van politiek cliëntelisme, voornamelijk in de publieke sector. Zonder partijkaart geen job, geen sociale bescherming en geen uitkering. Rousfeti, zo heet die politieke klantenbinding. Pasok en de rechtse partij Nieuwe Democratie zijn er meesters in. U kent het fenomeen want het is niet zo dat we dat in ons land nooit gekend hebben.

Vriendjespolitiek voor iedereen maar toch vooral voor de grote bedrijven. Het systeem van smeergeld draagt de naam fakelakia. Met als summum wellicht de contracten voor de Olympische Spelen waar de Griekse staat uiteindelijk acht miljard euro mee verloor. Wat journaliste Ingeborg Beugel daarover schreef was maar al te waar. Om contracten binnen te rijven voor het ultra gesofisticeerde beveiligingssysteem bij de Olympische Spelen bijvoorbeeld kocht Siemens verschillende politici, hoge ambtenaren en legerleiders om. Zowel Nieuwe Democratie als Pasok mochten langs de kassa passeren. Een oud-kaderlid van Pasok gaf toe dat hij 420.000 euro had aangenomen van een topman bij Siemens, kort voor de verkiezingen van 2000. Een gebaar van goodwill zeg maar, al kostte die geste wel bijna een half miljoen euro. Voor wat hoort wat, Siemens kreeg het contract. "Maar", zo vertelde de man, "ik heb dat geld aan de partij geschonken zonder de partijtop op de hoogte te brengen van de oorsprong van het geld." Een verhaal met hoog Agusta-Dassault-gehalte.

Ze bestaat dus welzeker, de corruptie in Griekenland. De fraude van de zesduizend grotere ondernemingen wordt op 15 miljard euro per jaar geraamd. Ter vergelijking, in België wordt de fraude op 30 miljard euro geschat. En iedereen zal zich herinneren dat het Luxemburgse zwarte geld van KBC onaangeraakt bleef wegens procedurefouten, en dat de Belgische overheid zelfs nog eens geld moest aan textielboer Roger De Clerck omdat zijn proces te lang bleef aanslepen. Politiek cliëntelisme en corruptie zijn geen typisch Griekse problemen, net zo min ze typisch Belgische problemen zijn. Ze zijn eigen aan het kapitalisme, aan het ellebogenwerk in de wedren naar het grootste stuk van de markt en naar de tweecijferige rendementen.

"Het is de Grieken een doorn in het oog dat premier Papandreou nog niet één corrupte politicus heeft weten aan te klagen, niet één ondernemer of scheepsreder heeft gestraft en dat er nog geen eurocent is teruggevonden van de miljarden euro's die in diverse zakken zijn verdwenen", schrijft Ingeborg Beugel. De regering wordt uitgespuwd. Waar Papandreou komt, worden zwarte vlaggen uitgehangen. Wanneer zijn minister van Binnenlandse Zaken naar de film gaat, herkennen studenten hem in de bioscoop en wordt water over zijn hoofd gekieperd, en yoghurt. En dan wordt de minister onder een luid fluitconcert uit de filmzaal gehoond.

Panhelleense Socialistische Kleptocraten, een regering van dieven dus, zo noemt professor sociologie James Petras de regerende Pasokpartij: "Pasok is opgebouwd rond een elite en een achterban die nooit belastingen betaalde maar geld uit de staatskas haalde en van overheidsgiften afhing. Steenrijke reders ontweken belastingen door onder vreemde vlag (Panama) te varen. Maar ze wilden wel Griekse zeekapiteins inhuren en betaalden graag voor de partijkas. Juristen, artsen en architecten gaven nauwelijks inkomsten aan en ontvingen onder tafel cash betalingen als niet-aangegeven inkomen dat hun salaris ver overschreed. Bedrijfsleiders, vastgoedspeculanten, bankiers en importeurs betaalden steekpenningen aan partijleiders om zich te verzekeren van belastingverminderingen en om EU-leningen veilig te stellen. Die recycleerden ze tot toeristische eigendommen en overzeese rekeningen. Zo vormden de partij en de zakenelite een georganiseerd netwerk van kleptocraten. Ze plunderden de schatkist en lieten het aan de lonen en salarissen van de werkende mensen over de rekening te betalen. Want van die lonen worden wel degelijk de belastingen afgehouden. Voor de loontrekker is Griekenland een slecht land, want hij is de enige die er belasting betaalt."[35]

Goldman Sachs International en het gesjoemel met de cijfers

Dat de geproduceerde rijkdom in de loop der jaren almaar meer bij de elite bleef plakken en de koopkracht van de bevolking achterbleef, maakte Griekenland structureel instabiel. Ook al omdat het inkomen van het volk voor een groot stuk opging aan consumptiegoederen uit het buitenland. De zuidas van Europa diende als afzetmarkt voor de exporteconomieën in het centrum ervan, met Duitsland op kop. Daarvoor kreeg de zuidas welwillend kredieten onder meer van... Duitse banken.

Zo vloeide het in het buitenland geleende geld weer terug naar datzelfde buitenland.

In de periode 1975-1980 had Griekenland nog een overschot van 1,5 procent op de handelsbalans: er werden meer goederen en diensten uitgevoerd dan ingevoerd. In de jaren 1990-2000 sloeg die balans om naar een tekort van 3 procent, en vanaf de toetrede tot de euro verslechterden de resultaten tot een negatieve handelsbalans van 10 à 13 procent. Griekenland ging producten invoeren die het voordien zelf produceerde.

Door de financiële crisis schoten de overheidsschulden plots snel omhoog: van 115 procent van het bbp in 2007 naar 143 procent in 2010. En daardoor steeg, in een kettingreactie, ook nog eens de rente op die schulden heel snel. Vooral die rentelast hangt als een molensteen om de economie: een decennium geleden moesten de Grieken jaarlijks 9 miljard euro afbetalen aan interest op de lopende leningen, in 2010 was dat al meer dan 15 miljard.

De boel ontplofte in oktober 2009, toen "de twee papa's" van de Griekse sociaaldemocratie, premier Giorgos Papandreou en zijn Financieminister Giorgos Papakonstantinou onthulden dat hun voorgangers stelselmatig valse, veel te rooskleurige cijfers over de Griekse overheidstekorten hadden gepresenteerd. Het begrotingstekort zou in 2009 12,7 procent bedragen in plaats van 3,7 procent. De collega's premiers en ministers van de andere eurolanden beweerden dat de Grieken zowat iedereen in Europa hadden belazerd. Didier Reynders, sinds mensenheugenis onze minister van Financiën, erkende later in de Franse zakenkrant *La Tribune* deemoedig: "Van bij de toetreding van de Grieken tot de eurozone in 2001 wisten we dat hun statistieken vervalst waren."[36] *The New York Times* berichtte dat twee Amerikaanse grootbanken, JP Morgan en Goldman Sachs tien jaar lang professioneel geholpen hebben om de correcte Griekse schuld- en begrotingscijfers te verdoezelen.[37] En wie was in die periode vicevoorzitter en managing director bij Goldman Sachs International? Meneer Mario Draghi. Ondanks het gesjoemel met de Griekse cijfers – Draghi had dat moeten weten, het was welbeschouwd zijn bank – hebben Merkel, Sarkozy en de andere Europese leiders Draghi voorgedragen als nieuwe voorzitter van de Europese Centrale Bank. Kampioenen van de dubbele moraal zijn ze. Met de rechterhand steken ze foei foei foei het belerende vingertje op naar de vervalsing van de Griekse begrotingscijfers. Tegelijk deelt hun linkerhand met veel protocol een van de meest strategische Europese functies uit aan een topman van de bank die bij deze vervalsing heeft geholpen.

De wil van de trojka wordt wet

Na de onthullingen van de twee papa's van Pasok eind 2009 storten de financiële markten zich als een Minotauros op Hellas. Meteen verlagen de ratingbureaus de Griekse kredietwaardigheid zodat het voor Athene duurder wordt geld te lenen. De rente op die leningen staat almaar hoger. Speculanten zetten ook in op een faillissement van het land. Ze kopen op grote schaal credit default swaps, een soort verzekeringen die veel opleveren als Griekenland zijn staatsleningen niet meer zou kunnen aflossen.

Op 15 januari 2010 dient Papandreou, in nauwe schoentjes, een eerste plan in bij de Europese Commissie. Het is het grootste besparingsplan sinds de jaren vijftig van vorige eeuw. Het Stabiliteits- en Groeipact van de EU bepaalt namelijk dat het begrotingstekort van elke lidstaat moet worden teruggebracht tot drie procent en Papandreou plooit zich naar die norm. Hij schroeft de btw en de pensioenleeftijd naar omhoog en snijdt flink in de openbare diensten. Hij belooft ook de belastingontduiking aan te pakken. De Europese instanties geven hun fiat maar tegelijk wordt Griekenland onder scherp toezicht van de Unie geplaatst.

Op 3 maart 2010 antwoordt ook het Griekse volk op dat plan van Papandreou. Die dag staat Griekenland in rep en roer. De havens, de luchthavens, de banken, radio en televisie, het onderwijs, het openbaar vervoer... alles ligt plat. Griekenland komt op straat. Het Griekse parlement moet op die dag het plan goedkeuren. Daar staan de Europese Commissie, de Europese Centrale Bank en het Internationaal Muntfonds op. De wil van deze "trojka" is wet. Anders komt er geen hulp: Giorgos Papakonstantinou smeekt het halfrond het draconische besparingsplan goed te keuren "om onze geloofwaardigheid op de markten te herwinnen". Zo geschiedt.

Overal in Europa reageren de krijtstreeppakken enthousiast. De nieuwe iron lady Angela Merkel is in haar nopjes: "Wij juichen de maatregelen toe die de Griekse regering vandaag heeft genomen. Dit is een zeer belangrijk signaal aan de markt om opnieuw vertrouwen te stellen in Griekenland, maar ook in de euro."[38]

Liefst van al hadden Duitsland, Nederland en anderen Griekenland failliet laten gaan. Daar werd ook de bevolking voor ingeschakeld. 61 procent van de Duitsers is tegen elke steun aan Griekenland, schrijft de gegoede pers in die maartmaand van 2010. Tja, men heeft de Duitse gezinnen al wekenlang dagelijks gezegd dat elke familie honderden euro's moet ophoesten voor de Griekse redding.

Maar Duitse en andere banken zitten opgescheept met voor miljarden Grieks schuldpapier. En niet alleen de banken zijn kwetsbaar, ook verzekeraars en pensioenfondsen zitten met die beleggingen. Er is daarbij het risico dat een domino-effect ook andere zwakke eurolanden zoals Ierland, Portugal of Spanje zou doen omvallen. Dat zou een catastrofe zijn. En dus groeien de plannen voor een Europees reddingspakket.

De lente van 2010 brengt geen kentering, de positie van Griekenland op de kapitaalmarkt blijft verslechteren. Eind april 2010 stuurt Giorgos Papandreou van op zijn vakantie-eiland Kastelorizo een noodsignaal uit. De situatie is zo penibel dat hij de Europese Unie op zijn blote knieën om nieuwe leningen smeekt. Jean-Claude Trichet van de Europese Centrale Bank, Dominique Strauss-Kahn, op dat moment de topman van het IMF, en José Manuel Barroso eisen eerst verdere draconische besparingen. "Laat de modale Griek opdraaien", is de eis van de trojka. Daar zal het netwerk van de familie Latsis en andere steenrijke Hellenen niet vreemd aan zijn.

Intussen vliegen functionarissen van IMF, EU en ECB naar Athene om het verscherpte toezicht concreet te maken. Op 2 mei legt Papandreou een nieuw soberheidspakket voor. Een pakket van bloed en tranen. Lonen in de openbare dienst worden gemiddeld met 10 procent verminderd. De btw gaat verder omhoog. De lonen voor overuren worden afgeslankt, de premies voor Pasen, Kerstmis en vakantiedagen in de openbare dienst gekortwiekt, ook voor alle gepensioneerden. Je moet voortaan 40 jaar hebben bijgedragen, in plaats van 37, om recht te hebben op een volledig pensioen. Ook wordt het pensioen voortaan berekend op basis van de tien laatste werkjaren in plaats van de vijf best betaalde werkjaren voorheen. Daardoor gaat het pensioen voor de meeste mensen fors naar beneden. Het minimumloon zakt naar 592 euro. Drie dagen later, op 5 mei, organiseren de vakbonden een algemene staking, de derde al in enkele maanden. Papandreou houdt het been stijf.

Algauw voelt Irini de gevolgen. Zij is negenentwintig en lerares: "Vandaag is mijn loon op mijn bankrekening gestort. Voor het eerst is het een ander bedrag, door de maatregelen van Papandreou. Ik heb uitgerekend dat ik jaarlijks meer dan een maandinkomen moet inleveren. Het is ongelooflijk dat het onderwijs zo wordt getroffen. Waarom pakt Papandreou andere sectoren niet aan? De rijke reders bijvoorbeeld? Moeten die dan niets bijdragen?"

Kleuterleidsters, stewardessen, boeren, bankbedienden, bouwvakkers, verkoopsters en gepensioneerden laten inleveren voor een crisis die zij niet veroorzaakt hebben, om het vertrouwen van de financiële markten te winnen? Het gaat heel wat mensen het petje te boven. Ingeborg Beugel maakt de optelsom: "Een leraar verdient na de eerste bezuinigingsronde van 2010 gemiddeld nog 800 euro per maand. Daarvan gaat 500 euro naar huur en andere vaste lasten. Je houdt 300 euro over om van te leven. Aan een gezin kun je als leraar bijna niet beginnen. En wat moet je als kleuterleidster of stewardess met een salaris van 650 euro per maand?"[39]

Deutsche Bank koopt tijd

En toch, ondanks de sociale kaalslag blijft de aanval van de financiële markten op Griekenland aanhouden. De sfeer in Brussel is koortsachtig, begin mei 2010. Het wemelt van beraadslagingen en telefoontjes. "We zitten in een situatie zoals na de val van Lehman Brothers", het klinkt als een alarmkreet, die vrijdag 7 mei op de Europese top van staatshoofden en premiers. "We moeten een akkoord hebben voor de Aziatische beurzen maandagochtend opengaan." De top legt 's avonds de grote lijnen vast. Een buitengewone vergadering van Europese Financieministers moet nog datzelfde weekend de concrete uitwerking ervan waarmaken. Op de valreep, iets voor twee uur in de ochtend van maandag 10 mei, komt het definitieve resultaat uit de bus.

Voorzitter Jean-Claude Trichet van de ECB houdt zich die maandagochtend om kwart over drie ondanks de vermoeidheid sterk. Hij laat in een bondige verklaring weten dat de Bank zal overgaan tot het opkopen van staatsobligaties van "probleemlanden". Voor liberale ultra's is dat een doodzonde. Zij vinden dat centrale banken niet mogen tussenkomen in begrotingsproblemen, ook de ECB niet. Het gebeurt dus toch.

De ECB zal de dubieuze schuldpapieren van de "probleemlanden" niet rechtstreeks opkopen bij de overheden maar wel op de "secundaire markt", bij de banken dus. Zo kunnen die zich van hun rommelpapieren ontdoen in ruil voor geld dat de ECB laat bijdrukken. De ECB wordt daardoor een bad bank, zoals de Amerikaanse Fed dat ook al is.

Het tweede besluit van de meitop is dat de eurolanden voor een gezamenlijk noodfonds zullen zorgen, de European Financial Stability Facility. Deze EFSF, een nv, kan leningen verstrekken aan landen in nood die op de financiële markten geen haalbare leningen meer kunnen afsluiten. De EFSF zal die leningen gebundeld als obligaties op de markt brengen. Het woord "euro-obligaties" kan hier niet vallen want de lidstaten geven niet rechtstreeks krediet aan het land in moeilijkheden. Dat doet de EFSF. De lidstaten staan borg voor die kredieten. De Commissie en de ECB stellen het voor alsof de EFSF een instrument is om de "probleemlanden" bij te springen. In feite moet de EFSF vooral verhinderen dat die landen al te snel failliet gaan want dan zouden de grootbanken met het rommelpapier van die landen enorme verliezen incasseren.

De EU zet in de begindagen van mei ook het "Grieks reddingspakket" van 110 miljard euro op punt. De voorwaarde voor het pakket is: de macht in Athene wordt overgedragen aan de Europese Commissie, de Europese Centrale Bank en het IMF, dat mee financiert. Vier keer per jaar brengt deze trojka een rapport uit over de voortgang van de hervormingen en besparingen. Zonder die voortgang gaan leningen niet door.

Naast Trichet speelt nog een andere bankier – zij het achter de schermen – een hoofdrol in die drukke meidagen van 2010: Josef Ackermann, de topman van Deutsche Bank. Dat is, voor een goed begrip, een privébank. Een van de grootste ter wereld. Ackermann houdt, zoals in Duitsland wordt gezegd, "altijd de tweecijferige rendementen voor zijn bank vast in het vizier". Griekenland heeft gevaarlijk veel miljarden uitstaand krediet bij de Europese grootbanken, vooral in Frankrijk en Duitsland. Als Griekenland failliet gaat, zien zij van hun geld niets terug. En dus ijveren ze voor een reddingsplan. Beter nog, zij schrijven dat reddingsplan zelf. Ackermann heeft die taak op zich genomen. Het is "een berekend spel met de tijd", schrijft de Duitse openbare omroep ARD op zijn webstek.

De omroep kondigt daarmee een opmerkelijke tv-reportage aan van *Monitor*, het Duitse *Panorama*. Titel: Teure Griechenland-Rettung: ein geschickter Coup der Deutschen Bank? Vertaling: Dure Griekse redding, een handige coup van Deutsche Bank? De Duitse kijker krijgt even een blik achter de schermen.[40]

Jazeker, in de storm van de financiële crisis in 2008 had iedereen beloofd dat het anders zou worden. De overheid zou opnieuw onafhankelijk regeren en niet langer naar de pijpen van bankiers en speculanten dansen. Maar eenmaal de storm een beetje was gaan liggen, hernam het gewone leven zijn gangetje. En in dat leven dicteren de Ackermannen de wet. Bij het dreigende Griekse failliet in het voorjaar 2010 komt het er voor Ackermann vooral op aan tijd te winnen. Hij pendelt tussen Berlijn, Frankfurt en Athene en zoekt regelmatig de Duitse Financieminister Schäuble op om een reddingspakket in de steigers te zetten. De bankdirecteur die de minister van Financiën de les spelt. Democratie, allemaal goed en wel, maar als het er echt op aan komt bepaalt Deutsche Bank de wet. *Monitor* toont hoe Ackermann een zware hand in het "reddingsplan voor Griekenland" had. Dat plan moet vooral dienen om tijd te kopen. Tijd waarin Europese banken en verzekeraars massaal hun Griekse belangen van de hand kunnen doen. De uitzending van de ARD besluit dan ook dat het reddingspakket "voornamelijk gebruikt wordt om de Europese banken terug te betalen, en niet om Griekenland zelf op de been te houden."

Dat de ECB voortaan op de secundaire markt – bij de geldhuizen dus – obligaties van schuldenlanden gaat opkopen is daarbij een fameuse steun in de rug. Bankvertegenwoordigers in de Londense City berichten daags na de top, op maandag 10 mei, dat geldinstituten rommelleningen vooral uit Griekenland, Portugal en Ierland afgeven aan de centrale banken van Duitsland en Frankrijk om in ruil gezonde Duitse of Britse staatsleningen te kopen.[41]

De Duitse banken hadden eind april 2010 nog voor 16 miljard Griekse leningen lopen, in februari 2011 is dat gereduceerd tot 10 miljard. Daarvan nog 1,6 miljard in de portefeuille van Deutsche Bank. De Franse banken konden minder versassen: zij zitten in februari 2011 nog met bijna 17 miljard Griekse leningen opgescheept. In ons land zit vooral Dexia dan met haar neus nog diep in Grieks rommelpapier: voor 5 miljard euro.

Lente 2011 en de chantage van big business

Het gezond verstand zegt dat de enorme bezuinigingen en de verplichting tot aflossen van de staatsschulden Griekenland alleen maar dieper in de crisis zullen duwen. De bestedingen zullen – met een overheid die minder uitgeeft en met de inkomens van de Grieken op een dieptepunt – verder stilvallen. Je moet geen groot economisch wonder zijn om dat te begrijpen. Als een volk verarmt, kan het minder kopen.

De investeerders vluchtten weg. In 2010 kelderde de Griekse import in één ruk met een vijfde tegenover het jaar voordien. Sinds 2008 daalde ook de Belgische uitvoer naar Griekenland met een kwart.[42]

Ondertussen bleef het verzet in Griekenland groeien. In 2009 had de Griekse overheid de exploitatie van de nationale wegen uitbesteed aan privéfirma's. Die voerden dure wegentaksen in, heel dikwijls zonder dat er parallelle wegen waren als alternatief. Op en neer tussen Athene en Thessaloniki bijvoorbeeld kostte voortaan 45 euro. De mensen reageerden boos en er kwamen wij-betalen-nietcomités. De activisten van die volkscomités trokken fluorescerende oranje veiligheidshesjes aan, gingen naar de péages, openden de roodwitte slagbomen en lieten de automobilisten door. Op hun hesjes stond geprint: "Totale Ongehoorzaamheid!" Op hun spandoeken: "We betalen niet" en "We geven geen geld aan buitenlandse bankiers!" Automobilisten reden dankbaar door, met de duim omhoog. Begin 2011 weigerden vier op de tien automobilisten de wegentaks te betalen, op sommige plaatsen al acht op tien.[43]

Zo start het nieuwe jaar 2011. Terwijl de mensen zich organiseren, devalueren de ratingbureaus de kredietwaardigheid van Griekenland tot het absolute niets, de junkstatus. Ze gaan ervan uit dat Griekenland niet in staat zal zijn de leningen terug te betalen. Doen inleveren, de pensioenen kortwieken, de publieke dienst op droog zaad zetten, vaste banen ontmantelen, op het vakantiegeld beknibbelen en de btw verhogen... het heeft allemaal tot niets gediend. De leningen voor Griekenland worden nog duurder, zo beslissen de ratingbureaus. Weer ontstaat paniek op de financiële markt. Ja, de Duitse en Franse banken hebben al veel slecht Grieks papier van de hand kunnen doen maar ze zitten toch nog met voor miljarden obligaties die nu tot totale rommel zijn gedegradeerd.

Op 13 juni brengt de *Financial Times* het bericht dat een consortium van grootbanken er in een schrijven aan de geplande Europese top bij de excellenties op aandringt dat de EU zichzelf zou verplichten tot "een buy-back van de schuld, zo mogelijk met miljarden overheidsgeld". "Zonder snelle actie", zo waarschuwt het consortium, "kunnen landen als Spanje en Italië wel eens zwaar naar beneden worden getrokken." We lezen dat goed: voor de grootbanken gaat het niet meer om Griekenland alleen maar vooral om het domino-effect dat een Grieks faillissement kan veroorzaken.

In *Trends* schrijft hoofdredacteur Johan Van Overtveldt: "Je kunt hier subtiel over doen maar eigenlijk chanteren de banken de overheden: Koop die schuld van ons terug of wij dumpen het hele zootje en dan is het gedaan met de euro."[44] Deze grootbanken deinzen er niet voor terug de hele Europese Unie in een houdgreep te nemen. Toen het in 2008 misliep door de Amerikaanse rommelkredieten in de portefeuille van die grootbanken, moesten de nationale overheden bijspringen. Nu het in 2011 misloopt met de staatsobligaties van Griekenland, Portugal, Italië, Ierland en Spanje, eisen dezelfde banken nog maar eens dat de overheid – en dus de belastingbetaler – bijspringt en de staatsobligaties overneemt.

Op 21 juli 2011, op de natte nationale feestdag van ons land, komt de Europese Raad samen, met in de coulissen het puik van de Europese bankiers. Die top bereikt een vage deal. Er komt voor 109 miljard euro nieuwe financiering "voor Griekenland", plus een looptijdverlenging voor deze leningen tot 15 à 30 jaar. De banken zullen daar "op vrijwillige basis voor 37 miljard euro" aan bijdragen. In ruil wordt de greep van de trojka op het land nog sterker: er komt een taskforce om "een nieuwe impuls te geven aan de Griekse economie".

Koopjes aan de Egeïsche zee! Privatiseren onder dwang

In ruil voor het nieuwe "hulppakket" wordt Griekenland zomer 2011 gedwongen zijn openbare eigendommen massaal te verkopen. Alleen de Akropolis mogen de Grieken voorlopig nog houden. Behalve de kaartjesverkoop dan, want die gaat ook naar de privé. Net als al de rest. Voor de bijl aan spotprijzen. Piraeus is strategisch als invoerhaven voor voornamelijk Chinese goederen. De trojka dwingt Griekenland de haven grotendeels in de toonbank te zetten. Voor Duitse en Chinese bedrijven zijn er nu koopjes te doen in Hellas. Het is soldentijd. De Grieken zijn verplicht een braderij te organiseren waar voor 50 miljard euro aan overheidsbezit te koop wordt gesteld. Het IMF stuurt adviseurs naar Athene om dat proces te begeleiden. Het moet in drie jaar afgehandeld zijn.

Meteen worden drieëntwintig overheidsbedrijven te koop aangeboden. De lijst is met de trojka besproken. Het Deutsche Telekom AG heeft de primeur. Het zal nog eens voor tien procent OTE-aandelen kopen, het belangrijkste Griekse telecombedrijf. Dat kost Deutsche Telekom 400 miljoen euro, een spotprijsje. De Duitsers controleren zo veertig procent van OTE. De Griekse staat houdt nog amper tien procent van de aandelen over. De Duitsers zijn vooral geïnteresseerd in de mobiele netwerken van OTE in Roemenië, Bulgarije en Albanië. En in de twintig procent participatie van OTE in het Servische Telecom. Zo doet Deutsche Telekom een gouden zaak in de verovering van de Balkan.

Stukken van de internationale luchthaven van Athene staan te koop voor het prikje van 350 miljoen euro. Duitse en Chinese grootbedrijven concurreren met elkaar om dat koopje af te sluiten en op die manier de luchthaven te controleren tot 2046. Een vierde van de haven van Piraeus gaat voor de bijl en ook een vierde van de haven van Thessaloniki, een derde van Hellenic Postbank, net als veertig procent van het waterbedrijf van Thessaloniki, de helft van gasverdeler DEPA en een derde van gasverdeler DESFA. 99,8 procent van wapenfabrikant Hellenic Defense Systems staat te koop. De Nationale Loterij zal 100 procent verkocht worden, net als de paardenrennen en de spoormaatschappij Trainose.

In 2012 zal ook de Griekse post grotendeels te koop worden aangeboden, nog een groter pakket in de havens en in het Atheense waterbedrijf. Ook de Griekse Boerenbank, de nationale oliemaatschappij, regionale luchthavens en wellicht ook Griekse snelwegen zullen in de komende jaren te koop worden gesteld.

Maar dat is buiten de waard gerekend. In zowat alle openbare sectoren organiseren mensen zich in hun vakbonden om de uitverkoop tegen te houden. Het officiële reisadvies van de Belgische federale overheid voor Griekenland waarschuwt zelfs voor die acties: "Momenteel vinden er, voornamelijk in de steden Athene en Thessaloniki geregeld stakingen en betogingen plaats. Aangezien dergelijke manifestaties soms uitmonden in opstootjes, is het vanzelfsprekend af te raden om dan naar die wijken te gaan, meestal in de buurt van het parlement, Syntagma, Omonia of Exarchia in Athene. De stakingen kunnen gevolgen hebben voor de werking van het openbaar vervoer, sporadisch het vliegverkeer, de taxi's, de ziekenhuizen en apotheken."[45]

De Griekse gebruikers, werknemers en vakbonden wijzen de privatiseringsgolf massaal af maar de Partij van de Europese Socialisten, de PES waar ook de sp.a en de PS deel van uitmaken, staat er vierkant achter. PES-voorzitter Poul Nyrup Rasmussen komt in Athene zeggen dat het niet anders kan. De sociaaldemocraten moeten volgens hem bruggen bouwen tussen de dagelijkse levensomstandigheden en de toekomst. "Wij moeten ons realiseren dat wij die brug moeten bouwen met de toekomst, anders zullen anderen de toekomst voor ons bepalen."[46] De brug met de toekomst? Niet meteen een mooie metafoor wanneer ook het Griekse wegennetwerk in de uitverkoop staat.

Om de besparingsdrift van de trojka en premier Papandreou te verantwoorden gaan sommige sociaaldemocraten wel heel ver. Pasokparlementslid Elena Panaritis beweert: "Margaret Thatcher heeft elf jaar nodig gehad voor haar hervormingen in een land dat minder grote structurele problemen kende. Ons programma is pas veertien maand geleden op de sporen gezet!"[47] Anders gezegd: Papandreou doet beter dan Thatcher.

"Elke dag demonstreren wanhopige mensen in het centrum van Athene. Zij liggen dus niet op het strand ouzo te drinken. De markt is ingestort. De hogere belastingen leveren niets op: uit een leeggeknepen koe kun je geen extra melk persen", getuigt Ingeborg Beugel. "Alle publieke Griekse sectoren moeten worden geprivatiseerd, niet zozeer om de Grieken te helpen, om de inderdaad veelal slecht functionerende instellingen efficiënter te maken, maar opdat ze als onderpand kunnen dienen voor de Europese banken. Sterk gedaalde inkomens en verhoogde belastingen, in combinatie met topzware leningen, maken niet alleen een economie kapot, maar ook de cohesie in een samenleving."[48]

Jeugdwerkloosheid: 43 procent

Driekwart van de Grieken onder de dertig woont opnieuw thuis in. Hotel Mama. "Dat drukt z'n stempel op een hele generatie", vindt Orest Xanidis, een onderwijzer van negenentwintig. Hij woont nog bij zijn ouders. Hij heeft bezoek van een vriendin. Zijn moeder zit mee aan tafel. Gelukkig kan Orest het goed met zijn ouders vinden, vertelt hij, want uitzicht op een eigen woning heeft hij niet. "Ik heb het uitgeteld. Echt, het lukt me niet. Dan is mijn wedde te klein. Een paar vrienden hebben het geprobeerd maar de laatste dagen van de maand geraken ze blut. Zolang je bij je ouders woont, ben je hun kind. Natuurlijk verschilt het van familie tot familie maar thuis inwonen hindert veel jonge mensen zich te ontplooien. Veel relaties lijden daar ook onder. Het heeft er ook veel mee te maken dat zoveel mensen geen vaste baan hebben. Dan ben je 30 of 35 en voel je je 22, de leeftijd van zomer- en vakantieliefjes. Ze hebben gewoonweg niet het gevoel dat ze een eigen huishouden kunnen opbouwen en hun leven echt in handen kunnen nemen."

Vakbondsman Giorgos Skiadiotis vertelt: "De wetten die de werknemers beschermen, is men aan het schrappen, zowel in de publieke als de private sector. Zo is het verplichte minimumloon afgeschaft. Sedert dit jaar kunnen patroons jongeren aanwerven aan 500 euro per maand, ver beneden het officiële minimumloon."[49]

Het aantal zelfmoorden in Griekenland is op twee jaar verviervoudigd. In 2011 leeft één op vier Grieken onder de armoedegrens. Eén op vijf verdient minder dan 6.480 euro op een jaar. Bij 60.000 gezinnen werd de elektriciteit afgesloten omdat ze de rekening niet konden betalen.

Veel Albanezen en Bulgaren die in de bouw werkten, zijn naar hun land teruggekeerd in de hoop daar betere levensomstandigheden te vinden. Duizenden jonge gediplomeerde Grieken denken eraan om naar het buitenland te verhuizen, naar Duitsland, Canada, Australië, Londen... De media focussen op die brain drain, de droom van de jeugd het land te ontvluchten. Maar tussen droom en daad staat zoveel in de weg. De wetenschap bijvoorbeeld dat je ook elders geen paradijs zult vinden.

Het officiële Griekse werkloosheidscijfer staat op 16,5 procent. In 2012 zal het oplopen tot 22 procent, zo wordt voorspeld. Tussen 15 en 25 jaar loopt dat getal zelfs op tot 43,1 procent.

In 2010 kromp de Griekse economie met 4,5 procent, in 2011 wellicht nog eens met 5,5 procent en voor 2012 wordt een bijkomende daling van 2,5 procent verwacht. "Het is niet nodig de mythe van Sisyphus te kennen om te beseffen dat maatregelen die tot een negatieve groei leiden het begrotingstekort niet zullen terugdringen. Je hoeft geen Plato te kunnen lezen om te begrijpen dat een halvering van de salarissen en pensioenen betekent dat mensen niet in staat zullen zijn de exorbitante nieuwe belastingen te betalen", schrijft *The Guardian*.[50]

De trojka wurgt Griekenland: een humanitaire crisis

Wie dezer dagen door Athene wandelt, moet zich een weg banen tussen duizenden roodgele bordjes: Enoikiazetai, Te Huur. Al een derde van de 165.000 Griekse handelszaken heeft de deuren gesloten. Veel tweeverdieners die vroeger op een gezinsinkomen van bijna 3.000 euro konden rekenen, hebben nu niet meer dan tweemaal 400 euro werkloosheidsuitkering, die met maanden vertraging wordt uitbetaald. Ziekenhuispersoneel krijgt al maanden geen salaris meer en wordt zoet gehouden met "volgend jaar". In september 2011 zijn de mensen die op de Akropolis werken al 22 maanden (!) niet uitbetaald. Toen ze daartegen protesteerden kregen ze niet hun geld maar traangas cadeau. Ook in de privé stapelen de achterstallige lonen zich op. "Ik moet nog drieduizend euro achterstallig salaris", zegt Margarita Koutalaki die parttime als serveerster werkt, voor 6,5 euro per uur. Ze is gescheiden en heeft een dochter van elf.

Aan de muren van openbare scholen vind je affiches voor oudervergaderingen over het ontbreken van schoolboeken. De meeste scholieren hebben nog maar twee of drie van de benodigde schoolboeken. Er worden geen boeken meer geleverd aan het openbaar onderwijs omdat de scholen de drukkerijen niet meer kunnen betalen. De jongeren krijgen in sommige gevallen hun lessenpakket op dvd.

Op de ruiten van bushokjes hangen briefjes voor privélessen: biologie, Engels, Spaans, dans, jongleren... je kan het zo gek niet bedenken. Hoe te overleven is hét gespreksonderwerp.

Günter Tews, een advocaat uit het Oostenrijkse Linz met tweede woonst in Athene, kan het niet meer aanzien. "De Grieken worden dood bespaard. Het is een financiële genocide", zegt hij. "Waar zijn alle kredieten gebleven? Zeker niet bij de brede bevolkingslagen. Het Griekse volk is geen onwillige bespaarder maar het is er gewoonweg niet meer toe in staat. Alle bescherming van de werknemers is weggevallen. De deur staat wijd open voor de uitbuiting. Wie nog werk heeft, werkt zich dood voor een hongerloon. Als dan het bericht doorsijpelt dat de trojka van de EU met Griekse politici gaat souperen voor 300 euro per persoon, rijst de vraag wanneer deze snelkookpan zal exploderen."[51]

De trojka heeft Athene ook het ultimatum gesteld dat het in 2011 310 miljoen euro moet besparen in de gezondheidszorg, en daarbovenop nog eens 1,43 miljard euro in de drie volgende jaren. Al heeft Griekenland maar 4,7 ziekenhuisbedden per duizend inwoners – in België is dat 6,8 – toch wordt het aantal Griekse bedden met een derde teruggeschroefd.[52] En het aantal openbare ziekenhuizen gaat van 133 naar 83. Mensen moeten sinds 2010 voor ieder bezoek aan het ziekenhuis vijf euro betalen maar daar worden gelukkig nog uitzonderingen op gemaakt. "Een van de maatregelen die er aankomen is dat geen enkele uitzondering meer zal zijn toegestaan voor de vijf euro remgeld", zegt dokter Nikitis Kanakis, het hoofd van Médecins du Monde in Griekenland. "Vijf euro lijkt niet veel, maar voor mensen met een heel klein inkomen maakt elke kleine som een groot deel uit van het budget. Er is een onvoorstelbare verandering ten kwade op heel, heel korte tijd", zegt de dokter. "Honger is terug in Griekenland. Sommige kinderen en ouderen vertonen al tekenen van ondervoeding. Vooral onder migranten is dat zo, maar ook onder burgers. Er groeit een humanitaire crisis in Griekenland en niemand wil het zien."[53]

De besparingen die de Europese Commissie oplegt, drijven een groeiend aantal Grieken tot zelfmoord, drugverslaving, prostitutie en depressie. Dat is de conclusie van een studie van het gerenommeerde medische tijdschrift *The Lancet*. "Wij stellen een verontrustende tendens vast: meer dan een verdubbeling van het aantal zelfmoorden, meer moorden, de helft meer hiv-infecties en mensen die zeggen dat hun gezondheid achteruit is gegaan maar die niet langer een arts kunnen raadplegen", vertelt socioloog David Stuckler.[54]

Dat alarmsignaal is ook te horen bij Artsen zonder Grenzen dat in Griekenland zorgcentra oprichtte voor vluchtelingen zonder toegang tot de reguliere gezondheidszorg. "Met de groei van de crisis zien we symptomen van een groter probleem", zegt Apostolos Veizis, het hoofd van AzG Griekenland. "We zien dat ook gewone Grieken geen toegang meer hebben tot gezondheidszorg en daarom op hulporganisaties als AzG een beroep doen. Weet u, op sommige terreinen van de gezondheidszorg zijn de budgetten met tachtig procent gekortwiekt."[55] De Zwitserse farmagigant Roche besliste geen medicamenten meer te leveren aan Griekse ziekenhuizen omdat Roche niet zeker is van de betaling. Belangrijke medicijnen tegen kanker worden niet meer geleverd.⁵⁶ Als ik zoiets lees, stokt mijn adem. Ik heb vorig jaar mijn vader verloren aan kanker. Kankermedicamenten en chemo kosten sowieso schandalig veel geld. Kanker maakt mensen arm en multinationals rijk. Roche boekte in de eerste helft van 2011 vierenhalf miljard euro winst, onder meer met het geld van kankerpatiënten uit de hele wereld. Griekse kankerpatiënten kunnen nu alleen nog in peperdure privéziekenhuizen terecht. Je wordt even misselijk van de moraal van zo'n bedrijf als van de chemo die het produceert.

"Onze wereld is een nieuwe wereld"

Toen ik op zaterdag 1 oktober 2011 de krantenwinkel binnenwandelde, struikelde ik over de vette kop op de voorpagina van de *Financial Times*: "Strikes hit Greek rescue effort". Vertaald: Stakingen treffen Griekse reddingsinspanningen. Waar ging het over? Die week blokkeerden ambtenaren de ministeries van Financiën, Landbouw, Justitie en Binnenlandse Zaken in Athene uit protest tegen de aangekondigde schrapping van nog maar eens 30.000 ambtenaren. Het is genoeg geweest, vonden ze. Er kwam geen hond meer binnen in de statige overheidsgebouwen. De blokkade verhinderde dat minister Evangelos Venizelos een delegatie van de Europese Centrale Bank, de Europese Commissie en het IMF op zijn ministerie kon ontvangen. Toen Venizelos minister van Financiën werd, verklaarde hij: "Ik verlaat het ministerie van Defensie en trek nu de echte oorlog in."⁵⁷ De oorlog van de trojka tegen het volk.

De krijtstreeppakken van de trojka waren naar Athene gekomen om te controleren of Griekenland wel genoeg besparingsmaatregelen doorvoerde, en ze wilden vanuit het ministerie van Financiën hun nieuwe rapport doorzenden naar de hoofdzetel van de ECB in Frankfurt. Daar zou dan bepaald worden of het land de nieuwe tranche van 8 miljard euro noodleningen toegekend kreeg. De blokkade stak daar een stokje voor. Vandaar de titel in de *Financial Times*. "Maar, zou jij rovers binnenlaten wanneer ze aankloppen aan jouw huis?", vraagt columnist Jeroen Olyslaegers zich af. Dat is de centrale vraag: wie plundert Griekenland, en wie zal Griekenland redden?

"Athene kondigt noodtoestand af, balans rellen loopt op tot 37 doden, communistische crisisregering zet leger in", zo kopt *De Tijd* op de voorpagina van 10 oktober 2011, een speciale editie met een toekomstvisie voor 2012. De beurskrant legt uit: "Zelfs een Griekse regering geleid door de communisten zal spoedig tot de vaststelling komen dat er weinig ruimte is voor een alternatief."

Het is een even wansmakelijke als cynische persiflage om de aandacht af te leiden van wat vandaag werkelijk aan de hand is. Een klassieke politieke elite die een heel volk tot de bijna-bedelstaf veroordeelt om een handvol reders, miljonairs en buitenlandse banken te bedienen. Een politieke elite van kaviaarsocialisten en zelfbedieningsliberalen die er niet voor terugdeinzen de politie in te zetten tegen het groeiende volksprotest. Op 20 oktober 2011, als zestigduizend vakbondsleden het parlement omsingelen om de nieuwe inleveringen van Papandreou te verhinderen, sterft Dimitris Kotzaridis, een arbeider uit de bouw en vakbondsman van de Pame, op de trappen van het Griekse parlement. Het traangas doet zijn adem stokken. Dimitris Kotzaridis stikt.

"Het zijn niet onze schulden, het volk is in geen geval verantwoordelijk", zo luidt een van de leuzen van de communistische KKE, de derde partij van het land. En die heeft wel degelijk een maatschappelijk alternatief: "Er is maar één oplossing: de rijkdommen in dit land moeten volksbezit worden. We moeten de ketens breken die ons aan de EU binden. We moeten de schulden eenzijdig annuleren. Er is geen tussenoplossing." Dat zegt KKE-voorzitster Aleka Papariga op 19 oktober 2011 aan de betogende mensenzee in de straten van Athene. "De werkende bevolking en de jeugd staan vandaag voor de keuze: ofwel laten ze zich doen en betalen ze voor de crisis van de bankiers en de monopolies, ofwel staan ze op en gaan ze het gevecht aan. Wij zullen geen enkele euro van hun crisis betalen. Onze wereld is niet die van het kapitalisme. Onze wereld is een nieuwe wereld, die van het socialisme." De KKE is een van de drijvende krachten achter het verzet, samen met het linkse vakbondsplatform Pame. "Zet uw woede om in organisatie", is de leuze van het vakbondsplatform. De Pame bereidt de mensen voor op een lange strijd. Dat is niet gemakkelijk, ook vandaag niet: slechts 16 procent van de Griekse werknemers is aangesloten bij een vakbond. En veel mensen zijn bang voor afdanking. Van 's morgen tot 's avonds vliegen de waarschuwingen rond de oren van de stakers die "het land nog meer in de problemen brengen".

Maar Giorgos Skiadiotis, een topfiguur van de Pame, straalt vastberadenheid uit: "We zien een grotere deelname van de werkende bevolking en een groter aantal militante acties, zoals bezettingen. De solidariteit groeit. Het keerpunt kwam er bij de grote staking van december 2009. De strijdbeweging heeft de aanvallen niet kunnen stoppen maar zonder deze weerstand zou de situatie nog erger zijn. De strijdbeweging heeft de uitvoering van de maatregelen weten uit te stellen."

Op woensdag 19 oktober 2011 legt de twintigste algemene staking het land plat in wat in de Griekse media de moeder van alle stakingen wordt genoemd. Alles staat stil, behalve het openbaar vervoer dat de actievoerders naar het centrum van de steden brengt. Met honderdduizenden zijn ze, een half miljoen: "Wij zijn hen niets verschuldigd, wij betalen hen niet!" Ondanks de reusachtige opkomst drijft Papandreou in het parlement de zwaarste besparingen ooit door. In de openbare sectoren die voor privatisering in aanmerking komen, zullen de lonen tot 65 procent naar omlaag gaan. Nadien krijgen de buitenlandse multinationals ze op een gouden schaaltje aangeboden. De collectieve arbeidsovereenkomsten worden beperkt, zodat ook in de privé verdere loonsverlagingen mogelijk worden. En kleine ondernemingen mogen voortaan gewoon zonder collectieve arbeidsovereenkomst van start gaan. De kloof tussen de bevolking en de regeerders is nooit zo groot geweest.

's Avonds organiseren wij samen met de KKE een solidariteitsactie voor het Europees parlement in Brussel. Er zijn 150 demonstranten. De stem van Vangelis Katsiavas galmt door onze megafoon: "Kinderen krijgen op school geen eten meer en sommige ouders hebben geen geld om hun kinderen eten mee te geven. Het gebeurt dat ze flauwvallen in de les. Papandreou zegt ons dat we deze maatregelen moeten aanvaarden omdat we anders in de armoede zullen terechtkomen. Maar het Griekse volk zit al in de armoede. Wat er ook gebeurt, het volk zegt: wij zullen deze crisis niet betalen."

Ook ik betuig onze solidariteit. Geen solidariteit met de ellende maar solidariteit met het verzet, met de mensen die weigeren als proefpersoon te dienen voor de armoederecepten van de Europese trojka.

Jazeker, het Griekse volk verzet zich. En hoe! Neem nu Kordelio, de kleine voorstad van Thessaloniki. Recht tegenover het gemeentehuis heeft het volkscomité een gigantisch spandoek opgehangen: "Wij betalen niet." Een actie tegen de nieuwe taks op woningen. Dimitrios Otantzis is een van de initiatiefnemers. Hij heeft 47 jaar in Nederland gewerkt en is nu terug in Griekenland: "We zijn gestart met enkele kameraden van de KKE. Wij spreken de mensen aan om hen uit te leggen wat er gaande is en proberen hen te betrekken. We willen onze elektriciteitsfactuur wel betalen, maar niet de nieuwe woningtaks, die met dezelfde factuur wordt geïnd. We hebben een petitie opgesteld en een volkscomité opgericht. We trekken de straat op, gaan van deur tot deur. Ons comité groeit elke dag. 's Avonds houden we samenkomsten op de hoek van de straat om de situatie uit te leggen, en om de mensen op te roepen voor de algemene staking van volgende week."

Overal zie je acties van de vakbonden. Ook in het klein, zoals in de melkfabriek van Melfgal Milk waar een arbeider werd afgedankt. De Pame reageerde zonder dralen. De drie units van Melfgal Milk werden bezet tot het melkbedrijf het ontslag introk: één voor allen, allen voor één.

In de wijken, op de werkvloer, op het platteland, bij de jongeren en bij de studenten, overal laait het verzet op. Op 25 september 2011 onderbrak een groep studenten de live-uitzending van het tv-journaal op de openbare zender Net. Ze zegden niets, ze lieten de kijkers gewoon hun spandoek zien: "Stop met kijken en ga buiten protesteren!"

Op 21 oktober 2011 schrijft *The Guardian*: "Griekenland is in twee gespleten. Aan de ene kant staan de politici, bankiers, belastingontduikers en mediabaronnen, die steun verlenen aan de hardste sociale en culturele herstructurering in West-Europa ooit. Het 'andere' Griekenland omvat de overweldigende meerderheid van de bevolking. Dat sprong gisteren in het oog, toen meer dan 500.000 mensen de straat opgingen, de grootste demonstratie sinds mensenheugenis. De protestactie eindigde tragisch met de dood van een vakbondsman. De laatste restjes legitimiteit van deze regering zijn verdwenen, en de regering zelf zal binnenkort ook wel verdwijnen. Het democratische tekort waar politieke systemen overal ter wereld aan lijden is in Griekenland onomkeerbaar geworden. Het is de verantwoordelijkheid van het 'andere' Griekenland een grondwet van sociale gerechtigheid en democratie op te stellen voor de 21^e eeuw. Dat is wat Griekenland de wereld kan bieden."[58]

Niet Griekenland verkeert in crisis, maar het kapitalisme zelf, dat is voor de vermaarde Argentijnse economieprofessor Atilio Boron het uitgangspunt voor een steunoproep voor het Griekse verzet tegen de besparingen. "De Griekse crisis is slechts het scherpste symptoom van de algemene crisis van het kapitalisme. Het verzet van het Griekse volk toont dat het bereid is komaf te maken met een systeem dat zelfs op korte termijn niet leefbaar is. Misschien kan Griekenland, dat in de klassieke oudheid de filosofie, de democratie, het theater, de tragedie en zoveel meer heeft uitgevonden, ons opnieuw verrassen door de antikapitalistische revolutie van de 21^e eeuw uit te vinden."[59] In Griekenland botsen de wereld van het verleden en de wereld van de toekomst met elkaar.

3. The Men in Black strijken neer in Riga, Dublin en Lissabon

> Men privatiseert alles, men privatiseert de zee en de hemel,
> men privatiseert het water en de lucht, men privatiseert het recht
> en de wet,
> men privatiseert de wolk die voorbijtrekt,
> men privatiseert de droom, vooral de dagdroom
> en de droom die met open ogen gedroomd wordt.
> En ten slotte, als kroon op het werk van al die privatiseringen
> privatiseert men de staten, en men levert ze voor eens en altijd over
> aan de vraatzucht van de privéondernemingen.
>
> José Saramago in *Cahiers de Lanzarote*

Baltium, het eldorado aan de Oostzee

"Het geld ligt er voor het oprapen." Althans dat is de overtuiging van East Capital, een belangrijke beleggingsvennootschap, over de Baltische staten Estland, Letland en Litouwen.

We schrijven 2005. East Capital boekt "jaloersmakende rendementen": in het topjaar 2003 maar liefst 62,9 procent. Een rendement van meer dan zestig procent op je beleggingen, dat is uiteraard magisch. "Ook in de komende jaren zal de groei hier een van de grootste in de Europese Unie zijn", zegt de baas van East Capital onbezorgd.[60] En zo weerklinkt overal hetzelfde verhaal. Met de woorden van een groot beleggersblad: "De Baltische staten zijn de beste jongetjes in de EU-klas. Klein, open, liberaal."[61]

Die beste jongetjes, "de Baltische tijgers", beleefden tussen 2000 en 2007 groeicijfers van zes tot tien procent per jaar, vooral na de toetreding tot de Europese Unie in 2004. Maar in 2008 draaide de wind. Al bij de eerste schokgolven van de financiële crisis werden de Baltische economieën als kaartenhuisjes omvergeblazen. De tijgers bleken van papier. Nergens in de Europese Unie ging het zo snel en steil naar beneden. In Estland daalde het bbp op één jaar tijd met 14 procent, in Letland met 18 procent en in Litouwen zelfs met 18,5 procent.

Na de val van het socialisme en de geplande economieën werden de Baltische tijgers het uithangbord van het kapitalisme. Alle neoliberale dromen werden er geïmplementeerd: een vlaktaks, geen enkele vermogensheffing, vrije kapitaalstromen en ga zo maar door. Baltium werd het eldorado aan de Oostzee.

Toen het kapitalisme begin de jaren negentig van vorige eeuw in de Oostzeelanden opnieuw werd ingevoerd, werden bijna alle publieke vermogens aan het private kapitaal geschonken, onder westerse investeerders en plaatselijke oligarchen verdeeld en daarop met hoge rentes weer uitgezet. Er waren geen grote eigen banken meer. De meeste kredieten werden dan ook bij buitenlandse banken opgenomen. Voor Letland bijvoorbeeld bedroeg het aandeel van kredieten in vreemde munt – de Duitse mark, de Zwitserse frank, het Britse pond of de Zweedse kroon – maar liefst 86,3 procent van alle kredieten.[62] Kortom, de Letse economie werd volledig afhankelijk van buitenlands krediet. En alle woordvoerders van de vrije markt juichten en jubelden over het nieuwe economische wonder.

Maar het geleende geld werd niet gebruikt om te investeren in productieve capaciteit. De Baltische landen ontwikkelden een vastgoedbubbel van Ierse proporties. Tot tachtig procent van de kredieten ging naar de bouwsector. Ten opzichte van 1995 daalde het aandeel van de industrie en de nijverheid in de Letse economie tien jaar later van 20,7 naar 10,6 procent terwijl het aandeel vastgoed en bouw steeg van 14,6 naar 26,5 procent.[63] Productie werd opgeofferd voor speculatieve consumptie gedreven door buitenlands hypothecair krediet. Het tekort in de handelsbalans bereikte, vooral sinds de toetreding tot de EU, telkens nieuwe records. Voor Letland ging het naar 24,3 procent in 2007.[64]

De vastgoedbubbel zoog het geld uit het land, de rente op de kredieten stroomde naar het buitenland en de immobiliën bleven zo goed als belastingvrij. Riga voerde een vlaktaks in van nauwelijks vijfentwintig procent, een ideetje dat Boudewijn Bouckaert ook in ons land heeft proberen slijten, en de vennootschapsbelastingen daalden naar nauwelijks vijftien procent. De politieke elite beroofde het land van middelen voor productieve ontwikkeling en voor de heropbouw van een openbare infrastructuur, en liet de tent beheren door luchtbellenblazers.

De kunstmatig opgepepte economie stortte in 2008 in elkaar. De val van de Letse economie vestigde een wereldrecord. De woningprijzen daalden met maar liefst vijfenzestig procent. De werkloosheid schoot naar omhoog tot boven twintig procent en de jeugdwerkloosheid tot boven drieëndertig procent. De geboortecijfers gingen historisch laag. De Letten verlieten massaal hun land. Een tiende van de tweeënhalf miljoen Letten is bij die "emigratie van de wanhoop" naar het buitenland getrokken, op zoek naar werk en een leefbaar leven. De overschrijvingen van deze arbeidsmigranten naar thuis werden een belangrijke inkomstenbron van het land. Een derdewereldfenomeen. "De economie van ons land is klinisch dood", zei Ilmers Rimsevics, de voorzitter van de Letse Centrale Bank."[65]

Bij de ineenstorting verloor Letland meteen elke toegang tot de geldmarkten. Het land moest aankloppen bij het Internationaal Muntfonds en de Europese Unie. Er kwam een overlevingspakket van ongeveer 7,5 miljard euro. Maar daar werden strenge voorwaarden aan gekoppeld. Letland werd een van de eerste Europese landen die onder de curatele van de Europese Commissie (en het IMF) kwamen te staan. Ver weg van Brussel werd geëxperimenteerd met maatregelen die nadien ook Ierland, Griekenland en Portugal te beurt zouden vallen.

De Duitse auteur Andreas Wehr schrijft: "In Brussel wordt gedicteerd wat in Riga te gebeuren valt. Gehoorzaamt men in Riga niet naar wens, dan wordt meteen de uitbetaling van een tranche van de noodkredieten achtergehouden. Zo werd in juni 2009 200 miljoen euro niet uitbetaald toen de besparingsijver van het Letse parlement dreigde te verslappen. Pas toen de wedden in de openbare diensten, die in januari al met vijftien procent waren teruggeschroefd, met nog eens twintig procent werden verminderd, de btw van 18 naar 21 procent werd verhoogd en de al magere pensioentjes met tien procent werden afgebouwd, en pas toen verder drastisch werd gekapt in het onderwijs en de gezondheidszorg, toonden de Europese Commissie en het IMF zich weer genadig en betaalden het deelbedrag uit."[66]

En terwijl de allerrijksten in Letland zichzelf vorstelijk bleven bedienen met hoge salarissen en riante bonussen maar gepensioneerden moesten rondkomen met 150 euro per maand en leerkrachten met 375 euro per maand, kwam er in 2010 alweer een nieuwe inleveringsronde. Onder meer de helft van de ziekenhuizen in het land moest de deuren sluiten. In de privésector gingen de lonen fors naar beneden. Loonsverlagingen met vijftig procent zijn geen zeldzaamheid in Letland terwijl het niveau van de prijzen er ongeveer even hoog ligt als in België. De Letse regering jaagde die verarmingspolitiek nog aan door het minimumloon te laten zakken van 180 naar 140 lat, dat is ongeveer 100 euro per maand.[67]

"Het kapitalistische varken is terug in Riga. Vanaf een poster tegenover het Letse parlement kijkt het roze, dikke beest uit over de grootste boulevard van de hoofdstad, een koffertje vol arbeidersgeld gierig tussen de poten geklemd. Ernaast warmen werkloze mannen met bivakmutsen en dikke jassen zich rond een vuurtje. Nog geen twee jaar geleden zou een dergelijk vertoon van antikapitalistische, communistisch aandoende clichés, niet mogelijk zijn geweest", schrijft de Britse krant *The Independent*.[68]

In januari 2010 ontmoette ik Alfred Rubiks, de voorzitter van de Socialistische Partij van Letland, in het Internationaal Centrum in Brussel. Ik heb hem die dag leren kennen als een vriendelijke, goedlachse, bescheiden man met heel veel ervaring. Alfred is ook Europees parlementslid. Tussen 1984 en 1990 was hij burgemeester van Riga. Omdat hij het socialisme bleef nastreven zat hij van 1991 tot 1996 in de gevangenis. De westerse pers doet zijn partij af als een "Russische partij" omdat de SP zich verzet tegen de discriminatie van de grote Russischsprekende minderheid in het land – duizenden inwoners hebben gewoon geen burgerschap, geen stemrecht en geen eigendomsrecht.

"De regering blust de crisis met benzine", vertelde Alfred Rubiks me. "De pensioenen voor loontrekkers gaan met zeventig procent achteruit! Ik ben daarover tussengekomen in het Europees Parlement. Achteraf kwamen andere parlementsleden naar me toe: 'De vertalers hebben blijkbaar een fout gemaakt. Ze hadden het over zeventig procent vermindering. Dat kan toch niet?' Maar het was geen vertaalfout! En het onderwijsbudget werd met veertig procent verminderd. In Ierland zijn al tweeënvijftig scholen gesloten. In Riga stad wou men er dertig sluiten maar dat hebben we kunnen beperken tot tien scholen. Na elke vakantie vragen de kinderen of ze nog moeten terugkomen. In de klinieken hetzelfde..."

In alle sereniteit gaat de Socialistische Partij door met haar werk aan de basis: organiseren, mobiliseren en bewustmaken. Op 17 september 2011 boekt ze aan het hoofd van de linkse coalitie Centrum van de Eendracht een klinkende kiesoverwinning. Het Centrum van de Eendracht behaalt achtentwintig procent van de stemmen, in Riga zelfs veertig procent. "Toch staan we nog maar aan het prille begin van een grote verandering, en die verandering kan alleen maar van de mensen zelf komen", zegt de immer rustige Alfred Rubiks.

The Men in Black in Dublin

In een uithoek, ver weg van het continent, ligt Ierland. Tot de jaren tachtig van vorige eeuw hadden de middeleeuwen het verre eiland met zijn schaarse vier miljoen inwoners als een laatste nis in handen. Met de moed der wanhoop verdedigde de katholieke kerk zijn Keltische vesting tegen de aanvallen van de moderne tijd. Maar waar Onze-Lieve-Heer een kerk bouwt, zet de duivel volgens een oud volksgezegde vroeg of laat een kapel. Toen op het eind van de jaren tachtig de regering de vennootschapsbelasting tot 12,5 procent verlaagde, kwam het turbokapitalisme als een gevleugelde duivel op het Keltische eiland neerstrijken. Jonge Ierse dochters van internationale financiële maatschappijen stortten zich in de jaren negentig met veel risico in liederlijke financiële- en andere avonturen, ver weg van de balans van de moedermaatschappijen. De trustkantoren profiteerden duchtig van de Ierse fiscale faciliteiten. Het gaf enkele jaren een boost. Een huizenboost, een leningenboost, een boost van de bankwinsten, een boost van de corruptie, van de belastingvoordelen, van het geknoei... alles vertoonde een vrolijk stijgende lijn. Bijna niemand hield een oogje in het zeil in het land van Tom Poes, de Ierse overheid al helemaal niet. Ierland was de Icarus van het neoliberalisme geworden.

Intussen werd de bouwsector opgepept door de injectie van goedkope leningen. Vijftien jaar later was de bouw goed voor een vijfde van de totale economie. Op het smaragdgroene eiland stonden meer manhaftige kranen dan oude heilige kapelletjes. Op het hoogtepunt was onroerend goed in Dublin meer waard dan in Londen. De leningen, en dus de schulden, rezen de pan uit en de media noemden dat welvaart. De econoom Morgan Kelly schreef een opzienbarend rapport waarin hij alle vastgoedzeepbellen in de geschiedenis ontleedde. Het bleek dat Ierland op alle fronten aan de criteria voor zo'n zeepbel voldeed. Maar het beleid keek de andere kant op. De toenmalige premier bekritiseerde mensen als Kelly omdat zij "mokkend en jammerend aan de zijlijn staan". Verder zei hij: "Ik snap niet dat zulke mensen geen zelfmoord plegen."[69]

Ierland was uitgegroeid tot een casino en een paradijs voor vastgoedhaaien. En toen, in 2008, spatte de kredietbel uit elkaar en schoot de intrest omhoog. Omdat de mensen hun krediet niet meer konden betalen, kwamen ook de banken in de problemen. De Ierse regering moest de schulden grotendeels nationaliseren, met een injectie van vijftig miljard euro in de bankensector, dat is bijna een derde van heel het nationaal inkomen. En dan liet de onverbiddelijke markt de huizenprijzen ineenstorten. De kranen werden spookkranen, bijna drieduizend vastgoedprojecten werden spookwijken, ghost estates waar het merendeel van de woningen leegstaat of onvoltooid is. Het gaat om tienduizenden huizen, aan de rand van alle steden en dorpen.

Zo voltrok zich een Ierse tragedie die het nationaal inkomen in drie jaar met zeventien procent kelderde, de diepste krimp in een westers land sinds de crisis van de jaren dertig.

"Onstuimige groei", "Verbazingwekkend succesverhaal", "Enorm!": liberalen van de oude en de nieuwe stempel hebben het Ierse model jarenlang de hemel ingeprezen. Volgens toplui van het IMF was Ierland hét voorbeeld voor andere landen. In 2004 loofden ze "de aanhoudende merkwaardige prestaties van de Ierse economie. Zij bieden voor ieder een nuttige les."[70] De blauwe denktank WorkForAll had het in 2007 over "het ongeëvenaarde succes van het Ierse alternatief, gebaseerd op de lage belastingdruk en de vlaktaks. Het Ierse model is realistisch en ook in België toepasbaar. Waar wacht men op?"[71]

De N-VA juichte in haar Economisch Plan van 2005: "Met het voorbeeld van Ierland voor ogen is de N-VA ervan overtuigd dat Vlaanderen inderdaad over alle nodige troeven beschikt om eigen economische keuzes te maken die het welzijn en de welvaart van zes miljoen Vlamingen veiligstellen." Haar minister Geert Bourgeois ging zelfs op bezoek in Ierland om van het wondermodel te leren. In *Gazet Van Antwerpen* schreef editorialist Paul Geudens in een giftig commentaar: "Bij zijn volgende reis zou Bourgeois Elio Di Rupo kunnen meevragen. Die kan er dan inspiratie opdoen voor de heropstanding van zijn gewest." Ook het Vlaams Belang wijdde in zijn congrestekst *Ondernemend Vlaanderen* van 2006 een volledig hoofdstukje wierook aan "de Keltische tijger, zijn lage vennootschapsbelasting en soepele arbeidswetgeving".[72] Vlaanderen moest doen zoals Ierland, met massale fiscale gunsten voor buitenlandse multinationals en een opgepepte huizenmarkt. De Vlaamse leeuw moest op anabole steroïden lopen, net als de Keltische tijger.

Nu de tijger er vandaag bijligt als een uitgeputte, half verzopen kat, zijn ze allemaal verrassend stil over Ierland. Ze lopen alweer achter een nieuw model aan. We weten welk.

En de Ierse tragedie? Tussen 2008 en midden 2010 werden drie bezuinigingsrondes doorgevoerd, samen goed voor 14,5 miljard euro. Het gemiddelde Ierse gezin verloor de helft van zijn financiële bezit en het gemiddelde gezinsinkomen incasseerde een verlies van zeven procent.

De hele weg omlaag bleven ministers in Dublin de Ieren beloven dat de zaken beter zouden gaan, dat de nationale "nachtmerrie" gauw over zou zijn. "We zijn die periode nu aan het afsluiten", zei de Financieminister. Maar op een ander forum, ver weg van de openbaarheid, trommelde de man zich als een gorilla op de borst: "Onze Europese partners zijn onder de indruk van onze kunde de pijn te verbijten. In Frankrijk zou u oproer gehad hebben."[73] Het land van de limerick stond opnieuw model, maar nu als kampioen in het lijdzaam bezuinigen. Overal stonden politieke verkopers van de helaasheid en predikers van de gelatenheid te juichen over de Ierse onderdanigheid. De *Financial Times* schreef dat het Britse ministerie van Financiën voortdurend met Dublin telefoneerde om te weten te komen hoe de Ierse coalitieregering erin slaagde de hakbijl te hanteren in de uitgaven zonder dat er sociale agitatie ontstond zoals in Griekenland.[74]

Intussen bleef de Ierse economie maar vallen. Een vierde van de gezinnen kampte met betalingsachterstanden en vrijwel de helft zegde niet in staat te zijn een onverwachte uitgave van duizend euro te betalen. Dat het aantal werklozen met een uitkering het half miljoen nog net niet bereikte, was voor het grootste deel te danken aan een nieuwe uittocht uit het land: gemiddeld zesduizend per maand.

En dan toonde de volgende scène in de Ierse tragedie dat lijdzaamheid niets oplost en dat wie bang is, er nog meer van langs krijgt. Want drie besparingsrondes of niet, einde 2010 steeg de Ierse obligatierente naar negen procent. De genadeloze markten zadelden twee generaties Ieren op met onbetaalbare woekerrentes. De Ierse regering moest aankloppen bij de Europese Commissie en op 17 november 2010 vlogen the Men in Black, zoals ze in de Ierse pers genoemd worden, naar Dublin. De experts van de trojka van ECB, Commissie en IMF weigerden hun identiteit te onthullen. Ze hadden geen naam. De EU-woordvoerder voor economische zaken, Amadeu Tardio, wilde alleen zeggen dat er "meer dan twee maar minder dan tien personen naar Ierland gingen". Hij voegde eraan toe dat "deze mensen geen persconferenties geven".

De anonieme Mannen in het Zwart namen de economie van een soeverein land over. Zonder ook maar één moment van inspraak werkten de zwarte engelen een nieuwe, hardvochtige besparingsronde uit en noemden die "het reddingsplan". Dat was een geval van chantage. Zonder een reddingsboei van bijna honderd miljard euro zou alles instorten. Hulp moest onder andere komen om de peperdure leningen te kunnen aflossen aan de buitenlandse banken en om de Ierse banken te herkapitaliseren. Maar, zo luidde het bevel, eerst moest het Ierse parlement nieuwe forse besparingen goedkeuren. Nipt de helft van de Ierse parlementsleden plooide. De Men in Black hadden hen verplicht zichzelf uit te kopen. "Een barbaars plan", vatte een Iers dagblad samen. Het doorsnee huishouden moest nog eens 3.000 euro ophoesten: hogere inkomstenbelasting, hogere brandstofprijzen, hogere inschrijvingsgelden voor studenten; lagere pensioenen, lagere kinderbijslagen en ambtenarenwedden. Maar de vennootschapsbelasting bleef op 12,5 procent staan. En de 139 miljard euro die de Ieren moeten aan de Duitse banken werden gegarandeerd, net als de 149 miljard aan de Britse banken.

Michael Finnigan van de Workers' Party of Ireland vertelt me later in Brussel hoe kenschetsend het is dat 1 euro per uur van de minimumlonen afgaat maar geen enkele cent extra vermogensbelasting wordt geheven.

"Dat is nog wel de grootste schande. Waren we eindelijk onafhankelijk geworden van Groot-Brittannië, konden we onze eigen boontjes

doppen en dan gaan we onze soevereiniteit opgeven", schreef de *Irish Times* toen de Mannen in het Zwart op het tarmac van Dublin stapten, die zeventiende november 2010.
"Het politieke doel van het Europese project is binnen handbereik. Het was een tijdje naar de achtergrond gedrongen omdat het project te ingewikkeld was toen de eenheidsmunt tot stand werd gebracht", constateerde *The Wall Street Journal* diezelfde dag. De beurskrant schreef dat er niet alleen toezicht wordt gehouden op de begrotingen maar ook op alle andere onderdelen van de economie in de landen van de eurozone: "Dat lijkt op het gedrag van een regering. En dan is het waarschijnlijk ook een regering." The Men in Black als voorpost van het Economisch Bestuur, the economic governance in Europa.

Tien dagen na de komst van de Heren in het Zwart, op 27 november 2010, trekken honderdduizend Ieren de straat op om te protesteren tegen de nieuwe verhongeringsplannen en oneerlijke besparingen. Op de betoging in Dublin vertelt Ian, een jonge interimarbeider: "Ik ben al twee keer afgedankt. Ik doe nu interimwerk maar ik heb een visum aangevraagd voor Australië. Ik kan hier gewoon niet meer blijven. Ik zou een derde afdanking emotioneel niet meer aankunnen. We zijn een democratie, ja, we verkiezen die mensen, maar uiteindelijk voelt het aan alsof we in een dictatuur leven. Alles wordt ons uit handen genomen."
Die dag laat de Nederlandse minister De Jager in kranten optekenen dat de lening aan de Ieren een fantastische belegging is omdat ze "minstens twee keer zou opleveren wat het ons kost".
De werkers verliezen hun werk. De boeren verliezen hun land. De winkeliers verliezen hun zaak. De gezinnen verliezen hun huis. De kinderen verliezen hun jeugd. De jongeren verliezen hun zin om in iets te geloven. De ouderen verliezen hun pensioen. "Het leven is een loterij", oordelen de winnaars.

The Sopranos, een Portugese versie van the Men in Black

4 maart 2011. De Portugese showbusiness had gehoopt een melig liefdesliedje naar het songfestival in Düsseldorf te sturen. Dat was buiten facebook en twitter gerekend. Na oproepen op die netwerken stemden de televoters massaal op de Homens da Luta, de Mannen van de Strijd, een groep rond twee stand-upcomedians. Hun liedje heette *Luta é alegria* wat zoveel betekent als Strijd en vreugde, een satire met een politieke boodschap aan de financiële markten die het land leegplunderen. Tot afgrijzen van zowat het hele Portugese establishment won Homens da Luta de preselectie. In mei 2011 zou Europa de boodschap horen dat "de strijd vreugde geeft", zoals de leadzanger zei.

Ik weet zeker dat sommige Portugezen *Luta é alegria* niet meefluiten. De dubieuze kurkmagnaat Americo Amorim bijvoorbeeld, de rijkste man van het land, die uit het ontschorsen van miljoenen kurkeiken in de arme maar romantische streek van de Alentejo munt slaat. Of de supermarktmagnaten dos Santos en de Azevedo. De families Amorim, dos Santos en de Azevedo bezitten samen een vermogen van dik zes miljard euro.

Net zomin je kunt spreken van "de" Grieken, kun je spreken van "de" Portugezen. Je hebt de hele kleine inner circle van de multimiljonairs en je hebt de overweldigende meerderheid van de werkende bevolking. Dat zijn twee werelden: de honderd rijkste Portugezen zagen hun vermogen in 2010 met zo maar eventjes een derde toenemen terwijl bij de overgrote meerderheid de buikriem werd aangetrokken.

Wie *Luta é alegria* lustig meezingt, is Rui Paixão, vakbondssecretaris in Setúbal en lid van de PCP, de communistische partij van Portugal. Een paar weken na de selectie van het liedje, op zaterdag 26 maart 2011, is Rui Paixão op uitnodiging van de PVDA in ons land. Die dag organiseert onze partij in de Brusselse Vrije Universiteit een nationale conferentie over de crisis. Rui vertelt ons: "We hebben al drie besparingsprogramma's gehad. Men zegt nu dat er een nieuw, vierde besparingsplan nodig is om de markt tot bedaren te brengen. Maar de markt – en daar bedoel ik mee: de grote banken – kun je nooit tot bedaren brengen. Je kunt toch een leeuw geen gras laten eten! Die eet vlees."

In Ierland volstonden drie besparingsrondes niet om de markten te bedaren. In het fadoland nu al evenmin.

Als Rui Paixão in Brussel is, heeft de regering in Lissabon al heel hard en hardvochtig gesnoeid. De btw is verhoogd zodat onder andere de brood- en energieprijs zijn omhooggeschoten. De ambtenarenlonen werden bevroren en wie als ambtenaar meer dan 1.500 euro verdiende, moet inleveren. Het minimumloon is omlaag gegaan naar het laagste niveau van de eurozone: 420 euro. In november 2010 zijn drie miljoen Portugezen daartegen op straat gekomen, meer dan drie kwart van de hele werkende bevolking, in de "grootste staking ooit". Havens en luchthavens waren geblokkeerd, scholen gesloten, treinen en bussen bleven op de stelplaats, bedrijven lagen stil, banken en winkels waren dicht. En toch wil de sociaaldemocratische premier José Socrates er nog een vierde besparingsronde doorjagen "om de markt te bedaren". Begin maart 2011 trekken nog eens driehonderdduizend Portugezen de straat op. En op 24 maart, twee dagen voor onze nationale conferentie, haalt de sociaaldemocratische premier Socrates bakzeil: de overgrote meerderheid van de parlementsleden verwijst het nieuwe besparingsplan naar de vuilnisbak en Socrates kan niet anders dan zijn ontslag aanbieden.

Twee weken later, op 6 april 2011, klopt de Portugese premier met de staart tussen de benen aan bij de Europese Commissie. De ratingbureaus hebben de overheidsobligaties gereduceerd tot vuilnis zodat het zo goed als onmogelijk is nog leningen aan te gaan tegen een enigszins haalbare rentevoet. De trojka van ECB, Europese Commissie en IMF wil Portugal een nieuwe lening geven en strikte voorwaarden opleggen. In *The Guardian* spreekt de huiscolumnist over noodhulp à la Tony Soprano, verwijzend naar de legendarische televisieserie over het dagelijkse leven – niet alleen het gewelddadige milieu maar ook de familie- en liefdesperikelen – van de maffiafamilie DiMeo. In een van de afleveringen van The Sopranos vertelt oplichter en maffiabaas Tony Soprano aan een kleine gokker waarom hij hem laat meedoen aan een spel met heel hoge inzet dat de gokker vervolgens verliest. "Ik wist wel dat je dat nooit zou kunnen betalen maar je vrouw had een goedlopende sportwinkel", legt Soprano uit nadat hij de winkel heeft gestript en failliet heeft laten gaan. Michael Burke schrijft in *The Guardian*: "The Sopranos wordt ook in Portugal uitgezonden. Kijkers kunnen dankzij die serie veel meer te weten komen over hun lot dan via de meeste andere berichtgeving in de media, nu de Portugese economie in handen is gevallen van de Europese commissie en het IMF Het is alsof je door de maffia wordt omhelsd en dat kunnen de Ieren en Grieken beamen." Burke legt uit waarom deze noodhulp à la Tony Soprano de waarschijnlijkheid van een faillissement voor Portugal dichterbij brengt: van die noodhulp ziet Portugal zelf geen cent. Het geld gaat direct naar de schuldeisers: Europese banken en Amerikaanse hedgefondsen. "Het gaat hier om een herhaling van de alom verfoeide redding van banken, die we wereldwijd hebben kunnen zien. Maar dit keer op internationale schaal."[75]

Een week daarna, op 12 april 2011, landen de Men in Black, de Soprano's van Europa, in Lissabon. Vijf maanden nadat ze ook in Dublin voet aan wal hebben gezet. Hun instructie is identiek: zij willen een lening toestaan als er een vierde besparingsplan komt. Niet dat ze kurkbaas Americo Amorim of zo met besparingen willen lastigvallen, nee ze denken in dezelfde richting als wat premier Socrates wou: de Portugese lonen en uitkeringen aanpakken.

Maar heeft het Portugese parlement dat plan op 23 maart dan niet verworpen? En is Socrates niet ontslagnemend? Dat trekken wij ons niet aan, zeggen de Heren in het Zwart. Ze eisen dat er nog voor de verkiezingen van 5 juni een besparingsakkoord komt tussen alle partijen en met de vakbonden. De Portugese partijen kunnen dat aanvaarden "door consensus", of "door capitulatie". Op dinsdagmiddag

3 mei, een maand voor de verkiezingen, wordt het nieuwe Portugese regeerprogramma voorgesteld. Een programma dat is opgesteld door de zwarte engelen van de trojka. Daarmee worden de verkiezingen van juni zonder voorwerp geplaatst.

Het land van de port wordt na Ierland de volgende proeftuin voor het zogenaamde "Economisch Bestuur." En we weten intussen wat dat betekent. Nog maar eens een reeks btw-tarieven gaat omhoog. De lonen en pensioenen gaan tot 2013 in de diepvries. Er komen nog meer ontslagen in de openbare sector. Zoals in Duitsland wordt het recht op werkloosheidsuitkering beperkt, tot maximum 18 maanden. Nieuwe contracten zullen vooral van tijdelijke duur zijn, met minder bescherming. De bedrijven zullen minder sociale lasten betalen. Om de rentelasten op de noodhulp à la Soprano te kunnen afbetalen, wordt Portugal gedwongen een deel van het openbaar bezit te verkopen. De spoorwegen, de post, de openbare energiebedrijven, de verzekeringsmaatschappij, de luchthavens, de luchtvaartmaatschappij TAP en het snelwegennet komen daarvoor in aanmerking. In het openbaar vervoer zullen kaartjes fors duurder worden. In de gezondheidszorg zal de gebruiker meer zelf moeten betalen. In 2012 moet de kost van de gezondheidszorg dertig procent omlaag, een jaar later nog eens twintig procent. De terugbetaling van een reeks geneesmiddelen wordt geschrapt.

Jéronimo de Sousa, de algemeen secretaris van de PCP, ziet in de noodhulp van de Soprano's een "duivelspact" dat de sociaaleconomische kloof in de Europese ruimte verder uitdiept. "Het Europa van twee of drie snelheden trekt een definitieve streep door de propaganda over de sociaaleconomische cohesie. Alles bewijst dat de eenheidsmunt en de voorwaarden waaraan hij is gekoppeld zorgen voor een verslechtering van de toestand in een land als Portugal, dat voor een aangekondigde recessie van minstens drie jaar staat. En ze zorgen voor een voordeel voor landen als Duitsland, dat de grootste groeivoet van de Unie heeft."

Ondertussen gaat in de Duitse mainstream pers de tenenkrommende hetze tegen Zuid-Europa haar gangen. Onder de titel "Een land dat te weinig produceert en te veel consumeert" publiceert *Der Spiegel* einde juli 2011 een dossier over Portugal. "Nadat het land lange jaren boven zijn stand heeft geleefd, krijgt het nu de volle lading van de crisis", klinkt het in de inleiding.[76]

Wie in Portugal leeft boven zijn stand? Een kwart van de kinderen groeit er op in armoede. Eén op vijf Portugezen moet het doen met minder dan 360 euro per maand, de officiële armoedegrens. Zevenhonderdduizend Portugezen zijn officieel werkloos maar als je de mensen erbij telt die geen baan zoeken in de tewerkstellingsbureaus of die maar enkele uren werken, dan zijn het er meer dan een miljoen. Minder dan de helft van hen heeft een werkloosheidsvergoeding. Een vijfde van de studenten verloor het recht op een studiebeurs.

En ondanks het vierde besparingsplan van de Soprano's hebben de financiële markten zich alweer gewroken op Portugal. Op 5 juli 2011 verlaagde het ratingbureau Moody's de status van Portugal tot dead man walking. De regering in Lissabon verwacht een economische krimp in 2011 van 2,3 procent en van 1,7 procent in 2012.[77]

Op 13 oktober 2011 kondigt de nieuwe Portugese regering een vijfde besparingsplan aan: de dertiende en veertiende maand worden afgepakt van alle ambtenaren. De werknemers in de privé moeten verplicht een half uur langer werken, gratis. Het verhoogde btw-tarief van 23 procent wordt uitgebreid naar allerlei producten en diensten. Er sneuvelen betaalde feestdagen en het vakantiegeld wordt voor veel mensen gehalveerd. Alle openbare diensten moeten nog eens twee procent van het personeelsbestand laten "afvloeien" en er komen nieuwe besparingen in het onderwijs en de gezondheidszorg. En opnieuw: haast geen offers van de Portugese miljonairs.[78] Algemeen secretaris Carvalho da Silva van de vakbondskoepel CGTP-IN reageert strijdbaar: "Dat zal algemene volkswoede opwekken. Dit plan wil niet het belang van de Portugezen dienen maar dat van de speculanten. Het zal de schuld ook niet terugdringen en al evenmin de omstandigheden creëren om er wat aan te doen. Als de regering een harde confrontatie met de vakbonden wil, wel, dan is ze goed op weg." Op 18 oktober laat de Nationale Vereniging van Onderofficieren weten dat ze, "mochten er massale onlusten uitbreken", de kant van de demonstranten zal kiezen. Een woordvoerder van de onderofficieren zei dat het Portugese leger de plicht heeft "het volk te beschermen" en dat er niet verwacht kan worden dat het leger private of financiële instellingen zal dienen. En hij herhaalde: "Laat niemand denken dat het leger gebruikt kan worden om de volksbeweging de kop in te drukken."[79]

Tegenover de stuiptrekkingen van het verleden: de beweging van de hoop

Griekenland, Letland, Ierland, Portugal... er zijn heel veel parallellen.

De opvallendste gelijke lijn is: met de gesel van de crisis gaat in deze landen de schaar van de ongelijkheid open. Mensen met een sociale uitkering, vrouwen, migranten en gepensioneerden zijn de eerste slachtoffers. Ook de rest van de werkende bevolking, met inbegrip van het deel dat doorgaans de middenklasse wordt genoemd, proeft de smaak van verarming. Tegelijk wordt een heel kleine groep mensen rijker: de reders, de kurkmagnaten, de speculanten, de bonustrekkers, de bankiers. De massale fiscale fraude van deze "gouden elite" blijft onbestraft. Het is een huizenhoge mythe dat "alle" Grieken, Balten, Ieren en Portugezen moeten inleveren. In al die landen zijn er ook winnaars van de crisis, en dat woord schrijf je best met meer dan zes nullen achteraan. "Wij leven in een rovershol en gij en ik zijn niet de rovers", schrijft Jeroen Olyslaegers. Gelijk heeft hij. We bevinden ons midden de grootste hold-up van de laatste tijden. Een overval waar zelfs de sheriff van Nottingham verlegen van zou staan. Stelen bij de gewone man en vrouw, geven aan de allerrijksten. Nog nooit waren er in Europa zoveel miljonairs, en nog nooit waren er zoveel gaarkeukens.

In al deze landen is er nochtans een brede eensgezindheid bij de traditionele politieke families dat 'het niet anders kan'. Zo komt het dat de regeringen in Athene, Dublin, Riga en Lissabon mee verantwoordelijk zijn voor de ellende: zowel de rechtse regeringen in Ierland en Portugal vandaag als de sociaaldemocratische regeringen in Griekenland en Portugal gisteren. Van Dublin tot Athene, via Berlijn: geen arbeidsplaats en geen loon is nog zeker; de pensioenleeftijd wordt naar 67 jaar geduwd; de onrechtvaardigste van alle belastingen, de btw, gaat omhoog; het onderwijs en de zorg worden systematisch ontmanteld. Over deze politiek bestaat bij alle klassieke partijen een oorverdovende eensgezindheid. Dat is de tweede parallel.

Vervolgens zie je de Men in Black in Griekenland, Ierland en Portugal dezelfde recepten toepassen. "De recepten van het IMF, de Wereldbank en de Europese Centrale Bank kennen we uit veel Latijns-Amerikaanse landen. Het zijn altijd dezelfde recepten: verlaging van lonen en pensioenen, massaal ontslag van ambtenaren, veiling van overheidsbedrijven en deregulering van de markten. Het ziet ernaar uit dat deze recepten Griekenland naar een klinkende crash zullen leiden, net zoals Argentinië in 2001. Het economische beleid is hetzelfde, de shockpolitiek is dezelfde en de belangrijkste actoren zijn dezelfde", schrijft de Argentijnse politicoloog Atilio Boron.[80] Het gaat om een grote overval van de wereld van het kapitaal op de wereld van de arbeid. Wanneer het stof zal gaan liggen, zal blijken dat een aantal kapitaalgroepen machtiger is geworden dan ooit, en dat massa's mensen geruïneerd zijn. Tenzij de mensenmassa die stilaan overal in beweging komt, het tij keert en de rijkdom van de maatschappij opnieuw kan teruggeven aan wie ze produceert.

Nog een parallel is dat zowel in Athene, Dublin, Riga als Lissabon een klimaat van angst in het leven wordt geroepen. Dat is een gevaarlijke voedingsbodem voor de roep om een sterke hand. Angst voor mensen zonder papieren. Angst voor de menigte en angst voor eenzaamheid. Angst voor rellen zoals in Londen. Angst voor stakingen "die alles alleen maar erger maken". Angst voor politieprovocateurs. Angst voor de chaos.

In de leerstoel "Hoe maak ik vijanden op maat" heeft de Pasok-regering zelfs een heel speciale les voorbereid. Op YouTube is een video te zien waarop een groep testosteronbommen op 28 en 29 juni 2011, gewapend met ijzeren staven, rustig staat te discussiëren met de oproerpolitie. Even later wandelen deze zwartgemutste spierballen, staven in de hand, doodgemoedereerd rond op het binnenhof van het parlement. Onder begeleiding van de oproerpolitie! Journalist Georgios Aureropoulos van de openbare tv-zender ERT maakte deze beelden openbaar. Het was blijkbaar de bedoeling dat dik duizend politieprovocateurs zich zouden mengen in de vakbondsbetoging van de Pame. Met het doel de manifestatie uit de hand te laten lopen en de betogers op te hitsen tegen de vreedzame bezetters van het Syntagmaplein, de jonge "verontwaardigden". Syndicale acties criminaliseren en jongeren opstoken tegen vakbondsmensen, het doet me terugdenken aan wat ik in 2001 bij het protest tegen de G8 heb meegemaakt in de straten van Genua. Gelukkig waren de organisatoren van de Pame-betoging alert genoeg om de provocatie te verijdelen. Maar de oriëntatie is duidelijk. Hoe meer angst, hoe meer buitengewone maatregelen er kunnen komen; indien het moet zelfs de staat van beleg.

Ook het gifzaad van de haat is een parallel. De elites in die landen zaaien dat gifzaad met brede worpen. De hetze over de heimelijke luiheid van de ambtenaren, die "lanterfanterende bureaucraten" op hun veilige verdieping. Het stigma van de openlijke luiheid voor de werklozen, die de hele economie zouden corrumperen. Het gestook tegen de babyboomers van mei '68 die alles in de mist hebben laten gaan: de crisis als generatieconflict. Alle particuliere belangen worden overbelicht. Sterke sectoren tegen zwakke. Boeren tegen arbeiders. Interim arbeiders tegen die met een vast contract. Loontrekkers tegen zelfstandigen. En vooral, met stip op één, het proberen opzetten van jong tegen oud. De crisis voorstellen als een generatieconflict.

Divide et impera. Angstvallig verhinderen dat een groot sociaal front ontstaat dat van de verantwoordelijken voor de crisis eist de factuur ervan te betalen. En dat een samenleving wil die gebaseerd is op het respect voor de arbeid in plaats van op de uitbuiting van de arbeidskracht. Want ook al kunnen wij de tijd die er zal komen niet voorspellen, wij hebben wel het recht ons voor te stellen hoe wij willen dat hij zal zijn.

De laatste en meest fundamentele parallel is die van de hoop. De pogingen om dit kapitalistische stelsel te redden, tot meerdere glorie van rijke aandeelhouders, speculanten en bankiers, zijn stuiptrekkingen van het verleden. "Europa bevindt zich midden een proces van sociale onrust dat in de komende jaren zal radicaliseren. Als er in dat proces geen ontwikkeling van hoopvolle bewegingen is, dan zullen het haatbewegingen zijn. Daarom is de confrontatie tussen de cultuur van de hoop en de cultuur van de destructieve nostalgie waarschijnlijk de belangrijkste trend in deze crisistijd", vertelde de Spaanse socioloog Manuel Castells in de VPRO-documentaire *Metamorfose van een crisis*. En die beweging van de hoop groeit elke dag. Het sterkst en het meest georganiseerd in Griekenland, met honderdduizenden mensen die beslissen er zelf iets aan te doen – samen – in wijken en bedrijven: het woord nemen, actieprogramma's opstellen en de tegenaanval inzetten. Maar ook in Portugal waar gestaalde vakbondsmensen hun kinderen meenemen in de actie en waar – omgekeerd – de jeugd zonder toekomstperspectief haar ouders en grootouders mee op straat trekt. Overal inspireren mensen zich aan het gigantische spandoek van de KKE op de Akropolis "Peoples of Europe: Rise Up!" en aan de vloedgolf van vindingrijkheid bij de bezetters van Occupy Wall Street. "Wij zijn de 99 procent!"

4. Het Europa van concurrentie en ongelijkheden

> Op 12 maart 1985 werd het idee van
> de grote interne markt gelanceerd
> onder het parool "economische renaissance".
> Europa was een gebied van welvaart,
> hoe kon het dan dat er 40 miljoen armen waren?
> Ik stelde precieze vragen en de deuren klapten dicht.
> Welke banken beheerden de financies van de Commissie?
> Vijf? Op welke offertevraag waren zij ingegaan?
> Geen enkele? Waarom?
> Mijn ontdekkingen bleken, eufemistisch uitgedrukt, interessant.
> De waarheid is dat ze beangstigend zijn.
> Ik wil de ogen openen van wie nog geloven dat het Europa
> dat men opbouwt
> het Europa is van hun dromen:
> een continent van vrede, democratie en gerechtigheid.
>
> RTBF-journalist Gérard de Selys
> in *Europa zoals het is* (1992)

Ik ben opgegroeid in Sint-Antonius, in de Kempen. Naast bakkerij Verellen. Een tijd geleden is de bakkerij omgebouwd, genre Oostenrijks koffiehuis. Vorig jaar werden ze tot beste bakker van Vlaanderen gekroond. Aan de zijgevel bij mijn moeder hangt nu een enorm plakkaat met die titel op. In mijn kinderjaren werd ik in de zomer, wanneer de ramen openstonden, wakker met de warme geur van vers brood uit de oven. Ik vond het leuk 's morgens bij de buren brood te gaan halen. Een groot brood kostte toen 15 frank. Belgische frank. De euro is in 2002 ingevoerd en ik ben heel lang blijven omrekenen. Twee euro voor een brood? Dat is begot tachtig frank! Mijn moeder blijft nog altijd omrekenen. Mijn zonen rekenen alleen in euro. De lire, de peseta, de drachme, de mark, dat hebben ze nooit gekend. Ik vertel hen dat de euro er niet altijd geweest is en misschien ook niet altijd zal blijven.

Want nooit sinds haar oprichting zat de Europese Unie in zo'n slechte papieren. "Het water staat de euro aan de lippen", moet een van de bedenkers van de eenheidsmarkt, Jacques Delors, erkennen. Al de oplossingen die in de ivoren torens van de Unie worden uitgewerkt, zijn niet in staat de crisis te bezweren.

"Als wezenlijk doel streven wij naar een voortdurende verbetering van de omstandigheden waarin de volkeren leven en werken." Zo staat het in het Verdrag van Rome.[81] Maar in de echte wereld worden de ongelijkheden op het continent elke dag groter en zuigt de concurrentieoorlog alle zuurstof uit die volkeren van Europa. Ze leven en werken, snakkend naar adem, voor de glans en glorie van financiële en industriële giganten.

"Elk van de eurolanden heeft zijn eigen problematiek en kenmerken maar toch kleeft er hoe langer hoe meer een aspect van systeemcrisis aan wat zich voor onze ogen ontrolt", schrijft de hoofdredacteur van *Trends*. "Ooit van Catch 22 gehoord? De eurocrisis en de schuldencrisis werken nu op een helse manier op elkaar in."[82] Eurocrisis? Schuldencrisis? Om te weten wat er aan de hand is, moeten we teruggaan in de tijd, tot bij Robert Schuman.

Het duet van "vrijheid" en concentratie

De vrome vrijgezel Robert Schuman lanceerde nog deels tussen de ruïnes van de Tweede Wereldoorlog als Frans minister van Buitenlandse Zaken zijn Schumanplan. De grondstoffen kolen en staal waren cruciaal in de heropbouw van het continent. Om de voorraden ervan te garanderen, moest het beleid over kolen en staal uit handen van Duitsland, Frankrijk en de anderen worden genomen, en toevertrouwd aan een nieuw op te richten internationale organisatie: de Europese Gemeenschap van Kolen en Staal. Deze EGKS kwam er in 1952. "Wij gaan Europa niet in één keer volledig opbouwen. Wij gaan dat doen doorheen concrete verwezenlijkingen, die eerst een feitelijke solidariteit zullen creëren", zei Schuman.[83]

De Verenigde Staten stonden achter hem. Zo konden ze twee vliegen in één klap slaan. Het Schumanplan verhinderde dat Duitsland opnieuw een dreigende industriële macht werd want zonder kolen en staal kon een land niet aan oorlogvoeren denken. En tegelijk wierp het plan een dam op tegen "de socialistische dreiging" uit het oosten van Europa. "Nous avons peur", riep Paul-Henri Spaak van op de tribune van de Verenigde Naties, in die jaren van de Koude Oorlog. Europa moest kapitalistisch zijn en het was van belang dat van bij de start in beton te gieten.

Het Verdrag van Rome waarmee in 1957 de Europese Economische Gemeenschap (EEG) werd opgericht, had dan ook de bekende "vier vrijheden" als grondslag: het vrije verkeer van personen, goederen, diensten en kapitaal. En, zo werd afgesproken, de eerste stap was het afschaffen van de douanetarieven. "Een interne markt op basis van die vrijheden, dat is het hart van de Europese inspanningen", herhaalt Commissievoorzitter Barroso ook vandaag nog.[84]

Het belang van dat "hart" wordt pas duidelijk als je een diepe duik neemt in de geschiedenis. Want Europa is uiteraard niet altijd kapitalistisch geweest. In de middeleeuwen was de koppeling van de boeren aan de bodem de grondslag van de feodale druk. De boer behield dikwijls zijn hoeve maar was als horige aan zijn hoeve geketend en moest zijn landheer schatting betalen in arbeid of met producten. De mobiliteit van de mensen was miniem. Ieder dorp en iedere streek was in zichzelf besloten.

Met het aanbreken van de nieuwe tijd kwam er een einde aan dat versnipperde feodale productiestelsel waarin elk gewest op zichzelf was teruggeplooid, zichzelf moest bedruipen en tolrechten eiste voor de plaatselijke aristocraten. De handel ging zich ontwikkelen. Goud en zilver, onder andere uit het veroverde Amerika, werden een universeel ruilmiddel.

En dan, in de achttiende eeuw, meldde de komst van de industriële revolutie zich met de eerste machines: de spinning jenny, de mule, de mechanische weefstoel, de stoommachine.

De boeren waren in de loop van die geschiedenis op grote schaal "vrij" gemaakt van de banden met hun grond, hun herenboeren en kasteelheren. "Vrij" maken betekende in hun geval ook: hun lapje grond verliezen. Zo kon de moderne industrie beschikken over voldoende "vrije" arbeidskrachten maar ook over een reserveleger van mensen op zoek naar werk. Dat reserveleger drong en wrong om de lonen te drukken.

De oude tolrechten en barrières vormden een hinderlijk obstakel voor de nieuwe economische klasse van handelaars en fabrikanten. Zij wilden één markt, één wet, één machtsorgaan.

Marx en Engels schreven in het midden van de negentiende eeuw: "De bezittende klasse heft de versnippering meer en meer op. Zij heeft de bevolking dicht bij elkaar samengebracht, de productiemiddelen gecentraliseerd en het bezit in de handen van enkelen geconcentreerd. De politieke centralisatie was daar een noodzakelijk uitvloeisel van. Onafhankelijke provincies, die alleen maar als bondgenoten tot elkaar stonden, met elk eigen belangen, wetten, regeringen en invoerrechten, werden samengedrongen in één natie, één regering, één wet, één nationaal klassenbelang, één douanetarief."[85]

In de achttiende en negentiende eeuw waren overal op het continent geleidelijk aan natiestaten ontstaan. De politiek werd gecentraliseerd in een nationale staat. Die schafte de privileges af en verbood de tienden en andere feodale belastingen die de vrije circulatie van goederen belemmerden. Elke natiestaat had z'n nationale tarieven, zoals het douanetarief, om de binnenlandse markten af te schermen voor invoer. In elke natiestaat verdedigde de centrale politieke macht de belangen van de eigen kapitalistische bedrijven op het internationale toneel.

De geweldige groei van deze bedrijven en het opvallend snelle proces van concentratie van de productie in grote ondernemingen leidde aan het begin van de twintigste eeuw tot monopoliebedrijven die bepaalde industrietakken controleerden. Bij de Duitse Vereinigte Stahlwerke werkten tweehonderdduizend arbeiders voor één patroon.

Maar al snel volstond het niet meer de grootste te zijn in één land. Fusies, kartels en het opkopen van bedrijven leidden tot reusachtige concentraties in transnationale ondernemingen. Deze "multinationals" vochten voortaan op wereldschaal voor macht en marktaandeel. Zij begonnen zich in de tweede helft van de twintigste eeuw hoe langer hoe meer te storen aan de kleinschaligheid van de Europese lappendeken. Verschillende douanetarieven in al die Europese natiestaten, verschillende import- en exportregels, verschillende munten met hun wisselkoersen... het hinderde het vrije verkeer en het verhoogde de lasten en de handelsrisico's. Net zoals de eerste grote kapitalisten de vrijheid van kapitaal, goederen en arbeidskrachten uit de feodale versnippering naar een nationaal niveau tilden, zo wilden de toplui van de Europese grootbedrijven die vrijheid vanaf medio twintigste eeuw naar een Europees niveau omhooghalen, weg van de versnippering van de lidstaten. Om op die manier sterker te staan in de concurrentie.

Vanaf 1973 ranselde de crisis de economie door elkaar. De monopolies wilden nu ook de goederen en diensten die in handen van de overheid waren, en op die manier waren afgeschermd, op de markten sleuren om er winst uit te slaan. Daarvoor ging de Britse premier Thatcher op ramkoers met de vakbonden en werd de neoliberale ideologie op de wereld losgelaten om iedereen te vertellen dat de overheid te groot was en zich met te veel zaken inliet. Meer ruimte voor de aandeelhouders, was de inzet. Europa maakte intussen komaf met de traditionele sectoren: mijnen, staal, glas, en scheepsbouw – al hadden kolen en staal enkele decennia eerder aan de wieg van Europa gestaan. De monopoliebedrijven bouwden zich via herstructureringen en fusies nog verder uit. Tien jaar later lag de weg open voor een nieuwe koers.

Het Europa van de concurrentie

De zoektocht naar die nieuwe koers werd aangedreven door de wil om onder de vleugels van de Amerikaanse adelaar vandaan te komen en een eigen weg te varen. De VS hadden op dat ogenblik een binnenlandse markt van 280 miljoen consumenten en 68,4 procent van de verkoop van de Amerikaanse multinationals ging naar die binnenlandse markt. Ook 21 van de 28 miljoen banen van die Amerikaanse reuzen bleven binnenlands. "Wij willen de concurrentieoorlog met de VS aangaan", zegden de meeste van de 253 Europese multinationals uit de toenmalige top 1000 van de grootste industriële ondernemingen van de wereld.[86]

Aan het stuur van de nieuwe koers in Europa kwam een nieuwe organisatie. Toplui van Volvo en Philips, niet toevallig twee erg geïnternationaliseerde bedrijven, namen er het initiatief voor. Zeker, Volvo en Philips hadden nog een thuisbasis in Zweden en Nederland maar die landen waren op het internationale toneel te klein om hun bedrijfsbelangen te verdedigen. Een grote Europese staat die garant zou staan voor de vier vrijheden op Europese schaal, zou hun slagkracht wezenlijk verbeteren. Zo'n groot Europa met een binnenlandse markt van 300 miljoen consumenten had uiteraard heel wat meer in zijn mars dan de Zweedse of Nederlandse markt. Volvo-voorzitter Pehr Gyllenhammar en Wisse Dekker van Philips zagen het groot. In april 1983 brachten ze twintig bedrijfsleiders samen in Brussel en stichtten er een nieuwe club: de Europese Ronde Tafel van Industriëlen. Ze waren vastbesloten het aanzien van Europa te veranderen. Europa moest één groot land worden, één land met een volledig geïntegreerde markt waar productie en handel helemaal "vrij" zouden zijn, een "laissez faire" en een "laissez aller" zonder beperkingen. Het kwam eropaan de Europese Gemeenschappen (EG) – de opvolger sinds 1967 van de EEG – voor hun plannen te winnen.

Veel later heeft Keith Richardson, ooit algemeen secretaris van de Ronde Tafel, de tactiek van de nieuwe club uit de doeken gedaan: "Voor de Ronde Tafel zijn de politieke besluitvormers op het hoogste niveau altijd het belangrijkste mikpunt geweest. De beste methode, waar niets tegenop kan, was het persoonlijke contact. De belangrijkste gebeurtenissen waren de ontmoetingen met de voorzitter van de

Commissie van de Europese Gemeenschappen, of dat nu persoonlijk was of samen met enkele collega's, en met de regeringsleiders, vooral met hen die het voorzitterschap van de Europese Unie waarnamen."[87]

De voorzitter van de Commissie van de Europese Gemeenschappen in die beginjaren van de Ronde Tafel was Jacques Delors. Die was één en al oor voor de verzuchtingen van Gyllenhammar, Dekker en de anderen. In 1985 lanceerde hij het grote project Europa 1992, dat de laatste belemmeringen op het vlak van vrije circulatie van goederen, kapitalen en personen moest opruimen. De diensten zouden later volgen, met de Bolkestein-richtlijn. Om snel vooruit te gaan sluisde Jacques Delors er in 1986 een Eenheidsakte door, een beslissingsproces dat het vetorecht van de lidstaten inperkte tot basale materies en meer macht gaf aan de Commissie.

Maastricht en het Europa van de ongelijkheden

In 1987 richtte de Europese Ronde Tafel een lobbygroep op om de eenheidsmunt te promoten en dat idee onafgebroken in de politieke wereld te hameren: "Japan heeft een eenheidsmunt. De Verenigde Staten hebben een eenheidsmunt. Hoe kunnen de Europese Gemeenschappen leven met twaalf verschillende munten?"[88] De calculatie was: via een gemeenschappelijke munt en een gezamenlijk monetair beleid kunnen we ook prijzen, interest, begrotingen en lonen van de Europese landen op elkaar afstemmen. En daar hoort dus een sterk politiek gezag bij, zeg maar een Europese regering.

Op het 1 meifeest van de PVDA in 1989, op de campus van de VU Brussel, zei Ludo Martens: "Het Europa van de eenheidsmarkt is een exclusieve creatie van de tweehonderd multinationals die samen goed zijn voor een derde van het zakencijfer in Europa en die met hun massale productie alle nationale grenzen breken. De eenheidsmarkt biedt de monopolies de vrijheid overal de optimale uitbuitingsvoorwaarden op te zoeken. De metaalpatroons van Fabrimetal spreken al over de aantrekkingskracht van de lagelonenlanden. In de economische oorlog met de Amerikaanse en Japanse monopolies dienen de Europese werkers als soldaten. In zijn blauwe vlag draagt Europa de sterren van de verhoogde uitbuiting, de flexibiliteit en de werkloosheid. De Europese eenheidsmarkt zal alle problemen van de mensen verscherpen."[89]

Die visie werd in de mainstream pers met één handbeweging van tafel geveegd: die marxisten toch, alles zo economisch en serieus bekijken. Over dat sérieux valt wel wat te zeggen, de PVDA was dan nog lang niet toe aan gratispatattencampagnes, rode neuzen of laserstralen op de koeltorens van Electrabel. Toch loont het, wat de fond betreft, de moeite het standpunt van Ludo Martens vandaag te herlezen.

Maar na vijf jaar was de politieke wereld rijp gehamerd voor de voorstellen van de Ronde Tafel. In februari 1992 doopten twaalf staatsleiders in Maastricht de Europese Gemeenschappen om tot de Europese Unie. In één klap werden de Europese bevoegdheden uitgebreid naar een groot aantal beleidsterreinen. Europa zou voortaan meer zijn dan een kwestie van economische samenwerking. Het zou opgebouwd worden op drie pijlers. De eerste pijler was die van de economie, met een grote gemeenschappelijke markt die binnen de tien jaar moest bekroond worden met een eenheidsmunt. De tweede pijler beoogde een gemeenschappelijk buitenlands beleid. In de derde pijler gingen de Europese politiediensten en justitie nauw samenwerken. Deze drie pijlers waren de fundamenten van de beoogde Europese superstaat. Het sluitstuk van "Maastricht" was de gemeenschappelijke munteenheid die er zou komen, de euro.

Het perspectief dat de euro eraan kwam, deed niet alleen mijn moeder in Sint-Antonius verbaasd opkijken. Heel veel economen vroegen zich af hoe je sterke en zwakke economieën samen onder één euro-paraplu kon krijgen. In Portugal, Spanje en Griekenland bedroeg het bbp per inwoner maar de helft van het Europese gemiddelde. In het noorden van Europa lagen de lonen tot viermaal hoger dan in het zuiden. Die spanningen, die men vandaag braafjes "onevenwichten" noemt, waren van bij de geboorte in de Europese Unie ingebakken. Geen nood, zo klonk het bij het Europese establishment, wij strijken al die oneffenheden wel weg. Dat wegstrijken moest wél nogal brutaal gebeuren, niet met een strijkijzer maar met een geforceerde trechter. Alle landen door dezelfde trechter persen. "Convergentie" werd dat genoemd. In Maastricht werd een "convergentieplan" opgesteld: de overheidsschuld van elk land moest teruggebracht worden tot zestig procent van het bbp, en het tekort op de jaarlijkse begroting tot minder dan drie procent van het bbp. En de inflatie moest overal laag worden gehouden. Deze convergentienormen raakten bekend als "de Maastrichtnormen".

Bij een munteenheid hoort uiteraard ook een Centrale Bank, die instaat voor de uitgave van de munt en de geldpolitiek. Volgens de Duitse monetaire traditie kwam het eropaan de euro te behandelen als "nietpolitiek geld" (sic), geld dat immuun moest zijn voor "de invloed van regeringen, partijpolitieke interesses en electorale overwegingen".[90] Daarvoor stonden de Duitse mark en het beleid van de centrale bank in Duitsland, de Bundesbank, model.

In deze visie, gedeeld door alle conservatieve monetaristen, moest een Europese Centrale Bank boven elke politieke keuze en invloed staan. Met andere woorden: de Bank moest alleen maar een technisch instituut zijn met geen andere taak dan een sterke en stabiele munt waarborgen. De Bank moest toezien dat de prijzen niet uit de hand liepen want inflatie zorgt voor geldontwaarding. De Bank kan de prijzen onder controle houden door het lenen van geld duurder of goedkoper te maken, via het verhogen of verlagen van de intrestvoet.

De repercussies van zo'n monetaire politiek zijn heel groot. De grote economische, sociale of ecologische problemen mogen namelijk volgens de monetaristen geen enkele invloed uitoefenen op het geldbeleid. In die visie is het dan ook volstrekt uit den boze dat er financiële transfers tussen de lidstaten plaatsgrijpen en dat sterke exportlanden zo andere landen helpen.

Deze neoliberale visie bij uitstek was, hoe kan het ook anders, op maat gesneden van de sterkste economische macht, Duitsland. De voormalige voorzitter van de Bundesbank, Karl Otto Pöhl was bij de oprichting van de ECB dan ook een tevreden man: "De Bundesbank heeft van de sterkste munt de echte referentiewaarde gemaakt."[91]

De euro-forie

In hartje Brussel ligt het complex van de Passage 44. Gewapend met een hoofdtelefoon, een vertaalkastje en een grote nieuwsgierigheid luister ik in de grote zaal van de Passage naar toespraken in vele talen. Het is 11 december 1993. De PVDA organiseert een Euro-Stop, een tegentop tegen de Europese top van die dag. Er zijn sprekers uit veertien landen in de Passage: vakbondsmensen, juristen, professoren, leden van het Europees Parlement. Ook mijn filosofieprofessor Jaap Kruithof is erbij. De inkom van de Euro-Stop is nog in Belgische frank. Vijftig frank, denk ik, conferentiemap inbegrepen.

België beleeft in die decembermaand van 1993 de nadagen van de grote stakingsbeweging tegen het Globaal Plan van de roomsrode regering Dehaene I. Dat plan werd opgesteld om de 'convergentienormen' van Maastricht te halen. Begin 1993 zijn er immers maar twee landen die aan die doelstellingen voldoen, de twee kleinste: Ierland en Luxemburg. Nederland en Duitsland halen ze net niet. Maar voor België, Frankrijk, Denemarken, Spanje, Groot-Brittannië, Italië en Portugal volgen er zware besparingen. Athene zal nadien, bij het invoeren van de euro als betaalmiddel, de statistieken wat flatteren om bij de club te mogen komen, daar spraken we al over. Maar ook de Italiaanse en Franse regering zijn dan niet vies van enige manipulatie. Parijs haalt een reusachtig deficit uit de begroting en wijst dat bedrag toe aan de formeel onafhankelijke pensioenverzekering.[92] Maar met Parijs wil niemand ruzie zoeken.

Met haar Globaal Plan wil de regering Dehaene-Claes de index hervormen onder het propere eufemisme "gezondheidsindex", een loonstop van drie jaar installeren en in de sociale zekerheid fikse besparingen doorvoeren. Begin oktober staat de textielsector in rep en roer, en eind die maand betogen 75.000 boze ABVV'ers in Brussel. Meteen nadien wordt in gemeenschappelijk vakbondsfront een actiekalender bekendgemaakt die een grote respons krijgt in alle sectoren en in alle delen van het land. Industriezones worden afgezet door vliegende piketten en de actiedag van 26 november 1993 gaat de geschiedenis in als een van de grootste stakingsdagen in onze sociale geschiedenis. Maar de druk van de CVP en de SP op de vakbonden is immens groot en in december is het elan gebroken. Nog voor Kerstmis drukt het parlement in zeven haasten het Globaal Plan er door, met instemming van alle sociaaldemocraten (uit noord en zuid). De "normen van Maastricht" kosten de man in de straat een stuk welvaart.

De PVDA is op dat ogenblik de enige partij in het land die het project van de Europese Unie kritisch onder vuur neemt. De inleider op onze Euro-Stop windt er geen doekjes om: "De grote Europese patroons hebben een Europese infrastructuur en superstructuur nodig in hun economische oorlog tegen de Verenigde Staten en Japan. Dat is de diepere betekenis van het Verdrag van Maastricht en van de voorgestelde muntunie. Europa versterkt zich onder het beschermende schild en de controle van Duitsland, de dominante economische macht in Europa."[93]

Na acht jaar geforceerde trechterpolitiek om de Maastrichtnormen te halen, is het op 1 januari 2002 zover. De euro wordt ingevoerd. Feest in Brussel! Goed voorbereid, dat wel, want het Europese establishment heeft hard gewerkt aan een nieuw nationalisme. Toen de natiestaten een einde maakten aan de middeleeuwse versnippering en landen als Frankrijk, Italië en Duitsland werden gevormd, ging dat gepaard met het formuleren van een nieuwe cultuurgeschiedenis van die nieuwe landen. Een natie moest immers toch ook een identiteit hebben, niet? Een eigen vlag, een eigen volksgeschiedenis. En waarom ook niet een nieuwe geschiedenis die uitlegt dat die naties eigenlijk bijna altijd hebben bestaan, ze wisten dat alleen zelf niet. Het nationalisme was geboren. De Europese Unie deed dat nu nog eens over: vlag, volkslied, een nieuwe geschiedenis. Het continent van het kolonialisme, de slavenhandel en de twee wereldoorlogen werd op slag omschreven als een continent van vrede. Het Europese chauvinisme was geboren en daar zou op geklonken worden.

De euforie over "de grootste wisseloperatie uit de menselijke geschiedenis" nam naarmate ze aanzwol de proporties van een euro-forie aan. In Frankrijk en andere landen werden "euro-formateurs" aan het werk gezet om bejaarde mensen te leren betalen met de nieuwe wondermunt. Nederland nam afscheid van de gulden, een betaalmiddel dat al sinds de veertiende eeuw in omloop was, en minister Zalm bracht een eurokit uit om te oefenen met de euromunten. Een beleggingsclub werd Euforie gedoopt. Een barnumcampagne zonder voorgaande rolde over het oude continent. Met de euro wandelden we een nieuwe toekomst van democratie, peis en vree binnen, klonk het. En de gemeenschappelijke munt zou ook de onevenwichten tussen de lidstaten uitvlakken. Euforia.

Toen hij er eindelijk was, de euro, met klokkengezang, vuurwerk en champagne, toonden commercanten en distributeurs zich meesters in het opportunistische concept van het "afronden" naar boven. De lekker straffe Italiaanse espresso bijvoorbeeld, met zijn prijs van 1500 lire als het ware een instituut, ging in euro's opeens fiks omhoog. Ook de postdiensten en het transport duwden, om de dans van de eurocentjes te vermijden, hun prijzen naar een afgerond cijfer de hoogte in. Zelfs het Vatikaan, dat euro's uitbracht met de beeltenis van Johannes Paulus II, kende geen eurobarmhartigheid. De prijs van een begrafenisdienst ging er met 29 procent naar omhoog naar tien euro afgerond, en een plechtige trouwmis met orgel en muziek kostte er voortaan 270 euro, een stijging met zestien procent. Maar vooral het huishoudmandje betaalde het gelag.

De fuik van de Europese Unie

Van 2002 tot 2008 is er schijnbaar geen vuiltje aan de lucht. De euro staat zijn mannetje en klimt omhoog tegenover de dollar. Maar schijn bedriegt want bijna ongemerkt stapelen zich in het zuiden van Europa donderwolken op.

Daar zijn twee grote redenen voor. Voor de eerste moeten we terug naar Duitsland. Met de euro naar het beeld en gelijkenis van de Duitse mark is Duitsland de grote overwinnaar bij de intrede van de nieuwe munt. Eén stabiele munt, geen wisselkoersrisico's meer, één grote binnenlandse markt, wat kan een sterke exportnatie zich meer wensen? "Lage lonen!", zegt de regering Schröder en ze voegt de daad bij het woord, daar hebben we het al uitgebreid over gehad. Zo worden de Duitse producten goedkoper en boomt de Duitse export, vooral binnen de Europese Unie.

In 2006 bedraagt de gezamenlijke staatshulp aan bedrijven in de Europese Unie 66,7 miljard euro. Van dat miljardenbedrag aan belastinggeld nemen de Duitse multinationals meer dan een derde voor hun rekening. Er is nergens een land in de EU dat zijn bedrijven zo subsidieert: in 2006 maakt de Duitse staat niet minder dan 20,2 miljard euro vrij voor steun aan zijn ondernemingen. Het Elysée geeft dat jaar "maar" 10,4 miljard aan Franse bedrijven, Italië 5,5 miljard, en Groot-Brittannië 4,2 miljard. Met die hoge subsidies wordt de ongelijke concurrentiekracht nog maar eens versterkt.[94]

Aan de zuidkant gebeurt het omgekeerde, en dat is de tweede reden voor de donkere wolken aan de horizon van 2008. In de vrije binnenmarkt van de Unie kunnen die landen van de zuid-as niet concurreren tegen de veel sterkere en slagkrachtigere ondernemingen van kern-Europa. Hun economie wordt kapot geconcurreerd en hun uitvoer verschraalt. Met als gevolg groeiende tekorten op de handelsbalans. Er wordt meer ingevoerd dan uitgevoerd en dus verdwijnt er geld naar het buitenland.

Vroeger, met een eigen munt, kon een land dat rechttrekken door een devaluatie van zijn munt want dat heeft een effect op de export: de eigen waren worden goedkoper in het buitenland, de geïmporteerde waren worden duurder. Maar op die uitweg kunnen landen als Griekenland, Portugal of Italië sinds de euro geen beroep meer doen. Devaluatie geeft een – tijdelijk – concurrentievoordeel aan het land dat ze doorvoert. Indien Italië zijn munt kon devalueren bijvoorbeeld, dan zou het voor een Italiaan duurder worden een Volkswagen te kopen, terwijl het voor een Duitser goedkoper zou worden een Fiat aan te schaffen. Tweemaal verlies voor de Duitse multinationals dus. Het Duitse establishment houdt de poort van concurrerende devaluaties dan ook stevig dicht.

De landen uit het zuiden kunnen al evenmin hun begroting gebruiken om de economie te stimuleren, want bijkomende uitgaven worden geblokkeerd door de "convergentienormen".

Jaren voor de invoering van de euro waarschuwden een aantal mensen die beroepshalve met geldbeleid bezig zijn al voor deze valstrik: "Landen die straks aan de gemeenschappelijke munt gaan meedoen, verliezen belangrijke instrumenten voor macro-economisch beleid. Binnen de muntunie geldt dat uiteraard voor wisselkoersaanpassingen. Die verdwijnen immers bij de komst van de euro. En omdat de rente straks overal ongeveer gelijk zal zijn... zouden de landen straks nog maar over één instrument beschikken om economische schokken op te vangen: de overheidsbestedingen. De cirkel is rond, want juist dat laatste instrument wordt geblokkeerd door de convergentienormen." Dat schreven zeventig vooraanstaande economen nog voor de invoering van de euro, en ze besloten: "Wat slim beleid is, hangt af van de economische omstandigheden. Zo bestaan er nog vele structurele verschillen tussen de lidstaten. De eisen van de Europese Monetaire Unie zijn arbitrair en houden geen rekening met deze uiteenlopende omstandigheden. Ze vormen geen garantie voor een reële convergentie."[95]

De zuidelijke landen zaten gevangen in een fuik. Ze kregen ook nog eens af te rekenen met de uitbreiding van de Unie naar Oost-Europa, in 2004 en 2007. Die uitbreiding sleep de messen van de onderlinge concurrentie alweer scherper. Voor de Duitse bedrijven was de toetreding van Polen, Tsjechië, Hongarije en Slowakije in 2004 een uitstekende zaak. Duitsland is in die landen immers de grootste investeerder, met bijvoorbeeld onderaannemingen voor textiel in Polen en voor mechanica in Tsjechië. Maar voor de zuidelijke lidstaten was het een drama. Plots kwamen landen met een gelijkaardig ontwikkelingsniveau bij de Unie, maar met duidelijk lagere lonen en veel zwakkere sociale systemen, want die waren bij de herinvoering van het kapitalisme allemaal brutaal tot het bijna-niets ontmanteld. Ook daar moest nu mee worden geconcurreerd. Met Bulgarije bijvoorbeeld grenst zo'n land direct aan Griekenland. Veel Griekse ondernemingen hebben van deze situatie gebruikgemaakt om de grens over te steken.

Geen nood, luidde het. Het parool van Johan Cruyff werd erbij gehaald: "Elk nadeel heb zijn voordeel". Welk voordeel? De euro maakte lenen in het buitenland gemakkelijker. De Duitse, Franse en Belgische banken zetten inderdaad de sluizen open en zo klom de buitenlandse schuld van de landen van de zuid-as stilaan naar ongekende hoogte.

Daar kwam nog een binnenlandse tijdbom bovenop. De toetreding tot de euro zorgde ervoor dat de rentevoet in de landen van de zuid-as daalde, richting het Duitse niveau. Maar in de zuiderse landen was de inflatie hoger. De combinatie lage rente - hoge inflatie maakte lenen heel voordelig. Het werd bijzonder aantrekkelijk om met geleend geld in kantoren en huizen te beleggen. Vastgoedpromotoren konden gouden zaken doen en de banken nog meer. In Spanje en de andere Zuid-Europese landen, in Ierland en in de Baltische staten explodeerde de bouwsector. Hij werd er dubbel zo groot als het Europese gemiddelde. In Spanje had tot een kwart van de mensen een job in de bouw. Het was een huizenzeepbel, een scheefgroei die vroeg of laat in een bankencrisis moest eindigen.

De zwakke export en tegelijk de huizenzeepbel deden die landen de das om: een gezonde eigen economische ontwikkeling in de industrie en de landbouw bleef uit. Toen de rente begon te stijgen, stapelden de problemen zich op. Eerst bij de gezinnen, daarna bij de banken en uiteindelijk bij de landen die de diepe putten van de banken vulden.

Bij de bankencrisis van 2008 leek de Europese elite zich nog achter de Amerikanen te kunnen verschuilen. Ze wees hautain en beschuldigend naar de yankees met hun huizen- en hypotheekbubbels en deed of haar neus bloedde. "De euro is een betrouwbaar en stabiel anker", hield Jean-Claude Trichet, de grote baas van de Europese Centrale Bank, eind 2008 vol: "De crisis heeft geen effect op de euro als munt."[96] Maar de Europese banken waren helemaal geen stabiele ankers en gingen één na één in de maalstroom van de kredietcrisis over kop. Of bijna toch, want "too big to fail" vonden de overheden en ze vulden de putten die geslagen waren door de roekeloze speculatie van de bankiers. De klap kwam hard aan. Nu stonden de zwakste landen op de rand van het failliet, met torenhoge staatsschulden en begrotingstekorten.

De ongelijkheden in de Europese Unie waren niet gladgestreken, zoals de Maastrichtboys hadden voorspeld dat zou gebeuren. Ze waren integendeel exponentieel gegroeid. De rijke exporterende landen van kern-Europa hebben geprofiteerd van de importerende landen in de periferie. Aan de Middellandse Zee werd de industrie van de kaart geconcurreerd. In de plaats daarvan kwamen een opgeblazen immobiliënsector, een omvangrijke toeristische sector en infrastructuur voor de import van goederen: wegen en spoorwegen.

Vandaag staat de hele operatie van de gezamenlijke muntunie op de helling. De schuldencrisis trok ongenadig het blauwe prestigelaken van de Unie af en daar stond naakt de keizer. De euro bleek geen stabiel anker maar een ongecontroleerde staaf dynamiet. De crisis van de overheidsschulden en de crisis van de ongelijkheidseuro grijpen als sumoworstelaars op elkaar in en rollen de Europese Unie vechtend verder de dieperik in.

De euro, een munt gegoten in het nikkel van de concurrentie

Nog geen tien jaar na de euro-forie leeft één op zes Europeanen in armoede: vierentachtig miljoen mensen. Onder hen twintig miljoen kinderen. In Spanje zit 44 procent van de jeugd zonder werk, in Griekenland 43,1 procent. Ook steeds meer mensen met een baan komen in armoede terecht, de working poor. En terwijl opiniemakers rond theetijd discussiëren over het verschil tussen gefrustreerde en criminele demonstranten, branden de volkswijken in Londen.

Tegelijk groeit het aantal Europese miljonairs. In 2010 ging hun aantal met 6,3 procent vooruit. Ze zijn nu met 3,1 miljoen. Ze zitten samen op een financiële vermogensberg van miljoenen en miljoenen dollar.[97] Een eenvoudige belasting van twee procent op hun vermogen zou miljarden opbrengen, meer dan genoeg om iedereen voldoende pensioen, gezondheid en onderwijs te geven.

Door de verschillen in niveau van ontwikkeling kan een economisch geheel maar goed functioneren als er transfers zijn van meer ontwikkelde naar minder ontwikkelde regio's van dat geheel. Dat is een essentieel gegeven in alle democratische samenlevingen. Jarenlang heeft le Nord - Pas de Calais als rijke mijnstreek geld afgedragen aan het geheel van de Franse economie. Nu ontvangt de streek van les Ch'tis geld. Bij ons is hetzelfde gebeurd met de rijke mineralengordel waaruit ons land meer dan een eeuw rijkdom puurde: van Verviers via Luik en Charleroi tot de Borinage. Ook in de Verenigde Staten kan de overheid via de Federal Reserve voor transfers tussen de staten zorgen, als stabiliserende factor. Maar voor de monetaristische fundamentalisten van de Europese Centrale Bank en de Europese Commissie waren transfers (tot voor kort) de grootste blasfemie. Met het "ieder voor zich en de geldgod voor ons allen" worden de verschillende lidstaten van de Unie koud en genadeloos tegen elkaar uitgespeeld. Er zijn geen hulp- en compensatiemechanismen om landen vooruit te trekken, bijvoorbeeld op het vlak van de infrastructuur en de ontwikkeling van een eigen industrieel beleid. Alles is op maat gesneden van de sterkste exporterende landen, het is een unie voor de winnaars.

In Europa kunnen de overheden van de lidstaten zelfs niet lenen bij de Europese Centrale Bank, alleen private banken kunnen dat. De overheden moeten dus wel bij de private banken aankloppen om te lenen, en daar rentevoeten van vier tot elf procent op betalen, terwijl diezelfde privébanken het geld voor nauwelijks één procent kunnen ontlenen bij de ECB.

De euro is niet bedoeld om een harmonische samenwerking tussen de landen te ontwikkelen, om de nationale en regionale industrie en landbouw te bevorderen, om stevige tewerkstelling te creëren, om de ecologische uitdagingen duurzaam aan te pakken of om een moderne collectieve dienstverlening uit te bouwen. De euro is van bij de start een munt die gegoten werd in het nikkel van de grote concurrentie. De concurrentie met de andere machtsblokken, in de eerste plaats de Verenigde Staten en Japan. "De Europeanen en de Europese industrie willen dat de Europese leiders ervoor zorgen dat hun stem hoorbaar is in het wereldconcert", zo dicteerden de verzamelde CEO's van de Europese Ronde Tafel het in 1991.[98] Maar ook de concurrentie tussen de lidstaten onderling.

De Europese Unie in een complete impasse

Duitsland schept zich vandaag een eurozone naar zijn eigen beeld. De moraal van dat beeld is dat de deugdzame en spaarzame burgers en overheden in het noorden van de zone voortreffelijker zouden zijn, meer "beschaafd", dan de spilzieke zuiderlingen. Professor Jan Luiten van Zanden, de algemeen secretaris van de International Economic History Association, vindt dat een populistische zelfbegoocheling: "Noorden en zuiden zijn twee kanten van dezelfde medaille. Duitsland kan alleen maar de concurrentiekracht zo sterk opvoeren omdat er andere landen zijn – Spanje, Ierland, Griekenland – waar de concurrentiepositie door deze ontwikkelingen in het ongerede geraakt is. Kortom, we zitten diep in de problemen: niet vanwege morele of andere tekortkomingen van het zuiden maar vanwege de logica van de euro, van een munt die eenheid moest brengen waar sociaal-politieke systemen niet voldoende naar elkaar toegegroeid waren."[99]

De lidstaten van de Europese Unie putten zich uit in de helse wedren van de competitiviteit. Een onbarmhartige jacht naar grotere marktaandelen, ten koste van de anderen. De race met als opdracht: meer uitvoer. En daardoor de andere regio's verplichten zich aan te passen, competitief te zijn en dus goedkoper en harder werk te leveren. Duitsland beet in die jachtige wedren de spits af met de Agenda 2010 en met Hartz IV en bouwde een lagelonensector uit om de anderen de loef af te steken. En nu wil het dat beleid in de hele Unie opleggen. "Het lijken wel middeleeuwse chirurgijns die met de ene aderlating na de andere de zieke alleen maar nog zieker maken", schrijft Nobelprijs economie Paul Krugman.

Alleen, de kruik gaat zo lang te water tot ze barst. Want wat als iedereen exportkampioen wil worden door de lonen te drukken? "Er is geen toekomst als de andere Europese landen de Duitse aanpak volgen. Je kunt om morele of sociale redenen tegen de inkomensongelijkheid van dit Duitse model zijn. Maar het probleem zit dieper dan dat: het kan gewoon niet werken als iedereen dat doet", zegt Karl Brenke van het Duitse Instituut voor Economisch Onderzoek.[100] Natuurlijk is dat zo! Driekwart van de export van de Europese landen gebeurt binnen de Europese Unie. Andere Europese landen importeren de producten. Als de inkomens overal dalen, zullen ook minder mensen in staat zijn die producten te kopen. Wat kan men dan doen? Men kan proberen de zuidelijke en oostelijke regio's verder te veroveren, en wat er nog rest aan plaatselijke rivalen dood te concurreren. Maar dat scenario zorgt voor meer werkloosheid, minder koopkracht en dus minder afzetmarkt voor de exporterende landen. De wedren heeft alles naar een complete impasse geleid. Het kan niet werken. Van de Europese vaas van welvaart, peis en vree blijven alleen nog de scherven van de illusies over.

De verafgoding van de markten

Zolang de politici... Nee. Ik wou schrijven: "Zolang de politici achter de markten blijven aanlopen", maar dat is fout. Het is veel erger. Ze lopen niet achter de markten aan, ze zitten op hun knieën, ze verafgoden de markten. Ze doen alsof de markten oncontroleerbare natuurkrachten zijn, afgoden die je moet kalmeren en bedaren met offers. Na elke Europese top staat de angst in hun ogen: hoe zullen de markten reageren? Hebben we de markten kunnen bedaren? Gisteren hebben we de Grieken opgeofferd om de markten te bedaren, vandaag offeren we de Italianen of Portugezen aan deze god en morgen zullen wij aan de beurt zijn.

De waarheid is, de honger van deze geldgod zal nooit gestild zijn. Zolang Europa op concurrentie is gebouwd, zolang de markten en speculanten vrij spel krijgen, zal de honger van de geldgod en zullen de ongelijkheden alleen maar toenemen. Wij hebben een totaal ander Europa nodig, een Europa dat gebouwd is op solidariteit en samenwerking.

Honderdduizend jaar geleden, toen het leven helemaal beheerst werd door de krachten van de natuur, werden geboorte, ziekte, rampspoed en dood maar ook regen, sneeuw en zon toegeschreven aan ongrijpbare krachten: de goden. Net zoals de ouden in kritieke tijden mensen offerden om de goden gunstig te stemmen, zo aanbidden vandaag moderne sjamanen de financiële markten en offeren industriële sectoren en landen om ze gerust te stellen.

Je moet al die hogepriesters van de markt niet geloven. De financiële markten zijn geen duistere, abstracte krachten. Het zijn, hou je vast, mensen. Toegegeven, geen gewone mensen. Het zijn speculanten, grote aandeelhouders en miljardairs. Je hebt banken en pensioenfondsen die staatsschulden opkopen. En je hebt financiële organisaties die op korte termijn spelen, de hefboomfondsen of hedgefondsen. Zij speculeren op dagelijkse inkoop en verkoop. De mensen achter de hefboomfondsen beschikken niet over magische krachten. Ze beschikken gewoon over veel geld. Heel veel geld zelfs. Astronomisch veel. Om in een hefboomfonds te stappen moet je minimum een miljoen dollar beleggen. Maar je kunt ook meedoen als je minstens 300.000 dollar per jaar verdient. De hefboomfondsen zijn geen mythische gegevens. Het zijn de speeltjes van de miljardairs in het casinokapitalisme. De haute finance, die steenrijk wordt door speculatie op bedrijven en op hele landen.

De speculanten, woekeraars en grote aandeelhouders hebben geen geheime kruidenboeken. Ze beschikken niet over het grote toverboek van Grote Smurf en ze volgen geen natuurwetten. Ze volgen de kapitalistische wetten. De speculerende grote aandeelhouders, miljonairs, banken en verzekeringsmaatschappijen hebben belang bij een aanhoudende transfer van onder naar boven. Ze hebben er belang bij dat publieke eigendom op de private markt wordt gesleurd, dat de vennootschapsbelasting omlaag gaat en de asociale btw omhoog, dat de lonen worden gedrukt en de socialezekerheidsstelsels ontmanteld. Met andere woorden: speculanten speculeren niet volgens een natuurwet of volgens een goddelijk gegeven, zij speculeren vanuit eigenbelang. En zo gedragen zij zich als de politieagenten van het winstsysteem: ze kloppen op de staten, ze verplichten hen te snijden in hun sociale zekerheid en welvaart. De voormalige voorzitter van de Bundesbank, Hans Tietmeyer, beweerde: "De financiële markten zullen meer en meer de rol van politieagent spelen. Politici moeten begrijpen dat ze vanaf nu onder controle van de financiële markten staan."[101]

Politici staan onder controle van de financiële markten omdat ze onder controle willen staan. Niets verhindert hen om de speculatie op staatsobligaties te verbieden, de hefboomfondsen en kortetermijnspeculatie aan banden te leggen en de financiële sector onder publieke controle te brengen. Het is geen fatum dat ze marktpoedeltjes zijn in plaats van actoren. Hoe meer zij de markten voorstellen als ongrijpbare krachten en knikkend op hun bange knieën alles doen om die afgod te bedaren, hoe sterker de speculanten hun zweep kunnen leggen over de lidstaten van de Europese Unie. Wie bang is krijgt slaag, en geen klein beetje.

Het kan twee kanten op

Hoelang kan de lappendeken bijeengehouden worden? Dat zal van economische en van politieke factoren afhangen. Het kan twee kanten op. Het establishment kan de Europese constructie verder uitbouwen met meer autoritarisme, meer dwang en meer bevoegdheden.

Op de Europese top van 26 oktober 2011 – de zoveelste "beslissende top voor de toekomst van de euro" – kreeg Griekenland vijftig procent schuldverlichting op zijn uitstaande obligaties bij de banken. De Europese banken moeten voor honderd miljard kapitaal vinden om dat op te vangen – waarvan de helft door de Griekse banken. De slagkracht van het Europese hulpfonds (EFSF) werd opgetrokken naar duizend miljard euro. Maar zelfs deze bazooka – het beeld is van Herman Van Rompuy – zal maar een flut jachtgeweer blijken wanneer de speculanten zullen beslissen hun zwaar geschut in te zetten tegen het volgende slachtoffer. Opnieuw Griekenland, dat in 2020 nog altijd een staatsschuld van 120 procent van het bbp zal torsen en dat door de massieve besparingen verder wegzinkt in een uitzichtloze depressie? Of Italië, dat in 2012 voor reusachtige schuldaflossingen staat en als derde economische macht van de eurozone oneindig veel zwaarder weegt dan Griekenland?

Veel zal afhangen van de politieke strijd tussen voor- en tegenstanders van de eurozone zoals die er nu uitzict. Diegenen die kost wat kost de eurozone willen redden – en dat begint met Griekenland erbij houden – wijzen op de niet te overziene gevolgen voor de Europese Unie als machtsfactor in de wereld. Het is tekenend dat de eurozone om hulp moet gaan aankloppen bij China met zijn schijnbaar oeverloze reserves. Geconfronteerd met deze situatie publiceerden 48 van de grootste Duitse en Franse patroons op 20 juni 2011 samen een kordate tekst met de oproep de eurozone krachtig te verdedigen. Zij pleiten, zoals de Europese Ronde Tafel, voor een veel sterker gecentraliseerd economisch en financieel beleid door de Europese instanties en voor een echte Europese federale staat. En in ruil voor een gecentraliseerd Europa moet de soevereiniteit van de lidstaten worden opgeofferd, zo stelt de Duitse financiële pers het openlijk: "Alle wegen voor de oplossing van de eurocrisis leiden naar de schatkamer van de Duitse belastingbetaler. De Bondsregering moet de toegang weigeren – of de eurostaten verplichten verreikend afstand te doen van hun soevereiniteit."[102]

De uitweg aan de ene kant is meer autoritarisme, de uitweg aan de andere kant is een terugkeer naar het nationalisme. In die politieke strijd spelen de Duitse interne tegenstellingen de belangrijkste rol. In haar pleidooi voor het Duitse parlement om het Europese noodfonds op te trekken tot duizend miljard euro gaf Angela Merkel de argumenten van diegenen die vechten voor de euro. Ze haalde het – voorlopig nog? – met enkele stemmen overschot in haar eigen coalitie. De tegenstand groeit, aangevoerd door Markus Kerber, de chef van het Bundesverband der Deutschen Industrie, het Verbond van Duitse Ondernemingen zeg maar. Kerber wil een euro met alleen de sterkste landen en een politieke Europese unie met alleen de kernlanden. Hij spande een proces aan voor het Duits Grondwettelijk Hof tegen het Europese steunfonds en voert ook een proces tegen Jean-Claude Trichet wegens het overtreden van de grondregels van de Europese Centrale Bank.

De tegenstellingen binnen de Europese Unie worden groter. De sterke landen Duitsland, Nederland en Finland willen niet opdraaien voor de schulden van de zwakkere. Er is onenigheid tussen Duitsland en Frankrijk over de vraag of de Europese Centrale Bank actief mag tussenkomen. Landen die buiten de euro bleven, zoals Groot-Brittannië Denemarken en Zweden, willen niet meegesleurd worden in beslissingen die in de eerste plaats de landen van de eurozone aanbelangen.

Het was bedoeld als waarschuwing maar het klonk bijna als een voorspelling toen Angela Merkel op 25 oktober 2011 voor het Duitse parlement zei: "Het is geen vaststaand feit dat Europa nog eens vijftig jaar vrede zal kennen. Als de euro valt, valt ook Europa."

De concurrentie en de winstjacht, de drijfveer die de Europese Unie bijeenbracht, wakkert nu ook het nationalisme terug aan. Bij het uitbreken van de oorlog tegen Libië zagen we dat elke grote lidstaat vocht voor de controle over de 42 miljard vaten olie en de 1,3 triljoen kubieke meter gasvoorraad. De Italianen werden aangevuurd door ENI, de Fransen door Total en de Britten door BP en Shell. Elk establishment ging voor zijn eigen oil control zone.

Meer autoritarisme of meer nationalisme zullen de Europese Unie nog dieper in het moeras laten zinken. Er is een andere uitweg nodig, die korte metten maakt met woekeraars en speculanten.

Paal en perk stellen aan de vrijheid van woekeren

De dochters van Karl Marx vroegen hem op een dag wie zijn grote held in de geschiedenis was. Hij antwoordde: Spartacus. De gladiator die afkomstig was uit Tracië is vandaag een filmheld maar in de tijd van Marx kenden maar heel weinig mensen hem. In 73 voor onze tijdrekening vluchtte hij samen met 70, 80 andere slaven en een kar vol wapens uit Rome en sloeg op de Vesuvius een kamp op. Al snel sloten andere gevluchte slaven zich bij hen aan. Een jaar later waren ze met 120.000 partizanen. Ze versloegen de Romeinse legioenen maar werden uiteindelijk, in 71 voor onze tijdrekening, verslagen. Spartacus werd samen met duizenden anderen gekruisigd langs de 200 kilometer lange Via Appia naar Rome.

In de tv-serie *Spartacus: Blood and Sand* wordt de Spartacus van toen gewoon herleid tot de Jean-Claude Van Damme van vandaag, filmtechnisch perfect in beeld gebracht, maar dan wel met veel bloed en seks. Na het gevecht in de arena wacht de winnende gladiator tot de keizer de duim omhoog of omlaag houdt. Met dat gebaar kan de almachtige keizer beslissen over leven of dood. Het zal de spektakelfilmers van Hollywood worst wezen maar historisch klopt ook dat gebaar niet. De omhooggestoken duim refereert naar het uit de schede halen van het zwaard. Het is een signaal om te doden, in tegenstelling tot wat in de Hollywoodversie gedacht wordt. Als de keizer zin had de gladiator die het gevecht had verloren, gratie te verlenen verborg hij de duim juist in de vuist als een verwijzing naar het zwaard terug in de schede steken. De duim omlaag kwam niet voor.

Maar daar gaan we ons even niet druk over maken, we houden het bij duim omhoog en duim omlaag. Ik wil het gewoon hebben over de beslissing van de almachtige, dat momentum waarop een heerser kan beslissen over leven en dood. De spanning, dat alleenrecht: wat zal Hij beslissen? Tweeduizend jaar later is dat opnieuw terug. Na elke nachtelijke top maakt een of andere financiële journalist op de radio je 's morgens wakker met het o zo voorspelbare "het is nog even afwachten om te weten hoe de markten zullen reageren". Alsof het over keizer Nero zelf gaat. Duim omhoog of duim naar beneden, de markten spreken al dan niet een doodvonnis uit.

Toegegeven, "de markten" klinkt natuurlijk veel beter dan "de speculanten". Als je 's morgens op de radio zou horen "en het valt nog even af te wachten hoe de speculanten gaan reageren", dan zou iedereen het spelletje direct doorhebben. Of stel je voor dat je krant daags na een regeringsbeslissing zou titelen: "We moeten afwachten wat Deutsche Bank, BNP Paribas en ING Verzekeringen van het akkoord vinden."

De buitenlandse overheidsschulden van Portugal, Ierland, Griekenland en Spanje zijn in handen van banken, financiële instellingen en beleggingsfondsen, en nog wel voor driekwart in handen van Europese financiers. Die orkestreren de koortsaanvallen van "de markten" om maximaal munt te slaan uit de situatie. De grootbeleggers en grootspeculanten in die financiële instellingen worden nog rijker door met de overheidsschulden te pokeren, te kopen en te verkopen, druk te zetten en paniek te zaaien, kortom te speculeren. Een regering die niet in de neoliberale pas loopt, krijgt niet alleen de donderpreken van de Europese Commissie over zich maar loopt in de kortste keren ook in het vizier van de speculanten. Vinden we het Italiaanse of Portugese besparingsplan niet drastisch genoeg, dan speculeren we even tegen de staatsobligaties van die landen, zodat de rente stijgt en wij dik geld kunnen verdienen.

Zolang de politieke wereld en de media op de knieën liggen in blind ontzag en in bange schroom voor dat fatum, zal er niets veranderen. De dictatuur van de markten is de dictatuur van de puur parasitaire fractie van kapitaalbezitters. Het zijn de hoog speculatieve hedgefondsen die op ultra korte termijn opereren. Het zijn de beleggingsdepartementen van de banken en institutionele beleggers – verzekeringsmaatschappijen, pensioenfondsen – die in het verleden zwaar in de subprimes en de "gestructureerde producten" hebben geïnvesteerd om naar superwinsten te graaien.

Die speculatie aan banden leggen zou de normaalste zaak van de wereld moeten zijn. Toch gebeurt het niet. De Europese Unie garandeert de vrijheid van circulatie van kapitaal. Ook funeste kapitaaloperaties hebben daarmee een vrijgeleide gekregen.

Pas als de heilige schrik opzijgezet wordt, is het mogelijk de financiële extremisten door eenvoudige maar drastische maatregelen een flink toontje lager te laten zingen. De grootste maffiosi moeten uit het spel gezet en de ergste maffiapraktijken moeten afgeschaft. Om zo terug wat greep op de situatie te krijgen. Het eerste is dan een drievoudig verbod:
– verbod op hedgefondsen en speculatieve fondsen,
– verbod op de gestructureerde of afgeleide risicoproducten,
– verbod op kortetermijnspeculatie – het shorten.
Verbieden die handel! Dat is een basis om paal en perk te stellen aan de absolute vrijheid om te woekeren.
En dan een tweede stap. Veel hoog speculatieve maatschappijen opereren vanuit offshore belastingparadijzen, waar ze niet alleen aan de belastingen maar ook aan alle controle ontsnappen. Het is perfect mogelijk maatregelen te nemen tegen alle operaties vanuit deze be-

lastingparadijzen. En belastingparadijzen binnen de grenzen van de Europese Unie moeten verboden worden. Andere operaties kunnen zwaar belast worden. De invoering van een financiële transactietaks op alle financiële operaties is een minimum.

Ik weet het, deze maatregelen om het speculeren aan banden te leggen zullen de crisis niet oplossen. Ze zullen ook niet verhelpen aan de onevenwichten in Europa. Maar ze kunnen wel meer armslag geven voor de strijd daartegen.

Dat geldt ook voor het openbaar maken van de financiële sector op het hele continent, of voor een Europese miljonairstaks. De argumenten daarvoor heb ik in het eerste deel van dit boek gegeven. Het kan, want dat alles is zoveel keer minder radicaal dan de duim waarmee grootbanken, speculanten en miljardairs nu beslissen over het lot van miljoenen mensen.

Samenwerking en solidariteit in plaats van concurrentie en onevenwichten

De concurrentie en de winstjacht op een vrije markt zijn de basis van dit systeem en ook van de Europese Unie. Ze staan in de basisteksten van de Unie gebeiteld. Ze woekeren en woekeren en verstikken alles. Radicaaldemocratische maatregelen zoals een miljonairstaks moeten dringend voor zuurstof zorgen. Met die zuurstof kunnen we wat breder ademhalen. Niet om de concurrentieconstructie nieuw in te kleden of om de onevenwichten een nieuw verflaagje te geven. We hebben een andere basis nodig, andere fundamenten. Samenwerking en solidariteit moeten in de plaats komen van concurrentie en onevenwichten. Dat veronderstelt een heel ander Europa, een continent dat zal starten met de annulering van de overheidsschulden en met een totaal andere verdeling van de rijkdom. Een continent waar de systemische sectoren, die too big to fail zijn, ook effectief in handen van de samenleving liggen. Een continent waar collectieve diensten en bedrijven lopen op de motor van de behoeften van de bevolking, zodat alle woeker, alle parasitaire lasten en speculatieve activiteiten structureel kunnen worden aangepakt. We spreken dan over een socialistisch Europa, een socialisme versie 2.0, waarvoor ik in het laatste hoofdstuk van dit boek een voorzet tot discussie wil geven.

5. De stille staatsgreep van BusinessEurope

> Wat er plaatsgrijpt, is een stille revolutie. Een stille revolutie naar een sterkere economische governance, stap voor stap. De lidstaten hebben aanvaard – en ik hoop dat ze het correct begrijpen – een heel belangrijke macht aan de Europese instellingen te geven op het vlak van toezicht, en een veel striktere controle op de overheidsfinanciën.
>
> José Manuel Barroso, European University in Florence, juni 2010

In de junidagen 2010, toen bij de Belgische verkiezingen de Vlaamse nationalisten van N-VA met vlag en trom hun opmars vierden, had voorzitter Barroso van de Europese Commissie het in de luwte van een statige academische aula over een revolutie. Een revolutie op een ander niveau dan wel: dat van Europa. Een stille staatsgreep. Veel stiller kan een revolutie niet verlopen want Barroso vroeg zich af of de regeringsleiders zelf wel correct begrepen hadden wat ze hadden beslist.

Een stille revolutie inderdaad en dan is, zoals bij elke revolutie, de timing van belang: dan gebeurt in enkele maanden waar de geschiedenis anders decennia voor nodig heeft. Om de zaken met het "revolutionaire" perspectief van Barroso te bekijken, maken we een ommetje langs Naomi Klein.

De shockdoctrine

... is de titel van een boek van Naomi Klein over wat zij "de opkomst van het rampenkapitalisme" noemt. Milton Friedman, de goeroe van het onbeteugelde kapitalisme, is voor haar een van de eerste shockdoctors. Friedman zei ooit: "Alleen een crisis leidt tot werkelijke verandering. Wanneer die crisis zich voordoet, hangen de acties die worden ondernomen af van de ideeën die voorhanden zijn."[103] Anders gezegd: crisissen zijn een prima gelegenheid om allerlei maatregelen door te drukken die al lang in de kast liggen. Je maakt gebruik van de ontreddering en de stofwolken om te doen wat je al langer wilt. In de fase van de bankencrisis, in het najaar van 2008, hebben multinationals en banken zo'n prima gelegenheid aangegrepen om "acties te ondernemen". Toen het stof wat ging liggen werd het duidelijk: we keken voortaan aan tegen nog grotere en machtigere multinationals en banken. Zij waren de winnaars van de crisis van 2008.

Nadat bij die bankencrisis private schulden waren doorgeschoven naar de staten en zo de tweede fase van de crisis, namelijk de schuldencrisis van de staten zelf, onvermijdelijk was geworden, brak in Europa het ogenblik aan om een nieuwe versnelling te plaatsen. Demarreren in de stofwolken van de crisis, weg uit het peloton van sociale en democratische rechten. Wat niet kon in klaar daglicht, werd vanaf 2010, in de turbulenties van de schuldencrisis, haalbaar: het sociaaleconomische beleid in heel Europa onder curatele plaatsen van Europese experts en functionarissen uit de geldwereld: Soprano's, Men in Black. De patroonsorganisaties reageerden likkebaardend, als de kat die een moeilijk te vangen muis verschalkt.

Het is een publiek geheim: achter de schermen – die via zakenkabinetten almaar minder aan het gezicht onttrekken – wordt de Europese Unie gestuurd en gedirigeerd door machtige patronale en financiële groepen. De landelijke patroonsorganisaties zoals het Belgische VBO zijn op Europees vlak verenigd in BusinessEurope. Maar het puik van het puik heeft zich verzameld in de Round Table of European Industrialists. Dat tafelgenootschap heb ik al voorgesteld. Toch loont het de moeite te herhalen dat deze tafelridders de machtigste industriële groepen van Europa besturen: ThyssenKrupp, Total, BASF, Volvo, Umicore, Suez, Deutsche Telekom, Unilever, BP, E.ON, Philips... goed voor een omzet van duizend miljard euro en voor 6,6 miljoen werknemers. Zij hebben in de jaren tachtig en negentig van vorige eeuw gedaan gekregen dat hun voorstellen van een eenheidsmunt en strenge convergentiecriteria – de "normen van Maastricht" – wet werden, schreven we.

Op het ogenblik dat jij en ik onze Belgische frank nog aan het wisselen waren voor de euro, zetten de strategen van de Ronde Tafel al de bakens uit voor hun volgende stap: "economisch bestuur". Dat was toen, in 2002, nog een mysterieus begrip. Een decennium later hebben alle Europese staatshoofden, Merkel en Sarkozy voorop, er de mond van vol. Hoe zat dat in 2002?

"Eén muntzone, één beleid, één economisch bestuur"

We moeten niet minder Europa hebben, maar meer Europa. Dat vertellen tenminste de heren van de Europese Ronde Tafel van Industriëlen in 2002. Met meer Europa bedoelen ze uiteraard niet meer stranden zoals op de Balearen, meer dalen zoals de Pielach, meer ongerepte natuur zoals de Örség of meer fjorden zoals de Nærøy. Nee, meer Europa betekent voor hen: meer slagkracht voor het Europese establishment, meer mogelijkheden om de winstvoet op te krikken en om de onverbiddelijke concurrentie aan te gaan met de Verenigde Staten, Japan en China. Daarom, zo schrijven de heren van de Ronde Tafel voor, hebben we niet alleen een eengemaakte muntzone nodig maar ook een eengemaakte economische politiek en een sterk economisch bestuur op Europees niveau. "Het zakenleven verwacht van de politieke wereld dat hij de omstandigheden schept voor een versterkte concurrentiekracht door stevige en efficiënte besluitvorming", zo staat het in hun rapport van 2002.[104]

Wat hebben de captains of industry op het oog met hun vraag naar stevige, efficiënte besluitvorming? Wat zit hen dwars? Wat krijgen ze (nog) niet gedaan? Ze hebben met het Verdrag van Rome, een liberale "grondwet" die hen alle armslag geeft. Ze hebben een eenheidsmarkt en een eenheidsmunt annex de "convergentienormen". Daarmee is de context geschapen waarin ze hun regels kunnen opleggen: die van de vrije concurrentie waarbij de sterksten altijd winnen.

Alleen, en dat zit hen dwars, de Europese overheid heeft in 2002 nog geen werkzame instrumenten en nog geen erkende autoriteit om harde en asociale maatregelen op te leggen aan de lidstaten. De lidstaten blijven baas over hun jaarlijkse begroting en over het opstellen ervan. Die begroting is het belangrijkste instrument van een overheid om de nationale rijkdom te verdelen. In de begroting worden de keuzes gemaakt die het leven van alledag bepalen. Hoeveel geld gaat naar het leger, de politie, justitie en de inlichtingendiensten? Hoeveel geld vloeit naar de multinationals? En hoeveel wordt besteed aan publieke diensten, sociale voorzieningen, onderwijs, gezondheidszorg en publieke tewerkstelling? Maar ook aan inkomstenkant: hoe zwaar weegt de belastingdruk op de werkende bevolking? Hoeveel dragen de sterkste schouders bij, de miljonairs? En welke belastingen staan de multinationals af als bijdrage aan de samenleving?

De jaarlijkse begroting hangt met andere woorden af van politieke keuzes en die worden bepaald door de krachtsverhoudingen in het land. Toen Sarkozy de vermogensbelasting (ISF) wilde afschaffen, stond Frankrijk in rep en roer en daardoor werd de bescheiden Franse miljonairstaks toch maar behouden. En dat is nu net wat de Europese captains of industry ergert. Zij willen voortaan zélf, niet gestoord door enige democratische beslommering, de economische, fiscale en sociale prioriteiten bepalen. Eén muntzone, één beleid, één sociaaleconomisch bestuur.

"Het is nodig dat de globale begrotingspolitiek in de eurozone een grotere coherentie krijgt. Ze moet consistent zijn met de monetaire politiek van de onafhankelijke Europese Centrale Bank."

En zo komt het concrete oogmerk van het rapport uit 2002 van de Ronde Tafel uit de mouw. Het is een radicale maatregel: "Het ontwerp van de nationale begrotingen van de lidstaten en andere belangrijke beslissingen in het economische beleid zouden onder de Europese regeringen besproken moeten worden vooraleer ze aangenomen worden. En zo nodig moet men ze aanpassen om een globale budgettaire coherentie te bereiken."[105]

Dat is radicaal, want zo verliezen de lidstaten de democratische controle over hun belangrijkste beleidsinstrument, de begroting. De Europawijk in Brussel zou de ontwerpen en plannen van de lidstaten beoordelen en bijsturen. Pas daarna zouden de nationale parlementen er ook hun zeg over hebben. Een louter ceremoniële zaak zou dat dan worden, net ietsje meer dan het lint doorknippen. De controle op de begroting, voor zover die al bestond, zou niet meer van onderuit gebeuren, maar voortaan van bovenuit. Vanuit de desiderata van de industriële en financiële elite. Wat goed is voor BusinessEurope, is goed voor iedereen!

De lidstaten waren niet zomaar bereid hun nationale begroting zonder slag of stoot uit handen te geven. Het pleidooi in het rapport van de Ronde Tafel was een aanslag op hun soevereiniteit, vonden ze.

Vooral de Europese Commissie had al eerder geprobeerd met de captains of industry mee te denken in de richting van "één Europees sociaaleconomisch bestuur". Een belangrijke stap werd gezet op de Europese top van Lissabon in maart 2000, die een actieprogramma met een looptijd van tien jaar goedkeurde. Deze "Lissabonstrategie" wilde "van Europa de meest competitieve kenniseconomie ter wereld maken" in de slag met de VS, Japan en de groeilanden. De top greep heel hoog om zijn hyperconcurrentiële economie waar te kunnen maken: de arbeidsmarkt flexibiliseren, de (indirecte) loonkosten verminderen, publieke sectoren zoals energie, post en telecommunicatie liberaliseren, de samenwerking tussen onderwijs en bedrijfswereld versterken... Twee becijferde doelstellingen stonden in de Lissabonstrategie op het voorplan: de tewerkstellingsgraad van de mensen op actieve leeftijd moest naar zeventig procent klimmen en drie procent van het bbp moest naar onderzoek en ontwikkeling gaan.

De top koos voor de methode van de "open coördinatie" om die doelstellingen te realiseren. Die open coördinatiemethode was toen en vogue in het management van privébedrijven. Het gaat in deze methode om vrijwillige "benchmarking", competitie voor de beste cijfers, waarbij de beste resultaten als doelstelling voor de achterblijvers worden geprojecteerd. Maar het gaat ook om "peer pressure", de zachte druk vanuit die beste resultaten om iedereen te verplichten de engagementen na te komen.

Jaarlijks kregen de lidstaten goede of slechte punten naargelang hun prestaties. Wie achterbleef kreeg de raad mee zich te inspireren op de beste leerlingen van de klas. Omgekeerd kreeg het Deense flexibiliteitsmodel, de flexicurity, megapubliciteit. Maar uiteindelijk bleef elk land meester over zijn beslissingen. Daadwerkelijk ingrijpen kon de Europese Unie niet. De hond kon wel blaffen maar niet bijten.

Er was nog een tweede stok waarmee de Europese Unie wel kon dreigen maar waarmee ze niet echt kon slaan: de convergentienormen die in het Verdrag van Maastricht in 1992 waren afgesproken. Het begrotingstekort van de landen mocht maximaal drie procent van het bbp bedragen en de overheidsschuld moest onder zestig procent van dat bbp geraken. In 1997 werden deze Maastricht-doelstellingen herbevestigd in het "Stabiliteits- en Groeipact". Dat pact was bedoeld als machtsmiddel maar het toonde zich een ontoereikend wapen. De Europese Commissie ondervond dat het niet vanzelfsprekend was dreigingen met sancties wegens overtredingen van de convergentienormen ook in effectieve straffen om te zetten. Lange tijd leefde het idee dat je een land met grote deficits maar moeilijk geldboetes kunt opleggen, omdat je iemand met bloedarmoede toch niet nog meer bloed aftapt. Frankrijk en Duitsland overtraden in 2003 de doelstellingen maar daar stond toen geen sanctie op.

Bij de bankencrisis van 2008 werd het voor de Commissie helemaal onmogelijk de lidstaten te dwingen de normen te volgen. De landen van de eurozone stelden zo maar eventjes 36,5 procent van het gezamenlijke bbp ter beschikking om de banken te redden. Voor de gehele Europese Unie liep dat zelfs op tot 43,6 procent.[106] Bijna alle lidstaten gingen daardoor zwaar in het rood, de staatsschulden en de begrotingstekorten schoten omhoog. Het Stabiliteits- en Groeipact toonde zich dan ook een stomp wapen waarmee de Commissie maar moeilijk de verlangde begrotingsdiscipline kon opleggen. Dat betekende nochtans niet het door de enen verhoopte en door de anderen gevreesde einde van het pact.

De Ronde Tafel stuurde er al lange tijd op aan iets te doen aan de steriele autoriteit van de Europese Unie. Jarenlang probeerde ze met de lange arm van haar lobbyleger aan het Brusselse Schumanplein de bakens te verzetten. Toen de crisis zich verder doorzette, achtte ze de tijd rijp voor een doorbraak. En is niet elke crisis een uitdaging voor shockdoctors?

Op het moment dat de Griekse crisis begin 2010 de eurozone uiteenranselde, was de Ronde Tafel er als de kippen bij om de kans te grijpen en de ideeën uit het rapport van 2002 waar te maken. De eerste stap was een nieuw rapport: *Visie op een competitief Europa*.[107] "De verdeling van bevoegdheden binnen de EU moet herzien worden", zo lezen we daar, "met meer bevoegdheden voor de EU op terreinen waar dat EU-niveau efficiënter is. Het economische beleid moet op EU-niveau gecoördineerd worden met een gelimiteerd aantal duidelijk gedefinieerde bevoegdheden." Het meest gebruikte werkwoord in het rapport is "moeten". Samengevat heet het, in snedig Engels: "At its heart the EU needs the powers." "Het hart van Europa heeft die machten nodig."

Nauwelijks een paar weken later, de inkt van het rapport was nog niet droog, schaarden de voorzitters van de drie grootste Europese politieke fracties zich achter de idee van de Ronde Tafel. Ze lanceerden op 10 maart 2010 een oproep voor een "strenger economisch bestuur" dat ook "sancties" kan nemen tegen lidstaten die de Europese richtlijnen niet volgen. Getekend: Guy Verhofstadt voor de liberale fractie, Joseph Dael voor de christendemocratische en Martin Schulz voor de sociaaldemocratische. Het valt trouwens op hoe moeilijk deze drie fracties het hebben om ook maar één origineel idee te produceren dat onafhankelijk staat van BusinessEurope en de Ronde Tafel.

De oproep kreeg gevolg. En snel nog wel. Op de Europese top van 17 juni 2010 kreeg president Herman Van Rompuy van de Europese Raad de opdracht met een "taskforce" voorstellen uit te werken om een open crisis van de eurozone te bezweren. En wat moest er uit de bus komen? Economisch bestuur!

De lidstaten onder curatele: het Europese semestersysteem

De zomer van 2010 vliegt voorbij maar Herman Van Rompuy heeft nauwelijks vakantie. Zijn taskforce moet een systeem van sancties voor slechte leerlingen uittekenen. De opdracht is snel een scenario uit te werken dat de lidstaten strikt in de Europese pas doet lopen. Op de Europese Raad van september 2010 moet de taskforce al een tussentijds verslag voorleggen. Maar hoe overgaan van het systeem van open coördinatie en zachte dwang naar een systeem van "ijzeren greep"?

Op de top van 16 september kan Herman Van Rompuy een "nieuw raamwerk voor macro-economisch toezicht" voorleggen. Elke lidstaat moet voortaan, zoals een scholier, zijn begrotingsplannen vooraf indienen bij de directie van de eliteschool, de Europese Unie. Zoals vroeger zal een lijst van graadmeters dienen om de lidstaten te beoordelen. Maar anders dan vroeger moet de Commissie ook straffen kunnen uitdelen aan wie niet luistert.

De kern van het plan is het Europese semester. Dat loopt van januari tot en met juni. Alles in dat semester heeft zijn tijd en zijn datum. Met vijf ankermomenten:

1. In *januari* geeft de Commissie een schot voor de boeg in de vorm van algemene oriëntaties waarin de prioriteiten worden vastgelegd.
2. In *april* moeten de lidstaten twee programma's indienen: hoe ze de begrotingsnormen van Maastricht gaan halen en hoe ze de normen van de "Europa 2020 strategie" – dat is de opvolger van de Lissabonstrategie – zullen nastreven.
3. Begin *juni* beoordeelt de Commissie of elke lidstaat netjes zijn huiswerk heeft gemaakt. En geeft ze richtlijnen om bij te sturen.
4. In de *tweede jaarhelft* moeten de (bijgestuurde) plannen door de nationale regeringen in nationale wetten en besluiten worden omgezet.

5. *Het jaar erop* begint het Europees semester van voor af aan. Met dit verschil dat in juni waarschuwingen en straffen volgen voor wie de richtlijnen van vorig jaar niet uitvoerde.

Twee weken na de septembertop, op woensdag 29 september 2010, klauter ik in een kakofonie van voetzoekers en rotjes met Raoul Hedebouw, de woordvoerder van de PVDA, op ons podium aan de Brusselse Hallepoort. De generator laat het even afweten maar uiteindelijk brengen Martine en Jan het euvel in orde en kunnen we de langstrekkende betogers luid en sonoor laten horen dat we present zijn. Het is een eindeloze stoet. "Honderdduizend deelnemers", zegt het Europese vakverbond enthousiast. Ze komen uit 24 landen van de Europese Unie. Uit Polen en Portugal, Slovenië en Duitsland, uit Bulgarije, Finland, Roemenië en Nederland. En indrukwekkend veel volk uit Frankrijk, van de CGT en de CFDT. Het klinkt in een wemeling van talen: "Wij gaan hun crisis niet betalen." Na een uur stoet wordt mijn stem schor en hees. En begeeft ze het. Gelukkig heeft Raoul een betere keel dan ik.

Op die late septemberdag houdt de Europese Commissie haar wekelijkse woensdagvergadering in het majestueuze Berlaymontgebouw, de thuishaven van de Commissie, op nauwelijks een paar kilometer van de Hallepoort en ons podium daar.

Om te kunnen realiseren wat de taskforce van Herman Van Rompuy al heeft uitgewerkt, trakteert de Commissie zichzelf die dag op een sixpack. Geen zes pintjes bier, maar zes duimschroeven die het mogelijk maken om dwarse bokkenrijders in de Europese Unie te sanctioneren. Zes nieuwe Europese wetten zullen aan het Europees Parlement voorgelegd worden die het mogelijk moeten maken om straffen uit te delen. De Commissie zal met de sixpack toezicht-met-tanden kunnen uitoefenen.

De vergadering in Berlaymont is nauwelijks afgelopen of *BusinessEurope* toont zich alweer tevreden "een groot aantal van onze aanbevelingen weerspiegeld te zien in de voorstellen van de Commissie".[108]

Het komt erop neer dat afwijkingen van de Europese doelstellingen nauwkeurig geregistreerd worden op het scorebord met de economische prestaties van de lidstaten op de verschillende terreinen. Een land dat afwijkt van het financiële traject of dat grote macro-economische "onevenwichten" vertoont, komt in een procedure van "buitensporig onevenwicht" terecht. Deze terechtwijzing is te vergelijken met een degradatie door een ratingbureau. En zo wordt de Europese Commissie een groot ratingbureau voor sociale afbraak. Wie achterloopt en een degradatie als "buitensporig onevenwicht" opgekleefd krijgt, moet de "aanbevelingen" van de Commissie opvolgen. Wie niet luistert naar die dictaten moet bij de Europese Centrale Bank een som deponeren gelijk aan 0,1 of 0,2 procent van het bbp. En dat geld wordt in beslag genomen wanneer er geen verbetering komt. Een bijkomende aderlating voor wie al aan bloedarmoede lijdt.

De taskforce en de Commissie denken ook aan sancties voor wie te ver achterloopt op de doelstellingen van de Europa 2020 strategie.

Europa 2020 is de opvolger van de Lissabonstrategie uit 2000 die van Europa "de meest competitieve kenniseconomie ter wereld" wilde maken. We schreven al dat deze Lissabonstrategie eerder een blaffende dan een bijtende hond was. De twee becijferde doelstellingen die in de Lissabonstrategie op het voorplan stonden, werden dan ook niet gerealiseerd. Het budget voor Onderzoek en Ontwikkeling steeg nauwelijks: van 1,92 procent naar 1,98 procent. En de tewerkstellingsgraad bleef, ook voor de crisis in 2008, op 68 procent steken. Er waren tussen 2000 en 2008 in de vijftien kernlanden van de Europese Unie wel 21 miljoen jobs bijgekomen, maar 43 procent daarvan waren deeltijdse banen en de vele banen in de opgepepte immobiliënsector waren wankel. Naar Duits model waren voltijdse banen afgebouwd en vervangen door kleine, flexibele en onderbetaalde jobs. En toen sloeg de crisis toe. Tussen het derde trimester van 2008 en het eerste trimester van 2010 verloren acht miljoen mensen in Europa hun baan, van wie vier miljoen in de industrie en tweeënhalf miljoen in de bouw.[109]

Ondanks de mislukking op alle fronten werd de Lissabonstrategie in 2010 opnieuw opgewarmd, en omgedoopt tot "Europa 2020". Zonder verpinken werd herhaald dat drie procent van het bbp naar Onderzoek en Ontwikkeling moet gaan. En de tewerkstellingsgraad moet opgedreven worden tot vijfenzeventig procent. Deze concurrentiedoelstellingen werden geserveerd in combinatie met drie sociale doelstellingen. Eén: de vroegtijdige schoolverlaters terugbrengen van 15 naar 10 procent. Twee: de koolstofuitstoot met een vijfde verminderen. Drie: het aantal Europeanen onder de armoedegrens met een vierde verminderen. Die derde doelstelling is uiteraard onmogelijk te halen vermits tegelijk overal het Duitse loonmodel wordt opgelegd. Daar komt nog bij dat die drie gehaald moeten worden binnen het kader van het Stabiliteits- en Groeipact, dat werd er uitdrukkelijk bij gezegd. Maar iedereen begrijpt: je kunt natuurlijk niet meer ecologisch en meer sociaal zijn als je tegelijkertijd in het keurslijf van massabesparingen wordt gedrukt.

Das Mädchen wil meer

Begin 2011 krijgt Angela Merkel het op haar heupen van de voortgang van de taskforce en van de dingen. Ze vindt het allemaal te traag en te weinig. Angela wil meer tempo, ze wil meer. Ze overrompelt op 29 januari 2011 Herman en veel anderen in de hele EU. Die dag laat zij in *Der Spiegel* in haar kaarten kijken: ze wil een nieuw pact, een "Pakt für Wettbewerbsfähigkeit" of "competitiviteitspact". Dat pact moet "concrete verplichtingen ter versterking van de concurrentiekracht bevatten, die hoger grijpen en meer bindend zijn", laat haar kanselarij weten. Een centralistische controle op de nationale begrotingen volstaat niet, vindt zij. Net zo min als sancties die enkel de achterlopers inzake begrotingstekort, staatsschuld of tewerkstellingsgraad treffen. De centralisatie en de sancties moeten ook gaan over de competitiviteit zelf. En dat is geen klein bier want de kapitalistische concurrentie omvat zowat alles: de loonpolitiek, de (indirecte) loonlasten, de productiviteit, de flexibiliteit, de loopbaan en de fiscaliteit. De Kanzlerin wil dat al die terreinen voortaan Europees gemonitord worden, en dat er ook sancties mogelijk worden voor wie niet (snel genoeg) in deze helse concurrentiespiraal meegaat.

Om het helder te maken stelt Merkel een lijstje op voor *Der Spiegel*. Met stip op één in dat lijstje staat: "Landen als België of Portugal moeten hun automatische loonindexering afschaffen." En op twee: "De landen moeten hun pensioensysteem aanpassen aan de demografische ontwikkeling." In verstaanbaar Nederlands: ze moeten hun pensioenleeftijd optrekken. Als punt drie moeten de eurostaten een 'gouden regel' in de grondwet opnemen: de regel van een permanent begrotingsevenwicht.

Op de vooravond van de Europese top voert *Die Zeit* de druk nog wat op. "Als we met onze eigen financiële middelen borg staan voor de buurlanden, dan moeten we daar ook kunnen meepraten. We verlenen Europa meer macht, maar dan moet Europa wel volgens Duitse principes gaan werken. Concreet betekent het dat de druk op de achterblijvers in Europa wordt opgevoerd. Er zullen maximum- en minimumbelastingen kunnen komen, misschien zelfs automatische boetes voor de treuzelaars, en een rem op de schulden zoals die in de Duitse wetgeving staat", zo klinkt het onomwonden in het Duitse dagblad.[110]

Merkels verlanglijstje wordt op de Europese top van 4 februari 2011 voorgelegd. Maar dat is geen onverdeeld succes, want niet iedereen wil zo maar met de hielen klikken wanneer Berlijn gesproken heeft. Het Duitse establishment moet een stap achteruit zetten en dat doet het door een aantal concrete punten te vervagen. De aanval op de automatische indexering bijvoorbeeld wordt niet meer bij naam genoemd, maar tussen de lijntjes blijft het idee wel voortleven. Het begrotingsevenwicht in de grondwet wordt (voorlopig) geschrapt. Een Duitse regeringswoordvoerder vat het zo samen: "De EU-top is niet het einde van de discussie, maar het begin. We hebben andere lidstaten uitgenodigd voor een discussie over een idee. We hebben hen niet gezegd: 'Eet of sterf'."[111]

Herman en zijn taskforce moeten hun huiswerk hermaken. Dat gaat snel, want al op 28 februari presenteren Herman Van Rompuy en José Manuel Barroso een nieuwe tekst van vier bladzijden, in de wandelgangen "concurrentiepact" gedoopt. Het is een copy/paste van het verlanglijstje dat Merkel een maand voordien in *Der Spiegel* liet afdrukken: de loonindex "herbekijken", de onderhandelingen over lonen en werkomstandigheden "decentraliseren" (zodat de invloed van de vakbonden op dat vlak wordt teruggedrongen); de lonen in de openbare sector "beperken", de limieten voor het begrotingstekort in de wetgeving van elke lidstaat opnemen enzovoort

De oorspronkelijke titel van Merkel, "concurrentiepact", is weg, maar de veralgemeende competitiviteit blijft het uitgangspunt van het hele pact. Een grimmige concurrentie van allen tegen allen, op het ritme van de industriële en financiële oligarchie. Ten koste van de lonen, de werkomstandigheden, de sociale bescherming, de pensioenstelsels, de openbare diensten. Alles wat in de periode na 1944 met veel strijd en zweet werd opgebouwd door de arbeidersbeweging, riskeert het nieuwe pact onderuit te halen. Het is een diabolische draaikolk naar beneden, waar iedereen keihard tegen elkaar wordt uitgespeeld. Dat is de competitiviteit, de hoeksteen van het project dat Europese Unie heet. "De enige raderen die de politieke economie van het kapitalisme in beweging zetten zijn de hebzucht en de oorlog tussen de hebzuchtigen: de concurrentie", schreef Karl Marx.

Corporate Europe Observatory, de befaamde research- en campagnegroep tegen de industriële lobby, spreekt streng over het gebeuren: "BusinessEurope lijkt het erop te hebben aangelegd voordeel te halen uit de crisis (de tactiek van de shockdoctrine) om er eisen door te krijgen die ze al tien jaar stelt. (...) Dit is opnieuw een strategisch moment in de geschiedenis van de Europese integratie waarbij de Europese Commissie zich op één lijn zet met big business."[112]

Een Italiaan met Pruisenhelm

Om het belang van dat pact uit te leggen, keren we even terug naar een jaar voordien, op het moment dat Herman en zijn taskforce de eerste, voorzichtige krijtlijnen van het pact uitwerken in maart 2010. Een van de topbankiers die na de bankencrisis uitdrukkelijk om meer economische macht van de EU riep was Mario Draghi van de Banca d'Italia, een Italiaan met Duitse deugden volgens het Duitse *Bild* dat hem daarbij met Pruisenhelm afbeeldde. Draghi was in een vorig leven een topman van Goldman Sachs, daar hebben we het al over gehad. In het Londense financiële district, waar hij voor deze zakenbank werkte, wordt hij nog altijd Super Mario genoemd. Die bijnaam slaat op zijn daadkracht maar niet op zijn stijl: hij is iemand die liever in de coulissen aan de touwtjes trekt.

Handelsblatt heeft in die lentemaand van 2010 een lang gesprek met Draghi, en vraagt hem waarom hij zo'n groot voorstander van economisch bestuur is.

- Draghi: Wij moeten het concept van het Stabiliteits- en Groeipact verbreden. Tot nu toe hebben we een mechanisme van observatie en deels ook van correcties voor de balansen en begrotingen. Nu moeten we dat effectiever maken en uitbreiden.
 - *Handelsblatt*: Hoe moet dat er concreet uitzien?
 - Draghi: Al bij het opstellen van het Stabiliteits- en Groeipact in de jaren 90 hebben sommige betrokkenen, onder wie ikzelf, voorgesteld om in het pact ook liberale hervormingen van de markt, van de concurrentie, van de pensioensystemen enzovoort in te bouwen. Toen reageerden sommige landen dat deze thema's zozeer historisch en sociaal gegroeid zijn dat ze voor deze thema's niet dezelfde discipline konden accepteren als bij de begrotingen. Maar vandaag is het tijd om een stap verder te zetten in de richting van een sterkere discipline.
 - *Handelsblatt*: Hebben we een nieuwe structuur nodig voor het mechanisme dat u wenst?

- Draghi: Niet meteen een structuur. Maar een concept dat gelijkenissen heeft met het Stabiliteits- en Groeipact.
- *Handelsblatt*: Een tweede pact dus?
- Draghi: Ja, een nieuw pact. We hebben in de euroruimte een sterker economisch bestuur nodig dat tot gecoördineerde structurele hervormingen en meer discipline moet leiden.
- *Handelsblatt*: Hebben we strengere straffen nodig voor landen die zich niet aan de afspraken houden?
- Draghi: Ja, ik denk dat we strengere regels nodig hebben waarbij op elke afwijking van de regels en op elk gebruik van financiële middelen die niet uit de markt komen, een financiële en politieke prijs staat die duidelijk hoger is dan vandaag."[113]

Voor wie het allemaal niet begrepen zou hebben vertelt Draghi aan de *Frankfurter Allgemeine*: "Wij moeten allemaal het Duitse voorbeeld volgen."[114]

Dit verklaart waarom de Duitsers zonder problemen te maken ermee akkoord gingen dat ECB-voorzitter Trichet opgevolgd wordt door... Draghi.

Het "superpact" of Euro Plus Pact

Op donderdag 24 maart 2011 trekken twintigduizend boze ABVV-betogers door de hoofdstad van ons land. Zij houden halt bij de hoofdzetel van BusinessEurope. "Het is een nooit geziene aanval op de werkende bevolking. De werknemers worden geviseerd, en niet de speculanten die de crisis veroorzaakt hebben", zegt ABVV-voorzitter Rudy De Leeuw. "De Europese regeringsleiders maken plannen om de lonen te verlagen, de pensioenleeftijd te verhogen en de werkende mensen tegen elkaar te laten concurreren. Het zijn enkel economische maatregelen die de solidariteit ontmantelen." Diezelfde dag verzamelen ook tienduizend ACV-ers aan de voet van het Atomium. De PVDA is massaal aanwezig op de twee acties en deelt een pamflet uit:

"Merkel en Sarkozy trekken aan de touwtjes: tegen ons werk, loon en pensioen."

Ondanks het vakbondsprotest wordt daags nadien, op 25 maart, het Euro Plus Pact officieel bekrachtigd onder de aangepaste naam "Europact". Strikt genomen geldt dit pact enkel voor de landen van de eurozone. Maar omdat ook de niet-eurolanden Denemarken, Polen, Letland, Litouwen, Bulgarije en Roemenië zich aansluiten bij het pact wordt het omgedoopt tot het "Euro Plus Pact".

De Europese lidstaten worden onder streng voogdijschap gesteld om een programma van sociale en fiscale dumping, veralgemeende jobonzekerheid, dereguleringen en privatiseringen door te voeren. De veralgemeende obsessie om, zoals in Duitsland, de arbeidskost te verminderen en grotere dividenden te kunnen uitbetalen, wordt in een pact gegoten. Alle loontrekkers zullen in een brutale concurrentie tegen elkaar worden uitgespeeld. Terwijl in België politici al een paar honderd dagen rollend over de straat vechten over een stukje grond en de verzamelde media als konijnen naar dat lichtbakje kijken, voltrekt zich de ongeziene hold-up van big business op de wereld van de arbeid in Europa.

In de inleiding staat te lezen: "Bovenop de bestaande inspanningen zal een extra inspanning nodig zijn, met concrete verplichtingen en met acties die ambitieuzer zijn dan die welke al zijn overeengekomen, en met een tijdschema voor de uitvoering ervan." Men weze gewaarschuwd: het Euro Plus Pact is een superpact dat verder wil gaan dan ooit tevoren en op terreinen wil tussenkomen die tot dusver bevoegdheid waren van de lidstaten.

In het pact staat dat elk land voortaan zal gemonitord worden "aan de hand van een aantal indicatoren betreffende het concurrentievermogen, de werkgelegenheid, de houdbaarheid van de openbare financiën en de financiële stabiliteit". Die indicatoren worden opgenomen in de cyclus van het Europese semester. Praktisch betekent het dat de lijst van normen waarop elk land beoordeeld wordt, onbeperkt kan uitbreiden. En dat tegenover elk van die indicatoren sancties van het sixpack staan. Zo zullen de loonkosten per eenheid product per land worden vergeleken, in Europa maar ook met "de belangrijkste handelspartners", en dat sector per sector. Die vergelijking zal uiteraard alleen dienen om de loonkosten overal tegen elkaar uit te spelen. Sinds 2005 zijn de reële lonen in Duitsland met zeven procent naar beneden gegaan,[115] waarom dan elders nog niet? Dat genre. Voor de slechte verstaanders voegt het pact eraan toe: "Grootschalige en aanhoudende loonsverhogingen kunnen leiden tot een verlies aan concurrentiekracht."

Het pact is één grote oorlogsverklaring aan de arbeidskost, helemaal op Duitse monetaristische maat gesneden. Merkels brutale formulering over het afschaffen van de automatische loonindexering is er uit. Het heet nu, in een taal die met al zijn interpuncties laat aanvoelen dat hier over eieren is gelopen maar dat de inzet groot is, dat er "te denken valt aan maatregelen om de mechanismen inzake loonvorming, en, indien nodig, de mate van centralisering van de loononderhandelingen, alsook indexeringsmechanismen aan een heronderzoek te onderwerpen." Zucht.

Het vage, pseudodiplomatieke jargon kan de charge niet verhullen: interprofessionele akkoorden, waar loon- en arbeidsvoorwaarden voor alle sectoren – ook de zwakkere – worden afgesproken zullen onder druk komen staan. Net als sectorakkoorden. BusinessEurope heeft het liever per bedrijf, en – als het even kan – nóg liever dat elke werknemer individueel zijn arbeidscontract onderhandelt. Zo wordt de kracht van het getal gebroken. Ook de aanval op de automatische loonindexering blijft als een schimmel tussen de lijntjes woekeren. Dat hebben ze bij Voka heel goed begrepen: "Europese Top bespreekt de Belgische taboes", jubelt het persbericht van de Vlaamse patroons en dan hebben ze het expliciet over de index en de collectieve arbeidsovereenkomsten.[116]

Er valt volgens het Euro Plus Pact verder ook te "denken aan maatregelen om ervoor te zorgen dat de loonakkoorden in de publieke sector de inspanningen inzake concurrentievermogen in de particuliere sector ondersteunen". Ook deze zin moet je tweemaal lezen om de draagwijdte ervan te begrijpen. Want wat het gevolg daarvan is, zien we – alweer – in Duitsland: "Hier in Leipzig betaalt City Post – een privaat bedrijf – de postbedelers 3,6 eurocent per brief. Na honderd brieven – en daar ben je dus een tijdje mee bezig – hebben ze 3,6 euro verdiend. Ze moeten het werk ook met hun eigen fiets doen. Met dat soort bedrijven moet Deutsche Post nu concurreren", zegt een vakbondsman.[117]

Dat is nog niet alles. Volgens het pact moeten ook "de beschermde sectoren" worden "opengesteld". Geen beschermende wetgeving meer voor apothekers, kappers, taxi's, notarissen of dierenartsen. De openingsuren van de detailhandel moeten "versoepeld" worden, op weg naar een algemene 24 uurseconomie. "Met het oog op het bevorderen van de flexizekerheid" – dat is een verbloemend woord voor "totale flexibiliteit" – wil het pact ook "de belastingen op arbeid verminderen". Lees: de patronale bijdragen aan de sociale zekerheid moeten nog verder afgebouwd worden. Het pact pleit ook voor "een gemeenschappelijke heffingsgrondslag voor de vennootschapsbelasting". Dat is een aansporing voor alle landen om hun vennootschapsbelastingen te verlagen richting het belachelijk lage Duitse niveau van 15 procent, de Körperschaftsteuer.

Het Euro Plus Pact noteert verder dat het nodig kan zijn "het pensioenstelsel af te stemmen op de nationale demografische situatie, bijvoorbeeld door de effectieve pensioengerechtigde leeftijd op de levensverwachting af te stemmen". Dat betekent gewoon: langer werken. Daarom wil het Pact ook "vervroegde uittredingsregelingen beperken", wat betekent: de brugpensioenen afschaffen.

Het Euro Plus Pact legt ook vast dat "de deelnemende lidstaten zich ertoe verplichten de in het Stabiliteits- en Groeipact vervatte begrotingsregels van de EU in nationale wetgeving om te zetten". Ook dat voorstel komt, hoe kan het anders, uit Duitsland waar de Schuldenbremse sinds 2009 in de grondwet is vastgespijkerd. Dat betekent dat de Europese Commissie voortaan een budgettair korset spant over alle begrotingen, wat ook de coalities in de verschillende lidstaten ervan denken.

Het autoritarisme in dienst van de Heilige Markt

Met het Euro Plus Pact ordonneert de Europese Unie dat er maar één weg mogelijk is. Niet de verzekering van de koopkracht. Niet investeren om een economie op te bouwen en duurzame banen te creëren. Niet de sociale bescherming uitbouwen als duurzame remedie tegen armoede. Niet de overheidsinkomsten verhogen door de heel kleine groep aan te spreken die profiteerde van de crisis. Niet collectieve publieke diensten uitbouwen om collectieve basisrechten aan de hele bevolking te garanderen. Neen, alleen de veralgemeende concurrentie van iedereen tegen iedereen om lonen en sociale bescherming af te bouwen en zo de export te bevorderen.

Het eenheidsdenken dat de recepten van die éne weg in alle mogelijke variaties herkauwde en in alle partijkleuren weer uitspuwde, was al zeer groot. Nu wordt ook het laatste greintje democratisch debat over de weg uit de crisis gedood. Welkom in het tijdperk van het autoritarisme ten dienste van de Heilige Markt.

De Europese sociaaldemocratie kraaide victorie toen de expliciete aanval op de index uit de uiteindelijke tekst verdween. Maar die toegeving is slechts "reculer pour mieux sauter", een stapje achteruit zetten om straks tien stappen vooruit te springen. De Europese instanties hebben eindelijk hun instrument om, zoals de Ronde Tafel en BusinessEurope vragen, in te grijpen op de loonvorming, de indexering, de sociale wetgeving, de fiscaliteit. Allemaal zaken die nu nog onder de bevoegdheid vallen van de nationale parlementen of van de onderhandelingen tussen patroons en vakbonden. Dat is ook de uitdrukkelijke bedoeling van het Euro Plus Pact waarin letterlijk te lezen staat: "Dit pact focust vooral op terreinen die onder nationale bevoegdheid vallen en die een sleutel zijn voor meer concurrentievermogen en voor het verminderen van schadelijke onevenwichten."[118]

Aan de Ronde Tafel wordt victorie gekraaid: "Dit pact bevat veel elementen die de realisatie van de visie van de Ronde Tafel over een competitief Europa dichterbij zullen brengen."[119] Ook BusinessEurope juicht. Ze heeft voortdurend op concrete nagels gehamerd: "het overbrengen van de regels in verband met schuld en deficit naar de nationale wetten", "een nauwere band tussen pensioenleeftijd en levensverwachting", "grotere flexibiliteit van de structuren van loononderhandeling", "verschuiving van directe belastingen naar minder verwrongen indirecte belastingen".[120] Eén na één eisen die bijna letterlijk in het Euro Plus Pact worden vertaald.

De liberale driepactmotor van de Europese Unie

Een drietaktmotor bestaat niet. Het is tweetakt of viertakt. De Europese Unie functioneert ook op motoren. Nu het Euro Plus Pact is aanvaard, zou je kunnen zeggen dat de Europese Unie voortaan op een driepactmotor functioneert.

Hoe werken de drie onderdelen van die driepactmotor?

Voor het *Stabiliteits- en Groeipact* komt het erop neer dat de regeringen van de lidstaten aangeven welk traject ze willen volgen om binnen de kortste tijd het begrotingstekort terug te brengen tot drie procent van het bbp en de staatsschuld tot beneden zestig procent ervan. De Commissie kan strengere maatregelen eisen of kan bijvoorbeeld vinden dat er te weinig wordt bezuinigd op de ambtenaren. En dan pas mogen de nationale parlementen er ook hun zeg over hebben.

Voor de "structuurhervormingen" van de *Europa 2020*-strategie ligt de dwang moeilijker omdat het over langetermijndoelstellingen gaat. Om de werkgelegenheidsgraad op te trekken naar 75 procent heeft de Europese Commissie een aantal pistes aangegeven waaruit de lidstaten mogen kiezen. De "vrije keuze" is die tussen: langer werken, de pensioenleeftijd optrekken, meer flexibiliteit, meer deeltijds en interimwerk, de statuten afbouwen, minder bescherming tegen afdanking, de sociale bijdragen verlagen en de werkloosheidsuitkeringen afbouwen. De neoliberale visie op tewerkstelling wordt zo in steen gebeiteld. Hier spreekt niet de zorg voor duurzame, stabiele en menswaardige banen, hier geldt de wet van het maximale aanbod van arbeidskrachten die door hun onderlinge concurrentie de lonen voortdurend onder druk zetten.

Voor het *Euro Plus Pact* ten slotte gaat de ijzeren greep van het Europese voogdijschap in de richting van willekeur. Alles wat sociaal is, kan eronder vallen, want alles wat sociaal is, kost geld en is in de ogen van big business een bedreiging voor de competitiviteit, het alfa en omega van dat pact.

Toen informateur Wouter Beke in *Terzake* van 17 mei 2011 werd gepolst welke regeringscoalitie er best zou komen, antwoordde hij: "Een linkse of een rechtse regering is een vals debat, het zal vooral een Europese regering zijn. Het zal een regering zijn die datgene uitvoert waar Europa ons toe zal dwingen." De man vertelt het met de ogen ten hemel gericht, alsof niet onder meer zijn eigen Europese fractie deze ondemocratische dwangbuis heeft ingesteld. Op het ene niveau de curatele mee helpen instellen en op het andere niveau het slachtoffer spelen van die curatele, het is een truc van de foor die niet alleen de christendemocraten uithalen.

"Iemand onder curatele stellen" betekent volgens de dikke *van Dale* "hem het vrije beheer van zijn zaken ontnemen; (fig.) kortwieken". Dat is precies wat hier aan de hand is. Wat de publieke opinie in een lidstaat ook moge denken, wat zelfs de parlementaire constellatie van dat land denkt, het doet er allemaal niet meer toe. Volksvertegenwoordigers van een land hebben voortaan een loden bol aan hun been, zo'n zwaar ding als bij de Daltons uit Lucky Luke wanneer die in hun gestreepte pakjes in de gevangenis zitten. Zij kunnen niet langer zelfstandig oriënterende beslissingen nemen over hun sociale zekerheid, pensioenen of begrotingen. Zij zijn beroofd van elke eigen, creatieve en onafhankelijke beleidsvoering over de essentiële sociaaleconomische beleidsterreinen van hun land. Zij kunnen hoogstens plannen maken, maar als die plannen niet stroken met de liberale oriëntaties van de Europese Commissie, worden ze bijgestuurd.

Tijdens de politieke crisis in ons land diende de regering van lopende zaken haar rapporten in voor het Europese semester. De Europese Commissie bekeek ze en de blauwe sfinx sprak zes aanbevelingen uit. Die liegen er niet om. België moet het overheidstekort beperken "door specifieke maatregelen – vooral in de overheidsuitgaven". Inzake pensioenen moet ons land maatregelen nemen zoals "het verhinderen van de vroegtijdige uittrede uit de arbeidsmarkt" met de bedoeling "de effectieve pensioenleeftijd te verhogen". België moet ook "stappen ondernemen om het systeem van loononderhandeling en loonindexering te hervormen", weliswaar "in overleg met de sociale partners". Verder wordt aanbevolen de btw te verhogen: ons land moet "de belastingslast van arbeid naar consumptie verleggen". En terwijl de ploeg-Di Rupo in de vijfhonderdenzoveelste dag van de onderhandelingen bekijkt hoe ze deze "aanbevelingen" zal volgen, roept de oppositie dag na dag dat ze bereid is deze zes dwingelandijen "onverkort" en "snel" toe te passen. De N-VA verstuurt persmededeling na persmededeling om zich als fervente voorstander van de aanbevelingen op te werpen. Wat een triestig schouwspel! Regering en oppositie zijn het eens. Ze lijken zelfs te vechten om wie het "het meest eens" is. En beperken elk democratisch debat tot het tempo waarmee de sociale afbraak zal gerealiseerd worden.

De sixpack goedgekeurd: de kroon op het werk

Op donderdag 23 juni 2011 worden de zes verordeningen van de sixpack in het Europees Parlement voorlopig goedgekeurd. De liberale en de conservatieve fractie verdedigen de teksten enthousiast.

Twee van de zes teksten van de sixpack handelen over de "macro-economische onevenwichten", een verwijzing naar het Euro Plus Pact. En dus staat ook de loonkost op het scorebord. En daaronder ressorteren de cao's, de index, het arbeidsreglement, de sociale bijdragen... De Commissie kan "inspectiebezoeken" afleggen bij de lidstaten, een "permanente monitoring" opzetten en "aanbevelingen en waarschuwingen" geven. Het lijkt wel de Duitse Bundesagentur für Arbeit, die met onaangekondigde huisbezoeken op gelijk welk tijdstip controle kan uitoefenen op de werklozen. Alleen gaat het hier niet om werklozen maar om soevereine staten.

Ivo Belet, Annemie Neyts, Dirk Sterckx, Marianne Thyssen, Louis Michel, Anne Delvaux, Derk Jan Eppink, ze zijn er allemaal voor. Maar ook alle parlementsleden van de sociaaldemocratische en van de groene fractie drukken op het ja-knopje. Frédéric Daerden, Isabelle Durant, Philippe Lamberts, Bart Staes, Kathleen Van Brempt, Saïd El Khadraoui, ze zeggen allemaal ja. Net als hun sociaaldemocratische en groene collega's uit de andere landen. Jazeker, ze hadden liever gewild dat er ook een aantal sociale indicatoren op het scorebord waren verschenen. Maar met het principe van een concurrentieel scorebord en een streng sanctionerende Commissie zijn ze het allemaal eens. "Wij verwelkomen de nieuwe voorstellen over macro-economisch toezicht. Zij stellen de Commissie in de mogelijkheid de onevenwichten te controleren die de cohesie van de eurozone kunnen schaden", aldus parlementslid Philippe Lamberts van Ecolo na de stemming.[121]

Omwille van meningsverschillen over de modaliteiten, niet over de grond van de zaak, wordt de stemming van 23 juni "voorlopig" verklaard. Op 28 september 2011 keurt de plenaire zitting van het Europees Parlement de sixpack definitief goed. Het stemgedrag blijft grosso modo hetzelfde. Ook sociaaldemocraten en groenen stemmen opnieuw voor het principe van de Europese Commissie als een ratingbureau dat permanent controle uitoefent op de sociaaleconomische politiek van de lidstaten. Zo geeft bijna het hele politieke spectrum de sociaaleconomische beslissingen weg van het nationale niveau naar de niet-verkozen, technocratische Europese Commissie. In alle stilte. Dat is de stille revolutie waarover Barroso het heeft. Alleen de fractie van Europees Links, met onder meer de communistische partijen van Portugal en Griekenland, stemt over de hele lijn tegen de ordonnanties van de sixpack.

Deel 3.

De ideologen van een voorbije eeuw

1. De kardinale deugden van hebzucht en egoïsme volgens Ayn Rand

> Ikke ikke ikke en de rest kan stikken;
> dat wil zeggen:
> ikke ikke ikke voor enkele zelfverrijkende bestuurders,
> bankiers en miljoenenslurpers
> en stikken stikken stikken voor de 99 procent anderen.
>
> Een bezetter op Occupy Amsterdam

In de voormiddag van 24 juni 2010 worden Luc De Bruyckere en Peter Leyman, respectievelijk de voorzitter en de gedelegeerd bestuurder van Voka, ontvangen door de informateur. Dat is op dat ogenblik Bart De Wever. Ze hebben een cadeautje voor hem mee, een lijvige roman uit 1957 nog wel. Op de website van Voka staat het als volgt: "Luc De Bruyckere en Peter Leyman hebben de informateur ook een boek gegeven: *Atlas in staking* van Ayn Rand. Dat boek beschrijft hoe een samenleving terugvalt in honger en armoede wanneer ondernemingen teloorgaan, onder meer door overheidsinmenging en hoge belastingen. De redding moet komen uit een nieuwe vallei waar ondernemers, bankiers en een rechter volledig vrij kunnen handelen."[1]

Atlas in staking, de bijbel van Wall Street

In *Atlas in staking* is Dagny Taggart, de mede-eigenaar van een spoorwegbedrijf, het beu te moeten optornen tegen de overheid, het socialisme, "het profitariaat" en "de parasieten", die de economie om zeep helpen. Overheid en domme burgers steken geniale ondernemers met allerlei regels alleen maar stokken in de wielen. Zo krijgen de vakbonden meer invloed en gaan de belastingen omhoog. Daarom besluit het kruim van de ondernemende elite zich uit de maatschappij terug te trekken. Ze gaat in staking.

Het boek beschrijft hoe in een vallei in de woeste bergen van Colorado een kleine groep superieure geesten een nieuwe maatschappij voorbereidt: Atlantis. Die elite, met vooral grote industriëlen, topbankiers maar ook een dokter en een rechter, wordt aangevoerd door de held van het verhaal, de filosoof-ingenieur John Galt. In Atlantis doen ze er niet flauw over: de wereld moet gestoeld zijn op "de deugd van de hebzucht" (letterlijk), op het naakte eigenbelang. Het nastreven van dat eigenbelang is in hun ogen het hoogste morele doel van de mens. De topondernemers zijn de motor van die beoogde samenleving. Op hun schouders rust de hele wereld. Het verklaart de titel van het boek: als Atlas, de god die de wereld torst, zijn schouders ophaalt, stort het hele zaakje in elkaar. Niet de werkende bevolking schept de rijkdom, het is de elite die voor de welvaart zorgt. Arbeiders en andere middelmatige mensen parasiteren op het genie en de inspanning van de begaafde enkelingen.

In het boek stuikt de wereld door de staking van de superieure geesten dan ook prompt in elkaar, in honger en armoede. Het land zakt weg in een moeras van chaos: niemand is in staat de bedrijven over te nemen. Tot de mensen wanhopig snakken naar een echte leider. Naar John Galt.

We weten vandaag wat het visioen van Ayn Rand heeft opgeleverd. De vallei van de compleet vrije ondernemers heeft de wereld in een diepe crisis gestort. Het hersenspinsel van de heilige god genaamd Vrije Markt die niemand een strobreed in de weg mag leggen, ligt mee aan de basis van de puinhopen en ruïnes van vandaag.

Atlas in staking was de bijbel van de krijtstreeppakken in Wall Street, van de woekeraandeelhouders, de rommelhypotheekverkopers, de Brito's met hun jaarsalarissen in de miljoenen euro. Ayn Rand is bij ons minder bekend, blijkbaar tot spijt van Voka, maar in de VS wordt zij door veel ondernemers aanbeden. Dat die met haar dwepen is natuurlijk een geval van eigenliefde: ze zijn verrukt over haar hooglied over de waarden en deugden van het private ondernemerschap.

Ik weet niet of Bart De Wever het boek, zo welwillend geschonken door Voka, al gelezen heeft. Misschien gaf hij het wel aan Siegfried Bracke. In het debat over de miljonairstaks liet die zich ontvallen: "Het allerergste wat de armsten zou overkomen, is dat er geen rijken meer zijn."² Dat is precies de ideologie van *Atlas in staking*. Wat is het toch een zware en lastige maatschappelijke verantwoordelijkheid om rijk te zijn! Het eeuwige risico van het ondernemerschap, weet je wel. En natuurlijk niet te vergeten: de knagende onzekerheid van het speculantenbestaan.

Dat de elite zich terugtrekt in de splendid isolation van een verre vallei in Colorado, staat symbool voor de door Rand gewenste totale breuk met de bestaande maatschappij. Hoe totaal die breuk in haar ogen moet zijn, maakt ze duidelijk in de scene in haar boek waarin de held van de elite, John Galt, gearresteerd wordt en hem hervormingen worden opgedrongen. De held weigert. Hij wil geen compromis. Het marktdenken moet elk collectivistisch obstakel wegvagen. Alle overheidsingrijpen en regelgeving, elke controle, elke belemmering van "de begeerte om winst te maken" moet weg. Want wanneer de behoefte van anderen een rol gaat spelen, gaat de vrije samenleving ten onder. In een ideologische rede die wel zeventig bladzijden beslaat, zet aanvoerder John Galt zijn utopie van de vrije markt uiteen:

"De man aan de top van de intellectuele piramide draagt het meest bij aan iedereen onder hem. Hij krijgt geen intellectuele bonus van anderen. De man beneden, die aan zichzelf overgelaten zou sterven in hopeloze dwaasheid, levert geen enkele bijdrage aan wie boven hem staan. Maar hij ontvangt wel de bonus, geleverd door hun brein. Dat is de natuur van de 'concurrentie' tussen sterke en zwakke intellecten."³

Ludwig von Mises, het eertijdse boegbeeld van het klassieke liberalisme, rekende Rand tot zijn persoonlijke vriendenkring. Hij schreef haar: "Jij hebt de moed de massa's te vertellen wat geen enkele politicus hen durft te vertellen: jullie zijn minderwaardig en elke vooruitgang in jullie leven, die jullie gewoon als gegeven beschouwen, hebben jullie te danken aan de inspanning van mensen die beter zijn dan jullie."[4] Om het met de woorden van Rand zelf te zeggen: "De werkelijk uitzonderlijke mensen, de echte vernieuwers, de sublieme reuzen: de leden van deze uitzonderlijke minderheid tillen het geheel van een vrije samenleving op naar het niveau dat zij dankzij hun inspanning bereikt hebben, en intussen stijgen zij verder en verder op."[5] Het kruim, de keur, de top, de elite.

De arbeidersklasse verschijnt in de bladzijden van *Atlas in staking* als een groep onbeschaamde, dwaze luilakken. Nu en dan tref je er een geïdealiseerd beeld zoals dat van de fluitende treinremmer "met het gespannen en vastberaden gezicht en niet met het ongeïnteresseerde uiterlijk dat je zou verwacht hebben" (sic).[6] Maar voor de rest worden de werkers getekend zoals Tolkien zijn ruziemakende ondergrondse dwergen afbeeldt: onbetrouwbaar, onaantrekkelijk, dwaas en vatbaar voor collectieve futiliteiten. Toch zijn de werkende mensen niet de ergste monsters in de fantasie van Ayn Rand. "De ergste monsters, de orcs (duistere aardmannetjes, pm) van *Atlas in staking* zijn de overheidsbureaucraten, de journalisten en de intellectuelen. Hun collectieve misdaad is dat zij het ondernemerschap de mond snoeren in naam van de sociale gerechtigheid voor de werkende mensen", zo schrijft journalist Paul Mason.[7]

De New Yorkse politoloog Corey Robin wijst erop dat die afschuw van de sublieme, sterkste koppen voor de ("zwakkere") intellectuelen, de artiesten, de middenklasse enzovoort een centrale sokkel is in het discours van de uiterst rechtse neoconservatieve boegbeelden. Ook De Wever etaleert die afschuw, hij beschouwt deze aversie klaarblijkelijk als een populistische troef.

De Voka-boodschap op 24 juni 2010 aan de regeringsonderhandelaars is dus niet bepaald subtiel. Nogmaals het persbericht van Voka die dag: "De redding moet komen uit een nieuwe vallei waar ondernemers, bankiers en een rechter volledig vrij kunnen handelen."

Elf september, Atlantis in Chili

In de setting van *Atlas in staking* zijn de Verenigde Staten de enig overgebleven kapitalistische staat en gelooft niemand in het oude Europa nog in de vrije markt. Daar zijn dan ook overal volksrepublieken ontstaan met genationaliseerde productiemiddelen. Natuurlijk is *Atlas in staking* een anticommunistisch boek maar waar het echt om draait is de afrekening met "de socialistische aspiraties" van de regering in Washington in het boek. De beoogde prooien zijn: de economische politiek van sturing door de overheid en econoom John Maynard Keynes als grondlegger ervan.

Rand schreef haar boek in de jaren 50, de tijd van de heropbouw na de Tweede Wereldoorlog. De uitbouw van een gigantisch militair apparaat in de Koude Oorlog en in de Koreaanse oorlog bezorgde de economische relance een extra impuls. Pas op het einde van de jaren 60 kwam er een einde aan de lange periode van relatief grote en stabiele groei. Het keynesianisme is de ideologie die aan deze groeiperiode beantwoordt.

Ondertussen ontwikkelde zich in de economiefaculteit van de universiteit van Chicago een pleidooi voor een onbelemmerde, totaal vrije markt. Echte vrijheid, dat is de totale economische vrijheid voor ondernemingen, zo klonk het daar. Voor de school van Chicago tastte elke regulering van de markt de individuele vrijheid aan. Friedrich von Hayek en Milton Friedman werden de belangrijkste figuren van dit marktfundamentalisme. Hun credo: de markt werkt optimaal want de markt heeft nu eenmaal altijd alle relevante informatie in de prijzen verwerkt.

Dat credo had Ayn Rand al geformuleerd in haar boek. Ook haar idee over de helende functie van chaos en crisissen werd door de school van Chicago overgenomen. Haar staking van "Atlas" zorgt ervoor dat het hele raderwerk van de samenleving stilvalt en in chaos wegzinkt. Maar juist in die omstandigheden hebben John Galt en zijn elite, die de crisis hebben veroorzaakt, de weg vrij om de maatschappij te redden. Milton Friedman koesterde met zijn shockdoctrine waarover we het in dit boek al hadden, dezelfde ideeën over chaos en crisissen en over "de tirannie van het status-quo". Hij vond het cruciaal snel te handelen wanneer een crisis toeslaat want dan is het mogelijk om snel verandering op te leggen, voordat de geteisterde samenleving terugzakt in het oude immobilisme.

"De theorieën van Milton Friedman hebben hem de Nobelprijs bezorgd en ze hebben Chili generaal Pinochet bezorgd", zei de Uruguyaanse schrijver Eduardo Galeano.[8] Op 11 september 1973 rolden de tanks van Augusto Pinochet door de straten van Santiago in een staatsgreep tegen president Salvador Allende, die immens populair was bij de arme bevolking. Voor de financiering van deze militaire coup zorgde de CIA, in opdracht van president Nixon. Dictator Pinochet trok voor zijn economiedepartement mensen aan die waren opgeleid aan de universiteit van Chicago: de Chicagoboys. Salvador Allende was dan ook – met de herverdeling van het land aan de arme boeren, maatregelen om de economie te beschermen tegen de Amerikaanse invloed en nationalisatie van strategische bedrijven – een doorn in het oog van Friedman en de Chicagoschool geweest. Chili werd de eerste proeftuin van de onbezoedelde vrije markt, het nieuwe Atlantis. Het doel was: het publieke domein uitschakelen ("de markt bevrijden van de overheid"), de totale vrijheid voor ondernemingen garanderen en sociale voorzieningen tot een minimum beperken.

In een interview met de Chileense krant *El Mercurio* in 1981, in volle dictatuur, zei boegbeeld Von Hayek van de Chicagoschool: "Soms is een of andere vorm van dictatuur voor een land noodzakelijk, voor een tijd. U begrijpt wellicht dat het mogelijk is dat een dictator op een liberale manier regeert, net zoals een democratie op een totaal onliberale manier kan regeren. Persoonlijk prefereer ik een liberale dictator boven een democratische regering zonder liberalisme."[9]

Het was een dubbele putsch. Met militaire terreur tegen de democratische rechten en met economisch geweld tegen de publieke voorzieningen. De winnaars waren: de buitenlandse bedrijven en de "piranha's", financiers die schatrijk werden door speculatie. Milton Friedman vloog zelf naar Santiago en hamerde op zijn stokpaardje: de shock als enig medicijn. Vijfhonderd staatsbedrijven en banken werden geprivatiseerd, dat wil zeggen voor een appel en een ei weggegeven. De Chicagoboys van Pinochet sloegen ook hard toe in de gezondheidszorg en in het onderwijs. Het land lag letterlijk te stuiptrekken onder de shocktherapie. De economie kromp met 15 procent, de werkloosheid liep op tot 20 procent. De recepten van de Chicagoschool waren zo ontwrichtend dat de politieke terreur nodig was om ze op te leggen. Het hele openbare en culturele leven kreeg een shockbehandeling. Het collectieve en het sociale werden uit de cultuur weggesneden. Achtduizend ideologisch verdachte leerkrachten kregen hun ontslag. Groepsprojecten, uiting van het vermaledijde collectivisme, werden verboden. De terreur moest de bevolking paralyseren en lamslaan, het verzet in de kiem smoren.

Zo werd het visioen van de onbeteugelde vrije markt, het neoliberalisme, geboren in het bloed van de Chilenen. Het was de ongebreidelde vrijheid van de elite, van de John Galts en van de piranha's terwijl 100.000 Chileense opposanten wegrotten in de gevangenis.

Naomi Klein schrijft dan ook in haar boek *De shockdoctrine*: "Als Chili door deze staat van dienst door de economen van de Chicagoschool als wonder in aanmerking komt, misschien heeft de schoktherapie dan nooit echt iets te maken gehad met het gezond maken van de economie. Misschien was ze nu juist bestemd voor wat ze inderdaad heeft gedaan: rijkdom door de top laten opslorpen en een groot deel van de middenklasse een doodklap geven."[10]

Op die andere elfde september, die van 1973, werd het startsalvo gegeven van de neoliberale revolutie, die nadien door Reagan en Thatcher over de hele wereld werd verspreid.

2. De kwakzalverij van dokter Dalrymple

> Theodore Dalrymple, een buurtwerker die er zo genoeg van
> kreeg dat hij een cynische kijk op zijn werkveld kreeg,
> wat overigens zijn volste recht is. Voor de rest is hij
> een over het paard getilde nageboorte
> van Margaret Thatcher:
> alles wat de mens overkomt, is zijn eigen schuld.
>
> Tom Lanoye

In het voorjaar van 2007 raken Amerikaanse hypotheekbanken in de problemen, veel van hun klanten kunnen de oplopende rente niet meer betalen. Op dat ogenblik ontstaat in ons land ophef over dubieuze praktijken van Citibank. De bank legt zich volgens anonieme personeelsleden toe op het zoveel mogelijk binnenhalen van sociaal en financieel zwakke klanten. Want "hoe meer moeilijkheden de klanten hebben om te betalen, hoe meer de bank eraan verdient." En dat levert op. Van bijna een derde van mensen met beslag op hun werkloosheidsuitkering gaat het geld van dat beslag direct van de RVA naar Citibank.

Eigen schuld, dikke bult!

Er is iemand die zich niet stoort aan de agressieve leningen met woekerinteresten die Citibank door de strot van god en klein Pierke probeert te rammen: Bart De Wever. Integendeel, die stoort zich aan alle heisa erover. Met zijn provocerende cynisme geeft hij zijn column in *De Morgen* de titel: "Het is allemaal de schuld van de banken!" De Wever drenkt die dag zijn pen in vitriool: "Waarom zou je je eigen verantwoordelijkheid onder ogen zien als je die kunt afschuiven op het vermaledijde grootkapitaal?" Het loont de moeite deze De Wever tot het eind te lezen: "Het blijft onbegrijpelijk hoe snel ter linkerzijde wordt voorbijgegaan aan de verantwoordelijkheid van mensen die onverantwoorde leningen aangaan. Ik wil niet obligaat wijzen op mensen die zich in de problemen werken doordat ze de tering niet naar de nering kunnen of willen zetten. Dat mensen vaak om andere redenen in een spiraal van armoede terechtkomen, is immers een onomstootbaar feit. Anke Hintjes haalde in deze krant echtscheiding, ziekte, werkloosheid en detentie aan als onvoorziene omstandigheden die mensen in de schulden kunnen jagen. Maar zelfs dan speelt in zekere mate een eigen verantwoordelijkheid mee. Zeker detentie, maar ook andere factoren, behalve ziekte dan, lijken mij in vele gevallen wél te voorzien. Ze zijn zelfs te verwachten als mensen systematisch verkeerde keuzes maken."[11]

De tering niet naar de nering willen zetten? Verkeerde keuzes? 's Anderendaags verschijnt in De Morgen een brief van een vrouw die slachtoffer is geworden van wat Citibank uitspookt. "Mijnheer De Wever, u hebt het zo mooi over keuzes maken. Ik vind niet dat ik keuzes heb. Ik moet zorgen dat ik overleef. Dat ik zo gezond mogelijk blijf. En dat mijn kinderen niets tekortkomt. Kunt u zich voorstellen dat het in mijn situatie verleidelijk kan zijn leningen aan te gaan?"[12]

De inspiratie voor dat eigen schuld, dikke bult vindt Bart De Wever bij een Engelse dokter, Theodore Dalrymple. Op 3 mei 2011 mag De Wever de Prijs voor de Vrijheid van de Vlaamse en ultraliberale denktank Libera! uitreiken aan deze dokter Dalrymple. "Ik schaam me er niet voor dat hij een diepgaande invloed op mij heeft uitgeoefend", zegt hij in zijn laudatio op Dalrymple. Diens boek *Leven aan de Onderkant* "legde vermoedelijk de basis voor mijn eigen bescheiden schrijfsels als columnist", aldus de lofredenaar.

Slachtoffers als zondebokken

Dalrymple werkte als arts-psychiater in Birmingham, in een gevangenis en een ziekenhuis. Via zijn patiënten, veelal uit achterstandswijken, passeerden in zijn praktijk zowat alle sociale problemen de revue: geweld, prostitutie, depressie, burn-out, werkloosheid, honger, mishandeling, alcoholisme, drugsverslaving, obesitas... In de chaos van het leven van de onderklasse "kan het hele gamma van menselijke dwaasheid, slechtheid en ellende rustig worden bekeken", schrijft de dokter in de inleiding van *Leven aan de onderkant*.[13]

In elk hoofdstuk van dat boek laat Dalrymple een paar van zijn patiënten opdraven en geeft nadien zijn persoonlijke bespiegelingen over hun ellende, in de stijl van dokter Phil die al jaren de tv-schermen teistert. Zijn besluit is telkens opnieuw: het is hun eigen domme schuld.

Mishandelde vrouwen bijvoorbeeld verkiezen volgens Dalrymple een gewelddadige man omdat ze "niet-gewelddadige mannen onverdraaglijk onverschillig en emotioneel afstandelijk vinden". Zij beelden zich volgens hem in dat het geweld van hun man een teken van liefde en aandacht is.

Hij vertelt dat de duizenden daklozen onder de bruggen van de Theems allemaal zelf "een existentiële keuze hebben gemaakt". Want "deze mannen weten bijvoorbeeld dat er overal, in elke stad, opvanghuizen zijn die hen binnen zullen laten, hen zullen voeden en verwarmen, wat er ook mag gebeuren." Dalrymple laat zich niet hinderen door enig onderzoek, al weet hij ook dat de woonproblematiek in Groot-Brittannië verontrustend groot is. Woningexperts hebben het over "grote ongemakken, ellende en ziekte voor de kwetsbaarste mensen van het land", en over de toename van de daklozen en van louche huisjesmelkers.[14] Bijna vierduizend mensen slapen vandaag onder de Londense sterrenhemel. Hun aantal is tussen 2010 en 2011 met acht procent gestegen. Dag na dag in deze crisisjaren worden mensen uit hun huis gezet. Maar voor huis-tuin-en-keukenfilosoof Dalrymple wentelt de onderklasse zichzelf in deze misère. De werkloze kiest voor werkloosheid en de straatmadelief voor prostitutie. De taxichauffeur die in elkaar werd geslagen door dronken feestgangers had maar niet op zaterdagavond moeten werken om zijn echtscheiding te betalen. Zo raast Dalrymple bladzijdelang door. En de armste mensen "zijn even stijf bevroren in hun armoede – materieel, verstandelijk en geestelijk – als de zondaars in de Hel van Dante".[15]

Op bladzijde 68 heeft hij zelfs de oorzaak bij uitstek van de gesel van de criminaliteit ontdekt. Die is "voor elke redelijk oplettende waarnemer volmaakt duidelijk, hoewel de criminologen er nog niet achter zijn. Die oorzaak is het tatoeëren van de huid. Een langzaam werkend virus wordt met de tatoeëernaald in het lichaam gebracht en vindt zo zijn weg naar de hersenen. Binnen een paar jaar zet het de getroffenen aan tot diefstal van auto's, inbraak en mishandeling." Zo maakt Dalrymple van een gewoon verband (een correlatie) meteen een oorzakelijk verband (causaliteit). Dat is goed voor een buis in een eerste jaar statistiek. Het is niet omdat het aantal ooievaars én het aantal geboortes achteruitgaan dat bewezen is dat de kindjes gebracht worden door de ooievaar.

Maar de dokter houdt voet bij stuk. Want als tatoeages in de gevangenis gratis verwijderd zouden worden, dan zouden mensen met tatoeages alleen al misdaden begaan om deze kans te grijpen, vindt hij. En dan zou zo het verband tussen tatoeages en criminaliteit nog sterker worden dan het al is.[16]

Dalrymple prijst zichzelf omdat hij "met één oogopslag – en een redelijke mate van nauwkeurigheid – kan zien" of een man gewelddadig is of niet: "In feite zijn de aanwijzingen niet bepaald subtiel. Een kaalgeschoren hoofd met veel littekens op de schedel, afkomstig van aanvaringen met gebroken flessen... En bovenal een gezichtsuitdrukking van geconcentreerde kwaadaardigheid, grove zelfzucht en dierlijke achterdocht. Dat verraadt alles."[17] Gaan we straks weer met meetlat en schietlood aan het werk om de hersencapaciteit van mensen te meten, zoals op het einde van de negentiende eeuw? Toen ik de foto van Theodore Dalrymple bekeek, meende ik minzaamheid op te merken. Dat veranderde wel even toen ik zijn boek begon te lezen en ik me door zijn karikatuur moest worstelen van volkswijken die ook de mijne zijn in Borgerhout en Antwerpen-Noord.

In de groepspraktijken van Geneeskunde voor het Volk hebben wij natuurlijk ook veel dokters die elke dag de samenleving met haar problemen in hun kabinet zien defileren. En die daar soms ook een boek over schrijven. Dokter Staf Henderickx uit Lommel en dokter Hans Krammisch uit Seraing boetseerden uit honderden gesprekken met hun patiënten *Dokter, ik ben op*, een beklijvend boek over hoe helse ritmes en slechte arbeidsomstandigheden mensen "op" maken. En ja, zij schrijven in hun boek ook een hoofdstuk over de kassierster met haar maag in een knoop en het hoofd op barsten, een "mater dolorosa". En hoe ze bij haar moeten "schipperen met ziekteverlof, verlengingen, aanmoedigingen, antidepressiva... Want in haar geval zou ontslag armoede betekenen."[18] Toch is hun *Dokter, ik ben op* integraal een boek van mensen die meestal houden van hun baan maar er tegelijk het slachtoffer van kunnen zijn. "We hebben meer uurwerken en tijdmeters dan ooit maar we hebben geen tijd meer. Vroeg of laat kan het lichaam deze druk niet meer aan en breekt de weerstand. De zwaksten eerst, de sterksten laatst. De geschiedenis leert dat grote sociale ziektes zoals stress alleen door grote remedies genezen kunnen worden."[19]

De twee vinden het een must aan het einde van hun boek te verwijzen naar het grote rapport van de Wereldgezondheidsorganisatie, *Werkomstandigheden en ongelijkheden in gezondheid* (20 september 2007). Dat rapport is het resultaat van een internationaal netwerk van negentig topexperts en van twintig instituten, universiteiten en organisaties. De methodiek van het rapport steunt op multidisciplinaire kennis en evidence based studies. Het rapport legt de interactie bloot tussen de ongelijkheden in gezondheid te wijten aan werksituaties en andere vormen van sociale ongelijkheid.

Dalrymple werkt totaal anders. Hij gaat compleet voorbij aan de verste stand van zaken van de medische wetenschap. Hij doet het "met één oogopslag".

Zoals hij ook voorbijgaat aan de structurele ongelijkheid in de maatschappij: "Zij houden de fictie overeind dat de maatschappij waarin ze leven op grove, ja groteske wijze onrechtvaardig is en dat zijzelf het slachtoffer daarvan zijn."[20] Hij wil niet zien dat in zijn Groot-Brittannië kiezen voor veel mensen zo goed als onmogelijk is. Kunnen jongeren bijvoorbeeld nog voor een universitaire opleiding kiezen nu het inschrijvingsgeld al is opgelopen tot 20.000 à 30.000 Britse pond? In augustus 2011 stelde een onderzoeker op de website van de *British Medical Journal* in ernst voor dat studenten in geldnood zich vrij zouden moeten voelen hun nier te verkopen om hun studieleningen te betalen. Voor alle duidelijkheid: je kunt organen uit vrije wil afstaan voor transplantatie maar ze verkopen of een handel in organen beginnen is illegaal.

Dalrymple ziet die dingen allemaal niet. Voor hem is de maatschappij een grote zandbak van keuzevrijheid. Dat leidt tot de centrale stelling in zijn boek: "De onderklasse hanteert op grote schaal slachtofferschap als alibi voor haar wangedrag. En dat excuus is gedienstig aangereikt door de progressieve elite die het alibi heeft overgoten met een saus van vulgair marxisme en waarderelativisme."[21] De speculanten van Morgan Stanley of Godman Sachs in de Londense City, waar de champagnekurken weer net zo hard knallen als vroeger, komen niet op consultatie te biechten bij dokter Dalrymple. Net zo min als de luistervinken van de Murdoch-pers of de Britse politici die hun callgirls laten betalen door de gemeenschap. De kruistocht van Dalrymple heeft maar één tegenstander: de onderklasse met haar "wangedrag".

De dokter trekt ten strijde tegen – in zijn woordgebruik – de pampercultuur van de sociale zekerheid die de mensen uitkeringsverslaafd maakt. De jonge Engelse werklozen willen niet werken, is zijn heilige overtuiging.[22] De werkloze is de vijand, niet de werkloosheid. "In plaats van hun ongeluk toe te schrijven aan anderen, zouden ze naar zichzelf moeten kijken, wat altijd pijnlijk is."[23] En dan is de enige oplossing: de werkloze activeren.

Dat activeren is ondertussen de sokkel geworden van het rechtse politiek correcte denken en daar mag ook de Eigenverantwortung van Gerhard Schröder en het *Voor wat hoort wat* van Patrick Janssens bijgerekend worden. Je moet al moedig zijn om tegen die politieke correctheid in te gaan. Professor Bea Cantillon durft het aan: "Het is belangrijk mensen een behoorlijk inkomen te geven door ze te activeren op de arbeidsmarkt, als ze dat tenminste kunnen. Maar er zijn ook mensen die gebukt gaan onder zoveel problemen of sociale handicaps dat ze niet zomaar in de arbeidsmarkt te brengen zijn. Sterker, wanneer je hen verplicht erin te stappen, zullen ze waarschijnlijk nog slechter af zijn dan daarvoor. (...) Zelfs de sociaaldemocraten nemen het woord medeleven en solidariteit niet meer in de mond. Het gaat nu over wederkerigheid, voor wat hoort wat. Armoede mag niet meer bestreden worden met een grotere herverdeling, alleen activering is zaligmakend."[24]

"In het belang van de armen, schaf de sociale zekerheid af!"

In een interview naar aanleiding van zijn Libera!-prijs vatte Dalrymple het allemaal samen: "De sociale zekerheid haalt mensen niet uit de armoede. Ze bestendigt hen in hun achterstelling. Ze vernietigt hun zelfrespect. En ze creëert meer armen en zieken."[25]

Bart De Wever denkt er net zo over: "Als je mensen afhankelijk maakt van uitkeringen, beroof je hen van elke eigen verantwoordelijkheid. Door je systeem van uitkeringen bestendig je de onderklasse, je vergroot ze zelfs."[26]

En waardoor moet de sociale zekerheid dan vervangen worden? In zijn interview geeft Dalrymple alvast een hint: "Bij echte solidariteit ligt het initiatief bij de donateur, die spontaan geld geeft uit een eerlijk gevoel van sympathie of medeleven met wie minder heeft."[27]

Het systeem van liefdadigheid en aalmoezen, door Dalrymple echte solidariteit genoemd, heeft eeuwenlang bestaan. In de vroege middeleeuwen werd wie van aalmoezen leefde als hinderlijk beschouwd. Hulp aan de armen was toen een taak van de kerk want had de goddelijke wil niet bepaald dat de ene rijk en machtig werd en de andere ellende en ongeluk ten deel viel? De arme moest deemoedig zijn plaats aanvaarden.

Pas later werd liefdadigheid gezien als een algemene sociale plicht. De voorzienigheid had het immers zo beschikt dat de welgestelden de gelegenheid hadden hun liefdadigheid te bewijzen. Zo konden zij hun zonden in dit tranendal afkopen. Maar niet alle armen kwamen in aanmerking voor een aalmoes. Alleen de "echte" armen, de lokale bedelaars, de sukkelaars van het eigen dorp met pech, ziekte of een ander malheur. Die lokale pechvogels mochten geholpen worden, verkondigde de clerus. Maar niet de "valse" armen, de landlopers. Landlopers waren vreemdelingen, mensen van buiten het dorp, mensen zonder vaste verblijfplaats. Het waren vooral gedeserteerde soldaten, marktkramers en toneelspelers, zigeuners en kwakzalvers allerhande. Luieriken bij wie je geen zonden kon afkopen. Zij vielen buiten de aalmoezen en werden verbannen.

De sociale zekerheid – met haar pensioenen, werkloosheidsuitkeringen, gezinsbijslagen, jaarlijkse vakantie, gezondheidszorg en bescherming in geval van beroepsziekte of arbeidsongeval – is een uiting van de vooruitgang van de beschaving sindsdien. Deze sociale zekerheid is uitsluitend op conto van de arbeidersbeweging te schrijven. Ze is opgebouwd niet dankzij maar ondanks het kapitalisme. Ze is geen stelsel op basis van liefdadigheid. Ze hangt niet af van welwillende weldoeners die hun zieltje willen afkopen en een aflaat willen verkrijgen. De alfa en de omega ervan is de solidariteit: tussen werkenden en werklozen, tussen jong en oud, tussen gezonden en zieken, tussen mensen mét en zonder een inkomen, tussen gezinnen met en zonder kinderen. Want kunnen we niet allemaal ziek of werkloos worden? De meeste mensen weten pas wat de sociale zekerheid betekent, als ze die nodig hebben. En iedereen draagt bij aan de sociale zekerheid volgens zijn of haar draagkracht.

Die sociale zekerheid is het resultaat van anderhalve eeuw strijd en groei van de arbeidersbeweging. De Vlaams nationalistische voorlopers van de N-VA, de partij die de sociale zekerheid zo graag wil ontmantelen, hebben in die strijd geen pink uitgestoken. Geen pink! En nu komt deze partij aandraven met wijsneuzen als Dalrymple, die de geweldige vondst heeft gedaan: "In het belang van de armen, schaf de sociale zekerheid af! Want ze werkt averechts. Ze creëert meer armen en meer zieken." Alle ernstige studies spreken dat tegen. Allemaal. De voorbije jaren is de sociale zekerheid aan een snel tempo uitgekleed, onder meer door de groeiende vrijstelling van de patronale bijdragen. Minder sociale zekerheid want dan is die makkelijker te betalen, is het leidmotief. Vandaag leeft in ons land 14,6 procent van de mensen in armoede. Maar, zo becijferde Europa, zonder sociale zekerheid zou dat 42 procent zijn. Met andere woorden, dat de onderklasse van Dalrymple zonder sociale zekerheid kleiner zou worden, is nonsens. Ze zou verdrievoudigen, tot bijna de helft van de bevolking.

Maar dat is misschien wel de bedoeling, legt onderzoekster Francine Mestrum uit: "We beschermen de arme mensen maar beletten niet dat werknemers arm worden. Met andere woorden: sociale bescherming wordt vervangen door armoedebestrijding, zoals de neoliberale filosofie dat wil. Wie meer sociale zekerheid wil, moet die kopen op de markt."[28] En eenmaal de solidariteit is vernietigd, worden de inwoners opnieuw "onderdanen", met voornamelijk "plichten".

Wilkinson: gelijke samenlevingen scoren beter

Maatschappijen met meer gelijkheid zorgen niet alleen voor een langere levensverwachting en minder kindersterfte. Ze zorgen ook voor meer levenskwaliteit, met beduidend minder angststoornissen, depressies, stress, alcohol- en drugsverslavingen, minder generatiearmoede, minder obesitas, minder tienerzwangerschappen, minder persoonlijke schulden, minder moorden en minder gevangenen. Dat is ook logisch, als je er even over nadenkt. De problemen stijgen naarmate de ongelijkheid in de samenleving stijgt. Dat wordt met massaal veel cijfermateriaal aangetoond in het boek *The spirit level* (De waterpas) van de Britse epidemiologen Richard Wilkinson en Kate Pickett.[29] Niet met een ideologisch tractaat maar met cijfers, en op basis van 400 wetenschappelijke studies, maken Wilkinson en Pickett hun punt: stress, mentale ziektes, geweld en drugsgebruik zijn niet zomaar het gevolg van moreel verval, van veranderende normen en waarden. En al evenmin van de keuzevrijheid van berekenende personen die de korte- en langetermijngevolgen van hun keuzes rustig en rationeel zouden afwegen.

Het boek is aan te raden lectuur voor dokter Dalrymple als hij wil nadenken over het verband tussen ongelijkheid en gebrek aan sociale vrijheid.

De cijfers zijn even pertinent als je de zaken andersom bekijkt. Er is minder inkomensongelijkheid in de landen die over een goede sociale zekerheid beschikken, en over toegankelijke openbare diensten, automatische indexering van lonen en sociale uitkeringen en interprofessionele akkoorden met regelmatige verhogingen van een interprofessioneel minimumloon. Dat zijn essentiële buffers tegen de woeker van de ongelijkheid. De cijfers geven dus precies het tegendeel aan van wat Dalrymple en zijn Vlaamse volgeling beweren. De sociale problemen in de VS en Groot-Brittannië zijn zo erg, niet door individuele verantwoordelijkheid maar omdat deze landen koplopers zijn in ongelijkheid. In Groot-Brittannië is de inkomensongelijkheid terug naar het niveau van de jaren 1920. Het land telt ook het meeste aantal arme kinderen van Europa.

Ook dit tonen Wilkinson en Pickett met overvloedig bewijs aan: ongelijkheid leidt niet alleen tot minder gezondheid en welzijn voor de armen maar voor alle lagen van de samenleving. De schadelijke effecten van de inkomensongelijkheid treffen de overgrote meerderheid van de bevolking.

"Het probleem zit niet in de maatschappij, het zit alleen in je hoofd"

"Ik ben een antimarxist, ik geloof niet dat cultuur en ideeën hun oorsprong vinden in de economische toestand", zegt Bart De Wever.

"Het zijn juist de ideeën die de samenleving boetseren, en dus moet de maatschappelijke elite zeer zorgvuldig zijn in het kiezen van de ideeën die ze propageert. Want de gevolgen daarvan zijn altijd erger voor de gewone man. Als je erkent dat het bij de ideeën begint, dan geef je ook toe dat het bij de elite zal beginnen, want die is producent van de ideeën."[30]

Deze gedachtegang loopt parallel met die van dokter Dalrymple. Het thema van de dokter is namelijk: niet de sociale omstandigheden maar de ideeën die ze er op nahouden, zijn de bron van alle ellende van de mensen in de onderklasse. "Het zijn de ideeën van mijn patiënten die me fascineren en, toegegeven, ook verbijsteren. Want die zijn de bron van hun ellende. (...)"[31]

Dalrymple keert zich tegen "de marxistische filosofie: het idee dat het niet het bewustzijn van mensen is dat hun toestand bepaalt maar dat, integendeel, hun sociale toestand hun bewustzijn bepaalt". Met een bijzondere bewijskracht van dertien woorden veegt hij dat vervolgens van tafel: "Als dat zo zou zijn, dan zouden mensen nog steeds in holen leven."[32]

In den beginne was niet het woord, maar de daad. Om te leven moeten mensen eten, drinken, zich kleden en wonen. Zij moeten "produceren". De eerste ideeën van de homo sapiens betroffen niet abstracte begrippen zoals "de zin van het leven". Ze gingen over de productie. Hoe te eten die dag, en te drinken? Hoe het vuur aan te houden? De gemeenschappen van rondtrekkende jagers en verzamelaars zijn zich niet plots ergens als boeren gaan vestigen omdat een geniale enkeling het flitsende idee had een "urbis" (stad) te stichten. Maar wel omdat de rivieroevers langs de Jordaan, de Nijl, de Gele Rivier en de Mekong jaarlijks overstroomden met vruchtbaar rivierslib en een samenleving met akkerbouw en veeteelt materieel mogelijk werd. Die omstandigheden maakten de ontdekking van irrigatiekanalen, van bemesting, van dieren als trekkracht, van de ploeg, van voertuigen met wielen en van zeilboten, kortom van de hele neolithische revolutie mogelijk.

De eerste numerieke stelsels en het eerste schrift zijn niet het resultaat van een goddelijke ingeving. Vere Gordon Childe, een van de vaders van de moderne archeologie, bracht aan het licht dat ze overal ter wereld eerst ontstaan zijn als numerieke notaties om de voorraden bij te houden. Door de technologische vooruitgang werd overschot mogelijk en dat werd bewaard als buffer tegen misoogsten. Kortom, nieuwe ideeën, die tot verandering in de samenleving leiden, ontstaan niet in het luchtledige. Ze zijn het product van hun tijd, van hun eigen sociale en materiële omstandigheden.

Op de camping, tijdens de vakantie, vertelde Armin – veertien en mijn oudste zoon – elke avond een zelfverzonnen verhaaltje aan Karim, de jongste. Grappig en inventief. Zijn succesverhaaltje ging over de konijnenmaatschappij aan een rivieroever, waar net het vuur is uitgevonden. Op een dag slaagt een konijntje erin de rivier vol krokodillen over te zwemmen en de andere oever te bereiken. En o verrassing, de konijnen op de andere oever hebben de laptop al uitgevonden! Het is een mooi verhaal omdat het zoveel verbeeldingskracht heeft. En omdat iedereen ook wel begrijpt dat het eigenlijk niet kan. In de technologische omgeving van het vuur, het wiel en de ploeg, van het neolithicum dus, heeft geen boer of jager – en ook geen konijn – 's nachts een visioen om de laptop uit te vinden.

Het zou me sterk verbazen dat de zelfverklaarde antimarxisten Dalrymple en De Wever ook maar iets van Marx ernstig hebben gelezen. Want er is een groot verschil tussen wat Marx zegt en wat zij beweren dat Marx zegt. Het hele werk van Marx ademt het tweespel uit, de dialectiek, tussen de sociale omstandigheden waarin mensen werken en leven enerzijds, en de ideeën en culturele waarden van die maatschappijen anderzijds. Natuurlijk spelen ideeën een gigantische rol in de ontwikkeling van de samenleving. Marx zegt alleen dat ideeën en gevoelens niet de laatste oorzaak zijn van historische gebeurtenissen en dat ze hun wortels hebben in de omstandigheden van elk tijdperk. Terzijde, als ik ervan overtuigd zou zijn dat ideeën niet belangrijk zijn, dan zou ik niet wekenlang bladzijde na bladzijde aan dit boek zitten wroeten.

Maar wat Dalrymple doet, is iets anders. Hij verplaatst de structurele ongelijkheid in de maatschappij naar het terrein van de ideeën. "Het is niet de maatschappij maar de geest die de boeien smeedt die mensen vastketenen aan hun ellende."[33] De originele Engelse ondertitel van zijn boek is daar ook duidelijker in dan de Nederlandse: *The Worldview that makes the Underclass*. Vertaald: "De wereldvisie die de onderklasse maakt". Het kwaad zit in de ideeën. Dat is natuurlijk handig want dan moet je niets meer doen aan de maatschappelijke mechanismen waardoor zoveel mensen uit de boot vallen. Dan moet je geen beleid meer voeren om massawerkloosheid te voorkomen, om te zorgen voor goede en menswaardige banen voor iedereen.

Margareth Thatcher: class is a communist concept

De chavs, dat is de modeterm waarmee een elite van Oxford-gegradueerden "ugly proles", lelijke proleten, aanduidt. Lomp, slonzig, waarschijnlijk dronken en misschien gewelddadig. Er zijn al reisbureaus die chav-free vakanties aanbieden, reizen met de garantie dat je geen proleten tegenkomt. Het fenomeen zit ook in tv-soaps. In sommige soaps moet niemand 's morgens gewoon gaan werken voor een loon. En als er al een proleet voorbijwandelt, is het de karikatuur van Joe Sixpack, de hooligan, de vrouwenzot. Toen scenarioschrijver David Yallop stopte met het schrijven voor de successoap Eastenders, zei hij: "Het is gemaakt door middenklassemensen met een middenklassekijk op de arbeidersklasse: betuttelend, idealistisch en onjuist." Het is de culturele spiegel van de neoliberale ontwikkeling, waar problemen van mensen die gewoon gaan werken om hun brood te verdienen van het tv-scherm verdwijnen. Toen regisseur Marie-France Collard in 2000 haar magistrale film *Ouvières du monde*, over het leven van de textielarbeidsters bij Levi's, op de wereld losliet, schreef het maandblad *Film en Televisie*: "Het gaat over hardwerkende vrouwen, niet de soap-trutten die nooit schijnen te moeten werken, je ziet ze niet alle dagen op tv."[34]

De jonge Brise onderzoeker Owen Jones trekt in het leerrijke boek *Chavs. The Demonization of the Working Class* van leer tegen dat fenomeen.[35] Hij vraagt zich af hoe het zover is gekomen dat het zout der aarde tegenwoordig wordt aangezien als de modder van de aarde. The scum. "Hoe is vijandschap tegenover de mensen uit de arbeidende klasse sociaal zo aanvaardbaar kunnen worden? Het lijkt wel of de arbeiders de groep in de samenleving zijn waarover je zo goed als niks kan zeggen." Non-people, niet-mensen, mensen die niet bestaan.

Tot in de jaren 70 straalde de Britse working-class iets uit dat het best omschreven wordt als "fierheid". Ze had eigen waarden en normen. Met een groot sociaal leven, solidariteit en bijstand en onderlinge controle tegen wie het samenleven in de arbeiderswijken verpestte. Proud to be a worker. Dat kwam ook cultureel tot uiting in films, toneelstukken en soaps met arbeiders in de hoofdrollen. In de tijd van Margareth Thatcher veranderde dat radicaal. Het neoliberalisme werd ingezet met een krachtmeting tegen de mijnwerkers en hun leider Arthur Scargill. Die klassenstrijd liep uit op een bittere nederlaag voor de miners. De gevolgen waren niet te overzien. De nederlaag van de mijnwerkers en het inperken van de vakbondsrechten veranderden de loon- en werkomstandigheden voor alle loontrekkers. Het was de start van de overschakeling naar een nieuwe arbeidersklasse, met de uitbesteding van werk, met piramides van onderaannemingen, met interimarbeid en buitenlandse werknemers die in tenten op bouwwerven kamperen. Owen Jones heeft tientallen mensen uit callcentra gesproken waar elke activiteit door de computer wordt gemonitord, waar sanitaire stops worden gechronometreerd en waar het verboden is met elkaar te praten. En waar het ziekteverzuim dubbel zo hoog is als elders. "Ik voel me soms als in een kippenfokkerij", zegt iemand. De oude arbeidersklasse is vervangen door "een nieuwe, laagbetaalde, geatomiseerde, kredietgebonden en gedemoraliseerde arbeidersklasse", besluit Jones.

Het is veel mensen ontgaan dat de vervanging van de oude arbeidende klasse door een nieuwe ook op een cultureel front werd uitgevochten.

Owen Jones: "Beroofd van haar macht en niet langer aangezien als een fiere identiteit, werd de arbeidersklasse meer en meer bespot, gekleineerd en tot zondebok gemaakt."

Margareth Thatcher dicteerde: class is a communist concept. Zij lanceerde in haar eigen onnavolgbare stijl: "Er is niet zoiets als een collectief bewustzijn, collectieve vriendelijkheid, collectief fatsoen en collectieve vrijheid." Op die manier viel zij niet alleen de arbeidersklasse aan maar ook de normen en waarden ervan. In een officieel document van de Tory's uit 1976 staat het zo: "Niet het bestaan van klassen bedreigt de eenheid van de natie maar het bestaan van klassengevoelens." Het klassenbewustzijn moest worden vernietigd: weg met collectieve solidariteit en bijstand, weg met samen optreden tegen zelfzucht en schurkerij! Door de culturele overwinning die Thatcher boekte, zijn veel mensen haar uitspraak gaan geloven: armoede is "not material but behavioural". Armoede als een kwestie van gedrag. Voortaan was het cool om de armen te haten, ze te beschimpen en op hen neer te kijken. Solidariteit werd vervangen door eigen schuld, dikke bult!

Gouden decadentie en nieuwe ethiek

Thatcher haalde haar slag thuis door de arbeidersklasse op te splitsen, de vakbonden aan de leiband te leggen en met alle macht een nieuwe ideologie te introduceren. De waarden en normen die de arbeiders eigen zijn, werden doorbroken. In de plaats kwam: de ideologie van Ayn Rand, de lofzang op "de begeerte van de hebzucht", de ongebreidelde zelfzucht van de Chicagoschool, de concurrentie op leven en dood.

Dalrymple zet dat helemaal op zijn kop: "De smaak, het gedrag en de mores van de onderklasse verbreiden zich met verbijsterende snelheid langs de sociale ladder omhoog. Het kokketeren met heroïne is hier een voorbeeld van."[36]

Dat is de omgekeerde wereld. Thatcher heeft de smaak, het gedrag en de mores van de arbeidersklasse vernietigd, ze heeft de collectieve solidariteit en onderlinge bijstand vervangen door het smakeloze individualisme, door het ellenbogenwerk van eten of gegeten worden, de jungle. Heel het leven zien als een bokswedstrijd, de maatschappij als een markt waar alles te koop is, ook menselijke relaties, en de samenleving als een wedren waarin alleen de sterkste overleeft, dat is niet de ideologie van de arbeiders. Het is de ideologie van het kapitalisme zelf. Die wordt in een gevulgariseerde versie verspreid naar alle lagen van de bevolking via Amerikaanse programma's als Expeditie Robinson – de ultieme concurrentieslag op een onbewoond eiland. "The boy with the cold hard cash / Is always Mister Right, 'cause we are / Living in a material world", zingt Madonna.

Inherent aan die cultuur waarin alles te koop is als je er maar genoeg voor betaalt, zijn de uitspattingen. Een weekendje met het vliegtuig naar Singapore; op en af naar New York om even te gaan shoppen; met rode Ferrari's, matzwarte Porsches en knalgele Lamborghini Diabolo's door de straten van het Londense Mayfair scheuren waar de hedgefondsen zetelen; cocaïne snuiven op de zakenfeestjes in Notting Hill... volgens het Nederlandse onlinedagblad *De Pers* gaat het in de Londense City ook na de bankencrisis allemaal rustig door.[37]

In dit boek kwamen de luxereisjes inclusief escortdames georganiseerd door personeelsdirecteur Peter Hartz van Volkswagen al ter sprake, en de onkostennota's van Britse politici die callgirls met gemeenschapsgeld onderhouden. De steenrijke persmagnaat Rupert Murdoch liet zijn boulevardkranten jarenlang bekendheden, sporters en slachtoffers van misdrijven bespioneren om daar geld aan te verdienen. De blingbling en de gouden decadentie. Nee, mijnheer Dalrymple, dat heeft de upperclass echt niet geleerd van de underclass. Het is precies andersom. Met een verbazende snelheid wordt de ideologie van de upperclass, ieder voor zich, in de hele samenleving geïmplementeerd. Of zoals Marx het zei: "De heersende ideeën van een tijd zijn de ideeën van de heersende klasse."

En ja, mijnheer Dalrymple, tegenover die neoliberale egoïstische cultuur moeten er opnieuw waarden en normen zijn. Die zullen niet uit het mekka van de dubbele moraal, uit the City, Wall Street of Frankfurt komen. De brede arbeidende klasse – mensen die elke dag voor een loon gaan werken maar ook mensen die door de crisis hun baan verliezen, of die honger en ellende in hun land ontvluchten op zoek naar een levenskans – zal opnieuw aan een eigen moraal moeten bouwen. Met onder meer onderlinge hulp, solidariteit, samenwerking, collectivisme, respect voor de medemens, eenheid van woord en daad, respect voor de arbeid, rationalisme, zelfvertrouwen en zelfcontrole, zin voor initiatief en internationalisme als waarden.

Dat kan alleen wanneer de arbeidersbeweging opnieuw sterker en strijdvaardiger wordt. Wanneer ze zich, hoe versplinterd ze vandaag ook is, opnieuw organiseert tegen de sociale afbraak. En nee, dat is niet gemakkelijk. Maar dat was het in de negentiende eeuw, bij het ontstaan van de arbeidersbeweging, ook niet. Om de nieuwe ethiek definitief te vestigen is een andere samenleving nodig, een samenleving van "eerst de mensen, niet de winst", het socialisme.

3. Edmund Burke en de vrijheid om altijd ja te knikken

> O dat was mij de heerlijke tijd
> waarin de feodale heren niet eens hun naam konden schrijven,
> maar in hun versterkte kastelen en kloosters
> valputten en folterkelders hadden, en een nar...
> O dat was mij eveneens de tijd waarin ge geen vijf stappen kondt doen
> of ge liep tegen een abdij.
> En waarin men elkander met vrome Latijnse spreuken
> en wijwater overkwispelde, maar u op de brandstapel bracht
> als gij per vergissing beweerde dat de wereld rond de zon draaide.
> Waarin dorpers vol schrik leefden van kleddens
> en spoken en dwaallichten
> terwijl er geen andere kleddens waren
> dan deze uit de kloosters en kastelen,
> en geen andere spoken dan pest en hongersnood en pokken,
> en geen ander dwaallicht dan de droevigste onwetendheid.
>
> Louis Paul Boon, *Wapenbroeders*

Sinds de opsplitsing van de mensensamenleving in een sociale hiërarchie, toen een kleine minderheid zich systematisch de meerarbeid van anderen begon toe te eigenen, hebben onderdrukten gestreden voor vrijheid en gelijkheid. Zij botsten op de reactie van de onderdrukkers. Die reactie was wreed, met folteringen en met de galg, maar ook ideologisch, met eigen normen en waarden: het conservatisme.

In zijn boek *The reactionary mind. Conservatism from Edmund Burke to Sarah Palin* gaat Corey Robin op zoek naar de oorsprong van dat conservatisme: een reactie op de hang naar vrijheid en gelijkheid van de onderdrukten. "Vaak wordt beweerd dat de linkerzijde staat voor gelijkheid terwijl de rechterzijde de vrijheid zou verdedigen", schrijft

Robin. "Maar deze opvatting ziet het onderscheid tussen links en rechts verkeerd. De conservatieven hebben altijd de vrijheid van de hogere sociale lagen bepleit, en de vrijheidsbeperking voor de lagere sociale lagen."[38]

De geest van de gentleman tegenover de menigte van zwijnen

De filosoof die als eerste het conservatisme als een geheel van ideeën uitwerkte, was iemand uit de tijd vlak voor de Franse Revolutie: Edmund Burke. In 2003 nodigde de krant *De Standaard* politici uit een bijdrage te schrijven over een filosoof die hen aansprak. Bart De Wever koos voor Edmund Burke.

De Wever vatte het denken van zijn inspirator correct samen: "Volgens Burke is de samenleving geen product van de menselijke rede maar een orde die op organische manier is gegroeid. Gekleurd door de 'geest voor religiositeit' en de 'geest van de gentleman'. Opgebouwde tradities en instituties zoals het gezin, de school of de kerk staan boven de aspiraties van het individu of de massa. De collectieve zoektocht naar zogezegde vrijheid, gelijkheid en broederlijkheid zal de mens onvermijdelijk doen eindigen in barbarij en conflict. Echte vrijheid, niet de vrijheid om te doen wat je wilt maar de vrijheid om te doen wat je behoort te doen, is te bereiken via gehoorzaamheid aan tradities en instituties: de erfenis aanvaarden, ze goed beheren, zo mogelijk verbeteren en vervolgens doorgeven."

Het is een hele boterham. Twee principes onderbouwen volgens Burke de beschaving: "the spirit of the gentleman" en "the spirit of religion".[39] In het middeleeuwse feodale regime was de "geest van de gentleman" niets anders dan de geest van de adel, de aristocratische klasse die niet werkte, "hoofs" werd genoemd en haar rijkdom erfde en vergrootte door het labeur van pachters en landarbeiders op het platteland. De "geest voor religiositeit" was de geest van de hogere clerus, van de bisschoppen, kardinalen en abten. De kerkelijke heren grootgrondbezitters die vanuit de pracht en praal van abdijen zoals Cluny, Cîteaux en Fontenay bijna alle wijngaarden in Bourgondië in bezit hadden, en kerkelijke belastingen hieven: la dîme, het tiende.

Bart De Wever toont in zijn artikel in *De Standaard* alle respect voor het parool van Burke: "Echte vrijheid is de vrijheid om te gehoorzamen aan de regels." Het is de vrijheid van de pachtboeren en landarbeiders om een schamel stukje land te bewerken in ruil voor dure tienden en koninklijke belastingen. En in ruil voor het verplichte en dure gebruik van wijnpers of windmolen van de landheer. Het is de vrijheid om honger te leiden en toch dankbaar te zijn. De vrijheid om de aristocraten, de seigneurs, aan te spreken met Mon Seigneur, kortweg Monsieur. Het is de vrijheid van de handwerkers of sansculotten in de gore Parijse faubourgs, de oostelijke voorsteden, om fijne meubels, tapijten en gordijnen, kledij, pruiken en ander luxegoed te produceren voor de seigneurs in de westelijke wijken van de stad. De meeste van deze artisans zijn arm, maar ze zijn beter af dan de massa dagloners die elke morgen hun arbeid moeten verkopen aan de ateliers en manufacturen. Ze zijn beter af dan de werklozen, de bedelaars en de filles du monde die de vrijheid hebben hun lichaam te verkopen om te overleven.[40]

Voor Burke zijn de handenarbeiders, de sansculotten en bedelaars, de pachters en landarbeiders niet meer dan "a swinish multitude".[41]

Respect voor de instituties, vrijheid als slaafse gehoorzaamheid aan de machtsstructuren, dat is sinds het ontstaan van de klassenmaatschappijen het parool geweest van alle heersende klassen. Van de farao's in Egypte en de aristocraten in Athene tot de Chinese keizers. Van de adel en de clerus van het ancien régime tot de grootgrondbezitters, bankiers en grootindustriëlen in het kapitalisme. Edmund Burke ontwikkelt zijn stellingen dan ook in strijd met de Franse Revolutie die de sociale hiërarchie van het ancien régime omverhaalde. Zo werd het conservatisme geboren, als een reactie tegen die verandering, een tegenreflex van de heersende klassen, een terugstoot.

De organische samenleving van Edmund Burke

In de tijd van het ancien régime klopte het hart van Frankrijk niet in Parijs maar in la France profonde. Van de 28 miljoen Fransen woonden er aan de vooravond van de Franse Revolutie naar schatting 22 miljoen op het platteland. Voor die boeren, de paysans, was het dorp en omliggende hun pays. Het land was vrijwel overal grotendeels eigendom van de aristocraten die vanuit hun grote châteaus het harde labeur overlieten aan pachtboeren en landarbeiders, de overgrote meerderheid van de bevolking.

Volgens Edmund Burke behoorden deze landarbeiders niet volledig tot de mensencategorie. Hij vergeleek ze met wat de schrijvers uit de oudheid instrumentum vocale noemden, een werktuig met een stem. Net iets meer waard dan de werktuigen die geluiden uitbrengen, de semivocale werktuigen of de werkende stuks vee, en het instrumentum mutum, het stomme werktuig zoals de kar, de ploeg, de spade enzovoort. En dus vat Burke, pedagoog als hij is, de natuurlijke rangorde van zijn organische samenleving nog eens samen:

"De geest is het waardevolste en het belangrijkste en in deze weegschaal vormt het geheel van de landbouw een natuurlijke en juiste orde. Het beest is als een bezielend principe voor de ploeg en de kar; de landarbeider is een rede voor het beest; en de boer is een denkend principe voor de landarbeider. Deze ketting van ondergeschiktheid waar dan ook willen breken, zou absurd zijn."[42]

Burke schrijft dat het in het eigenbelang is van aristocraten en herenboeren hun landarbeiders goed te voeden. Ze moeten de dingen krijgen die ze in hun "instrumentaal" bestaan nodig hebben, zodat ze vrolijk en blij de ploeg kunnen trekken. In de taal van Burke: "Het is in het belang van de boer dat de landarbeider goed gevoed wordt en dat aan de basisbehoeften voor zijn dierlijk leven, zoals hij dat gewoon is, wordt voldaan, zodat zijn lichaam in volle kracht blijft en zijn zinnen opgewekt en blij blijven."[43]

Dat misprijzen, dat neerkijken, dat geringschatten van mensen heeft Burke ook voor het gepeupel in de stad, de Parijse sansculotten. "Een bezigheid als kapper of als talkverkoper strekt een persoon niet tot eer, om maar te zwijgen over andere, nog mindere baantjes. Zulk slag mensen moet niet lijden onder onderdrukking van de staat, maar de staat zou in onderdrukking verkeren, moest het dat slag mensen, individueel of collectief, toegestaan zijn te besturen."[44]

De heersende orde is voor Burke een organische, natuurlijke ordening waarin iedereen zijn plaats heeft en moet kennen. De grootste vijanden zijn de omverwerpers van die orde, de strevers naar gelijkheid, the levellers die de natuurlijke orde der dingen verwringen. Nooit groter kwaad in de geschiedenis dan de Franse Revolutie, vindt de oude Burke.[45] In 1790 vertelt hij in het Britse parlement: "Het echte doel van die revolutie is alle relaties, de natuurlijke en de maatschappelijke, die de samenleving ordenen en samenhouden in een keten van ondergeschiktheid, te breken. Om soldaten op te zetten tegen hun officieren, knechten tegen hun meesters, vakmannen tegen hun patroons, pachters tegen hun landlords, kapelaans tegen hun bisschoppen en kinderen tegen hun ouders."[46] En dan volgt vol afgrijzen: "Om datgene uit te roeien wat aristocraat, edelman en gentleman genoemd wordt."[47]

Bart De Wever heeft gekozen voor deze filosoof van het elitarisme, die vindt dat de samenleving vanuit de top moet bestuurd worden door een natuurlijke elite. "Als de massa niet onder de discipline staat van de wijzen, de meer bekwamen, de rijkeren, dan kan er moeilijk van gezegd worden dat ze in een beschaafde maatschappij leeft."[48] Later hebben zowat alle reactionaire denkers hun mosterd gehaald bij Burke, de man die zich als eerste heeft verzet tegen "een universele mensopvatting". "De Europese reactie en zelfs het nazisme hebben dikwijls verwezen naar Burke. Burke – zo stellen ze – heeft de verdienste gehad het universeel concept van de mens neer te halen, het gelijkheidsidee af te breken", legt de Italiaanse filosoof Domenico Losurdo uit.[49] Maar Oswald Spengler, de bezieler van de nazipartij, is niet de enige fan van Burke. Ook mevrouw Ayn Rand, die van *Atlas in staking* dus, en Myron Magnet, de intellectuele peetvader van George W. Bush, bewonderen Burke mateloos.

De organische samenleving van de slavernij

Vanaf de tweede helft van de zeventiende eeuw transporteerde Frankrijk honderdduizenden slaven van Afrika naar de suiker- en koffieplantages van haar kolonie, Saint-Domingue. Dat was de parel van de Antillen waar de slaven als vee gebrandmerkt werden en 7 op 7 zwoegden in de plantages die van Saint-Domingue de rijkste van de Antillen maakten. Voor Burke heerste op het eiland de ideale, organische orde. Tot de slaven deden wat ze niet mochten doen. Geïnspireerd door de Franse Revolutie kwamen ze in 1791 in opstand, onder leiding van Toussaint Louverture. De vrijheidsstrijd eindigde met het uitroepen, op 1 januari 1804, van de onafhankelijkheid. Saint-Domingue heette voortaan Haïti, het Land van de Hoge Bergen. Haïti was de eerste onafhankelijke "zwarte" staat op het westelijk halfrond.

Burke was buiten zinnen toen de slavenopstand in 1791 uitbrak. Voor het Britse Lagerhuis fulmineerde hij: "Een grondwet die gebaseerd is op wat de 'rechten van de mens' wordt genoemd, zal de doos van Pandora openen in de hele wereld. Zoals in Haïti waar zwarten in opstand komen tegen blanken, en blanken tegen zwarten, en beiden tegen elkaar in een moorddadige vijandschap die de onderdanigheid vernietigde."[50]

Hoe komt het dat Burke wel de Amerikaanse revolutie omarmde en niet de Franse? Nog voor de Franse Revolutie (1789) proclameerde de Amerikaanse Revolutie (1775-1783) feestelijk het "vrijheid en gelijkheid". Maar iedereen wist dat de Indianen ondertussen werden uitgeroeid. En dat voor een groot deel van de bevolking op het territorium, de geproclameerde vrijheid en gelijkheid geen betekenis had. In 32 van de 36 eerste jaren van de Verenigde Staten hadden de presidenten van het land slaven in hun bezit. George Washington, Thomas Jefferson – de auteur van de Onafhankelijkheidsverklaring –, Benjamin Franklin en James Madison – een van de belangrijkste auteurs van de Amerikaanse Grondwet –, zij allemaal hielden slaven. Jefferson zei dat de slavernij behouden zoiets was als een wolf bij de oren vasthouden: je wilt hem graag loslaten maar je durft niet, uit angst dat hij je opeet. Hij vond ook dat zwarten minderwaardig waren aan blanken. De slavernij bleef in de Verenigde Staten nog een eeuw bestaan, tot in 1865. Zelfs na de formele afschaffing van de slavernij verdween de blanke suprematie, de raciale staat, in de Verenigde Staten niet. In de jaren 1960 waren seksuele betrekkingen en huwelijksrelaties tussen blanken en zwarten nog in veel staten van de VS een misdrijf.

Niet zo in Haïti! Nog voor het nieuwe Haïti een feit was riep Louverture, de zwarte Jacobijn, al in 1794 een convent ter afschaffing van de slavernij bijeen. En onder zijn gouverneurschap werd die bevrijding zelfs even een feit. Een paar decennia later kon Bolivar, met Haïti als uitvalsbasis, de slavernij in bijna heel Latijns-Amerika afschaffen.

De kruistocht van Burke tegen de slavenopstand in Haïti legt bloot waar het conservatisme voor staat. Burke wil verhinderen dat onderdrukte mensen hun lot in eigen handen nemen. Niet dat hij tegen vernieuwing op zich is. Maar die verandering mag nooit het bestel zelf aantasten, ze moet in de banen van de traditie verlopen. Burke begrijpt dat de opkomende kapitalistische klasse van handelaars, manufactuur- en fabriekseigenaars een plaats opeist aan de macht. Maar dat moet langzaamaan gebeuren, geleidelijk, in een compromis met de adel en clerus. Zolang de geest van onderdanigheid maar bewaard blijft. Onderdanigheid tegenover de aristocraat, de edelman en de gentleman-kapitalist.

Burke is voorstander van het kolonialisme, van het grote Britse rijk en van de slavernij. Maar hij wil niet dat het bloed, het zweet en de tranen van die koloniale slavernij het Britse blazoen vuilmaken.

En dus presteert Bart De Wever het anno 2003 in *De Standaard* te schrijven: "Burke voerde een bijzonder ondankbare, vruchteloze strijd tegen het despotische optreden van de Britten in India. Burke was dus een durver." De vernieuwer in Burke, de durver, is de contrarevolutionair die vindt dat er veranderingen nodig zijn om het systeem te redden van een omwenteling.

Loyauteit is in het conservatisme van Burke een sleutelwoord. De onvoorwaardelijke trouw van de leerling aan zijn gildemeester in het ambacht, de onvoorwaardelijke trouw van de pachter aan de herenboer, van de hele maatschappij aan de koning, en van de koning aan god. Als je die middeleeuwse erfenis in de conservatieve ideologie van de achttiende eeuw naar het tijdperk van het kapitalisme tilt, krijgt ze een naam: het corporatisme. Dat is: de onvoorwaardelijke loyaliteit aan de patroons en bankiers. Op het einde van de negentiende eeuw was de invloedrijke socioloog William Graham Sumner een van de eersten die het verwoordde: "Ze werden captains of industry genoemd. De analogie met militaire leiders in die naam is niet misleidend. De grote leiders in de ontwikkeling van de industriële organisatie hebben dat talent nodig: leidinggevende bekwaamheid, het commando kunnen voeren, moed en vastberadenheid. Naar die talenten werd eertijds in militaire aangelegenheden gevraagd, en nauwelijks elders. Het industriële leger is evenzeer afhankelijk van zijn kapiteins als het militaire milieu van zijn generaals. Er is daarom grote vraag naar mensen met die vereiste capaciteiten. Daarover beschikken is een natuurlijk monopolie."[51] De zakenman als een geboren militair aan wie absolute subordinatie verschuldigd is.

Kortom, de vrijheid splitst zich in twee. Voor de captains of industry is alles toegelaten. Voor de anderen is er de vrijheid om altijd ja te knikken.

Deel 4.

De crisis en de terugkeer van het nationalisme

Ik zeg dat wij zot zijn, gij en ik,
onze ogen te bederven voor al die prinsen en heren.
Aanschouw de velden, de weiden,
zie naar de boomgaarden, de ossen,
het goud dat opstijgt uit de aarde;
aanschouw de wilde dieren van de bossen,
de vogelen van de hemelen, de lekkere ortolanen,
de kop van het everzwijn, de bout van de reebok:
jacht, visvangst, aarde, zee, alles, alles is voor hen!
En als wij eronder zullen bezweken zijn,
zullen zij onze lijken uit de weg schoppen,
en tot onze moeders zeggen: maak er anderen,
deze krengen kunnen ons niet meer dienen.

Lamme Goedzak in het Uilenspiegelboek van Charles De Coster

Het is pay time en dan veert het nationalisme weer op

Jarenlang is ons de egoïstische ik-cultuur van Ayn Rand, Milton Friedman en anderen aangepraat. Vandaag wil BusinessEurope het puin van deze periode doen betalen door de slachtoffers ervan. In het gevecht met als inzet de loontrekkers doen opdraaien voor de crisis, sneuvelen zonder pardon belangrijke stukken soevereiniteit van de lidstaten. Al dat slib van de crisis is de voedingsbodem voor nieuw nationalisme. De geest is opnieuw uit de fles.

En die geest neemt verschillende gestalten aan. In de sterke, exporterende landen van de Unie gaat het om winnaarsnationalisme. Dat schreeuwt van de daken dat er van financiële transfers naar het zuiden geen sprake kan zijn. Het is springlevend in bepaalde Duitse, Oostenrijkse en Nederlandse kringen, landen die hebben geprofiteerd van de sterke euro en de monetaire unie, ten koste van de importerende landen. De "DON-landen" worden ze wel eens genoemd in de media van boven de Moerdijk. Daar ruik je de slechte adem van de Duitse Springerpers, met boulevardblad *Bild* – de meest gelezen gazet van Europa – en zijn vloed van verwijten aan de "luie en potverterende" Grieken, Portugezen en Spanjaarden. In de grootste krant van Nederland, *De Telegraaf*, struikel je over de vette titels tegen de "knoflooklanden" zoals Geert Wilders ze noemt. Uitlatingen van Jan Kees de Jager, de arrogante minister van Financiën, komen aardig in de buurt. De Nederlandse regering wordt opgejaagd door de gedoogsteun van Wilders zoals de Oostenrijkse Bundesregierung wordt opgezweept door de extreem rechtse FPÖ. Die haalt opnieuw 26 procent en doet zich voor als de partij van de hardwerkende Oostenrijkers – waar hebben we dat nog gehoord? De FPÖ verzet zich in de beste Dalrymplistische traditie tegen "de profiteurs van de welvaartsstaat". Ook in exporterend Finland groeit nationalistisch rechts. De Ware Finnen, heten ze daar. En in het noorden van België is er uiteraard de N-VA, daar komen we nog op terug.

Het is pay time en dan veert het nationalisme weer op. Het winnaarsnationalisme weet gewiekst gebruik te maken van de onvrede over het feit dat "Brussel", de Europese Commissie, dat bureaucratisch, ondoorzichtig en niet-verkozen orgaan, almaar meer soevereine macht naar zich toetrekt. Jarenlang werd de Europese Unie gepromoot als een superb project van vooruitgang en democratie. Maar die vrolijke symfonie botst op de klanken van elke dag. En dat zijn blues in mineur. Daar spelen de nationalisten leep op in. Niet door de verantwoordelijken voor de crisisblues op de vingers te tikken maar door met een nieuwbakken identiteit te komen aandraven. En zo komt het winnaarsnationalisme op de proppen als het antwoord op de kille, berekenende ik-cultuur van het neoliberalisme. Het ik wordt omgeruild voor het wij: wij Duitsers, wij Nederlanders, wij Finnen, wij Vlamingen. Een "organisch wij", een wij van "de eigen mensen", de nieuwe cultuurgemeenschap, een idyllische volksgemeenschap zonder klassentegenstellingen die haar identiteit probeert te legitimeren met de triple T van tradities, taal en territorium.

Niet alleen in de DON-landen veert het nationalisme weer op. In Frankrijk is bij de presidentsverkiezingen een nieuwe monsterscore voor Marine Le Pen niet uitgesloten. Zij moet alleen maar oogsten wat Sarkozy jarenlang heeft gezaaid met zijn debat over de Franse identiteit, zijn Kärcher-hogedrukreiniger om het canaille in de Franse banlieus van straat te vegen en zijn hetze tegen de Roma.

Echt, het is geen wonder dat nationalisme en chauvinisme zo welig tieren in Europa.

Het rechts conservatieve Fidesz verwierf met de slagzin "nationale samenwerking" een tweederde meerderheid in het Hongaarse parlement. Fidesz heeft het gros van de stedelijke en gemeentelijke besturen in handen. "Van de burgers kan worden verwacht – en dat is in de nieuwe Hongaarse grondwet opgenomen – dat zij een positieve bijdrage aan de nationale identiteit leveren. De burgers horen de Hongaarse taal niet alleen te bezigen, thuis en op straat, maar vooral lief te hebben. Ze moeten trots zijn op hun Hongaarse identiteit, op het Hongarendom, en hun stamverwantschap koesteren. Het symbool van die gemeenschappelijke nationale identiteit is dan de kroon van de mythische heilige Stefanus", schrijft André Mommen.[1]

De Hongaarse premier Viktor Orban besliste 300.000 langdurig werklozen te verplichten grote openbare werken te verrichten: dammen en dijken bouwen, bossen rooien, op akkers en velden werken en zelfs voetbalstadia aanleggen. Ze zullen in werkkampen verblijven. Die worden door gepensioneerde politiemannen bewaakt. Voornamelijk de Romaminderheid is voorbestemd voor deze werkcolonnes. Als vergoeding krijgen deze dwangarbeiders 28.500 forint per maand, dat is ongeveer 110 euro, niet eens de helft van het minimumloon.

"Victator" Orban heeft het stakingsrecht in zijn land de facto zo goed als afgeschaft. Vanaf 2011 mag staken in het transport, het vervoer en de chemie alleen als de staking niemand hindert of stoort. Die verordening wordt tot in het absurde volgehouden. Van de negen stakingsaanzeggingen die sindsdien aan de Hongaarse justitie werden voorgelegd, werd geen enkele toegelaten. De arbeidsrechtbank in Boedapest bepaalde ook nog dat "tegen regeringsmaatregelen niet kan gestaakt worden".[2] Het is de vakbonden in het nieuwe Hongaarse arbeidsrecht ook niet meer toegestaan hun leden voor de rechter bij te staan. En de bescherming van vakbondsafgevaardigden in de ondernemingen is opgeheven. Zo worden de Hongaarse loontrekkers tot volgzaamheid gedresseerd.

Orban heeft nog een ander belangrijk democratisch goed buitenspel gezet. De voorpagina van de belangrijkste Hongaarse krant, de *Nepszabadsàg* opende op 3 januari 2011 met de zin: "In Hongarije is de persvrijheid opgeheven". Die zin stond in alle officiële EU-talen afgedrukt. Hongarije was in de eerste helft van 2011 immers voorzitter van de EU. De tijdschriften *Magyar Narancs* en *ES* protesteerden met witte openingspagina's. Een door Orban benoemde media-autoriteit gaat namelijk in de gaten houden of journalisten "moreel" en "objectief" berichten en "het algemeen belang" niet schaden. Zo kan de regering naar believen alle media en het internet controleren. Voor publicaties die niet voldoen aan de gestelde normen, volgen hoge boetes. Die variëren van 90.000 euro voor dagbladen tot 700.000 euro voor tv-stations. Het Duitse *Die Zeit* kopte: "Hongarije censureert, Europa zwijgt".[3]

Alle Menschen werden Brüder, euh Entschuldigung, Konkurrenten

Het is onmogelijk de opkomst van het nationalisme te scheiden van de crisis van het kapitalisme. En het is even onmogelijk niet te waarschuwen voor de gevolgen van dat nationalisme.

Europa weet het. Europa zou het moeten weten. Het economisch nationalisme van Duitsland, Oostenrijk-Hongarije en de anderen heeft het continent naar de slachtbanken van de Eerste Wereldoorlog geleid. Zeventien miljoen burgers en soldaten vonden zo de dood. The Dubliners zingen in het prachtige *The Band Played Waltzing Matilda*:

They collected the wounded, the crippled, the maimed
And they shipped us back home to Australia
The armless, the legless, the blind and the insane
Those proud wounded heroes of Suvla Bay
And when the ship pulled into Circular Quay
I looked at the place where me legs used to be
And thank Christ there was no one there waiting for me
To grieve and to mourn and to pity

And the Band played Waltzing Matilda
When they carried us down the gangway
Oh nobody cheered, they just stood there and stared
Then they turned all their faces away

Now every April I sit on my porch
And I watch the parade pass before me
I see my old comrades, how proudly they march
Renewing their dreams of past glories
I see the old men all tired, stiff and worn
Those weary old heroes of a forgotten war
And the young people ask "What are they marching for?"
And I ask myself the same question

Arbeiderszonen van alle nationaliteiten vielen als kanonnenvlees in "the hell of Suvla Bay" in Turkije, in de waanzinnige slag aan de Somme en in de moord, de modder en het mosterdgas van Flanders Fields. In een barbaarse oorlog voor nieuwe kolonies en voor een herverdeling van de invloedssferen.

Natuurlijk, de grootste stroming binnen het Europese establishment, ook in Duitsland, verklaart zich tegenstander van dat enge, funeste eigen-volk-eerstnationalisme. Zij ziet het nationalisme van de lidstaten liever vervangen door een Europees chauvinisme dat doorspekt wordt met een nieuwe mythe: de mythe van de Europese cultuurbeschaving, het misbruik van Schillers *Ode an die Freude* en van Beethovens broederschap.

Deze stroming streeft naar een sterke eurozone en een sterke Europese Unie, want dat is de enig mogelijke weg om de concurrentie met de andere blokken aan te gaan, zo zeggen ze. De voorzitter van de Duitse sociaaldemocraten, Sigmar Gabriel, verwoordt dat als volgt:
"Binnen dertig of veertig jaren zullen noch Duitsland, noch Frankrijk alleen nog een noemenswaardige politieke of economische rol kunnen spelen, in vergelijking met de grote politieke en economische zones van de wereld: de VS, China of India. Alleen als Europa een geheel vormt maakt het een kans in de globale concurrentie van ideeën en waarden, van politiek en economie."[4]

En hoe wordt die internationale concurrentie aangegaan? Door de kosten zoveel mogelijk te drukken en de winsten te beschermen. Door de landen in de Europese Unie zoveel mogelijk tegen elkaar uit te spelen, met het scorebord van de sixpack als pictogram. Alle landen in een tabelletje in een race naar beneden: naar de goedkoopste loonkost per product, naar het laagste aantal ambtenaren, naar de laagste werkloosheidsuitkeringen, naar de laagste bescherming van arbeidscontracten, naar de slopendste flexibiliteit.

Europese federalisten zoals Guy Verhofstadt zijn wellicht oprecht tegen het bekrompen lidstatennationalisme gekant maar dat nationalisme zal nog groeien door de liberale concurrentiepolitiek die de landen tegen elkaar uitspeelt. Alle Menschen werden Konkurrenten, zo klinkt de werkelijke melodie van de Europese Unie. Wie de mensen tegen elkaar uitspeelt, geeft voeding aan het nationalisme. De Europese centralisatie en het opkomende nationalisme zijn twee kanten van dezelfde concurrentiepolitiek.

Een-twee-drie, rikketikketik, rarara wie ben ikik?

Er zijn zo van die liedjes die, al zijn ze geen pareltjes, toch door het hoofd blijven spoken. Zoals dat van de in mijn jeugd grijs gedraaide Urbanus: *Een-twee-drie, rikketikketik, rarara wie ben ikik?* Over deze vraag, de vraag naar de identiteit dus, heeft Bart De Wever het op 28 september 2010. Die dag mag hij op uitnodiging van professor Carl Devos het openingscollege politicologie geven aan de Gentse universiteit. De aula zit afgeladen vol. De disharmonieën, contrasten en verschillen in de wereld van vandaag worden door de meester handig samengebald in één enkele keuze: "Er is een gevecht voor uw ziel bezig. Een gevecht tussen Vlaming zijn en Belg zijn. En België staat er, afgaande op objectieve kenmerken over identiteit, gewoon slecht voor." Om zijn cruciale keuzevraag kracht bij te zetten kaatst de nieuwe Mozes hem naar de zaal: "Wie hier voelt zich op de eerste plaats Belg?" Meer dan de helft van de vingers gaat de lucht in. De deur-aan-deurleurders van de Vlaamse nationaliteit zullen nog dikwijls een voet tussen de deur moeten zetten.

Maar let even op de contradictie in wat De Wever zegt. Enerzijds zijn retorische waterval over "de objectieve kenmerken van de identiteit". En anderzijds, als het erop aankomt, dat aanspreken van de gevoelens in de vraagstelling: "Wie voelt zich Belg?"

Twee weken later ben ik op dezelfde Universiteit Gent te gast voor een conferentie over het nationalisme, samen met Guido Fonteyn, de "Walloniëkenner", wat wil zeggen dat hij zijn blik niet op halt zet bij de taalgrens. Het is geen verplichte les en er zit veel minder volk in het auditorium. Enthousiast over de participatieve opstelling van De Wever – vragen aan de zaal! – besluit ik zelf ook een paar vragen op te werpen. Wie voelt zich in de eerste plaats vrouw? Bijna de helft van het auditorium steekt de vinger in de lucht. Wie komt er uit een arbeidersmilieu? Geen enkele vinger gaat omhoog.

De vragen die je je stelt, bepalen mee je identiteit. En vragen kunnen ertoe doen. Je kunt bijvoorbeeld voor hetzelfde werk een derde minder betaald krijgen, gewoon omdat je vrouw bent. En wie in het Erasmusziekenhuis van Borgerhout geboren is, maar een mama of papa heeft die in Rabat of Istanbul op de wereld is gezet, krijgt in heel wat uitzendkantoren tot de helft minder kansen op een baan. De PVDAwebsite bracht medio 2011 de "Blanc Bleu Belge"-lijst van Adecco uit met daarop tientallen bedrijven die het uitzendkantoor vroegen voor hen geen allochtonen aan te werven. En als jongere uit een arbeidersmilieu heb je statistisch een kleinere kans op hogere studies en een grotere kans op een chronische ziekte later. En je zal vroeger sterven.

In de zomer van 2011 geeft Bart De Wever een lang interview weg aan het Franse maandblad *Politique Internationale*. "Voelt u zich meer Vlaming, Antwerpenaar, Belg of Europeaan?", vraagt het tijdschrift. Bart De Wever: "Om daarop te antwoorden moet je eerst weten wat identiteit betekent. Voor mij is identiteit voor alles een proces van identificatie op basis van een geheel van objectieve gegevens: taal, een cultureel netwerk, een grondgebied, gewoontes. Maar ook de wil, de keuze om samen te leven. Je moet je identificeren met een gemeenschap. De identiteit is dus niet een vast gegeven."

Vervolgens weidt De Wever ellenlang uit over België. Tot *Politique Internationale* de vraag herhaalt: "Sta me toe toch aan te dringen: Wat is nu uiteindelijk uw identiteit?" Antwoord: "De identiteit is een kwestie van een keuze. Mijn keuze is gemaakt. Ik ben een Vlaamse patriot. In de toekomst zal de Vlaamse democratie mijns inziens van belang zijn, en op grotere schaal de Europese democratie. Voor die twee identiteiten heb ik gekozen."[5]

De ware Vlaming, volgens De Wever

Identiteit als een keuze. Ontkoppeld van objectieve elementen zoals je geslacht of je plaats in de samenleving wordt het een geamputeerd, verminkt iets. Natuurlijk maken, naast de objectieve elementen, ook keuzes deel uit van je identiteit. Veel mensen kiezen voor een bepaalde religie, of juist niet. Er is je muzikale voorkeur, die voor sommigen ook een identiteitsbeleving is – in mijn jeugd waren de punkers en newwavers uit Westmalle nogal gekant tegen het chique discovolk, de "millets", uit de rijke wijken van Schilde. Of de keuze voor je favoriete voetbalclub. Ik kreeg ooit van een leraar een briefje: "Peter, er is nog leven buiten Club Brugge." Gelijk had hij, al vond mijn dertienjarige ik toen van niet.

Daar valt allemaal veel over te sociologiseren, gevaarlijk wordt het pas als mensen een hele samenleving willen organiseren op basis van dergelijke individuele keuzes. En voor je het weet zijn er mensen die in jouw plaats kiezen.

Ik huiver als ik dit van Bart De Wever lees: "Zeggen wie je bent, is geen vrijblijvend statement. Het verbindt je tot alle andere spelers van dezelfde ploeg en vice versa. De organisatie van een impliciete solidariteit is in deze context vanzelfsprekend. Identiteit geeft ook antwoord op de vraag wie behoort tot het volk en wie niet."[6]

Het is dus zaak goed op je tellen te passen wanneer je zegt wie je bent. Het is niet "vrijblijvend". Het verbindt je tot alle spelers van dezelfde ploeg. Welke ploeg? Met welk goddelijk monster word ik verbonden? En wie bepaalt wie tot "het volk" behoort en wie niet? Wat is dat trouwens, het volk? Het Herrenvolk? Hebben we dat al niet gehad in de recente geschiedenis? Ik herlees het schrijfsel van De Wever: "Identiteit geeft ook antwoord op de vraag wie behoort tot het volk en wie niet." In de praktijk betekent het dat de Vlaamse nationalisten zelf scherprechter spelen. In hun identitaire koers willen zij vrouw na vrouw, man na man wegen op de schaal van "het volk".

"Het is niet omdat die man Nederlands praat dat hij Vlaming is", zo luidt in augustus 2007 het oordeel van De Wever over Herman De Croo. En dat is geen slip of the tongue. Paul Goossens wijdde er een opiniestuk aan: "'Het is niet omdat die man Nederlands praat dat hij Vlaming is.' Die woorden had Philip Dewinter kunnen uitspreken, want ze passen perfect in een gedachtegoed dat altijd en systematisch naar uitsluiting en liquidatie leidt. Het zinnetje geeft een idee van hoe het er in het Vlaanderen van de promotoren van de onafhankelijkheid kan aan toe gaan. Ook als je de taal spreekt, generaties lang op Vlaamse grond woont, alle pensenkermissen afdweilt en veertig jaar door Vlamingen verkozen werd, dan nog dreigt de Vlaamse fatwa.

Met één zinnetje werd duidelijk dat het Vlaamse eindstation van De Wever heel dicht bij dat van Dewinter ligt. Bart De Wever mag en moet op dat zinnetje worden afgerekend. Niet omdat hij de kroon in moeilijkheden bracht, het formatieberaad verder in het moeras praatte of een prominent Open Vld'er schoffeerde. Wel omdat hij – in minder dan vijf seconden – duidelijk maakte hoe benepen zijn Vlaanderen is en hoe arbitrair en onverdraagzaam zijn definitie van de Vlaming is. Als zelfs een De Croo, die al twintig jaar een pronkstuk in het museum van de Vlaamse identiteit is, door De Wever wordt geëxcommuniceerd, hebben alle andersdenkenden en zeker de allochtonen reden om zich te verontrusten. Inburgeren en Nederlands praten? Mooi, maar De Wever & co hebben andere criteria om de ware Vlaming te ontdekken."[7]

Een slechte Vlaming, slechte Belg en slechte Europeaan

Overal waar Uilenspiegel voorbijkwam,
zag hij hoofden op palen,
meisjes in zakken genaaid
en levend in 't water gesmeten,
mannen naakt op 't rad gebonden
en met ijzeren staven geslagen,
vrouwen levend in een kuil gelegd,
met aarde boven haar
en de beul op haren boezem dansen
om dien te verpletteren.

Jarenlang hebben Vlaamse lieren ons een romantische voorstelling van onze geschiedenis voorgezongen: "De tael is gansch het volk." Als sprookje is het mooi en verleidelijk. Maar als maatschappelijk concept is het onzin. Het doet de geschiedenis af als de historie van gemeenschappen zonder breuken. Alsof je door taal tot een idyllische cultuurgemeenschap zonder sociale tegenstellingen kunt komen. Dat taalconcept past in de conservatieve totaalvisie van Edmund Burke.

De Wever vatte het zelf samen: "Echte vrijheid is de vrijheid om te doen wat je behoort te doen. Echte vrijheid is te bereiken via gehoorzaamheid aan tradit020 en instituties."

De taal is niet gans het volk, en dat is ook nooit zo geweest. Iedere "nationale" cultuur is opgesplitst in een cultuur die alles bij het oude wil laten en een cultuur die bevrijding en vooruitgang uitdraagt. Er is niet één cultuur, er is niet één traditie, er is niet één institutie. Natuurlijk, er is de heersende cultuur, die de cultuur van de machthebbers is. Zoals er ook de instituties van de machthebbers zijn, en zoals er waarden en normen van de machthebbers zijn, die zij graag als "de traditie" verkopen.

Als De Wever het heeft over gehoorzaamheid aan de tradities, over welke tradities heeft hij het dan? De traditie van de feodale uitpersing van de kleine boeren en stedelijke ambachtslieden? De traditie van de baljuw en de heren die in opdracht van graaf Lodewijk de leider van de opstandige boeren, Zeger Janszone, in 1329 door de straten van Brugge lieten slepen, lieten radbraken, en nadien onthoofden? Of de traditie van het verzet tegen die feodale uitpersing? De traditie van de Vlaamse boeren die onder leiding van deze Zeger Janszone een van de grootste boerenopstanden van Europa hadden ontketend, weigerden nog langer de wurgende belastingen te betalen en het gezag van de baljuw gewoon niet meer erkenden?

En als De Wever het heeft over gehoorzaamheid aan de instituties, over welke instituties heeft hij het dan? Die van de papen en edelen tweehonderdvijftig jaar later, die de hielen likten van Margaretha van Parma en in de Raad van Beroerten zetelden, de "Bloedraad" die zoveel mensen wegens hoogverraad tot de galg veroordeelde? Of doelt De Wever op het hoofdkwartier van het verzet in de bossen van Vlaanderen en Brabant, zo meesterlijk beschreven in *Het Geuzenboek* van Boon? Heeft De Wever het dan over de traditie van verklikken, met Josse-de-visverkoper, die kolendrager Klaas, de vader van Tijl Uilenspiegel, aan de brandstapel praatte voor een paar carolussen?

Als De Wever spreekt over "doen wat je behoort te doen", wat bedoelt hij dan? De collaboratie van Staf De Clercq en een groot deel van de Vlaamse beweging met het onmenselijke naziregime? "Gij Vlaamse SS'ers op naar het oostfront tegen het goddeloos bolsjewisme"? Of het verzet van zoveel landgenoten, met daarbij de communisten en hun gewapende partizanen, tegen de nazibezetting?

Na een opiniestuk in de krant of een interview op de radio puilt mijn mailbox altijd uit van de haatmails. Meestal in schabouwelijk Nederlands. Ik ben een "slechte Vlaming"! Ja, ik ben Vlaming, tenminste als dat wil zeggen: opgegroeid in het Nederlandstalige gebied van ons land. Ik ben opgegroeid met het prachtige kinderboek van Lieve Willems en Wannes Van de Velde over de volksliedjes en verhalen van reus Schobberjak. Maar ook met frikadellen en krieken op zondag, met warme chocolademelk na de voetbalmatch en met koninginnenhapjes op trouwfeesten. Dat is best in orde, al kan ik begrijpen dat niet iedereen dat feestelijke maaltijden vindt. Ik ben ook Belg. Ik ben opgegroeid met de BRT van weerman Armand Pien, toen onze sportlui nog Belg werden genoemd. Vandaag zijn alleen die uit het zuiden van het land nog drager van dat epitheton, als ze winnen toch, die uit het noorden zijn vast Vlaming. Ik ben 's nachts opgestaan voor de halve finale tussen de Rode Duivels en de USSR maar voor mij moet niet heel het land "geduiveld" worden, à la Oranjegekte bij onze noorderburen.

Mijn moeder is van boerenafkomst, mij vader van arbeiderskomaf. Voor hen ben ik geen slechte Vlaming. Ik ben een slechte Vlaming voor de high society van deze contreie, en die geuzennaam wil ik best dragen. Als ik in Zoersel door de Cyriel Verschaevelaan rijd, word ik ziek. "Deze oorlog is heilig omdat hij gestreden wordt voor iets heiligs: het leven en al wat het voor schoonheid inhoudt." Zo bewierookte Verschaeve de Vlaamse SS'ers voor hun vertrek op anticommunistische strooptocht. Zevenentwintig miljoen Russen verloren hun leven in de strijd tegen "de schoonheid van het leven" onder het nazisme.

Ik ben een "slechte Vlaming" omdat ik in de lijn wil lopen van die andere traditie in ons land. Die van Willem De Deken en Zeger Janszone, van Tijl Uilenspiegel en Lamme Goedzak, van de partizanen.

Mijn Antwerpen is niet dat van oorlogsburgemeester Leon Delwaide en zijn politiechef Jozef De Potter, die meewerkten aan de deportatie van Joden, vakbondsmensen en verzetslui. Dat wees het monumentale *Gewillig België* van het SOMA uit. En toch wil De Wever daarvoor zelfs geen excuses horen. Mijn stad is die van Edouard Pilaet, codenaam François, de leider van het Onafhankelijkheidsfront, die mee heeft geholpen bij de bevrijding van Antwerpen.

Natuurlijk ben ik een even "slechte Belg". Ik loop niet warm voor de koloniale rubber- en ivoorhandel, de in bloed gedrenkte rijkdom waarmee de triomfboog in Brussel, de koninklijke promenade in Oostende en het centraal station in Antwerpen zijn gebouwd. De standbeelden van tiran Leopold II in dit land vind ik een schande. Ook de moord op Patrice Lumumba ben ik nog niet vergeten. Ik koester me liever in de traditie van Julien Lahaut.

De separatisten verwijten me een slechte Vlaming te zijn, de royalisten zien in mij een slechte Belg en de Europese federalisten noemen me een slechte Europeaan. In elk debat over de Europese Unie heb ik het zitten, als laatste der rationele argumenten komt steevast: "Jij bent een anti-Europeaan!" Ik zou niet weten wat dat is. Qua budget kan ik mij geen vakanties buiten de Ardèche, de Dolomieten, de Moezel, het Boheemse woud van de Sumava of de Spaanse Pyreneeën permitteren. En overal geniet ik er met volle teugen van. Nee, ik ben helemaal niet tegen Europa, en ook niet tegen Afrika of Azië. Maar daar gaat het uiteraard niet over. De Europese federalisten verwarren het continent Europa met de politieke constructie Europese Unie. Wie kritiek heeft op de EU van ongebreidelde concurrentie, ja, die moet wel een masochistische, destructieve neiging ten aanzien van Europa hebben. Genre: wie tegen de keizer is, is tegen Duitsland.

Ik kom op voor een Europa van solidariteit en samenwerking. Ik steun de Grieken, Italianen en Portugezen die weigeren nog woekerrentes te betalen. Ik dans niet op het ritme van Siemens, TotalFinaElf of Deutsche Bank. Mijn Europa is dat van de Fransen die het Algerijnse verzet hebben geholpen, en niet dat van de Franse koloniale staat en de OAS. Mijn Europa is dat van de Indië-weigeraars en deserteurs uit het Nederlandse koloniale leger in Indonesië, die als straf uit hun burgerrechten werden ontzet en gedwongen mijnarbeid moesten verrichten. Mijn Europa is dat van Spartacus en de spartakisten, niet dat van het Romeinse rechtstelsel dat de leiders van de rebellie aan het kruis nagelde.

Mij zie je niet vendelen met de Vlaamse leeuw, dat door de kruistochten geïmporteerde beest uit de Arabische wereld. Net zo min als met de Belgische driekleur of met de Europese gele sterren. Mijn kleur is die van de volkeren, en die is rood.

Leuren met de nieuwe Vlaamse identiteit

Voor 1830 was Vlaanderen het gebied waar in de twintigste eeuw de Ronde van Vlaanderen werd gereden, tegenwoordig de Ronde van Woestijnvis. Antwerpen en Brussel hoorden bij Brabant, Hasselt en Genk bij het prinsbisdom Luik. De Vlaamse nationalisten mogen nog zoveel met tradities en geschiedenis zeulen als ze willen, het concept Vlaanderen, zoals we dat nu kennen, is een heel recent concept. Het is niet ouder dat het concept België. Meer nog, het Vlaanderen waarin Limburg Oost-Vlaanderen wordt en Antwerpen Noord-Vlaanderen, is een product van België zelf. "De Vlaamse beweging heeft een romantisch opgeklopt verleden gecreëerd, steunend op een korte, glorierijke periode van het graafschap Vlaanderen in de veertiende eeuw. Vandaar dat als reactie op de Franstalige jacobijnse Belgische staat het begrip Vlaanderen ontstond, waarbij dan, volstrekt onhistorisch, Brabant en Limburg horen. Voor 1830 zou dat geheel onbegrijpelijk zijn geweest. Vlaanderen is een derivaat van België."[8]

Het is dus niet gemakkelijk om in Leuven, Mechelen, Turnhout, Lommel of Neerpelt te komen aandraven met "de Vlaamse identiteit", vermits de Brabantse en Limburgse tradities veel groter zijn en de nieuwe Vlaamse identiteit niet meer dan een derivaat van België zelf is.

Op de Vlaamse feestdag, zondag 11 juli 2010, maakt Vlaams parlementsvoorzitter Jan Peumans in de Gotische Zaal van het Brusselse stadhuis de balans op. Een taalkundig werkstuk van de N-VA'er om de duimen van af te likken: "Het zal u niet verbazen dat identiteit en natievorming de punten zijn waar ik in deze 11 julitoespraak dieper op wil ingaan. Volkeren en naties putten uit hun identiteitsbesef het recht op eigen politieke structuren. Vlaamse identiteit is een moeilijk en voor sommigen een beladen onderwerp. (...) We zitten met een paradox: alhoewel de Vlamingen niet – zoals andere volkeren – graag uitpakken met hun identiteit, is Vlaanderen zonder twijfel wel zelfbewuster geworden. De Vlaamse deelstaat streeft ernaar om dat gebrek aan identiteit op te vullen en onderstut een Vlaamse identiteit die zou moeten leiden tot natievorming. Maar dat besef van gemeenschappelijke belangen is nog niet voldoende doorgedrongen om de gehele bevolking te overtuigen. Het belang van de media voor de identiteitsvorming kan trouwens nauwelijks worden overschat."[9]

Ik vertaal het even voor de gewone Vlamingen onder ons, tot wie ik ook mezelf reken. Wij willen een scheuring van België en een onafhankelijk Vlaanderen, zegt Peumans. Maar daar hebben we iets voor nodig. Een eigen identiteit als natie, een Vlaamse identiteit. Die staat voor onze gemeenschappelijke belangen als Vlamingen. Van textielboer Roger De Clerk tot de wevers en weefsters in zijn fabrieken; van de top van KBC en Dexia tot de spaarders; van de betonboeren van Noriant tot de bewoners van de volkswoningen, van de grote agrolobby tot de kleine boeren. Maar er is een probleem, zegt Peumans: de mensen beseffen die gemeenschappelijke belangen nog niet genoeg. Hij is gelukkig een oplossing te zien: we gaan de nieuwe Vlaamse identiteit in elke woonkamer promoten, niet één keer, maar van 's morgens tot 's avonds, en dat doen we via de tv en de radio.

Niet dat de notabelen van de N-VA hebben gewacht op het groen licht van Peumans. Zij zijn al enkele jaren bezig met hun mediaoffensief voor een geharnaste Vlaamse cultuur, bevrijd van alle ketterij. Toen de openbare omroep het solidariteitsconcert Belgavox wilde steunen, ging minister Bourgeois door het dak. "Het gaat om een initiatief dat de Belgische identiteit wil versterken. De openbare omroep is hiermee een gevaarlijke weg aan het opgaan", ziedde hij.[10] De VRT mag alleen nog de Vlaamse identiteit propageren, al de rest moet worden weggemaaid.

"En ondertussen lazen de herauten in elke stad nieuwe en strengere plakkaten voor. En meer dan ooit werden nieuwe ketters geboren." Dat schreef Hugo Claus in zijn toneelbewerking van Uilenspiegel.[11] En inderdaad, daar stond opeens Clouseau op met het liedje *Leve België*. Bourgeois hield zich hoogst persoonlijk met de zaak bezig. Hij vond dat de gebroeders Wauters aan propaganda deden: "Het is een propagandaliedje, Clouseau houdt een pleidooi voor slecht bestuur want België werkt niet meer."[12] Bestaat dat eigenlijk elders in de wereld? Dat een minister in Genève tussenkomt omdat een populaire groep een liedje *Leve Zwitserland* zingt? Zwitserland is nochtans ook een federale staat, waar Duits-, Frans- en Italiaanssprekenden samenleven.

Logisch dus dat er zich heethoofden mee bemoeiden. Een maand later was het al zover, de optredens van Clouseau werden verstoord door "radicale Vlaamsgezinden". In *Op mensenmaat* schreef ik al over de haat en hetze tegen Kim Gevaert omdat ze de petitie van Red de Solidariteit ondertekende. Ondertussen wordt de lijst "slechte Vlamingen" die recht hebben op de bitterste gal van separatisten, alleen maar langer. Maar hoe meer bloedplakkaten de Vlaamse nationalisten uithangen, hoe meer ketters er opstaan.

Groeten uit de Belgische kust

Over sommige parlementaire vragen wordt in het Vlaams parlement niet lang gediscuteerd. Over andere ellenlang. Op 17 november 2009 was er een lange discussie in de Commissie voor Toerisme.[13]

Vlaams Blokker Stefaan Sintobin ontvangt jaarlijks 98.582 euro voor zijn werk in het Vlaams parlement. Zijn vergoeding bij de Izegemse politie komt daar bovenop. Voor al dat geld van de belastingbetaler doet Sintobin grondig werk, voortdurend gedreven op zoek naar de snoodaards die het adjectief "Vlaams" vergeten. En zo ontdekt speurder Sintobin dat de toeristische organisatie Westtoer een folder heeft gemaakt voor Wallonië met promotie voor... "la côte". De kust dus, en niet de Vlaamse kust, godbetert! Erger nog, la côte staat zelfs in het logo van Westtoer. Dat is onderwerp voor debat. Een ellenlang debat. En het is lang niet het eerste debat daarover. Volg even mee. Het start met een parlementaire vraag van Sintobin aan minister Bourgeois:

- De heer Stefaan Sintobin: "Mevrouw de voorzitter, het wordt stilaan een traditie bij het begin van elke legislatuur een discussie te voeren over de vraag of het de 'Vlaamse kust', de 'Belgische kust' of 'la côte' is. Bij het aantreden van de minister in 2004 en bij zijn recente heraantreden hoopte ik nochtans dat deze discussie achter ons zou liggen. In 2004 heeft de minister immers definitief met het beleid van zijn voorganger gebroken. Hij heeft toen resoluut voor de benaming 'Vlaamse kust' gekozen. (...) Nu is Westtoer met een nieuw gegeven op de proppen gekomen. Het is niet de eerste maal dat Westtoer zich niets van deze kwestie aantrekt. In het strategisch beleidsplan heeft Westtoer ervoor gekozen een Franstalig logo te ontwerpen en van de benaming 'Vlaamse kust' af te stappen. Westtoer wil de Vlaamse kust in Wallonië als 'la côte' promoten. (...) Het is voor bepaalde volksvertegenwoordigers misschien lang geleden dat ze nog een bezoek aan de Vlaamse kust hebben gebracht. In gemeenten als De Panne en Koksijde en zelfs nog verder wanen velen zich in een soort tweetalig gebied. In bepaalde gemeenten worden zelfs op een verdoken manier faciliteiten aan de Franstalige toeristen verleend. (...) Mijnheer de minister, hoe beoordeelt u het nieuwe logo van Westtoer? Blijft u bij uw keuze de kust verder als Vlaamse kust te promoten? Ik veronderstel dat dit in grote mate een retorische vraag is. Bent u van plan met Westtoer overleg te plegen over het nieuwe logo en over het beleid dat Westtoer op dit vlak al jaren voert?"

- Minister Geert Bourgeois: "Mevrouw de voorzitter, mijnheer Sintobin, deze vraag leidt opnieuw tot een geanimeerd debat. Wanneer de heer Verfaillie het lyrisch heeft over onze mooie kustlijn, zal hij daar ook bij bedenken dat het huidige kustlogo niet mooi is – en ik druk me nu heel voorzichtig uit. Ik heb het jammer genoeg niet bij me, maar het logo dat nu wordt gebruikt, is lelijk en niet wervend. Daarom zal Westtoer een nieuw logo maken. (...) Toerisme Vlaanderen zal ons beleid dus blijven voeren en daarbij hebben we het in het Nederlands over de 'Vlaamse kust', maar natuurlijk zullen we in het buitenland niet in het Nederlands promotie voeren. In Wallonië zullen we, zoals dat ook in het verleden het geval was, in het Frans promotie voeren. Dat gebeurde aan de hand van het kustlogo met daaronder 'le littoral', er was geen sprake van 'la côte'. Ik verneem dat een van de bedrijven die een offerte heeft ingediend, voorstelt om het te hebben over 'la côte', maar er werd nog niet beslist of het 'la côte' wordt of 'le littoral' blijft. (...) In verband met het buitenland heb ik tijdens de vorige regeerperiode al uitvoerig geantwoord dat in de mate van het mogelijke over 'the Flemish coast' en 'die flämische Küste' wordt gesproken. In Frankrijk ligt het moeilijker, we moeten er altijd nog een verwijzing aan toevoegen omdat Frankrijk nu eenmaal ook een eigen 'côte de Flandre' heeft. Als daar wordt verwezen naar 'les Flandres' of 'Flandre', heeft men het over Frankrijk. Ik heb uitvoerig aangetoond dat ook in het Verenigd Koninkrijk sprake is van een verschuiving waarbij steeds meer gebruik wordt gemaakt van 'the Flemish coast'. In het Nederlands, in Nederland en in Vlaanderen, zullen we het blijven hebben over 'de Vlaamse kust'. In Wallonië weten we het nog niet, het wordt 'le littoral' of 'la côte', dat moet Westtoer uitmaken."

Het debat is daarmee nog niet ten einde. Want daar tovert Blokker Sintobin zowaar een nieuw konijn uit de hoed. Voor zijn gage van 100.000 euro heeft hij namelijk ook ontdekt dat Toerisme Vlaanderen een campagne voerde op de Nederlandse markt. "Daarbij werd een e-postpromotie gevoerd onder de benaming 'Belgische kust'", aldus Sintobin.

Zucht.

Ik laat deze parlementaire redetwisters en filibusters zo lang aan het woord omdat het voor hen echt een belangrijke zaak is dat overal Vlaams wordt aangenaaid. Jan Peumans heeft uitgelegd waarom. Het is dus geen detail dat Siegfried Bracke de VRT aanklaagt omdat de omroep zes academici als Belgische en niet als Vlaamse wetenschappers heeft aangekondigd. Het is geen detail dat Vlaanderen Vlagt massa's zwartgele plastiekjes uitdeelt die niet alleen de Ronde maar alle wielerwedstrijden ontsieren. Er zijn er zelfs bij die twee, drie leeuwenvlaggen aan één en dezelfde stok hangen. Dan zie je helemaal niets meer van de koers. Het is geen detail dat separatisten eisen dat de weerkaarten in de kranten voortaan Vlaamse kaarten zouden zijn, en niet langer de frietzak België zouden tonen. De heimat Vlaanderen moet door ieders strot worden gejaagd, zodat elkeen mee kan marcheren naar de splitsing van België en naar de onafhankelijke republiek van Voka.

Als de taal zich opsluit, verschrompelt ze en sterft af

Op ManiFiesta, het feest van de solidariteit van *Solidair* en Geneeskunde voor het Volk in Bredene – aan de Belgische kust dus – heb ik in 2010 eenvoudig proberen uit te leggen hoe ik denk over taal:
  "In een verdeeld land gaan sommige ouders minder kindergeld krijgen dan andere, gewoon op basis van de taal die ze spreken. Is een kind in de ene regio meer waard dan in de andere? Hebben kinderen andere noden omdat hun ouders een andere taal spreken? Neen, beste onderhandelaars in de Wetstraat, een kind is een kind. Waar het ook woont, en welke taal het ook spreekt.
  Natuurlijk, we spreken niet dezelfde taal. Natuurlijk, we wonen niet in dezelfde stad. Natuurlijk, we hebben niet dezelfde leeftijd. En natuurlijk lachen we niet altijd met dezelfde moppen. Maar we voeren dezelfde strijd. Opdat iedere jongere recht zou hebben op vast werk; ieder kind recht op kwaliteitsvol onderwijs en iedere oudere recht op een leefbaar pensioen; opdat ieder recht zou hebben op een menswaardig inkomen.

Ja, taal is belangrijk. Maar niet doorslaggevend.
Heeft het belang welke taal Didier Reynders spreekt? Hij spreekt dezelfde taal als Merkel en Berlusconi: de taal van de winst. Hun taal is niet de onze. Heeft het belang welke taal Pieter De Crem spreekt? Hij spreekt dezelfde taal als Cameron en Sarkozy: de taal van de oorlog. Het is niet de onze. Heeft het belang welke taal monseigneur Danneels spreekt? Juist, hij heeft niet gesproken. Hij heeft gezwegen. Zijn cultuur, zwijgen over onrecht, is niet de onze."

Ja, ik vind taal belangrijk. En ik ben blij dat ik me in mijn moedertaal kan uitdrukken. Ik bemin het Nederlands, ik kan ermee aan de slag; het bekt, het dreunt, het klopt, het leeft. Taal leeft, net zoals muziek. Ik hou van de ongebreidelde mogelijkheden om nieuwe woorden te maken: van zoetwatersocialist tot megafoondiplomatie, van portefeuillepolitiekers tot frietrevolutie. Ik omarm de klanken van Jacques Brel. Die zei: "Woorden zijn gereedschap. Ik ben een taalsmid. Ik hamer dat de vonken ervan vliegen."[14]

In De Slegte vond ik het knaloranje zangboekje van het Vlaams Nationalistische Jeugdverbond (VNJ), waarin vooraan ene Bart De Wever zijn naam heeft geschreven. Alleen al taalkundig heb ik een bloedhekel aan dat oude Vlaams nationalistische taaltje met stroef Beiers ritme. En die wollige kapelaanpoëzie vol lievevrouwkapelletjes en blonde kleinen van Wies Moens, Clem de Ridder, Cyriel Verschaeve en Filip De Pillecyn van wie het me niet verwondert dat ze in de kadans van de Duitse laars zijn gaan schrijven. Maar goed, de gustibus non est disputandum.

Ik hou ook van het Frans van Louis Aragon, van de poëzie van Jacques Prévert of Jean Ferrat, van het *Liberté, j'écris ton nom* van Paul Eluard, van Emiel Verhaegen die aan de Schelde-oever begraven ligt, van de briljante rapteksten van HK & Les Saltimbanks en van Zebda. Toch ben ik geen talenknobbel en mijn ogen zijn altijd groter dan mijn mond. Omdat ik het Nederlands zo bemin moet ik de poorten naar andere talen daarom nog niet met drie sloten vergrendelen. Wat een kneuterigheid zou dat zijn! Integendeel, taal leeft, taal is voortdurend in beweging, taal verandert ook door andere invloeden, taal wordt gemaakt, door de beeldhouwers van de taal met namen als Louis Paul Boon, Wannes Van de Velde, Toon Tellegen, Dimitri Verhulst, Tom Lanoye én door de beenhouwers van Van Vlees en Bloed. Nee, het is helemaal niet toevallig dat mensen als Verhulst en Lanoye zich afzetten tegen de "heikneuters" van het Vlaams nationalisme die de schaduw van hun kerktoren tot de navel van de melkweg verheffen. Want waar de taal zich opsluit, verschrompelt ze, verdort en sterft af.

Arm Vlaanderen

In een groot deel van mijn familie weten ze het nog. De tijd van toen. Toen het Frans de taal van het establishment was en de meid hautain werd afgeblaft door Franstalige bourgeois. Toen taaldiscriminatie een grievende realiteit was.

Na de Belgische omwenteling van 1830 greep een kleine toplaag de macht in het nieuwe land. Het was een bourgeoismacht, de macht van de Société Générale, en ze was volledig francofoon. Aan de spits stonden de commerciële bourgeois en de eigenaars van de rijke mineralen in de grondstoffengordel in het zuiden van het land: de kolenbekkens, het marmer, ijzer en glas.

De burgerij probeerde het land te verenigen rond het Frans, de prestigetaal van de elite en de hogere middenklasse. Scholen, overheidsadministraties en rechtbanken gebruikten alleen het Frans in officiële stukken. Zonder kennis van het Frans geen promotie en geen belangrijke post. De taalkloof was tegelijk een sociale kloof. "Taal onderscheidde in de dorpen de baron van de boeren, de dokter en de notaris van de ongeletterde ondermens. In de steden sprak de betere middenstand Frans en de kleinere had het zo graag gedaan. In de kabinetsraad werd tot 1962, ruim honderddertig jaar na de onafhankelijkheid, uitsluitend Frans gesproken. De taal van het Hof was en is Frans", schrijft Geert van Istendael.[15] De industrie groeide op de bodemrijkdommen in Wallonië, terwijl in het agrarische noorden van het land alleen de koketterie en galanterie van de oude adellijke families bleef voortleven. *Doorheen arm Vlaanderen*, zo doopte de bekende reporter August de Winne in 1901 zijn reportageboek over de sociale toestanden in "dat gat van verdriet". Arm Vlaanderen, arme Vlamingen en arm Vlaams. De Vlaamse dialecten werden teken van sociale achterstand en ellende, waarop de bourgeoisie met het grootste misprijzen neerkeek. In dat Vlaanderen groeide een frustratie, een minderwaardigheidscomplex dat handig werd aangewakkerd door de katholieke kerk, een instituut dat zich eeuwenlang had mogen specialiseren in het aanpraten van overdreven nederigheid, dat wil zeggen: zwijgende onderdanigheid.

Nee, er was geen buitenlandse onderdrukker die het prille België onder de taalknoet hield, maar de eigen burgerij sprak Frans en koos er ook grotendeels voor Frans te spreken. "De Belgische geschiedenis is wat ze is. In Vlaanderen hebben de bourgeoisie en de adel nu eenmaal meer dan tweehonderd jaar gedacht dat ze zich van de lagere standen hoorden te onderscheiden door Frans te spreken", schrijft Van Istendael.[16]

De rechtelozen in ons land waren de arbeiders, welke taal ze ook spraken. In 1886 tekent dokter Narcisse Lebon de situatie op in de Borinage. "In de Borinage treedt debiliteit op door het permanent ontberen van gezond voedsel, en door het uitputtende en gebogen werk van kleine kinderen van vijf uur 's morgens tot acht uur 's avonds. Men herkent deze jeugdige arbeiders meteen aan hun doodsbleke kleur en hun uitgemergeld voorkomen: veel te klein voor hun leeftijd, zeker tot hun achttien jaar, en met een vervormd lichaam volgens de kromming die hun wervelkolom aanneemt bij de arbeid. De mijnpatroons, die normaal van vader op zoon en dochter aanwerven, moeten in andere streken rekruteren want de jonge mijnwerkers zijn fysiek zo gedegenereerd dat ze geen gezonde kinderen meer op de wereld kunnen zetten. Als een Borain uit de mijn komt, is het alsof hij uit zijn graftombe klautert."[17]

In de haven van Antwerpen of in de textielfabrieken van Zele was de situatie niet beter. Journalist August De Winne ontving in 1900 een brief van arbeiders uit Zele: "Wanneer wij een gehele week werken, verdienen wij een twaalftal franken. Maar wij moeten ze aanvaarden in winkelwaren en aldus zijn onze twaalf franken er nog geen tien waard. Want in deze winkel betalen wij vijftig centiemen meer per zak kolen en tien centiemen meer per brood dan in andere winkels. Wij lijden honger en zouden graag onze arbeid in geld betaald zien. Dat is echter hier niet het gebruik. In plaats daarvan krijgen we brood en boter. Het is voor ons onmogelijk naar Dendermonde te komen om ons lot daar te komen aanklagen, omdat wij aan het werk moeten blijven. Men zuigt het bloed uit van de werkman van Zele. Wij hebben te veel om te sterven en niet genoeg om te leven. Gaat de fabrieken zien! Wij durven niet ondertekenen."[18]

De geschiedenis van de Vlaamse kleine man in de negentiende eeuw reduceren tot een taalkwestie is dan ook een geval van tunnelvisie. Net zoals de Waalse en Brusselse arbeiders ging de Vlaamse kleine man in de eerste plaats gebukt onder uitbuiting. De eerste strijd in ons land, voor de gewone Vlaming en voor de gewone Waal en Brusselaar, was een sociale strijd.

De taalstrijd en de sociale strijd

Dat wil niet zeggen dat het recht onderwijs te krijgen in de eigen taal en het recht zich uit te drukken in die eigen taal onbelangrijk zouden zijn. Dat taalrecht is een democratisch recht. Maar van bij het begin stelde zich een probleem omdat de strijd tegen de taaldiscriminatie dikwijls werd gekaapt door mensen met niet de minste bekommernis voor de sociale ellende in het land. Nochtans, die was hemeltergend schrijnend. Terwijl de kleine toplaag de fabelachtige winsten van de industrialisatie binnenrijfde, crepeerden de arbeiders. Werkdagen van veertien uur; kinderarbeid, vreselijke werk- en woonomstandigheden – met voor de meeste gezinnen slechts één kamer; een levensverwachting van amper 45 jaar.

In een zeldzaam parlementair debat over het sociale vraagstuk riep de conservatieve patroon Charles Woeste, die we kennen van *Daens*, uit: "Messieurs, il faut qu'il y ait des pauvres; comment pourrions-nous sinon exercer notre devoir de charité?"[19] Vertaald: "Mijne heren, er moeten armen zijn! Hoe zouden wij anders onze taak van liefdadigheid kunnen verrichten?" Anderhalve eeuw later horen we de echo daarvan wanneer een zwakke Siegfried Bracke in het debat over de miljonairstaks vertelt hoe goed het voor de armen is dat er rijken zijn. De Vlaamse nationalist van vandaag in de voetsporen van de Franstalige bourgeois van gisteren.

Maar terug naar toen. "De Vlaamse beweging is in de negentiende eeuw een amalgaam van kleine en halve intellectuelen, romantisch zwetsende, slechte schrijvers, liberalen, pastoors en kapelaans. Ze is politiek verscheurd en uiterst naïef", noteert Geert van Istendael.[20] Deze leerkrachten, dichters en taalijveraars staan mijlenver verwijderd van de leef- en werkomstandigheden van de man in de straat. Het is een kleinburgerlijke beweging die zich de luxe kan permitteren de misère alleen maar cultureel te bekijken, als een kwestie van taal en onderwijs. "Op de volksmassa wilden ze geen beroep doen. Ze benaderden de Vlaamse kwestie uitsluitend vanuit een kleinburgerlijke visie; de slechte economische voorwaarden waar het Vlaamse volk onder leefde, werden slechts door enkelen verantwoordelijk gesteld voor het taalvraagstuk. Sociale kwestie en Vlaamse Beweging, twee onderling verbonden factoren, werden door hen ontkoppeld", schrijft Els Witte.[21]

Maar ook andersom is er een probleem: de prille arbeidersbeweging heeft haar handen vol om bestaansrecht af te dwingen, niet ten onder te gaan, en haar rechten op te eisen. En ze vergeet daarbij vaak de strijd tegen de taaldiscriminatie. Het wordt er ook niet gemakkelijker op als de flaminganten zowel bij de Commune van Parijs in 1871 als in de grote sociale revolte van 1886 de kant van het establishment kiezen. De arbeidersbeweging en de flaminganten komen elk aan de andere kant van de barricade terecht. Toch schuift de Belgische Werkliedenpartij (BWP), de voorloper van de Socialistische Partij, de taalkwestie als een "rechtvaardige eis" naar voor. De socialisten liggen mee aan de basis van de Gelijkheidswet van 1898. Met deze wet wordt het Nederlands eindelijk een officiële taal in ons land, en geniet het (op papier) dezelfde rechten als het Frans. Bij de goedkeuring ervan schrijft de *Vooruit*: "De Vlamingen, die de grootste helft van het land uitmaken, hebben het recht bestuurd te worden in een taal die zij verstaan." Ook de Franstalige socialisten stemmen voor de wet, al is de tegenstand daar veel groter. In *Le Peuple* heeft August De Winne het over "elementaire rechtvaardigheid".[22] Maar al bij al heeft de socialistische stroming veel te weinig belangstelling voor de Vlaamse kwestie.

Als de christelijke arbeidersbeweging op het einde van de negentiende eeuw na lange en pijnlijke barensweeën eindelijk gestalte krijgt, neemt vooral priester Daens de democratische taaleisen op in de schoot van de brede sociale beweging. Maar zijn poging om een echte Christene Volkspartij op te richten mislukt door de vakkundige sabotage van het conservatieve katholieke establishment. Het daensisme wordt gewurgd.

Zij hebben geen moer gedaan voor de sociale zekerheid

Je moet eens aan een Vlaamse nationalist vragen of hij Emilie Claeys kent. Deze Gentse volksvrouw, een socialistische textielarbeidster, was een van de eerste voorvechtsters van de vrouwenrechten, inclusief het stemrecht. Ze werd met een bedenkelijk smoesje (overspel) uit de BWP gestoten omdat het stemrecht voor vrouwen toen niet paste in de electorale berekeningen van de partij. Wat Emilie Claeys schreef over geboortebeperking en voorbehoedsmiddelen belandde op de katholieke index van verboden lectuur. Maar ze bleef in de bres springen voor het lot van de gewone Vlaamse, Brusselse en Waalse volksvrouwen.

Jazeker, de geschiedenis van Voeren, van Linkebeek en van de Kouter in Kortrijk kennen ze op hun duimpje. Maar van het lot en de geschiedenis van de gewone Vlaamse mensen weten ze niks. Het is de brede arbeidersbeweging die de emancipatie van de volksmensen heeft waargemaakt. Met pijn en leed en moed en toewijding heeft die arbeidersbeweging aan de ontvoogding gewerkt. De Vlaamse beweging stond erbij en keek er niet naar. Zij keek erop neer. Nationalisten blazen vandaag hoog van de toren met hun mening over kindergeld, betaalde vakantie, werkloosheidsvergoeding. Ze moeten weten: de Vlaamse beweging heeft geen ene moer uitgestoken in de opbouw van die sociale zekerheid. Elke steen ervan is gelegd door een eengemaakte arbeidersbeweging. De organisatiekracht uit het Gentse, de politieke eisen uit het Brusselse, de strijdbaarheid uit de Waalse gordel hebben elkaar moeten vinden en versterken om de sociale zekerheid af te dwingen. Nee, de sociale zekerheid is geen realisatie van het establishment en evenmin van de separatisten.

1873, de eerste grote economische crisis in ons land slaat toe. De werkloosheid stijgt, de lonen zijn erbarmelijk. In de kolenbekkens groeit de ellende. In februari 1885 breekt in de Borinage de grote mijnwerkersstaking uit. De Gentse coöperatieve bakkerij en broodvereniging Vooruit brengt tienduizend broden naar de stakers. De werkende klasse in ons land spreekt misschien niet dezelfde taal maar ze eet wel hetzelfde brood en ze voert ook dezelfde strijd. 1886: de rijkswacht vuurt met scherp op een arbeidersbijeenkomst in Luik: het land staat in rep en roer. In Gent komen de arbeiders op straat tegen het bloedbad; het wordt de tot dan toe grootste samenscholing van arbeiders in Gent, in solidariteit met de Luikse mijnwerkers. De revolte van 1886 en daarna die van 1887 jagen het establishment de stuipen op het lijf. Het "gepeupel" organiseert zich, komt op voor zijn rechten. Om erger te voorkomen moet de bezittende klasse wel toegevingen doen. Het loon mag niet langer in natura uitbetaald worden in een café of in de winkel van de baas, er komt een minimale bescherming van het loon en een verbod op kinderarbeid onder de 12 jaar. De eerste sociale wetgeving is een feit. Ze is afgedwongen. Ze is het resultaat van gezamenlijke strijd die enggeestige en kortzichtige tendensen wist te bannen.

1936, na zeven lange crisisjaren boeken bedrijven weer grote winsten. Toch wil de regering een algemene loonmatiging doorvoeren. Begin juni leggen de Antwerpse dokwerkers het werk neer. Tegen de hongerlonen, voor vakbondsvrijheid en voor vrije loononderhandelingen. De staking slaat over naar de diamantsector en een week later ook naar Wallonië, vooral in de metaal, de mijnbouw en de steengroeven. Half juni is een half miljoen arbeiders in staking. Met resultaat. Voor het eerst komt er een algemeen minimumloon in ons land. En voor het eerst in onze geschiedenis wordt het betaald verlof bereikt: iedereen krijgt voortaan een week betaald verlof per jaar. Er komt ook meer syndicale armslag, een loonsopslag en een verhoging van het kindergeld – en dat kindergeld was niet afhankelijk van de plaats waar je woonde of van de taal van de ouders. Kortom, de staking van Vlamingen, Walen en Brusselaars samen legt de basis voor de sociale zekerheid. In het kielzog van de antifascistische strijd wordt ze in 1944 verder uitgebouwd.

En waar waren de Vlaamse nationalisten? Het VNV van onderwijzer Staf De Clercq was in de verkiezingen van mei 1936 doorgebroken met 13 procent van de stemmen en 16 volksvertegenwoordigers. De partij had dus in het parlement de grieven van de Antwerpse dokwerkers en diamantbewerkers kunnen steunen. Maar dat deed ze niet. Het VNV was tegen de staking, stond afkerig tegen vakbonden. Vanaf 1937 ontvangt dat VNV jaarlijks geld van het Duitse naziministerie van propaganda en als de nazi's in mei 1940 België bezetten wordt de organische gemeenschap die het VNV proclameert, erg duidelijk. Met de woorden van Staf De Clercq: "Het VNV stelt zich ten doel het vestigen van de nieuwe orde in Vlaanderen. Deze nieuwe politieke orde dient gevestigd te zijn eensdeels op het beginsel van het leiderschap, andersdeels op het uitschakelen en verwerpen van alle instellingen (o.a. het parlement), groeperingen (o.a. vakbonden) of uitingen die de organische eenheid der Volksgemeenschap aantasten of ondermijnen." Een organische volksgemeenschap is een samenleving zonder vakbonden, het zijn woorden die misschien sneller dan gedacht zullen terugkomen.

Economisch nationalisme met een minderwaardigheidscomplex

Pas vanaf de jaren 1960 vindt het Vlaams nationalisme, tot op het bot gediscrediteerd tijdens de Tweede Wereldoorlog, een nieuw elan. Het economisch zwaartepunt heeft 130 jaar lang gelegen in de "rode" mineralengordel van Verviers tot de Borinage. Die gordel heeft al die tijd voor een groot deel voor de rijkdom van het land gezorgd. Maar in de jaren 60 verandert dat, met de komst van Volvo en Sidmar naar Gent, en van Amerikaanse en Duitse multinationals naar de Antwerpse haven (General Motors, Atea, BASF, Bayer). In hun kielzog ontwikkelt zich het transport, de handel, de dienstensector en het bank- en verzekeringswezen. Els Witte: "In het Vlaamse landsgedeelte begunstigde de komst van het Amerikaanse monopoliekapitaal de doorbraak van de Vlaamse burgerij. Die verwierf, steunend op een snelgroeiende nieuwe intellectuele middenklasse, vrij snel een dominante rol in de organisatie en opbouw van de Vlaamse economische hegemonie. De strategie van deze nieuwe elite werd voor een belangrijk deel uitgestippeld door het Vlaams Economisch Verbond (VEV)."[23] In de jaren zestig wordt ook de Vlerick Management School opgericht die zorgt voor Vlaamse managers van de nieuwe elite. *De Financieel Economische Tijd* wordt de spreekbuis van deze bedrijfsleiders en decision makers.

In die context krijgt ook het Vlaams nationalisme een draai. De democratische eisen voor gelijke taalrechten zijn in de jaren 60 in essentie gerealiseerd, op een aantal situaties in het Brusselse na. Iedereen kan onderwijs in de eigen taal (Nederlands en Frans) volgen, de justitie wordt gevoerd in de landstaal naar keuze. Wie de situatie vergelijkt met die van de tweede helft van de negentiende eeuw, weet dat de strijd voor taalrechten in essentie gestreden is. Maar het Vlaams nationalisme vervelt en wordt een economisch nationalisme, een winnaarsnationalisme. En dus veranderen ook de thema's. Voortaan gaat het over financiële transfers, regionalisering van de belastingen, van de sociale wetgeving, van de sociale zekerheid...

Bart De Wever geeft dat met zoveel woorden toe: "Onze voorlopers zijn gesocialiseerd in een andere tijd, toen de Vlaamse strijd nog een zuiver culturele strijd was. Mijn generatie heeft vooral belangstelling voor het debat over de efficiëntie en het sociaaleconomische bestuur. Ze is niet meer zo fel gefocust op de grote cultuurstrijd. Die strijd ligt, met uitzondering van Brussel en de Brusselse rand, achter ons."[24]

Door de specifieke economische ontwikkeling van ons land is Vlaanderen decennialang achtergebleven in armoede en ellende. Van op de preekstoel hebben pastoors en kapelaans de Vlamingen al die tijd een minderwaardigheidscomplex aangepraat. Ik vind het pervers dat de nationalisten dat minderwaardigheidscomplex blijven cultiveren, al is Vlaanderen economisch uitgegroeid tot een van de rijkste regio's van de aardbol – al zegt dat nog niets over de verdeling van die rijkdom natuurlijk. Het is zoals de Antwerpse filmmaker Robbe De Hert vertelde: "Vlamingen, dat zijn overwinnaars die zich overwonnen voelen, met een onwaarschijnlijk minderwaardigheidscomplex."[25]

Moeten we dan allemaal arrogant worden? Helemaal niet! Maar stop er alsjeblief mee een identiteitsbesef te halen uit de slachtofferrol van een taaldiscriminatie uit een voorbij verleden. Zelfbewustzijn en zelfvertrouwen zijn heel belangrijk in de sociale emancipatie. Dat zelfbewustzijn mag gerust samengaan met een zekere nederigheid, in de zin van respect. Respect voor het leven, nederigheid ten aanzien van de dood, respect voor de arbeid, nederigheid ten aanzien van het milieu. Zoals Jacques Brel zong: "Wanneer de lage lucht ons nederigheid leert."

Die Brel is een van de eersten die de nieuwe evolutie van bij het begin gezien heeft. In 1966 zegt hij: "Voor mij is een flamingant een extremist en fanaticus, iemand die aan zijn Vlaams-zijn voldoende heeft en zich afsluit van de buitenwereld. Het is een anachronistisch wezen dat zo onzeker op zijn benen staat dat het vreest in een confrontatie met niet-Vlamingen in de kortste keren onderuit te gaan. Wij Vlamingen vormen in België een meerderheid en gedragen ons als gemarginaliseerd. Wij zetten een grote bek op om ons kleine hart te overstemmen. Als ik de flaminganten aanpak, dan is dat omdat ik Vlaming ben, en alle kritiek bij zelfkritiek begint. Ik voel mij goed in mijn Vlaamse huid."[26]

Deel 5.

Niet minder maar meer maatschappijdebat

1. System Error: de kapitalistische economie loopt vast

> Deze crisis bevestigt dat de wereld op zijn kop staat,
> de voeten omhoog en het hoofd naar beneden.
> Wat bestraft moet worden, wordt beloond, en omgekeerd.
> Speculeren wordt beloond en werken wordt gestraft.
> Vandaag zien we de ontmaskering van dat systeem,
> een systeem dat gebaseerd is op het privatiseren van de winsten
> en het socialiseren van de verliezen.
>
> Eduardo Galeano, *MO**, 26 mei 2009

Hoog op het knappe, moderne gebouw aan de ring van Hasselt hing in de herfst van 2010, geblokt en in vurig rood, een spandoek: "Kapitalisme schaadt de gezondheid". De socialistische vakbond ABVV had het spandoek aan zijn hoofdkwartier in Limburg, de provincie die in 2008 het hardst door de eerste crisisgolf getroffen werd, opgehangen als een signaal: er kwamen in Limburg 20,8 procent werklozen bij. Meer dan 105.000 Limburgers hebben een inkomen dat niet volstaat om een normaal leven te leiden, becijferden de vakbonden toen.

"Ik word misselijk van dat spandoek", zeiden die van Voka aan *Het Belang van Limburg*. "Hun stelling dateert uit de oude klassenstrijd, toen werkgevers en werknemers lijnrecht tegenover elkaar stonden. Die tijd van Woeste en Daens is lang voorbij", verduidelijkte Limburgs Vokabestuurder Johan Leten.

Op mijn facebook reageerde een metaalbewerker van vrachtwagenbedrijf DAF: "Ik wil meneer Leten van Voka anders wel eens uitnodigen op DAF om daar aan de arbeiders te komen vertellen dat het kapitalisme de gezondheid niet schaadt. 1100 arbeiders op een jaar tijd die hun baan verloren, belastingbrieven van vijf- à zesduizend euro, om nog te zwijgen over de werkdruk die serieus is toegenomen. Voorbijgestreefd syndicalisme? Hoog tijd dat we teruggrijpen naar het vroegere syndicalisme."

Volgens Voka-man Leten mag Limburg nog van geluk spreken. Voka "had ook kunnen betogen, kruispunten bezetten of eieren en bloem kunnen gooien, maar dat is niet onze stijl." (sic) Het zou nochtans mooie plaatjes opgeleverd hebben. Een paar patroons en managers die in maatpak het klaverblad van Lummen bezetten onder het spandoek: "Wij willen de afschaffing van de vaste uren. Arbeidsduur moet op jaarbasis berekend worden." Of een betoging in Genk onder de leuze: "Meer blanco cheques. De notionele interesten volstaan niet. Verlaag de vennootschapsbelasting". Dat doet Voka dus niet. Ze kiest voor een ander actiemiddel: de spandoekenoorlog. Ze hangt voor haar gebouwen in Hasselt een groot spandoek op: "Beste vrienden van het ABVV, voorbijgestreefd syndicalisme schaadt de economie". En om dat duidelijk te maken kiest Voka voor de hamer en sikkel als beeld. Daardoor hangt aan de gebouwen van het Limburgse Voka wellicht de grootste hamer en sikkel van het land. "Wat is het alternatief voor kapitalisme? Communisme misschien?", vraagt Leten zich af.[1]

Oké, de stijl is nu niet meteen elegant, maar die van Voka gaan toch maar het maatschappijdebat aan! Dat is wat anders dan de sliert politici die vanaf de crisis in 2008 tot op de dag van vandaag blijven ploeteren in het alledaagse pragmatisme en zenuwachtig rond elke discussie over maatschappijvisie en toekomstbeeld heen fietsen. "Een maatschappijdiscussie over het socialisme" kan volgens de voorzitster van de sp.a, Caroline Gennez "leuk zijn op café", maar is toch "vooral een waste of energy".[2] Alsof een discussie over de beste samenlevingsvorm voor mens en natuur een gesprek zou zijn over het geslacht der engelen.

Maar no time to waste, hier is de kapitalismediscussie. Met als vooraf een citaat van Naomi Klein: "Dit is de vraag die ons confronteert:

moeten wij dit schip, het grootste piratenschip dat ooit bestaan heeft, redden, of moeten we het tot zinken brengen en het door een beter schip vervangen, een schip met plaats voor iedereen."[3]

Meer aanbod botst op minder vraag

Er wordt dikwijls gezegd dat de brand van de financiële crisis is overgewaaid naar de reële economie, maar dat klopt niet. Het is andersom. Het begon allemaal in de reële economie, in de productie van goederen en diensten. De crisis van overproductie werd tijdelijk ondergesneeuwd door financiële bubbels. Nu die uiteengespat zijn kraakt het systeem in zijn voegen. Een overzicht in vogelvlucht.

Na de Tweede Wereldoorlog kenden Europa en Noord-Amerika een periode van relatief stabiele groei. In Europa stond de heropbouw centraal. De VS boden daarbij hulp met het Marshallplan. Dat plan stimuleerde meteen ook de Amerikaanse export. En tegelijk moest het plan het kapitalisme in Europa steunen tegen "de communistische dreiging". Ook de militaire industrie deed de economie draaien in een wereld die in het teken stond van een conflict tussen twee grote blokken. Op het einde van de golden sixties begon de economische motor te sputteren. De snelle groei nam af en de productiecapaciteit werd niet meer volledig benut. Toen in 1973 de olieprijs verviervoudigde, geraakte de wereldeconomie in crisis. Het systeem was vastgelopen in het fenomeen van de overcapaciteit: er kan meer geproduceerd worden dan wat de mensen kunnen kopen.

Crisissen van overproductie zitten ingebakken in het kapitalistische systeem, dat heeft Marx lang geleden aangetoond en dat hebben voorgaande crisissen bevestigd.

In de markteconomie wil elk bedrijf zoveel mogelijk winst maken. Dat is nodig om er opnieuw mee te kunnen investeren, de productie te perfectioneren en zo nog meer winst te maken. Of een bedrijf zijn kapitaal voortdurend verhoogt, bepaalt of het overleeft of ten onder gaat. Want wie het meeste kapitaal opstapelt, kan meer investeren, grotere innovaties doorvoeren en zich sneller afstemmen op conjunctuurveranderingen. Hij wordt marktleider en kan zijn norm opleggen aan heel de sector. De andere bedrijven moeten volgen. En dus moeten die op zoek naar vers kapitaal, om ook te kunnen investeren. Zij vinden dat geld in de financiële wereld: kredieten, kapitaalverhoging, de beursgang van het bedrijf enzovoort. Dat is een essentieel onderdeel van het concurrentiemechanisme.

Elke constructeur probeert de markt van zijn concurrenten af te snoepen. Daarom gaat elk bedrijf op zoek naar de laagste productiekost. Dat kan door te investeren in nieuwe technologieën en machines, die minder werkkrachten vereisen. Dat kan door het ritme te verhogen of de arbeidstijd te verlengen, of door de lonen te verlagen. Vanuit het oogpunt van een individuele patroon is dat slim bekeken, zo bouwt hij een betere concurrentiepositie op. Maar globaal gezien, wanneer alle constructeurs dat doen, stijgt de productie en daalt ondertussen de koopkracht, omdat mensen minder verdienen of in de werkloosheid terechtkomen. Meer productie versus minder koopkracht: dat moet wel eens openbarsten. Dat is een inherente tegenstelling in het kapitalisme. Het streven om aan de aanbodzijde kapitaal op te stapelen en meer te kunnen produceren, botst aan de vraagzijde met de achteruitgang van de koopkracht.

Hier past even een terzijde. Die overcapaciteit is namelijk relatief. Overschot is er alleen maar omdat mensen zich minder kunnen veroorloven, niet omdat aan de werkelijke behoeften van de samenleving zou beantwoord zijn. Tijdens de grote crisis na de crash van Wall Street in 1929 leden miljoenen mensen kou, en tegelijk waren er bergen voorraad steenkool. De honger was massaal terwijl grote hoeveelheden melk, tomaten en graan werden vernietigd. In de Verenigde Staten staan vandaag tienduizenden huizen leeg terwijl honderdduizenden Amerikanen in tentenkampen moeten overleven.

Bij de crash van de jaren 1930 werd massaal gesnoeid in de aanbodzijde. Voorraden werden vernietigd en veel bedrijven gingen dicht. Zo moest het evenwicht tussen productie en koopkracht zich herstellen. In een tijdsbestek van vier jaar, tussen 1929 en 1933, daalde de industriële productie in Groot-Brittannië met een zesde, in Frankrijk met een vijfde en in Duitsland en de Verenigde Staten zelfs met een derde. In die vier jaar daalde het aantal arbeiders in de Amerikaanse verwerkende industrie met 38,8 procent.

Toen de overproductiecrisis in 1973 aan de deur klopte, werd nogal laks en sloom gereageerd. Het zou wel overgaan, het was een conjunctuurzwakte, het was de petroleumprijs. Maar het ging van kwaad naar erger en vanaf 1978 werd overal zwaar "geherstructureerd". Bij ons kwam het tot massale sluitingen en afdankingen in de vijf "nationale sectoren": steenkoolmijnen, staal, scheepsbouw, glas en textiel. De werkloosheid in België steeg in tien jaar van 100.000 naar 600.000; vooral Wallonië werd toen hard getroffen.

De tweede petroleumschok van 1979 gaf het startsein voor de radicale ommezwaai van Reagan en Thatcher. Zij luidden een lange periode van twintig jaar in waarin de groei kunstmatig werd opgepept. De wereld van de financies kreeg alle armslag, financiële spitstechnologie overspoelde de wereld met nieuwe producten en nieuwe spelers. Globalisering en liberalisering verbraken alle barrières en gaven volle vrijheid aan speculanten en risicomanagers. Voor de brandstof van deze nieuwe circuits zorgden de belastinghervormingen van Reagan en Thatcher. De rijken kregen reusachtige cadeaus. In de periode van Reagan tot Clinton daalde de aanslagvoet voor de hoogste inkomensschijf in de VS van 70 naar 28 procent. Deze stimulansen voor de rijksten vergrootten de tweedeling in de samenleving tot een hallucinante kloof. Met hun zwellende fortuinen als onderpand konden die rijken bovendien grenzeloos lenen bij een onverzadigbare financiële sector in volle explosie. Op die manier trok de Amerikaanse economie, die goed is voor een derde van de wereldconsumptie, de wereldeconomie uit het moeras.

Ook de "middleclass" en uiteindelijk ook de armste bevolkingslagen werden aangespoord op krediet te consumeren. De laatste stoot werd gegeven na de crash van de interneteconomie in 2000, toen de Amerikaanse Centrale Bank haar rente tot amper één procent verlaagde om de economie te stimuleren. De banken speelden daar snel op in. Het regende goedkope leningen voor de aankoop van huizen, met lage instaprentes en met hypotheken tot honderd procent van de aankoopprijs. En niemand deed moeilijk over het inkomen.

De bal rolde nog verder. Ook Amerikanen met een erg laag inkomen konden zonder eigen vermogen toch een subprime hypotheek krijgen. Krijgen is een groot woord, want allerlei financiële adviseurs specialiseerden zich in het pushen en doorduwen van die speciale leningen. Sommige mensen werd gevraagd over hun inkomen te liegen – "liar's loans". Aan anderen werden gewoon geen vragen gesteld over inkomen, werk en bezittingen – "ninja-loans", waarbij ninja staat voor no income, no job, no assets of: geen inkomen, geen baan en geen bezittingen. Dat opdringen van leningen kreeg zelfs een naam: "predatory lending", roofzuchtig lenen. Op die manier kochten zes miljoen mensen die niet kredietwaardig waren een huis. Het bracht de totale som van hypotheekkredieten in de VS op 11.500 miljard dollar. Een astronomische financiële zeepbel.

Het gevolg laat zich raden. Heel Amerika: de staat, de bedrijven, de particulieren, leeft op krediet. De schulden zijn er hoger dan ooit. Jarenlang werd in Amerika elke dag voor twee miljard dollar meer geconsumeerd dan er geproduceerd werd. De hele maatschappelijke machine draaide op de poef.

De zeepbel van het financiewezen

Op die manier zocht het grote geld zijn weg naar superopbrengsten in de financiële sector. De financiële economie ging wereldwijd – dat is de globalisering.

Toen in de jaren zeventig de economie serieus was beginnen kwakkelen, werden investeringen in de industrie niet meer aantrekkelijk voor hoog rendement. Kapitaal was er genoeg. Maar omdat de productieve sectoren niet meer echt attractief waren, vloeiden die kapitalen weg naar de financiële sector. De globalisering opende allerlei wingewesten, de bomen groeiden tot in de hemel. Banken kregen concurrentie van private beleggingsfondsen en speculatiefondsen. Complexe financiële spitstechnologie was in. Firma's opkopen, ze in stukjes kappen en doorverkopen bracht meer op dan produceren. Kapitalen vloeiden naar de beurs en een bedrijf dat aantrekkelijk wilde blijven, moest zijn beurskoers opvijzelen.

De trend werd gezet door General Electric, 's werelds grootste elektronicamagnaat. Het bedrijf richtte een eigen financieel centrum op, General Electric Capital, dat ging deelnemen aan het financiële casino. Want daar, in de financiële sector, waren de winsten spectaculair. General Electric ging de opbrengst voor de aandeelhouders zelfs op voorhand vastleggen. Vijftien procent werd de norm, veel hoger dan de gemiddelde winstvoet. En, de winstafname gebeurde niet achteraf. Ze werd op voorhand al ingecalculeerd, nog voor ze gerealiseerd was. Dat model dwingt een bedrijf om permanent, elk jaar opnieuw, te besparen en te herstructureren. En om telkens grotere risico's te nemen. Het rendement voor de aandeelhouders werd het ultieme criterium. Voortaan zou de waarde van het bedrijf gemeten worden aan de te verwachten winstkoers, de beurswaarde. Dat financiële managementmodel werd overal gekopieerd. In 1982 zorgden de financiële instellingen in de Verenigde Staten voor minder dan 5 procent van de totale winsten. Een kwarteeuw later was dat gestegen tot 41 procent.

Alle remmen waren los, geen enkel risico werd geschuwd. Meer en meer rijkdom verdween in de grote gapende muil van een financiële wereld die losgesneden was van de productie. In de late jaren negentig, onder president Clinton, tekenden Alan Greenspan en Robert Rubin een beleid uit dat de bestaande regelgeving helemaal afbouwde. Alle voorzichtigheid die normaal voor kredietverlening moet gelden, kon nu definitief overboord.

Een grote stap werd gezet toen ook een schuldvordering als onderpand mocht gebruikt worden bij de aanschaf van waardepapieren. Om het even welke schuld kon je omzetten in waardepapieren, en dus doorverkopen. De hypotheekbanken, die met heel groot risico leningen aan de armste Amerikanen hadden verstrekt, verkochten die leningen – en het risico – door aan gespecialiseerde firma's. Dankzij de alchemie van Wall Street werd de relatie tussen de bank en de huiseigenaar volledig doorgesneden. De zorgplicht van de bank, die zich als een zorgzame vader moet gedragen tegenover de klant, was helemaal weg. De gespecialiseerde firma's pakten de schuldpapieren opnieuw in. De meest risicovolle schuldpapieren werden als in een spel poker dooreengeschud met schuldpapieren van meer kredietwaardige ontleners. Zo ontstonden de rommelkredieten. Die schimmel tastte het hele financiewezen aan.

Opnieuw massale afdankingen: lean and mean

Het tij keerde toen de rente moest opgetrokken worden naar 5,25 procent. Mensen konden hun lening niet langer afbetalen en werden gedwongen te verkopen. De huizenmarkt keerde. En het aantal wanbetalers steeg. De opgepepte Amerikaanse consumptie had de overproductiecrisis niet opgelost, maar ze alleen maar doen aanslepen. Tot de bom in 2008 helemaal barstte. Dertig jaar lang was de crisis van de reële economie "uitgesteld" door de luchtbellenblazers van de financiële wereld maar een maatschappij kan niet blijvend op de poef leven. En daar stond in 2008 opnieuw levensgroot en naakt de overcapaciteitscrisis voor onze neus.

Voor het eerst sinds de jaren 1930 daalde in 2009 wereldwijd de productie van goederen en diensten. In de VS met gemiddeld drie procent, in Europa met vier procent. Dat jaar slonk de wereldhandel met twintig procent. Er kwam een mondiale stroom van afdankingen, sluitingen, fusies, loonafbraak en flexibilisering op gang. Dat is de drieste manier waarop het productieproces wordt aangepast aan de dalende vraag. Op kosten van diegenen die de rijkdom produceren.

In de meeste landen steeg de werkloosheid met bijna de helft. In Europa vernietigde de recessie 8 miljoen banen, waarvan 4 miljoen in de industrie en 2,5 miljoen in de bouw. Procentueel de meeste banen verdwenen in Ierland, dat liberale wondermodel. Daar ging 13 procent van de banen voor de bijl. In één jaar verloren 375.000 mensen er hun baan, hun inkomen en hun hoop, vooral in de kunstmatig opgepepte sector van het vastgoed en de huizenbouw. Dat scenario voltrok zich ook aan de Spaanse costa's; 9,6 procent van de Spaanse beroepsbevolking zag zijn inkomensbron in het moeras van de crisis wegzinken. 1,9 miljoen Spanjaarden stonden op straat toen de huizenmarkt in elkaar stortte.[4]

"Hoe overwint de bezittende klasse de crisissen? Door de gedwongen vernietiging van een massa productieve krachten en anderzijds door de verovering van nieuwe markten en de nog grondigere exploitatie van de oude markten. Hoe dus? Door nog algemenere en geweldigere crisissen voor te bereiden en door de middelen om crisissen te voorkomen, te verminderen", schrijven Marx en Engels in hun Communistisch Manifest.[5]

De vernietiging van "productieve krachten", dat zijn bedrijven die herstructureren en sluiten, dat zijn miljoenen mensen die plots geen arbeidsinkomen meer hebben. De grote bedrijven hebben herstructureringsplannen – die dikwijls al langer klaarlagen – doorgevoerd en zich versterkt om alweer de volgende concurrentieslag aan te gaan.

Na een jaar van winstdaling in 2009 werd 2010 opnieuw een recordjaar voor de monopolies. De financiële pers had het over een grand cru van een jaar. "Toen de etterbuil van de kredietcrisis openbarstte, trokken de bedrijven abrupt aan de noodrem. Ze hielden rekening met een langdurige recessie en snoeiden fors in de kosten. Bovendien putten ze de voorraden uit. De bedrijven werden lean & mean. Nu de omzet herstelt, creëert dat een krachtige winsthefboom", schreef *De Tijd*.[6]

Lean & mean, slank en gemeen? Slank, dat is de keurige term waarmee in bedrijven hele takken worden geschrapt of uitbesteed aan contractors en onderaannemingen. De bedrijven lijken wel kleiner te worden maar dat is slechts schijn. Vanaf de jaren 1980 lieten de meeste multinationals de diversificatie los om zich toe te leggen op hun corebusiness. De rest werd uitbesteed. Grote bedrijven werden omgeturnd tot omvangrijke productieketens met een moederbedrijf en daar rond een uitgebreide periferie van toeleveringsbedrijven in heel de wereld.

Mean betekent volgens het woordenboek Engels-Nederlands van *van Dale*:

"Mean (bn.) 0.1. gemeen: laag, slecht, verachtelijk; 0.2. gemeen: ongemanierd, lomp, plat; 0.3. zelfzuchtig: gierig, schriel, bekrompen."

Om de privéondernemingen van onze eeuw te beschrijven, kun je uit deze bijvoeglijke naamwoorden kiezen. Enfin, zo omschrijven ze zichzelf.

De bedrijven werden slank en gemeen, de winsten groeiden weer naar duizelingwekkende hoogten. "De niet-financiële Europese multinationals zitten op een record van 500 miljard euro cash. Dat is een stijging met bijna dertig procent tegenover eind 2007, de vooravond van de crisis. De Belgische en Europese ondernemingen hamsteren cash als nooit tevoren. Zij vinden de onzekerheid te groot om nu al te investeren", zo berichtte de financiële pers in 2010.[7]

Die explosie van winsten werd dus niet gebruikt voor productieve investeringen maar opgepot voor het moment waarop de sterkste bedrijven al dat cash geld kunnen gebruiken om concurrenten over te nemen en een nog groter marktaandeel te verwerven. Zo bereiden de multinationals de nieuwe scherpe concurrentie voor. Daarmee is ook de kiem gelegd voor "nog algemenere en geweldigere crisissen" van overcapaciteit: meer mogelijkheden om te produceren versus minder koopkracht.

Niet dat alle geld wordt opgepot. De bedrijven draaien de dividendenkraan voor de aandeelhouders ver open. Veel winsten verdwijnen rechtstreeks in de zakken van de aandeelhouders.

De overheden nemen de schulden van de privésector over

In april 2009 zocht in Londen een G20-top naar maatregelen "om de wereldeconomie uit de recessie te helpen". De G20 noemde een concreet bedrag voor een wereldwijde begrotingsimpuls: een fabelachtige 5000 miljard dollar. Om daarmee zuurstof te geven aan de zwaar zieke economieën. Maar dan lopen de staatsschulden natuurlijk met vele procenten tegelijk op. Dat was een bewuste keuze om "het ergste te voorkomen". Maar de overheidsschulden stonden toen al op een onhoudbare hoogte.

Massale tussenkomst van de staten had namelijk zopas de complete ineenstorting van de financiële sector voorlopig weten af te wenden. Door tijdelijke nationalisaties, injecties van kapitaal en bankgaranties konden de overheden de paniek een tijd lang stoppen. Die overheidsinterventie werd aan het publiek verkocht met de belofte dat de overheden de financiële wereld grondig zouden hervormen. Alle politici bezwoeren in 2008 en 2009 dat harde maatregelen zouden genomen worden tegen de financiële sector, tegen speculatie en hedgefunds. Maar eenmaal de bankiers, verzekeraars en speculanten het geld ontvangen hadden, schakelden ze zonder verpinken over naar business as usual. Ze konden opnieuw hun gangen gaan, de stresstests waren niet meer dan een symbolische show op de catwalk van de media en de bonussen voor de risicomanagers werden alleen maar groter. Wie is vergeten dat Pierre Mariani van Dexia in 2010 bovenop zijn salaris van 1 miljoen euro een bonus ontving van 600.000 euro plus een functiepremie van 200.000 euro? CEO Blankfein van zakenbank Goldman Sachs kreeg in 2010 zelfs een bonus van 19 miljoen dollar. Komaan zeg.

Er veranderde helemaal niets, het werd alleen maar nog ontaarder. De grote bankiers hadden geleerd dat ze onaantastbaar waren wegens "too big to fail": te groot om failliet te gaan. Ze kunnen dus ongemoeid blijven speculeren, als het mis gaat, komen de overheden toch ter hulp. In Davos zei David Rubinstein van de Carlyle Group, een van 's werelds grootste investeringsmaatschappijen, het onverbloemd: "We hebben geleerd dat een hartaanval niet dodelijk is."

De financiële instellingen werden too big to fail en het financiële establishment werd too big to jail. "Het is een schande dat de gevangenissen niet vol zitten met Wall Street-bankiers", zei regisseur Charles Ferguson van *Inside Job*.

Het overheidsgeld ging niet alleen naar de financiewereld. Vooral in de VS kwamen daar economische steunprogramma's voor de industrie bovenop, onder meer om General Motors van een gewisse dood te redden. De VS en Duitsland stimuleerden de automobielindustrie door een schrootpremie: je kon tot 2.500 euro voor je oude wagen krijgen, bij aankoop van een nieuwe. Ondanks alle steun werd de Opelfabriek in Antwerpen gesloten.

"De huidige crisis is veroorzaakt door een te grote schuld bij de privésector, die dan overgenomen werd door de overheden om de Grote Depressie 2.0 te voorkomen", zo vat econoom Nouriel Roubini het probleem samen. Zijn collega Joseph Stiglitz schrijft: "Banken, autobedrijven en andere industrieën kunnen terugvallen op de overheid als ze in de problemen geraken. Althans: in de ontwikkelde industrielanden. De ontwikkelingslanden hebben daar de middelen niet voor. Bedrijven uit het Noorden kunnen dus gewoon grotere risico's nemen, want ze wéten dat ze gered worden als het fout gaat."[8]

New World, New Capitalism?

Sarkozy en Merkel kunnen het op 8 januari 2009 opvallend goed met elkaar vinden op het prestigieuze symposium "Nieuwe wereld, nieuw kapitalisme" in de Ecole Militaire aan de voet van de Eiffeltoren.

De gasten, gezeten naast vooraanstaande economen als Joseph Stiglitz en Amayrta Sen en naast de kopstukken van de ECB en de Wereldhandelsorganisatie, nemen geen blad voor de mond.

Merkel brengt zelfs ideeën ter sprake als de invoering van een economische wereldraad, die toezicht zou houden op het handelen van banken en financiële instellingen. Europa moet daarbij het voortouw nemen: wie volgen wil, die volge.

Met de ruggen tegen elkaar lossen Merkel en Sarkozy waarschuwingsschoten af. Merkel belooft "stevig te zullen reageren" als de financiewereld straks, weer hersteld van de crisis, zou durven aandringen op minder toezicht en regulering. "Wij moeten de fouten van het verleden niet herhalen." Sarkozy maant – aan het adres van Obama – dat "geen land tegenwoordig nog zijn ideeën alleen kan opleggen". Hij waarschuwt de waarde toehoorders: "Ofwel herbronnen we het kapitalisme, ofwel vernietigen we het. Het puur financiële kapitalisme heeft de logica van het systeem geperverteerd... Het is immoreel. Het is een systeem waar de marktlogica alles verschoont."

Tony Blair is er ook. De Britse ex-premier verbleekt bij al dat vuurwerk. Aangezien je de crisis kunt terugvoeren op het functioneren van financiële markten, is een "technische aanpak" daarvan volgens hem grotendeels voldoende. Maar hij gaat akkoord: "Het internationale systeem van supervisie moet onvermijdelijk in een nieuwe vorm gegoten worden."

De pyromanen die elke regelgeving op de markten actief hebben afgebouwd, zijn in de Ecole Militaire ineens allemaal brandweerlui. Zo lijkt het toch. Maar een goed verstaander ontdekt achter de ronkende woorden tegen het kapitalisme de bezorgdheid dat kapitalisme juist te redden. Hoe dan wel? De bekeerde brandstichters wijten de crisis aan de uitspattingen van de financiële wereld. Er is te veel hebzucht bij de bankiers. Er zijn te veel excessen. De financiële wereld weegt te zwaar. De vijand is: het financierskapitaal, dat parasiteert op de samenleving. Arbeiders, bedienden en industriële patroons moeten samen opkomen tegen dat "financiële kapitalisme". Dat vindt ook de voormalige eerste minister van Frankrijk, Michel Rocard van de PS: "We zullen al wat produceert moeten verdedigen tegen al wat speculeert. Dat is de nieuwe klassenstrijd."

Het liedje dat op het symposium "Nieuwe wereld, nieuw kapitalisme" gezongen werd, is niet zo nieuw. Het werd in de jaren 1920 ook al gezongen. Onder meer door de stichter van Ford, Henry Ford: "De werkgevers en werknemers hebben een gemeenschappelijk belang tegen de speculatieve kapitalisten." Zo zong de man die het systeem van de lopende band invoerde, "de ketting" zeggen ze in de automobielbedrijven. *Modern Times* van Charlie Chaplin bracht in beeld wat dat "gemeenschappelijk belang" dan wel is.

In de voetsporen van Ford beweren Merkel, Sarkozy en Blair dat de industriële patroons soelaas brengen maar dat de financiële speculanten alles om zeep helpen. De oplossing is dan simpel: leg de speculatie aan banden en zet een goed geregelde markteconomie op.

Mensen die het socialisme niet willen zien als alternatief voor het kapitalisme, zoeken telkens weer een andere uitweg. Die nieuwe uitweg draagt altijd, ondertussen al een halve eeuw lang, dezelfde naam: "de derde weg", alias het "kapitalisme met een menselijk gelaat".

De vorige versie van de "derde weg" was die in het manifest van het Neue Mitte van Blair en Schröder. Die "derde weg" bleek de facto gewoon de eerste weg te zijn: de weg van het kapitalisme zelf. De weg van lagere lonen, minder arbeidsbescherming, de weg van het uit handen geven van publieke goederen. Maar plop, als een vervelend popupschermpje op je laptop is de derde weg er weer opnieuw. "Wij tasten in het duister rond naar een derde weg. Een weg tussen het socialisme met zijn te opdringerige staat en de minimalistische staat – stijl Reagan en Thatcher – van rechts", aldus de vroegere chef-economist van de Wereldbank, Joseph Stiglitz. Ja, een ander kapitalisme is mogelijk, zingen Merkel, Sarkozy en Blair in koor. Professor economie Christian Arnsperger van de UCL lacht er eens smakelijk mee: "Het kapitalisme redden van de kapitalisten, dat lijkt wel het eindeloze credo van onze toezichthouders."

De mythe van de derde weg doet altijd een beroep op het "goede kapitaal" om het "slechte kapitaal" te verslaan, en de staat moet daarbij helpen. Maar industrieel en financieel kapitaal zijn met elkaar verbonden en verstrengeld, ze hebben een diepe liefde-haatverhouding, met de liefde eerst.

Hun liefde gaat niet langs de maag maar langs de portefeuille: hun gedeeld belang om zoveel mogelijk winst uit de productie te halen. Want uiteindelijk komt alle rijkdom uit de productie. Geld creëert geen geld, alleen arbeid creëert rijkdom. De financiële gieren eisen vijftien procent rendement in de productie want daar ligt hun levensader.

En de haat? Die wordt natuurlijk gevoed door de vraag wie met die vijftien procent aan de haal gaat. Daar hebben industriële giganten soms andere belangen dan hun geldschieters en aandeelhouders. Maar de industriële groepen zijn afhankelijk van hun financiers om te groeien en hun eigen concurrenten te kunnen verslaan.

De industriële en financiële sector zijn onderling zozeer afhankelijk dat ze met elkaar zijn vergroeid. De financiële reuzen kennen kredieten toe maar nemen ook aandelen in industriële en commerciële activiteiten. En tegelijk zetten transnationale ondernemingen hun eigen financiële departement op. General Motors maakte jarenlang veel grotere winsten in zijn financiële departement dan in de productie. Het worden Siamese tweelingen.

Albert Frère, een goede vriend van Nicolas Sarkozy, zal wel geglimlacht hebben bij de retorische schermkunsten en uitvallen van de Franse president. Frère weet wel beter. Wat er tussen de financiële en industriële wereld gegroeid is, is niet te scheiden. Neem nu Frère zelf. Hij is een financieel magnaat: baas van holdings en partner van BNP Paribas. Maar zijn holdings investeren wel in industriële sectoren: energie, cement, voeding. Dus is hij ook een industrieel. Wie kan de ene Albert Frère afscheiden van de andere? Niemand.

Daarom is de "derde weg" van Stiglitz en zijn "kapitalisme met een menselijk gelaat" alleen maar een illusie: de illusie dat je de twee sectoren zou kunnen scheiden. Christian Arnsperger maakt er brandhout van: "Laten we nu eindelijk eens ophouden met de hypocrisie en voor eens en voor altijd toegeven dat de beursspeculatie, die onze banken aan de afgrond heeft gebracht, de bestaansreden is van het kapitalisme zelf. Het is onfatsoenlijk ten strijde te trekken tegen speculatie en te doen alsof het financiële kapitalisme – en het kapitalisme in het algemeen – überhaupt kan overleven zonder speculatie."[9]

Staatsobligaties, de allerlaatste zeepbel

Het ging de afgelopen dertig jaar van zeepbel naar zeepbel om de crisis van overcapaciteit uit te stellen. Het was het feest van de permanente overconsumptie van het rijkste tien procent van de bevolking. Op dat feest werd de koek al opgegeten nog voor hij gebakken was.

Japan spant de kroon met een totale schuld van overheid, bedrijven, financiële instellingen en burgers van ruim 450 procent van het bbp. Groot-Brittannië volgt met 380 procent, Nederland met 350 procent. Het betekent dat op dat feest de hele geproduceerde rijkdom van drie of vier jaren al is opgesoupeerd nog voor die rijkdom geproduceerd is.

Intussen zijn de feestvierders bij de staatsobligaties aangekomen, de allerlaatste zeepbel in dat dichtgeslibde systeem. De gigantische injectie van duizenden miljarden, het grootste bedrag uit de geschiedenis van de mensheid, heeft voor een tijdelijk herstel gezorgd. Maar halverwege 2011 zijn de effecten ervan al uitgewerkt. De groei stagneert, opnieuw loopt de economie vast.

En hoe wil men dat nu oplossen? Door de kunstmatige overconsumptie van gisteren te laten betalen met een dalende consumptie vandaag. Maar al was de overconsumptie van gisteren vooral die van de toplagen van de bevolking, men wil ze vandaag betalen door de koopkracht van de andere lagen terug te schroeven. Overal liggen drastische en langlopende besparingsplannen voor. De Amerikaanse regering heeft aangekondigd dat ze het jaarlijkse begrotingstekort van 1.625 miljard dollar tegen 2020 wil terugdringen met duizend miljard dollar. Ook de Europese landen voorzien strenge begrotingsbeperkingen: 86 miljard euro in Duitsland tegen 2014, 100 miljard euro in Frankrijk tegen 2013, 95 miljard euro in Groot-Brittannië tegen 2015, 70 miljard euro in Spanje tegen 2014.

Bij het ter perse gaan van dit boek accepteerde het Italiaanse parlement onder druk van de financiële markten en de Europese instanties een besparingspakket van 180 miljard euro, te realiseren tegen 2014. Dat is 12 procent van het bbp. Een programma in die orde van grootte heeft de Griekse economie in een ruïnelandschap herschapen en de Griekse schulden verder omhooggejaagd. Dat staat nu Italië te wachten. Het is een nieuwe tijdbom onder de toekomst van de Europese Unie.

Ons land wil tegen 2015 zeker 20 miljard euro besparen.

Het zijn reusachtige, ongeziene bedragen die wij ons amper kunnen voorstellen Maar ze maken de zaken alleen maar erger. Ze zullen de economie de adem afsnijden. Als alle landen tegelijkertijd de broekriem aanhalen, zullen ze allemaal in een vergelijkbare toestand terechtkomen: de uitgaven zullen stijgen door toenemende werkloosheid en de inkomsten zullen dalen door minder belastingen, minder koopkracht en minder vraag. De teller – het begrotingstekort of de staatsschuld – kan dan wel afnemen, maar de noemer – het bbp – doet dat ook, want er wordt minder rijkdom geproduceerd. Alles geraakt in vrije val. Het is een zelfvernietigend proces dat zich een weg vreet door de hele economie.

Nouriel Roubini, één van de weinigen die vóór 2008 op de aankomende crisis heeft gewezen, trekt er als conclusie uit: "Marx had gelijk. In een bepaald opzicht vernietigt het kapitalisme zichzelf. Je kunt niet inkomen blijven verschuiven van arbeid naar kapitaal zonder dat er een overcapaciteit ontstaat en een tekort aan vraag. Dat is wat gebeurt. We dachten dat markten werkten. Ze werken niet. Het individu kan rationeel zijn en het bedrijf kan om te overleven zijn arbeidskosten meer en meer omlaag duwen. Maar de arbeidskosten zijn het inkomen en de consumptie van iemand anders. Daarom is het een zelfvernietigend proces."[10]

2. Een diepe samenlevingscrisis

> Vivre Debout, dat is de waardigheid.
> Waardig leven is buitengewoon moeilijk en uitputtend
> want de hele maatschappij is ingesteld
> op kopen en loven en bieden.
> En op compromissen en transacties afsluiten.
> De bazen houden het hoogste woord vast.
> De man die staande leeft, staat overal in de weg.
>
> Jacques Brel over Vivre Debout

> Beter staand sterven dan geknield leven.
>
> Dolores Ibarruri, La Pasionaria

De kloof, de tunnel en het zwarte gat

De wereld heeft nooit zoveel rijkdom geproduceerd als vandaag. Indien die rijkdom gelijk verdeeld zou zijn, dan zou dat genoeg zijn voor een maandelijks inkomen van 2.072 euro voor elk gezin met twee volwassenen en drie kinderen.[11] Maar bijna de helft van de wereldbevolking beschikt niet over sanitair. Een derde heeft geen elektriciteit en een vijfde geen drinkbaar water. De sociale crisis legt een wereld van onevenwicht bloot: de gapende kloof tussen overvloed en tekort.

Bijna een miljard mensen moeten het rooien met minder dan eenentwintig euro per maand, dat is minder dan zeventig eurocent per dag. Nochtans, elk mensenkind, van pasgeborene tot bejaarde, beschikt over een potentieel inkomen van vierhonderd euro per maand. Tegelijk hebben de 950 rijkste mensen van de planeet een gezamenlijk vermogen dat het jaarlijkse inkomen van veertig procent van de wereldbevolking overtreft.[12]

Die wijde gaping diept zich elke dag verder uit. Ze groeit niet alleen tussen de armere regio's en de rijkere, ze neemt ook binnen de rijkere regio's hallucinante proporties aan.

Tussen 2005 en 2012 werden twaalf miljoen Amerikanen uit hun huis gezet. "Het is nooit eerder in onze geschiedenis gebeurd. Miljoenen mensen staan op de rand van de uitzetting, niet omdat ze hun baan verloren, niet vanwege een persoonlijke crisis, niet vanwege gebeurtenissen in hun leven, maar omdat hun hypotheek hen daartoe dwingt. Het is nog nooit eerder gebeurd dat mensen gewoon hun baan en inkomen nog hebben maar wel hun huis kwijtraken", schrijft journalist Danny Schechter.[13]

Bij de recessie die volgde op de bankencrisis van 2008 gingen in Amerika zeven miljoen banen verloren. Nadien werden nauwelijks een half miljoen nieuwe jobs gecreëerd, waarvan amper 35.000 vaste voltijdse banen. Veertig procent van alle jobs in de VS is een baantje met een laag inkomen.

Officieel zit bijna een tiende van de Amerikaanse beroepsbevolking zonder werk, dat zijn 14,1 miljoen mensen. En wellicht duikt dat officiële cijfer ver onder de werkelijke cijfers. In de VS heeft een werkloze na zes maand geen uitkering meer. Voor 6,6 miljoen werklozen is dat het geval. Intussen blijven de werklozen almaar langer werkloos. Er is geen werk voor ze. Vroeger kon een werkloze nog met pak en zak verhuizen naar een staat waar nog werk te vinden was. Dat heeft nu geen zin meer. Nergens is er nog werk.

Een vijfde van de Amerikaanse gezinnen heeft een netto vermogen onder nul, heeft met andere woorden meer schulden dan vermogen. De crisis van 2008 deed daar in één klap 5,6 miljoen gezinnen bijkomen. In de Verenigde Staten leven 43 miljoen mensen onder de armoedegrens, dat is het hoogste aantal sinds de tellingen begonnen. De helft van de kinderen in de VS leeft op voedselbonnen.

Maar er is geen kop zonder munt. Het rijkste procent van de Amerikaanse bevolking gaat aan de haal met vierentwintig procent van alle inkomsten. Een kwarteeuw geleden was dat nog maar negen procent. En de politieke wereld blijft cultureel verblind voor deze gapende tegenstellingen. "Onze toppolitici zijn er gewoonweg van overtuigd dat wat goed is voor de grootste en gevaarlijkste spelers van Wall Street, ook goed is voor de Amerikaanse economie. Dat is pure en extreme culturele kaperij. Ongelukkig genoeg zijn het Witte Huis en het ministerie van Financiën de laatsten om dat te beseffen", vertelt voormalig IMF-econoom Simon Johnson.[14]

In 1980 verdienden de CEO's van de grootste bedrijven 42 keer meer dan de gemiddelde Amerikaan. Vandaag is dat 531 keer meer.[15] Het gaat niet om excessen, het gaat niet om uitzonderlijke, onverhoopte windfall profits uit de financiële sector maar om structurele mechanismen in het systeem zelf. "Het betreft niet alleen directeurs van Wall Street maar net zo goed directeurs van doorsnee bedrijven als de melkbusiness bijvoorbeeld", schrijft de *Washington Post*.[16]

De rijkste vijftienduizend Amerikanen hebben een jaarlijks inkomen van 27 miljoen dollar. Het is de cijferdans van een wereld die dringend ondersteboven moet gekeerd worden.

In de Europese Unie is de tendens net zo. We schreven het al, terwijl vierentachtig miljoen mensen er in armoede leven, groeit het aantal miljonairs.

In deze context van galopperende sociale tegenstellingen kondigen de zwarte herauten nieuwe plannen aan om de bevolking te laten betalen. "Ja, de Europese belastingbetaler moet nu mee opdraaien voor de Europese crisis om te voorkomen dat ze voor iedereen nog veel duurder wordt", schrijft *De Tijd*.[17] Dat is de kromste hersenkronkel. Naomi Klein corrigeert: "Tegenwoordig spreek ik dikwijls over de economische reddingsoperatie. Het is belangrijk dat we ze herkennen als wat ze is: een doorlopende diefstal, de grootste roof uit de monetaire geschiedenis."[18]

Wat vandaag naar zijn crisiskookpunt gaat, is allang aan het heetlopen. Na 1973 volgde een eerste golf van herstructureringen om de overproductie en overcapaciteit in te dammen. Mensen betaalden de crisis met hun baan en met de eerste grote besparingsmaatregelen. De crisis werd lange tijd – dertig jaar – "weggecijferd" met het zelfbedrog van het kunstmatige krediet. Maar zoals een Turks spreekwoord zegt: "Wie op de pof drinkt, wordt dubbel dronken." Toen die kredietzeepbel in 2008 uiteenspatte, verloren vijftien miljoen mensen in de VS en de EU hun baan en zij betaalden zo de tweede rekening. Intussen nationaliseerden de overheden de verliezen van de banken en die rekening, de derde, wordt doorgeschoven naar de bevolking.

Al die jaren horen we hetzelfde refreintje: "Nog even doorbijten!" In 1976 verkondigde premier Leo Tindemans dat het einde van de besparingstunnel bijna in zicht was. Tien jaar later bezwoer premier Wilfried Martens ons dat "driekwart van de tunnel" achter ons lag. In 1991 was het aan Jean-Luc Dehaene en Frank Vandenbroucke om uit die tunnel te geraken. En vandaag zegt de nieuwe ploeg Di Rupo dat we "nog even" op de tanden moeten bijten. Er is geen tunnel met licht aan het einde ervan. Er is alleen een zwart gat. Terwijl de bevolking zich dieper en dieper in het zwarte gat moet graven, gaat de schandalig rijke toplaag met de ontgonnen rijkdom aan de haal.

De nieuwe besparingsmaatregelen zullen de sociale compositie van de samenlevingen drastisch veranderen. Wie de ogen openhoudt, kan het al zien in Griekenland, Portugal, Letland, Hongarije en Ierland maar ook in de Verenigde Staten. De eerste slachtoffers zijn de gepensioneerden, werklozen en zieken. Bij deze groep groeit de armoede het snelst. In de volgende fase zal ook de actieve beroepsbevolking aan de beurt komen. Naarmate de loon- en arbeidsvoorwaarden achteruitgaan, geraken meer mensen met een baan in financiële moeilijkheden.

De roodgroene Duitse loondumping vloeide als een vlek over de Europese Unie en nu groeit overal het aantal werkende armen. De crisis verarmt de armen en scheert wat men de middenklasse noemt kaal. De middenklasse, dat is het deel van de werkende bevolking dat tot voor kort nog kon beschikken over een degelijk betaalde baan als eenverdiener of als tweeverdiener. De geesten worden voorbereid op deze fase alsof ze een fataal noodlot is: voor het eerst sinds de Tweede Wereldoorlog zal de toekomstige generatie het slechter hebben dan de huidige, klinkt dat fatalistisch liedje.

Politici, hun salarisstrook en de verleiding van het geld

De sociale crisis met haar schrijnende kloof tussen overvloed en tekort, gaat hand in hand met een andere crisis: de crisis van de politieke legitimiteit. Ook die legt een diepe breuk bloot: de kloof tussen de politieke macht en de bevolking.

Op 28 juni 2008 trekt een tv-ploeg van de Duitse RTL naar het Europese Parlement voor een reportage over het zitgeld dat de parlementsleden ontvangen voor hun aanwezigheid. Ze hebben namelijk allemaal een basisloon van 7.957 euro bruto per maand. Voor hun computer en hun telefoon- en postkosten ontvangen ze ook nog een vaste vergoeding van 4.299 euro per maand. Is een parlementslid aanwezig op een vergadering, dan krijgt hij daar per dag een extraatje van 304 euro voor. Dat moet de kosten voor "accommodatie, maaltijden en andere uitgaven die de aanwezigheid met zich meebrengt, dekken", lezen we op de website van de instelling. "Het Parlement keert de vergoeding alleen uit als het lid een officiële presentielijst heeft getekend", staat er nog. Een kleine rekensom leert dat dit zitgeld op het einde van de rit een flinke stuiver extra oplevert. Als je twee à drie dagen per week aanwezig bent, gaat je salaris algauw met 2.500 euro aandikken.
Richting 15.000 euro dus.

In de tv-reportage zie je hoe parlementsleden inchecken en daarna met hun trolley gewoon weer vertrekken. Niemand wil enige uitleg geven. "It's none of your business", zegt een parlementslid. Het is nochtans wel ons belastinggeld. Dat moet je eens zelf proberen: 's morgens badgen aan de poort en dan meteen, met een grote U-turn en met een arrogante snauw naar wie je daarover durft aan te spreken, weer naar huis. Er zou snel een C4'tje klaarliggen. Maar in het Europese Parlement ligt gewoon je zitgeld van 304 euro klaar.

Een paar parlementsleden krijgen het danig op de heupen van de nochtans beleefde vragen. Ze bellen de security en die laat zeven gorilla's opdraven om de tv-ploeg manu militari richting de buitendeur te begeleiden. Geen pottenkijkers gewenst in het mekka van de Europese democratie.

Karl Marx zei het al: "Het is niet de manier van denken van de mens die zijn manier van leven verklaart. Integendeel, zijn manier van leven verklaart zijn manier van denken." In debatten kom ik ze tegen: vurige liberalen die het knelpunt van de hoge energieprijzen met een armslag van tafel vegen. Omdat de gas- en elektriciteitsrekening nauwelijks één procent van hun maandbudget uitmaakt, kunnen ze zich zelfs niet voorstellen dat veel mensen iedere maand tien procent of meer van hun inkomen aan energie moeten besteden. De jonge generatie christendemocratische en sociaaldemocratische politici, de nieuwe Wetstraatboys die nooit een fabriek van binnen hebben gezien, pleiten er zonder verpinken voor mensen twee, drie jaar langer te laten werken. Zelf hebben ze de garantie op een pensioen van 3 à 4.000 euro... als ze amper 52 zijn. En dan zijn er de groene parlementsleden die breedvoerig pleiten langer te werken en dan maar te "onthaasten" tijdens de carrière, zonder dat ze ook maar een flauw benul hebben van de reële economie en de helse werkritmes in bijna alle sectoren.

Jean-Luc Dehaene is een boegbeeld van de zelfbedieningspolitici die zichzelf verrijken met hand- en spandiensten aan grote industriële en financiële instellingen maar van de bevolking wel matiging na matiging vragen. De cijfers zijn ontluisterend: in 2010 verdiende Dehaene zo'n 350.000 euro bruto. Daar moet een ander mens soms vijftien jaar voor werken. Behalve zijn inkomsten als Europees parlementslid verdiende Dehaene ook nog eens 88.000 euro als voorzitter van Dexia, 79.000 euro als bestuurder van AB Inbev, 35.000 bij Umicore, 28.000 bij Thrombogenetics en 22.500 bij Lotus Bakeries. Het is waar, voorjaar 2011 heeft hij op zijn zeventigste verjaardag zijn mandaten bij Umicore, Lotus en AB InBev neergelegd maar hij heeft bij AB Inbev nog wel een aantal aandelenopties gekregen waarvan de inkomsten de komende jaren stevig kunnen aantikken.

Heel zelden hoor je iemand die zich op zijn minst bewust is van die kloof. De fractieleider van de Europese sociaaldemocraten, Martin Schulz, zei op een verlicht moment: "Een van onze grootste problemen is dat wij – ik spreek over mezelf, mijn collega's en de top van onze sociaaldemocratische partijen – het leven van onze kiezers niet leiden. Ik geef altijd het voorbeeld van mijn buurman. Die is postbode. Hij verdient 1.480 euro per maand. Hij is getrouwd, heeft twee kinderen en woont in een appartement van zestig vierkante meter waarvoor hij 580 euro huur betaalt. Hij moet dus rondkomen met zo'n 900 euro per maand. Met twee schoolgaande kinderen. Dat is onmogelijk. En ik krijg 7.500 euro per maand als lid van het Europese Parlement, plus alle extra's die daar bij komen. Als je mijn leven vergelijkt met dat van mijn buurman... dan ben ik in zijn ogen superrijk."[19]

Maar verder wordt er met die vaststelling niets gedaan.

De kaderleden en gemeenteraadsleden van de PVDA leven aan een bescheiden loon, net als de mensen van de studiedienst, de advocaten en de dokters voor het volk. Waarom? Het leven van onze collega's, onze buren en onze eigen leden delen is voor ons een principiële zaak, om de stille corruptie en de verleiding van het geld tegen te gaan. Wij willen dat onze woorden overeenstemmen met onze levenswijze, en onze levenswijze met onze woorden.

Ik heb nergens geschreven of gezegd dat de politici met hun salarisstrookjes van tienduizend de grootste verdieners en winnaars zijn. In dit boek, in *Op mensenmaat* maar ook in de dagdagelijkse actie van de partij met de miljonairsroute en de miljonairstaks richten we onze pijlen veel hoger. Toch begrijp ik heel goed dat mensen zich storen aan de "tienduizendpolitiekers" en dat het vertrouwen in de politiek tot een ongekend dieptepunt is gedaald. Maar uiteraard ben ik een volleerde demagoog en linkse populist omdat ik nog maar durf over dat thema te praten. "Mijnheer Mertens, u bent de ergste populist die ik ooit heb gezien", sneerde Kris Peeters, de Unizo-president van Vlaanderen, in een debat voor scholieren in Mechelen. En dan was ik niet eens over manèges en luxesauna's begonnen, want dat wist ik toen nog niet.

De zoetwatersocialisten ofte la gauche caviar

"Hij heeft zelfs geprobeerd me te doen geloven dat hij socialist was!" Dat laat Kroll een verschrikt kamermeisje van een New Yorks sterrenhotel uitroepen in een magistrale cartoon in *Le Soir*. We hebben het dan over Dominique Strauss-Kahn uiteraard, de topman van het IMF die maar al te graag zelf de soberheidsriem van de trojka over de mensen van Ierland, Griekenland en Portugal had gelegd. Dat was natuurlijk buiten die affaire in New York gerekend. Maar het kamermeisje werd al snel "niet-geloofwaardig" bevonden. Dat had niets met de zaak zelf te maken maar met een leugentje over haar papieren, jaren geleden. En dus kwam er geen proces.

Dominique Strauss-Kahn, DSK, de sociaaldemocraat. Als minister van Economie en Financiën in de regering van Lionel Jospin, "la gauche plurielle", was hij verantwoordelijk voor een vloedgolf privatiseringen van publieke bedrijven in de jaren vlak voor de millenniumwisseling. Einde 1999 ontving hij dan ook de gouden medaille van de zakenkrant *Les Échos*: "le plus grand des privatiseurs". Onder zijn ministerschap gingen onder meer France-Télécom, Crédit Lyonnais, Arcelor, Thomson, GAN en Aérospatiale geheel of gedeeltelijk in privéhanden over. Bij France-Télécom gaf hij de sleutels aan Michel Bon, die de telecomreus op de rand van het faillissement zou brengen. Airbus gaf hij aan Jean-Luc Lagardère, de grote mediapatron. De aandeelhouders plukten het bedrijf kaal en Airbus raakte in 2006 in een financieel schandaal betrokken.

Einde 2007 werd Strauss-Kahn benoemd tot directeur-generaal van het Internationaal Muntfonds met een jaarlijks basissalaris van 420.930 dollar. Hij kon daar bovenop reguliere onkostenvergoedingen van 75.350 dollar per jaar indienen om er een levensstijl op na te houden "in overeenstemming met zijn positie als IMF-directeur", aldus het arbeidscontract. En daar waren reis- en hotelkosten niet bij inbegrepen.

Als baas van het IMF ging hij dictator Ben Ali in Tunis feliciteren met diens successen: "Tunesië is een goed voorbeeld dat navolging verdient van de landen die aan de oppervlakte komen."[20] De RCD, de partij van Ben Ali, was toen, net als de NDP van Moebarak, ook nog altijd vrolijk lid van de sociaaldemocratische internationale.

Dominique Strauss-Kahn is de belichaming van la gauche caviar. Thuis bij de financiële beau monde, op zijn gemak tussen de grote Franse patroons en af en toe 's avonds met de Porsche naar huis, naar zijn Parijse appartementje van 240 vierkante meter, geschat op vier miljoen euro. Of naar zijn andere stulp, ietsje kleiner en tweeënhalf miljoen euro waard, maar wel met zicht op het Bois de Boulogne.

Louis Paul Boon schreef het al in zijn *Kapellekensbaan*: "Dat er boven de partijen uit een partij der eerlijken zou moeten komen (...) De eerlijken worden nu in een hoekje gedrumd door hen die met de ellebogen weten te werken, en hun leugens en gevaarlijke gedachten heel hard kunnen uitschreeuwen." Die bittere woorden sloegen op de sociaaldemocratie van toen. "Want zie nu eens naar de partij der socialen waarvan sommigen zich aan het kapotwerken zijn, waarvoor de kleine militant in regen en wind aan het colporteren is, waarvoor ik aan het schrijven ben dat mijn vingers soms stijf staan van kramp. En al die opofferingen, die heldenmoed en kramp in de vingers zijn nutteloos, want hun politiek schommelt steeds verder van partijbelang naar personenbelang."

Dat schommelen is altijd maar verder gegaan. In *Op mensenmaat* schreef ik over sp.a'er en bankier Herman Verwilst dat hij rood zag van verontwaardiging. Niet over de speculatie met spaarcentjes bij zijn bank. Maar wel omdat zijn ontslagpremie bij Fortis van vijf miljoen naar "slechts" 800.000 euro zakte. Verwilst vroeg zich toen af: "Ben ik ideologisch gezien een progressieve liberaal of een realistische socialist?"

Bruno Tuybens, de man die voor de sociaaldemocratie ten strijde trekt tegen de bonussen in de banksector, stak als beurstrader bij KBC Securities tussen 1998 en 2001 zelf een riante geldbonus van 250.000 euro op zak. De meeste mensen moeten tien jaar werken voor zo'n bedrag. Zij vinden bonussen van een kwart miljoen dus niet kunnen. Maar voor Tuybens is dat een storm in een glas water. Hij reageert net als Herman Verwilst: "Ik zie het probleem écht niet".

Dat ijskoude, blindmakende water van de egoïstische berekening! Een andere manager-socialist is Luc Van den Bossche. De man vertegenwoordigt sinds 2005 de Belgische overheid als voorzitter van Brussels Airport Company en wil na enkele jaren anciënniteit voor die gemeenschapsfunctie jaarlijks 689.000 euro opstrijken. Nota bene, deze vergoeding wordt dan uitbetaald aan een managementvennootschap, zo hoeft er geen personenbelasting op betaald. Van den Bossche, destijds rechtstreeks vanuit zijn ministerfunctie naar de luchthaven gekatapulteerd, is daarmee de riantst betaalde voorzitter in het land, rekent *De Tijd* uit. In de zomer van 2011 raakt bekend dat hij ondanks zijn toploon de luchthaven wil verlaten om voorzitter te kunnen worden van het directiecomité van Optima Financial Planners, de kandidaat-overnemer van Ethias bank. Maar eerst wil hij nog een opstapvergoeding van Brussels Airport Company meepikken. "Wat de mensen denken interesseert me geen moer", zegt hij in een interview.[21]

Het is me wel wat, de Vlaamse socialisten en hun liefde voor het financiële establishment. Norbert De Batselier werd directeur bij de Nationale Bank van België. Steve Stevaert, de gezellige praatal die in *Humo* kwam zeggen: "Het kapitalisme bestrijden? Maar dat is totale onzin!", kwam in de bestuursraad van Ethias. Bruno Tuybens komt van KBC-verzekeringen, en nu wil ook Luc Van den Bossche de wijde bankierswereld intrekken.

Toen Eric De Bruyn samen met een handvol anderen in april 2011 eindelijk de deur dichtdeed bij dit clubje, verstuurde ik een persmededeling om hem te feliciteren met zijn keuze de zoetwatersocialisten ten langen leste toch vaarwel te zeggen. 's Anderendaags pikte Tom Naegels daar in *De Standaard* op in: "De soorten socialist die er bestaan! Men zegt dat de Eskimo's negenennegentig woorden hebben voor sneeuw; hier zal het niet veel schelen. Biefstuksocialist, salonsocialist, loftsocialist, islamosocialist, hangmatsocialist... Allemaal koosnamen, dat spreekt: de Vlaming koestert zijn rood als de Eskimo wit. En nu is er dus ook: de zoetwatersocialist. Ons geschonken door PVDA-voorzitter Peter Mertens, de kapitein Haddock van de Vlaamse linkerzijde die, terwijl hij zijn koene klipper bulderlachend het ruime sop instuurde, zijn scheepshoorn een laatste, klaaglijke meeeeeeu liet honen naar dat weifelende, twijfelende, angstig ronddobberende opblaasbootje van de sp.a, waar Erik De Bruyn net overboord geslagen was."[22]

De verwende lastminutegeneratie

"Wij zijn gewone mensen. Mensen die net als u elke ochtend opstaan om te gaan studeren, werken of werk zoeken, mensen met familie en vrienden. Mensen die elke dag hard werken voor een betere toekomst."

Zo begint het manifest van de 15 meibeweging in Spanje. Mei 2011, de wereld reageert verrast als de Spaanse jeugd, in navolging van de

Arabische revoltes, in zestig steden van het land de grootste pleinen bezet. De indignados schrijven: "Wij zijn allemaal bezorgd en verontwaardigd over het politieke, economische en sociale panorama rondom ons. Over corrupte politici, werkgevers en bankiers. Zonder dat de man en de vrouw in de straat daar verweer tegen hebben. Die situatie doet pijn. Maar allemaal samen kunnen we de zaken keren. De tijd is rijp om aan de slag te gaan en een betere samenleving voor allen op te bouwen."

"Verwende jongeren", reageert Louis Tobback, hoofd van een bepaalde sp.a-dynastie gepikeerd. Al die betogende jongeren! Hij begrijpt er niets van. "Het is een generatie die het liefst betoogt van maandag tot vrijdag want voor de zaterdag hebben ze alsnog een lastminutevlucht van Ryanair naar weet ik veel waar geboekt."[23] Beter kan je de diepte van het ravijn tussen de beweging en de politiek, inclusief de sociaaldemocratie, moeilijk verwoorden.

Toen de Spaanse vastgoedbubbel in 2008 openbarstte, kwamen dertigduizend huizen in gedwongen verkoop. Bijna vijf miljoen Spanjaarden hebben geen baan, dat is een vijfde van de beroepsbevolking. Een generatie jongeren groeit er op met nauwelijks nog perspectief op werk: bijna de helft van de Spaanse jongeren is werkloos. Maar ook de jonge mensen met een baan zijn het beu. In Spanje verdienen jonge loontrekkers slechts 45,5 procent van het salaris van een volwassene.

Het 15 meimanifest van de indignados eindigt als volgt: "Als burgers zijn we onderdeel van een machinerie die op de verrijking van een minderheid is gericht. Die minderheid kent onze noden niet eens. Wij zijn nummers geworden. Maar weet: zonder ons zou niets bestaan. Wij zijn het die de boel doen draaien."

Achter het hooghartige misprijzen voor de "verwende lastminutegeneratie" zit een hardnekkige blindheid. De blindheid die niet wil zien dat Europa zijn financiële instellingen boven water probeert te houden maar niet zijn jeugd. De Europese jeugd is speelbal van de vrijemarkteconomie, dat verouderde samenlevingsmodel dat in plaats van toekomst onzekerheid genereert. Zij vraagt nochtans alleen maar het meest elementaire: een vrije toegang tot onderwijs, werk en woningen. In een beschaafde samenleving zouden dat grondrechten moeten zijn maar vandaag worden dat voorrechten voor een beperkte minderheid.

"De mondiale jeugdwerkloosheid heeft haar hoogste niveau ooit gemeten bereikt, en wordt verwacht nog verder te stijgen". Dat staat nogal plechtstatig in het rapport dat de Internationale Arbeidsorganisatie van de Verenigde Naties (IAO) in oktober 2011 uitbracht. Het rapport klaagt "het ongeluk" aan "van een generatie die zich in deze periode van grote recessie op de arbeidsmarkt begeeft." Het spreekt van "een littekengeneratie, geconfronteerd als ze is met een mix van hoge werkloosheid, lage lonen, verhoogde inactiviteit en onzeker werk." Het noteert: "De collectieve frustratie bij de jongeren was een motor van de protestbeweging die dit jaar door de wereld trok. Want het wordt moeilijker en moeilijker voor de jeugd nog een andere baan te vinden dan een tijdelijke of deeltijdse job."

Het rapport besluit: "Het verschijnsel van de jeugdwerkloosheid is in de ontwikkelde landen en in de Europese Unie verergerd. Daar betaalt de jeugd de hoogste prijs voor de crisis."[24]

De onzekerheid van de baan, naast de werkloosheid de voornaamste factor van de crisis van de lonen, is even universeel als de griep. Hij heerst overal en op alle niveaus. Niemand is veilig. Ook hooggekwalificeerde jonge vakmensen in de meest geavanceerde sectoren zien vaste aanstellingen door freelance contracten vervangen.

Een vijfde van de mensen tussen 15 en 24 jaar in Europa zit zonder baan.

In Slovenië en Polen heeft zes op tien werknemers onder de vijfentwintig een tijdelijk contract. In Duitsland, Frankrijk, Nederland, Denemarken, Noorwegen, Zweden, Spanje en Portugal is dat de helft.

De lage lonen en tijdelijke contracten zorgen voor veel working poor bij de jeugd. In Roemenië leeft achttien procent van de jonge mensen met een baan toch onder de armoedegrens, in Griekenland is dat veertien procent, in Spanje twaalf procent, in Letland en Polen elf procent.[25]

Terwijl de regeringen bergen geld in de markten pompen om de afgoden van Dow Jones, Euronext en Nikkei niet uit hun humeur te brengen, verhindert het kapitalisme miljoenen jonge mensen aan een toekomst te bouwen. Hun dromen kunnen zij maar waarmaken als ze buiten de lijntjes van dat kapitalisme durven kleuren. En dat doen ze, kritisch en moedig in "the belly of the beast", in Wall Street. Want het is bekend dat er geen moedeloosheid is die geen moed zoekt.

"Een duizendkoppig, dom monster": de democratische crisis

Januari is de maand van de nieuwjaarsrecepties. Bij Voka is dat niet anders. In de Tabaknatie houdt Voka Antwerpen-Waasland op 19 januari 2010 een nieuwjaarsreceptie. We luisteren even mee:

"Minister van Staat, geachte Burgemeesters, Volksvertegenwoordigers,
 Hoogwaardigheidsbekleders, Leden van onze Kamer, beste vrienden.
 Van harte welkom op de nieuwjaarsreceptie van Voka - Kamer van Koophandel Antwerpen-Waasland in deze schitterende bedrijfsgebouwen van Tabaknatie, onze gastheer.
 1. Weg met de Anarchisten! 2. Stop de Regeldiarree! 3. Leve de Ondernemers! Mevrouwen, Mijne Heren, u mag kiezen met welk van de drie items ik begin (bij handopsteking), nummer 1, 2 of 3? Als het u een troost mag wezen, ge zult ze alle drie moeten aanhoren."[26]

Voilà. Dat is nog eens een begin van een toespraak, zeg! En let u even op die aanspreking – met hoofdletters – van de respectabele groep ondernemers die een paar dagen later onder het motto "laat ons ondernemen" van de daken zullen schreeuwen dat ze "meer respect" verdienen. Maar snel terug naar de toespraak. De feestredenaar gaat zijn eerste item, "Weg met de anarchisten!", aansnijden.

"Onder het mom van inspraak hebben wij een duizendkoppig, dom en onverslaanbaar monster gecreëerd. Dom ja, dat durf ik hier te stellen: de mensen die we betrekken in het beslissingsproces zijn in de meeste gevallen NIET geïnformeerd. (...) Kom opnieuw tot leiderschap. De beleidsmakers moeten terug het heft in handen nemen, en leiden in plaats van zich te laten misleiden. Stop de waanzin van de volksdemocratie en anarchie en begin weer ZELF te besturen!"

Waarom die straffe woorden over "de waanzin van de democratie"? Waarover windt de spreker zich zo op? Wel, de betonlobby heeft in Antwerpen net een klinkende nederlaag geleden bij het referendum over de Oosterweelverbinding. Bij het Hoogwaardig Gezelschap zit de schrik erin dat dit het verfoeilijke begin is van veel meer. Dat de mensen inspraak zullen eisen. Dat ze zich zullen verenigen en opkomen voor hun rechten. Dat is toch anarchie! Waar gaat het heen als de patroons niet meer bepalen wat kan en wat niet kan? "Kom opnieuw tot leiderschap!"

En zo belandt de spreker van Voka Antwerpen-Waasland bij het tweede punt van zijn nieuwjaarstoespraak: "Stop de regeldiarree". De spreker zit hier in de versnelling van een roetsjbaan: "Het afschaffen van regeltjes moet een sport worden. Zet de bijl erin!" Waarin? Nee, niet in de regeltjes die het leven van de kleine man lastig maken. Het gaat om de grote regelgeving. Zou onze Voka-spreker *Capitalism, a love story* van Michael Moore gezien hebben? In die knalfilm laat Moore een foto zien van bankiers die gewapend met een kettingzaag bovenop een stapel papier staan. Een stapel regelgeving. De kettingzaag erin! De-regulering. Het laatste restje controle op de banken en financiële markten afschaffen. Weg met de laatste pottenkijkers.

De spreker is vergeten dat, toen alle controle weg was, de gokkers en cowboys van het kapitalisme met ons spaargeld en met onze pensioenen hebben gespeeld. En alles hebben vergokt. De spreker is ook vergeten dat ze daarna met uitgestreken pokerface bij de overheid zijn komen aankloppen. De spreker weet het zeker: er moet een sport gemaakt worden van het afschaffen van alle regelgeving. Heeft hij al een glas champagne op? Of denkt hij aan het Voka-idee de bescherming tegen willekeurig ontslag, de regelgeving die ervoor zorgt dat je niet zomaar op straat kan worden gezet, af te schaffen? En vergeet hij dat juist in crisistijd tienduizenden mensen beschermd moeten worden tegen ontslag?

De maandag na deze eerlijke toespraak voor meer autoritarisme en minder sociale bescherming houdt het front van de patroonsorganisaties een gezamenlijke persconferentie. In groot ornaat nog wel, om de noodkreet, annex petitie te lanceren: Laat ons ondernemen! 's Avonds vertelt Pieter Timmermans van het VBO in het tv-journaal: "De werklozen moeten onmiddellijk bij de kraag worden gevat."

Je moet eens op dat politionele taaltje letten: "bij de kraag vatten". Timmermans heeft het niet over mensen zoals Ronald Janssen of Marc Dutroux. En zeker niet over miljardenfraudeurs of louche bankiers. Neen, hij spreekt over mensen die hun werk hebben verloren en recht hebben op een uitkering: die wil hij "bij de kraag vatten".

De waanzin van volksdemocratie, het domme volk, de bijl in de regels, de werklozen bij de kraag vatten... dat is allemaal oorlogstaal van wie op ramkoers zit. Uit de mond van de CEO's hoor je heden ten dage furie en agressiviteit. De verantwoordelijken voor de crisis willen nog meer macht naar zich toe trekken. In de VS heeft Wall Street het Congres opzijgezet om zelf het economisch beleid te bepalen. Dat de Europese Commissie en de Europese Centrale Bank hetzelfde doen met het Euro Plus Pact, staat in het tweede deel van dit boek. Bij de Europese Commissie beweren ze bekkig: "Wij hebben de steun van de stille meerderheid van de Europese bevolking". De silent majority! Dictators bedienen zich graag van hun "zwijgende meerderheid" om zich te legitimeren: wij zijn goed bezig want het volk mort niet. Johannes Laitenberger, de kabinetschef van de voorzitter van de Europese Commissie, volgt dezelfde redenering: "Onze eerste en beste bondgenoot in deze is de zwijgende meerderheid, die al te dikwijls wordt overstemd door een heel vocale minderheid van sceptici en criticasters maar die veel solider is dan wij denken." Dat vertelde Laitenberger in een discussie over de sixpack.[27]

Miljoenen luidkeelse Grieken, honderdduizenden Spaanse pleinbezetters, miljoenen Franse betogers, een half miljoen manifestanten in Londen, in de grootste naoorlogse betoging ooit, dat schuift Laitenberger allemaal opzij. Want zij die stil thuis in de zetel zitten, zij steunen onze politiek! Betere aansporing voor deelname aan de actie en de beweging is er niet.

Elke burger is verdacht: de snuffelstaat

Politiecommissaris Nicholas Paelinck van zone Westkust kijkt zenuwachtig in de camera. Hij is een controversieel figuur want zijn zone heeft de Very Irritating Police uitgevonden: agenten met als opdracht hangjongeren met irritante controles te stalken. Panorama vraagt hem hoe het komt dat elk voertuig dat de zone Westkust binnenrijdt, gecontroleerd wordt. "Wij leven niet meer in de negentiende eeuw", repliceert de commissaris. En dan voegt hij eraan toe: "Voor ons is elke burger verdacht tot bewijs van het tegendeel."

Van de dienaars van de wet wordt verwacht dat ze die wet kennen en respecteren. De commissaris gaat zwaar in de fout want de wet zegt precies het omgekeerde van wat hij de tv-kijker voorhoudt: elke burger is onschuldig tot het tegendeel bewezen is. Dat is een basisprincipe van de rechtsstaat. In zone Westkust heeft de jacht naar de totale controle over de bevolking dat principe doen omslaan in zijn tegendeel.

"In Nieuwpoort word je nu al aangesproken als je na tien uur 's avonds nog met een blikje bier in de hand rondloopt. Hoeveel strenger moet het worden? Tot niemand er nog uitgaat?", schreef Yves Desmet. "Het is waarschijnlijk een teken des tijds. Een biertje drinken op het strand met je maten was vroeger gewoon jong zijn. Vandaag ben je dan een overlast veroorzakende hangjongere en moet een very irritant agent je het vuur aan de schenen komen leggen. Er zijn stukken Vlaanderen die nog als enige ambitie hebben een bejaardentehuis te worden. Tot er dan waarschijnlijk hangsenioren opduiken."[28]

Zone West en de Very Irritating Police zijn maar een miniem stukje van een puzzel van wel duizend stukken die samen het grote tableau van big brother vormen. Enkele dagen later komt in *De Tijd* alweer een nieuw stukje van de puzzel ter sprake: "Niemand heeft het opgemerkt maar de voorbije maanden heeft de Staatsveiligheid honderden geheime operaties uitgevoerd die zo ingrijpend zijn dat alleen het gerecht die tot nu mocht uitvoeren. Het gaat daarbij over camera's plaatsen in woningen, fictieve bedrijven oprichten, inbreken in computers en telefoongesprekken traceren. De Staatsveiligheid heeft de nieuwe inlichtingenmethoden op een paar maanden 417 keer gebruikt. En dat zal nog intensiever gebeuren, verzekert ons de chef van de dienst, Alain Winants."[29]

Want vergeet het maar dat deze nieuwe inlichtingenmethoden alleen voor criminaliteitsbestrijding dienen. Ze dienen ook voor politieke doeleinden. Hoe kan dat nu? Dat is mogelijk omdat de politie containerbegrippen als "radicalisering" en "extremisme" op haar werkterrein betrekt. Wanneer die begrippen politiek worden ingevuld, kan daar natuurlijk alles onder gevat worden. Die nieuwe inlichtingenmethoden – spionagemethoden, zeg maar – "miskennen de fundamentele beginselen van de rechtsstaat", zegt de Orde van Vlaamse Balies hoogst ongerust.[30] Maar de Staatsveiligheid blijft haar spionagespeelgoed ongehinderd gebruiken: mails en telefoons tappen, computers hacken, afluisterapparatuur plaatsen. Met nauwelijks enige controle van het parlement op wat de Staatsveiligheid allemaal onderneemt. En dat botst met fundamentele rechten zoals vrije meningsuiting, organisatievrijheid, actievrijheid en stakingsrecht.

In september 2001, ons land was toen voorzitter van de Europese Unie, kwamen de Europese ministers van Financiën bijeen in Luik. Op de agenda: de privatiseringen in Europa. Tegen de plannen van de top werd actie gevoerd in Luik. Achteraf kwam aan het licht dat vier Luikse andersglobalisten, onder wie mijn goede vriend en kameraad Raoul Hedebouw, wekenlang werden afgeluisterd. Ook alle mails van Raoul en zijn vrienden waren onderschept. Zo stond in het dossier te lezen hoeveel keer Raoul in die periode met mij had gebeld en wat hij had doorgemaild. Alles hadden de speurneuzen gehoord of gelezen, en dat alleen maar om een vreedzame, democratische betoging te coveren. Gelukkig vond een Luikse rechtbank dat al te gortig en hij veroordeelde de Belgische staat tot een schadevergoeding van 2.000 euro, te betalen aan elk van de vier sociale activisten.

De aanslag op de privacy gebeurt sluipend, stil, slinks. Dat overheid en bedrijven in je e-mails snuffelen, je gegevens in honderden databanken opslaan, je met camera's gadeslaan zodra je uit je huis durft komen... het is een bron van onbehagen maar het maakt het leven niet onmogelijk.

Nochtans, de aanslag op je privacy is als een agressieve, woekerende kanker. Je moet hem intomen voor het te laat is.

In 2010 verdubbelde het aantal patroons dat persoonlijke gegevens van personeel in databanken bijhoudt. De privacycommissie ontving daar 11.982 aangiftes over. Nóg in 2010 waren er 856 aangiftes door patroons die controlesystemen gebruiken om hun personeel in de gaten te houden.[31] Het gaat hier meestal om camera's, maar ook om track and trace systemen waarbij elk personeelslid gps-gewijs gevolgd wordt. In januari 2011 staakten de Brugse huisvuilophalers omdat dat volgsysteem het arbeidsritme en de stress zo fel omhoog joeg. De meeste patroons vinden het geen probleem het e-mailverkeer van hun personeel te screenen. De privacycommissie vindt die evolutie zo onrustwekkend dat zij er einde 2011 onderzoek naar voert.

Intussen gebruikt de overheid het internet als een grote grabbelton waarin ze kwistig mag grabbelen om gegevens over de burgers te weten te komen. Ze gaat niet alleen op zoek naar gegevens van criminelen of terroristen maar van ieder van ons. En vooral van de actieve en sociale medemens.

Dat gesnuffel is zelfs het officiële beleid van de Europese Unie. Die heeft in 2006 een "dataretentierichtlijn" uitgevaardigd om alle lidstaten te verplichten een speciale wet te maken over dat snuffelen. Die wet verplicht internetproviders en telecomoperatoren om gedurende zes maanden tot twee jaar op hun servers te bewaren met wie u belde, hoelang u dat deed, met welke nummers, welke internetsites u bezocht en naar wie u e-mails en sms'jes hebt gestuurd. En dat geldt voor iedereen, voor alle vijfhonderd miljoen Europeanen. Het is zoals de wat losgeslagen commissaris van zone Westkust zei: "Iedereen wordt verdacht." Maar dit is wél het officiële beleid van de Europese Unie.

In Duitsland trokken 35.000 burgers naar het Grondwettelijk Hof om de snuffelwet te laten vernietigen. Met succes. In maart 2011 veroordeelde het Hof de Europese controlekanker in scherpe bewoordingen: "Een bijzonder zware ingreep tegen de rechten van de burgers met een reikwijdte die de rechtsorde tot nu toe niet gekend heeft." Als de wet er zou gekomen zijn zou dat volgens het Hof "een verregaande inkijk in het sociale milieu en in de individuele activiteiten van de burgers toelaten" en "het opstellen van gedetailleerde persoonlijkheids- en verplaatsingsprofielen van vrijwel alle burgers mogelijk maken".

De Europese Unie is niet alleen sociaaleconomisch autoritaristisch, maar ook op het vlak van de democratische rechten: ze streeft naar de uitbouw van een ongezien controleapparaat. Het valt op dat geen enkele van de traditionele partijen de strijd voor persoonlijke vrijheid en privacy daadwerkelijk wil opnemen. Persoonlijke vrijheid is nochtans de moederkoek voor andere politieke vrijheden. Je hebt het recht een sociale, syndicale en politieke mening te hebben zonder dat je permanent gemonitord wordt.

Vooral na nine-eleven heeft de Europese Unie een geheel nieuw Europees politieapparaat uit de grond gestampt. Europol, Eurojust,

Frontex, Cepol en Sitcen: voor de doorsnee Europeaan zijn het onbekende organisaties maar het gaat om machtige Europese instellingen van politie, justitie, grenscontrole en geheime diensten. Op deze Europese diensten, waar duizenden mensen en miljoenen euro's bij betrokken zijn, is er geen enkele democratische controle. Ook niet door het Europees Parlement. Het hele panorama van al die nieuw uitgebouwde diensten heeft de repressiescene in Europa in tien jaar tijd drastisch veranderd. Het is naïef te geloven dat dit nieuwe apparaat alleen dient om de criminaliteit te bekampen of om de migranten tegen te houden.

Anders Breivik en de depolitisering van extreem rechts geweld

Vrijdagavond 12 mei 2006. In de Antwerpse Zwartzustersstraat brengen mensen bloemen, kaarsen en knuffelbeertjes naar de plaats waar de kleine Luna en haar oppas Oulematou Niangadou door Hans Van Temsche werden neergeschoten.

Luna is niet meer. "Ze was op de verkeerde plaats", verklaarde de dader. En Oulematou is ook niet meer. "Ze was van vreemde origine", zei de dader.

Misschien woonde Oulematou wel langer in de stad dan ikzelf. Maar ze was "van vreemde origine". En ik niet. Ik denk aan mijn zoontje Karim. Hij is amper ouder dan Luna. Ik twijfel. Zou hij op de verkeerde plaats kunnen rondlopen? En zou hij van een verkeerde origine zijn? Hij is geboren in Borgerhout, maar zijn mama is geboren in Tanger.

VTM-anker Stef Wauters stelde een pertinente vraag: "Die haat, dat komt toch van een partij die haat zaait, van het Vlaams Belang?" Burgemeester Patrick Janssens antwoordde: "Dat zeg jij, meneer, dat zeg ik niet. Wij moeten allen in de spiegel kijken, daar ligt de verantwoordelijkheid."

Waarom zouden de families van Luna en Oulematou in de spiegel moeten kijken? Waarom zou mijn zoontje Karim in de spiegel moeten kijken, of zijn mama, of ikzelf? Niets is gemakkelijker dan de hele zaak te pyschologiseren: "In ieder van ons schuilt een potentiële gek. We zouden dus beter met z'n allen in de spiegel kijken." Waar is dan de maatschappelijke verantwoordelijkheid van een stadsbestuur? Of van een regering? Als iemand zich een spiegel dient voor te houden, dan wel de politieke verantwoordelijken. Zij maken politieke keuzes. Om het onderwijs af te bouwen. Om de loopbaan te verlengen. Om de lonen te matigen. Om de vakbonden in de hoek te drummen. Om racisme goed te praten. Om concurrentiëler te worden dan de Amerikaanse maatschappij. Dan krijg je ook Amerikaanse toestanden.

Op Terzake vraagt Phara De Aguirre net hetzelfde aan sp.a-partijvoorzitter Johan Vande Lanotte. Die antwoordt: "Ik zal je wellicht verbazen, maar ik ga het Vlaams Belang niet verantwoordelijk stellen voor die schietpartij. Extreem rechts is niet verantwoordelijk als één jongen op een meer dan onverklaarbare manier tot zoiets overgaat." Waarom is de moord "meer dan onverklaarbaar"? Ik heb die vrijdag en zaterdag tientallen mensen gehoord die een heel zinnige verklaring gaven. Ik heb Youssouf Diara, de oom van Oulematou, gehoord. Ik heb Tom Lanoye gelezen. Ik heb Mohammed Chakkar gehoord. Ik heb met de kinderverzorgster van Luna gesproken. Ze vonden allemaal hetzelfde. Het best verwoord door een gewoon Antwerps koppel: "Als ze jarenlang toestaan dat een partij altijd maar afgeeft en afgeeft op de vreemdelingen, moeten ze er niet van schrikken dat zoiets gebeurt."

Toen ik op bezoek was bij de familie van Oulematou vertelde de tante me: "Ik ben er zeker van: moest die jongen Oulematou hebben gekend zoals ze is, dan had hij dat nooit gedaan."

Iedereen kent Jan of Jean of Joe en dat is een goede zaak. Maar Oulematou is "die Afrikaanse" en Luna is "die kleuter". Ik neem dat de mensen niet kwalijk. Ik neem dat diegenen kwalijk die beweren dat een racistische moord een "onverklaarbaar" fenomeen zou zijn. Vande Lanotte en Janssens krijgen de woorden "racisme" en "Vlaams Belang" niet meer over de lippen. "Om de zaken niet erger te maken", beweren ze. Je maakt de zaken niet erger door tegen het racisme in te gaan. Je maakt de zaken erger door de ogen te sluiten. Door dat verschrikkelijke vergif, dat in de hoofden van de mensen wordt gespoten, ongestoord zijn gang te laten gaan.

Ik weet ook wel dat niet alles in één dag wordt opgelost. Maar ik wil vragen dat een krachtig politiek signaal wordt gegeven. Door de overheidssubsidies aan het Vlaams Belang stop te zetten. Het Vlaams Belang ontvangt van de staat – ook van mijn belastinggeld – jaarlijks 5.583.075 euro. Dat geld zou kunnen dienen om antiracistische lessenpakketten te sponsoren, om uitstappen naar Breendonk of initiatieven zoals School Zonder Racisme te steunen. Zodat in de spiegel van de maatschappij vriendschap en antiracisme te zien zijn.

Ik heb dit vijf jaar geleden, in 2006, geschreven. En dan kwam, zomer 2011, de slachting op het eiland Utøya. In een minutieus geplande massamoord schoot Anders Breivik anderhalf uur lang jongsocialisten af, één na één, ook de jongens en meisjes die zwemmend probeerden te ontvluchten. Midden de moordpartij belde hij verschillende keren met de politie, en tussen de gesprekken door ging hij koudweg verder met moorden. Negenenzestig jongsocialisten werden in koelen bloede de dood ingejaagd. De dag van de aanslagen werd ook zijn 1518 bladzijden tellend politiek manifest bekend. Om mijn medeleven te betuigen aan de families van de vermoorde jongeren en aan de Noorse jongsocialisten, schreef ik: "Je kan moeilijk meer politiek zijn."

In zijn manifest noteerde Breivik: "Europa heeft de Koude Oorlog verloren in 1950, toen het toeliet dat marxisten en antinationalisten vrij vernieling konden aanrichten, zonder dat hun posities in de machtsstructuren en het onderwijs bedreigd werden. In Noorwegen en Zweden zijn marxistische houdingen aanvaardbaar geworden terwijl de traditionele waarden van patriottisme en cultureel conservatisme op de achtergrond geraakten."

Breivik was een tijdlang locaal kaderlid van de extreem rechtse Noorse Fremskrittspartiet, de Vooruitgangspartij, die bij de parlementsverkiezingen van 2009 bijna 23 procent van de stemmen behaalde. Na de moordpartij hield Breivik vol dat zijn aanslagen "gruwelijk maar noodzakelijk" waren en dat hij ze geenszins als "misdaden" kon omschrijven. Hij had gehandeld voor de "goede zaak" van het nationalisme.

Op YouTube is een toespraak te vinden van Christian Tybring-Gjedde, een parlementslid van de Vooruitgangspartij. Die beschuldigt de Arbeiderspartij ervan dat zij Oslo "heeft omgevormd tot een etnisch verdeelde stad waar Noren zich buitengesloten voelen uit hun eigen buurt, kinderen zich niet op hun gemak voelen in kleuterscholen en jongens van allochtone achtergrond de Noorse jongens bedreigen als ze niet langer mogen meespelen bij het voetballen. De moderne westerse beschaving, gebaseerd op wetenschap, lekenmoraal, democratie, gelijkheid, pluralisme en vrijheid, zet de poort open voor vertegenwoordigers van het tegenovergestelde. En dat wordt toegejuicht door de politieke elite, academici en journalisten. Ondertussen worden wij als extremisten bestempeld."[32]

De reacties op die toespraak zijn verbijsterend, oproepen tot moord en doodslag tegen Joden en migranten inclus. Het Vlaams Belang noemt de Vooruitgangspartij "onze Noorse tegenhanger" en is vooral enthousiast over het racistische gif dat Noors extreem rechts dag in dag uit over de bevolking mag uitstorten: "Het succes van de Fremskrittspartiet ligt in haar klare taal en in de politiek incorrecte taal rond migratie." Het Vlaams Belang vindt alleen dat de Noorse collega's... niet ver genoeg gaan en dat leider Hagen "de scherpste kantjes van de politiek incorrecte migratietaal heeft afgevijld".[33]

De dag na de aanslag beleef ik een verschrikkelijk déjà vu: op de Nederlandse tv komt Job Cohen, de leider van de sociaaldemocraten, verkondigen dat we de massamoord "nu maar niet moeten politiseren, dat zou alles veel erger maken". Precies hetzelfde als wat Patrick Janssens en Johan Vande Lanotte over de racistische moordpartij van Hans Van Themsche vertelden. Anderhalf uur lang jongsocialisten afknallen, is dat geen politieke daad? En toch draafden dagenlang op alle zenders specialisten op om deze daad te depolitiseren en te herleiden tot het bizarre gedrag van een "lonely wolf". Zelfs eenzame wolven maken keuzes. Hans Van Themsche en Anders Breivik hebben in hun "psychische gestoordheid" geen knuffelberen afgeschoten, geen kikkers opgeblazen of geen ganzen opgehangen. Neen, ze hebben hun slachtoffers gemaakt op basis van een politieke keuze: racisme, nationalisme en anticommunisme. En die keuze werd gevoed door alle haatzenders in de politiek, van Wilders tot de Vooruitgangspartij, van Le Pen tot De Winter. In 2004 werd het Vlaams Blok veroordeeld wegens "het systematisch aanzetten tot haat, geweld en discriminatie." Maar met de veroordeling werd niets gedaan. De partij mocht ongegeneerd haar naam veranderen en opnieuw dag in dag uit haat en geweld prediken met ons belastinggeld, om net als in Noorwegen een angstklimaat te scheppen over een "nakende machtsovername door de vreemdelingen". Tot er weer een eenzame wolf opstaat die deze politieke woorden omzet in politieke daden.

Het kapitalisme en de miskenning van het menselijke

Ik heb nooit sympathie gekoesterd voor de Libische leider Khaddafi maar ik ben geschokt door de orgie van geweld bij zijn arrestatie, de verkrachting met een mes, het ontkleed door de straten sleuren van het lichaam en de uiteindelijke moord. Op het bericht van de arrestatie reageerde Hillary Clinton, Amerika's minister van Buitenlandse Zaken, met een parafrase van Julius Caesar: "Wij kwamen, wij zagen en hij stierf." Dat vertelde mevrouw Clinton schaterend aan CBS. Alle internationale rechtsregels zijn bij de arrestatie met de voeten getreden en de top van de Amerikaanse diplomatie steekt die wetteloosheid met een schaterlach als een trofee in de hoogte. Die schaterlach beloont het delict, zet aan tot herhaling, propageert het. Besmetting is de dochter van de straffeloosheid: wreedheid en geweld zijn alledaagser dan ooit geworden.

De Navo voerde boven Libië 7500 luchtaanvallen uit. Welk hart kan zich dat voorstellen: de slachtoffers, de vluchtelingen, de massale vernietiging? "We weten dat olie de parel is aan de kroon van de Libische natuurlijke rijkdommen. Maar zelfs in de periode van Khaddafi werd werk gemaakt van grote infrastructuurwerken. Als wij op grote schaal Amerikaanse bedrijven aan het werk kunnen krijgen in Libië, dan zal dat de situatie in de VS verbeteren en jobs opleveren", vertelde de nieuwe Amerikaanse ambassadeur in Libië, Gene Cretz, een week na de val van Tripoli. In wat verschillen deze woorden nog met die van Cecil Rhodes, de Britse ultrakolonialist die de kolonie Rhodesië stichtte en de schatrijke baas werd van de goudmijnen van De Beers? In 1895 noteerde Rhodes: "Ik was gisteren aanwezig bij een meeting van werklozen in Oost-Londen. Ik hoorde er wilde toespraken die allemaal neerkwamen op een roep om brood. Toen ik naar huis terugkeerde dacht ik daarover na en ik werd nog meer overtuigd van het belang van imperialisme. Het is de oplossing van het sociale probleem. Als we Groot-Brittannië willen redden van een bloedige burgeroorlog dan moeten we nieuw land en nieuwe markten veroveren waar we het surplus van onze bevolking kunnen tewerkstellen. Het imperium is een kwestie van brood. Als je de burgeroorlog wil vermijden, dan moet je imperialist worden."

De Libische oorlog volgde in deze van lood vergeven jaren op de invasie in Irak. Die werd aan het publiek verkocht met de valstrik van de angst: de angst voor massavernietigingswapens, die er niet bleken te zijn. Het was een illegale invasie die het internationale recht bewust heeft omvergekegeld. "Pre-emptive strike" is in termen van internationaal recht een agressieve oorlog en sinds Nürenberg is dat de hoogste misdaad: de misdaad tegen de vrede. Irak is het belangrijkste conflict van vandaag omdat het een testcase is voor een geopolitieke strategie. Het is een oorlog waarin alles is toegelaten: oorlogsmisdaden, martelingen, kampen buiten elke rechtsorde, het gebruik van verarmd uranium, witte fosfor. Het is een achterbakse oorlog waarin geheime operaties en aanslagen dienen om de bevolkingsgroepen tegen elkaar op te jagen en zo het verzet te breken. De verdedigers van vrijheid en democratie, de herauten van 's werelds hoop, brachten in werkelijkheid de laatste doodssnufjes op de jaarbeurs van Bagdad om te bereiken wat ze wilden: Amerikaanse overheersing zonder internationale rechtsorde. Er zijn sinds de invasie naar schatting driehonderdduizend mensen omgekomen in Irak. 300.000. De vrucht van de oorlog was desintegratie en chaos. En een onveiliger wereld.

In de jaren na nine-eleven hebben de VS honderden mensen voor dag en dauw uit hun bed gelicht, zonder enige beschuldiging gearresteerd en zonder enige vorm van proces getransporteerd naar speciale gevangenissen van de CIA die buiten de jurisdictie van de VS vallen. Tussen december 2001 en 2006 vonden niet minder dan 1080 geheime CIA-vluchten in het Europese luchtruim plaats.[34] De CIA transporteerde op die manier zogenaamde verdachten van en naar dikwijls geheime locaties: "black sites". Dat overbrengen van gevangenen staat bekend als extraordinary rendition. Een presidentiële richtlijn gaf de officiële toelating bepaalde categorieën verdachten op te pakken en vast te houden zonder publieke verantwoording en zonder de omstandigheden van hun gevangenschap bekend te moeten maken.[35] In ons land zijn er zes zo'n CIA-vluchten geweest, onder meer via de luchthaven van Deurne. Onze Staatsveiligheid, die wel uitstekend geïnformeerd bleek over het mailverkeer van andersglobalisten, wist naar eigen zeggen van niets.

De beruchtste black site of spookgevangenis is die van Guantánamo Bay op het Amerikaanse deeltje van Cuba. Daar worden sinds 2002 vijfhonderd mensen vastgehouden in "een ruimte buiten de wet". Een gevangenis moet per definitie een ruimte binnen de wet zijn maar in Guantánamo zijn de mensen geen gevangenen, ze zijn wezens die zich buiten elk recht bevinden, in een onbestaande categorie, buiten de conventies van Genève. En dus is Guantánamo officieel ook geen gevangenis. Ondanks beloftes van Obama is de spookgevangenis er nog altijd.

De CIA-vluchten vervoeren gevangenen naar de black sites omdat ze daar buiten het Amerikaanse rechtssysteem vallen. De gedeporteerden zijn totaal rechteloos, ze worden niet officieel aangeklaagd, ze zitten voor onbepaalde tijd vast en hebben geen juridische bijstand.

Als hen één ding wordt duidelijk gemaakt, dan dit: "Je bent niemand, je bent die wij willen dat je bent." Daarom wordt hen alle persoonlijke kleding en elk eigendom afgenomen. Een diepgekoesterde foto, de Koran, of andere voorwerpen met een bijzondere waarde voor de gevangene worden met een brutaal gebrek aan respect behandeld.

De schokkende foto's uit de gevangenis van Abu Ghraib zijn de wereld rondgegaan: een breed lachende vrouwelijke soldaat achter een kluwen van verstrengelde naakte Irakese gevangenen, gevangenen met een spookkap, gevangenen die met elektrocutie gefolterd worden, of door een hond aangevallen, of met de vuist bewerkt…

Niet op die foto's staan de wetenschappelijk uitgekiende foltermethodes zoals waterboarding, bijna verdrinken. Of zintuiglijke deprivatie: methodes om te verhinderen dat de gevangene hoort (door constant lawaai), ziet (door een kap over het hoofd of een masker voor de ogen), voelt (door alles, ook de handen, in te pakken), of slaapt.

Andere black sites van deze onderwereld waar de hel plaatsvindt, bevinden zich in Afghanistan (Bagram Air Base), de Indische Oceaan (Diego Garcia), maar ook in Roemenië, Litouwen en Polen. In 2008 geeft de directeur van de CIA, Michael Hayden, in een hoorzitting voor een Amerikaanse Senaatscommissie toe dat de CIA van "contractors", gespecialiseerde private onderaannemingen, gebruikmaakt bij wat met een eufemisme "enhanced interrogations" heet, dat is: "versterkte ondervragingen". Officieel zijn dat "ondervragingen die grenzen aan martelingen", in de feiten gewoon martelingen. Dat zijn grove schendingen van de Conventie van Genève, die een herhaling van de barbarij en willekeur van het nazisme voor altijd wilde verhinderen.

De veldtocht van de kapitalistische grootmachten voor geostrategische objectieven en voor controle over olie en andere essentiële grondstoffen creëert een obscene rechteloosheid. Het kapitalisme ontmenselijkt de mens. Onbemande vliegtuigen of drones treffen scholen, trouwfeesten, burgerdoelwitten. "Het is de dood per afstandsbediening, zonder gevoelens en zonder wroeging... En dan keren we zegevierend huiswaarts", zei de gepensioneerde admiraal van de Amerikaanse oorlogsvloot Gene LaRoque.[36]

De operatoren worden "cubicle warriors" genoemd omdat ze oorlog voeren vanuit een bureau met een paar wandjes computerschermen. "Ik dacht dat het mij zou raken", zegt een van de operatoren over de telegeleide bombardementen, "maar nee, het is zoiets als pizza bestellen." Een andere cubicle warrior: "Het is min of meer een videogame, af en toe wat bloeddorstig, maar toch vooral fuckin' cool."[37] In het westen van Pakistan, een soeverein land, hebben die zoemende CIA-tuigen al zeker 385 burgerslachtoffers gemaakt, berekende het Bureau of Investigative Journalism.[38] Fuckin' cool! Net een pizza.

Massabombardementen op steden: Sirte, Fallujah, Beiroet; de vernietiging van civiele infrastructuur zoals wegen, spoorwegen, bruggen, universiteiten en ziekenhuizen; het ontketenen van sektarische en fanatieke burgeroorlogen; de ontvoering van gevangenen naar spookgevangenissen; foltering... Laat niemand zeggen dat dit een ver-van-mijn-bedshow is, want deze miskenning van het menselijke door het kapitalisme vreet zich als betonrot in de hele planeet.

3. Socialisme 2.0, op maat van mens en natuur

> The people are too big to fail
>
> Een pancarte van Occupy Wall Street

> Er is geen nihil.
> Er bestaat geen einde.
> Er kan alleen een begin zijn.
>
> Wannes Van de Velde

De Eyjatjallajökull is een natuurfenomeen. De economische en sociale crisis is dat niet. Hier past geen verbijstering over ontembare krachten maar verontwaardiging over een systeem dat, sputterend op de motor van winst en bezit, de sociale en ecologische voorwaarden om te leven vernietigt.

We hebben socialisme nodig, niet alleen op de akkers van de herverdeling, van rechtvaardigheid, solidariteit en vrede. Wij willen naar het gehele, naar de kern. We hebben een integraal socialisme nodig, met democratie, inspraak, vrijheid, veiligheid, duurzaamheid, creativiteit en welvaart.

Op al deze arealen biedt de heersende politiek geen enkel perspectief. Het is een tragedie. Zonder uitzicht op een uitweg speelt het kapitalisme zijn laatste markttroef uit: het koopt tijd. En ook die tijd koopt het op de pof, ten koste van de twee grote bronnen van welvaart: de arbeidskracht en de natuur.

De wereld van morgen! Hoe het land de toekomst aanzeggen? Hoe onze verbeelding en intelligentie gebruiken om de wereld van morgen al te bespeuren boven de mist van de huidige crisis? Hoe de samenleving en de natuur bevrijden uit de wurggreep van een financieel-industriële oligarchie?

Hoogleraar psychologie Paul Verhaeghe zei: "Ik huiverde toen ik Bruno Tobback hoorde zeggen: 'Het is niet het moment voor ideologische discussies. Het moet vooruitgaan.' Het is nu juist wel het moment! De politiek moet wél weer een ideologie naar voren schuiven. Alle partijen vertellen nu hetzelfde verhaal. Ze noemen dat realpolitiek maar dat betekent gewoon: dansen naar de pijpen van de economie. Politici zouden weer de moed moeten hebben om daartegenin te gaan, en weer vechtend voor hun ideologie over de vloer te rollen."[39]

Het huidige politieke debat is alleen maar een meningsverschil onder gelijkgestemden. Alle partijen zijn het eens met de Europese dictaten. Ze verschillen alleen van mening over hoe drastisch en hoe snel. Ze zijn het allemaal eens met de sociale afbraak en met het kapitalisme zelf. En ze weigeren halsstarrig een maatschappelijk debat aan te gaan.

Wij hebben verbeeldingskracht nodig, en debat, veel debat. En zover als onze taal reikt, zover reikt onze plicht. Dat zijn we de komende generaties verschuldigd. Door met al onze middelen op die wereld van morgen te zinspelen, helpen we hem te volbrengen. Laten we de discussie openbreken, pistes aangeven, erover spreken. Ik heb uiteraard geen blauwdruk van de nieuwe samenleving, maar die samenleving kan enkel gebouwd zijn in bevestiging van alle positieve krachten en projecten vandaag, en in negatie van alle vernietigende krachten.

Socialisme 2.0 zal moeten vertrekken van de mensenmaat. Waar de dingen die tellen, gegarandeerd zijn. Een fatsoenlijke baan bijvoorbeeld, en vrije tijd om je te ontspannen en te ontwikkelen. Een goede gezondheidszorg. Een veelzijdig onderwijs dat stimuleert in plaats van selecteert. Een waardig pensioen op een gezonde leeftijd. Een goed en betaalbaar dak boven je hoofd. Een veilige omgeving. Banken die het spaargeld goed beheren. Inspraak in de wijk maar ook in de prioriteiten van de samenleving. Een justitie die elkeen beschermt. Gelijke rechten en mogelijkheden voor mannen en vrouwen. Vrije meningsuiting, met persvrijheid, vrijheid van vergadering en bijeenkomst. Maar ook de vrijheid van geweten, door een effectieve scheiding van kerk en staat. En ten slotte, een economie in harmonie met de natuur, die de planeet niet uitput, maar de natuurlijke herstelkracht respecteert.

Mens zijn is veel. Mens zijn is oorzaak zijn. Iets neer te zetten dat voorheen afwezig was, gedachten, vormen, woorden, zaken, lukt de mens als zijn verste en zijn hoogste.

Om de samenleving van morgen te dromen, moeten we wel buiten de lijntjes van het alledaags pragmatisme durven kleuren.

Samenleven kan je niet alleen. Over de samenleving van morgen denken ook niet. Het debat is open, ik kan slechts een aantal pistes aangeven, een steen werpen in de kikkerpoel, de discussie aanwakkeren. Laten we samen nadenken hoe de samenleving zou moeten zijn, om richting te geven aan onze strijd, om een ruggengraat te hebben voor het dagdagelijkse engagement. In *Op mensenmaat* heb ik een voorzet proberen geven hoe inspraak, technologie, ecologie, economie en planning er in een nieuwe socialistische samenleving zouden kunnen uitzien. Een open debat dat sindsdien aan actualiteit wint, zo denk ik. Daarom wil ik graag, tot slot van dit boek nog een aantal andere vensters openen met uitzicht op de nieuwe samenleving: democratie, emancipatie, gelijkheid, veiligheid, gezondheid, vrijheid en duurzaamheid.

Zakenkabinetten: de democratie in handen van hen die de crisis hebben veroorzaakt

Kinderrijmpje: "Handjeklap. 'k Ging naar de markt. 'k Kocht ne lever, 'k kocht ne pens, voor ne zieke mens."

De democratie wordt – in het beste geval – herleid tot een banale liberale marktactiviteit. "Gaan stemmen" is zoiets als "naar de markt gaan". Mensen nemen niet deel aan het bestuur. Ze worden niet betrokken bij beleidskeuzes. Ze worden beschouwd als consumenten van het beleid. Om de zoveel jaar wordt een concurrentiewedstrijd uitgeschreven waarin politieke groepen zich met behulp van communicatiereuzen op de markt prijzen, in de hoop zoveel mogelijk van hun "pens voor ne zieke mens" te kunnen verkopen. Dat heet: verkiezingen. In de Verenigde Staten is die marktactiviteit helemaal op de spits gedreven. Voor de verkiezingen van 2012 zijn de regels voor verkiezingsfinanciering alweer versoepeld. De kandidaten gaan zes miljard dollar aan hun campagne besteden, is de verwachting. In Corporate America is rijkdom de cruciale makelaar in macht. Terwijl de helft van de Amerikaanse kinderen op voedselbonnen leeft en het land meer dan 14 miljoen werklozen telt, zullen miljarden en miljarden van de wapenlobby, de olielobby en big farma uitmaken wie als president het best de privébelangen van de CEO's en aandeelhouders zal verdedigen. Het geld vervangt de mening, de reclame vervangt het programma, de plutocratie vervangt de democratie.

Maar zelfs die liberale marktdemocratie staat zwaar onder druk. In *Op mensenmaat* heb ik beschreven hoe Robert Edward Rubin lang geleden, in 1993, de beruchte zakenbank Goldman Sachs verliet om minister van Financiën te worden in de VS. Als minister werkte Rubin de Financial Services Modernization Act uit: banken mochten à volonté spaargeld gebruiken om te beleggen op de beurs. Rubin haalde de schotten tussen spaarbanken en zakenbanken weg. De grote winnaar van de wet was... Goldman Sachs. Maar tien speculatiejaar later stond de zakenbank op de rand van het failliet. De Amerikaanse regering moest tussenkomen en deed daarvoor een beroep op Henry Meritt Paulson, een man die meer dan dertig jaar actief was bij... Goldman Sachs. Het plan dat Paulson in 2008 voorlegde, bepaalde dat de overheid "zonder beperking" en "in volle geheimhouding" alle rommelkredieten mocht opkopen. Er kwam geen enkel onderzoek naar wat de bankiers hadden uitgespookt. Het deksel op de doofpot. Nadien stegen de winsten opnieuw, en werden als vanouds reusachtige bonussen uitgedeeld.

In dit boek kwam aan bod hoe Mario Draghi, vicevoorzitter en managing director bij Goldman Sachs International toen de bank de

Griekse cijfers hielp opsmukken, alsnog door Merkozy werd verzocht de leiding te nemen van de Europese Centrale Bank.

In Italië kijken de financiële en industriële kringen halsreikend uit naar de komst van zijn collega, de andere "super Mario", Mario Monti. Die was de voorbije zes jaar bankadviseur bij... Goldman Sachs. Een bankier die Italië moet "redden". Monti kreeg meteen advies uit de hoogste industriële kringen van de laars. "We hebben een opschorting van de democratie gedurende achttien tot vierentwintig maanden nodig, zodat moeilijke beslissingen kunnen genomen worden", zegt een Italiaans bedrijfsleider aan de *Financial Times*.[40] En terwijl ik dit boek afwerk wordt ook in Griekenland een bankier op de troon gezet, Lucas Papademos, de gouverneur van de Griekse Centrale Bank in de jaren toen Goldman Sachs het Griekse tekort maskeerde via een swaptransactie. Zelfs een financieel blad als *Trends* vindt dat wat gortig: "Van twee dingen één. Ofwel wist Lucas Papademos niks over de cijferfraude en dan rijzen meteen de grootste twijfels over de bekwaamheid van de man. Ofwel wist hij er wel van en komt door zijn actieve medewerking aan het grootschalige bedrog uit die periode meteen ook zijn geloofwaardigheid en onkreukbaarheid vandaag sterk ter discussie. Het is moeilijk kiezen welke van de twee opties voor de meeste ongerustheid moet zorgen."[41]

'Government Sachs' is in de financiële pers bijna een ingeburgerd begrip. Paulson in de VS, Draghi bij de ECB en Monti in Italië, men mag eens komen vertellen wie deze bankiers verkozen heeft? Hun allereigenste bank ging bijna ten onder en moest met overheidsgeld gered worden en nu zetelen ze op sleutelposten om... de bankencrisis te bezweren.

'Government Round Table', zo zouden we de Europese Unie vandaag kunnen noemen. Het Europese project werd uitgedokterd door de Ronde Tafel van Industriëlen, tot en met het autoritaire Economisch Bestuur van vandaag. En nu komt een van de gelauwerde industriëlen koudweg beweren dat de beste oplossing is "de democratie voor twee jaar op te schorten". Het staat tegenwoordig niet slecht dat onverbloemd te zeggen. De *Frankfurter Allgemeine Zeitung* bijvoorbeeld: "Griekenland wordt in de nabije toekomst de facto slechts een beperkte democratie. De Griekse mensen kunnen kiezen wat ze willen, het zal niet echt iets veranderen."[42]

De democratie is er een voor de elite, zegt politicoloog Michael Parenti: a democracy for the few. Een democratie voor het één procent, zo lees je op het bordkarton van de Occupybeweging. En dat procent wordt gevormd door financiële instellingen, industriële reuzen plus een handvol toppolitici en technocraten. In *Newsweek* beschrijft onderzoeker David Rothkopf de Amerikaanse machtselite als een groep van nauwelijks zesduizend zakenlui, politici en ambtenaren, een "superklasse" die ervoor gezorgd heeft dat openbaar bestuur naar privaat bestuur is overgegaan.[43]

De ratingbureaus van het establishment hebben democratie herleid tot de status van de junkbonds, absolute rotzooi waar niets mee aan te vangen valt in tijden van crisis. De richting is: managementregeringen, technocraten en andere niet-verkozen bestuurders aan de macht, volmachtregeringen, tijdelijke opschorting van de democratie. De teugels in handen geven van wie de crisis hebben veroorzaakt, is het meest ondemocratische en dwaze voorstel dat bestaat. Ze hebben er zelfs een woord voor: "een zakenkabinet", alsof die technocraten, bankiers en CEO's bewezen hebben dat ze iets van maatschappelijke zaken kennen.

Is het flegma of is het cynisme als de Britse *Daily Telegraph* bericht over een grap die in financiële kringen – en klaarblijkelijk ook in het Britse kabinet – de ronde doet? De grap gaat zo: "In plaats van de Griekse schulden te helpen betalen zou Duitsland er beter aan doen een Griekse coup te sponsoren. Dan is het probleem opgelost want landen met militaire junta mogen geen lidstaat zijn van de Europese Unie."[44] Dat je zo'n grap als dreigbrief moet lezen, toont het Amerikaanse tijdschrift *Forbes*, toch niet bepaald een kleintje in de wereld van de financiële pers. *Forbes* draait de sluisdeuren nog wat verder open: "Deze grap is zo treurig en bitter omdat een coup – als we het kleine probleem negeren dat Griekenland een militaire dictatuur zou worden – in feite een goede oplossing zou inhouden voor Griekenland."[45]

De democratie heroveren

De geschiedenis heeft een punt bereikt waarop we stilaan over de kennis, de technologie en het organisatievermogen beschikken om ons doelen te stellen die vroeger onbereikbaar waren. We kunnen armoede, oorlog en ziekte uit de wereld helpen. Er is genoeg voor ieders noden. Maar er is onvoldoende voor de hebzucht van een handjevol rendementjagers die aan de haal gaan met fenomenale rijkdommen.

De democratie heroveren op deze elite zal een van de belangrijkste taken van het socialisme 2.0 zijn. Dat kan alleen maar als aan de economische basis van haar macht wordt geraakt. Het kapitalisme heeft de illusie geschapen dat economie alleen maar over geld gaat. Dat is uiteraard een belangrijk aspect maar economie gaat in de eerste plaats over behoeftebevrediging van mensen nu en straks. Omdat de middelen beperkt zijn moeten er daarbij keuzes worden gemaakt. Daar gaat economie over. Inspraak hebben in die fundamentele keuzes, dat is democratie. En zo zijn democratie en economie innig verstrengeld.

Vandaag maakt de "superklasse" van the few desastreuze keuzes. Zij onteigent de mens zijn arbeidskracht en participatie, zij onteigent de natuur haar herstelkracht. Ze onteigent en onteigent tot in de verdoemenis. Wat moeten we doen? We kunnen niet anders dan de industriële en financiële reuzen de "natuurlijke en onvervreemdbare rechten" die ze vandaag claimen, afhandig maken. De onteigening stoppen om van de levensaders van onze economie publieke sectoren te maken, om mensen echt inspraak te kunnen geven, om de samenleving te laten draaien rond publieke en ecologische doelstellingen. De democratie van morgen start met het onteigenen van de onteigenaars.

Werkelijke inspraak kan niet zonder een ander maatschappelijk huishouden. Met een welvarende economie die tegemoetkomt aan de behoeften van de bevolking en van de planeet. En bij die behoeften hoort ook tijd. Een halt aan de helse jachtigheid van het leven, de 24 uurseconomie en de stress. Waar vind ik werk? Hoe ga ik zorgen voor de opvang van mijn ouders? Kan ik de ziekenhuisrekeningen van mijn kinderen betalen? En de rekening van de energieleverancier? Kan iedereen vanavond stil zijn want ik sta morgen met de vroege post?

Het socialisme 2.0 moet tijd vrijmaken. Als de collectieve basisrechten gegarandeerd zijn, onafhankelijk van de dikte van je portefeuille, moet je je alvast geen zorgen maken over onderwijs, huisvesting, gezondheidszorg en pensioen. Als de samenleving weer meester wordt van de technologische vooruitgang en de wetenschap, worden de informatica en de robotica gebruikt om het werk te verlichten en de arbeidsduur te verkleinen. Dan komt er tijd vrij voor algemene culturele ontwikkeling. Dan is "levenslang leren" geen slagzin meer maar een reële mogelijkheid. En dan krijgt ook iedereen de tijd om werkelijk mee te kunnen beslissen. Want inspraak zonder inzicht levert een uitspraak zonder uitzicht, zegt het spreekwoord. Dan zijn mensen niet langer kiesvee of consumenten van een beleid maar worden ze bewust betrokken bij het bestuur van de samenleving.

Als de banken en de financiële activiteiten worden aangewend om de reële economie te dienen, en in functie staan van mens en planeet, kan ook de parasitaire verstikking door de woeker- en speculatiedrift verdwijnen. Dan is een evenwichtige ontwikkeling mogelijk. De nieuwe technologieën bieden voldoende middelen voor het toezicht op de grote evenwichten. Het evenwicht tussen de verschillende sectoren, tussen de consumptie en de investeringen voor vernieuwing en productiviteit, tussen economie en ecologie, maar ook tussen sterkere regio's met veel natuurlijke bronnen en transportmogelijkheden (zoals havens), en andere regio's. Zodat we van een Europa van de onevenwichten kunnen gaan naar een Europa van de solidariteit. Dan komen, naast het bruto binnenlands product, ook nieuwe indicatoren in zicht: een indicator voor de basisbehoeften voor iedereen, voor het culturele niveau, voor de invloed op de natuur, de duurzaamheid. Telkens met de woorden van Einstein in het achterhoofd: "Alles dat kan worden geteld, telt niet noodzakelijkerwijs; alles dat telt kan niet noodzakelijkerwijs worden geteld."

Nieuwe democratische vormen

Hoe krijgen mensen meer grip op hun woon-, werk- en leefomstandigheden? Hoe zorgen we ervoor dat ze werkelijk iets te zeggen hebben in die levenskeuzes? Er zullen nieuwe democratische vormen moeten komen om dat te realiseren.
Op het vlak van het parlement betekent dat bijvoorbeeld:
- een parlement dat de begroting opmaakt niet vanuit het dictaat van een of andere Europese Commissie maar vanuit de participatie van de parlementsleden zelf, die daarover ook zelf verantwoording afleggen en controle organiseren in hun district en/of onderneming.
- parlementsleden niet met een loonstrookje van tienduizend euro maar met een modaal inkomen, die echt onder de mensen leven.
- aandacht opdat het parlement een spiegel wordt van de bevolking en niet alleen uit notarissen en advocaten bestaat. Volksvertegenwoordigers die een normale baan uitoefenen in alle sectoren van de samenleving en een deel van hun tijd vrij krijgen voor parlementswerk.
- voor de participatie van districten, wijken en bedrijven zullen de parlementsleden voldoende tijd moeten uittrekken, om zo een brede deelname van de samenleving aan de beleidskeuzes te garanderen. Het zou niet slecht zijn dat volksvertegenwoordigers ook afzetbaar zouden zijn wanneer ze persoonlijk gewin, corruptie of bureaucratie aan de dag leggen. Wie wetten maakt, voert ze ook mee uit en legt er aan het volk verantwoording over af.

Op lokaal vlak, in de woon- en werksfeer, is de democratische organisatie even belangrijk. Hier zouden dan dezelfde principes van actief engagement, verantwoording en controle kunnen gelden. Dat plaatselijke niveau in de wijk of in de onderneming gaat over het plaatselijke bestuur maar is ook de plaats waar een of twee keer per jaar de debatten worden georganiseerd over de nationale beleidskeuzes (zoals de begroting).

Om de participatie aan het beleid zo groot en divers mogelijk te maken kunnen daar ook massaorganisaties bij betrokken worden: de vakbonden, de jeugdorganisaties, de milieuorganisaties, de vrouwenorganisaties en de consumentenorganisaties. Als wij een nieuwe democratie willen uitdenken, dan zullen dergelijke maatregelen nodig zijn.

Emancipatie en onderwijs

Wie geen idee heeft van elektriciteit en energie, van informatica en robotica, van wat chemie en biochemie vermogen of van wat landbouw is, wordt in zijn wereldvisie even beperkt als wie geen inzicht heeft in geschiedenis, aardrijkskunde en economie, in recht en wetten, in talen en cultuur.

Het socialisme 2.0 zou een polytechnische onderwijsbasis tot zestien jaar kunnen invoeren, waarin iedereen een goede basis krijgt van algemene kennis, van technische en wetenschappelijke kennis en van sportieve en culturele vaardigheden. Een brede emancipatie waarin elk kind zijn talenten en vaardigheden kan ontwikkelen.

Het kapitalisme draait rond ellebogenwerk, arrivisme, individueel succes, onmiddellijk consumptiegenot. Het socialisme draait rond andere waarden en normen. Die moeten gegarandeerd worden door ze maatschappelijk ook mogelijk te maken. Eigen verantwoordelijkheid is dan geen codewoord meer dat mensen dwingt zelf op zoek te gaan hoe in de jungle van de markt te overleven. Eigen verantwoordelijkheid en engagement worden dan het antwoord op onderwerping en fatalisme en een spoorslag tot actief burgerschap. Een socialistisch onderwijs kan nieuwe waarden helpen aanleren. Geen consumptie van een standaardcultuur, maar liefde voor kunst en creativiteit. Solidariteit in plaats van individualisme, samenwerking in plaats van competitie, passie voor wetenschap en techniek.

Een gemeenschappelijke, kwaliteitsvolle en veelzijdige basis maakt het mogelijk dat zoveel mogelijk talenten zich ook echt ontplooien. De huidige samenleving, met haar selectieonderwijs waarin de school de reproductie van sociale (en etnische) afkomst in stand houdt, laat duizenden en duizenden talenten van volksjongeren liggen. Wij hebben alle creativiteit en vindingrijkheid nodig om aan de uitdagingen van de wereld van vandaag en die van morgen te voldoen.

Gelijkheid tussen man en vrouw

In Frankrijk en België besteden vrouwen gemiddeld nog altijd 17 à 18 uren per week meer aan huishoudelijke en familiale taken dan mannen. Keuken, boodschappen, kinderen en de organisatie van het huishouden vallen nog voornamelijk op de schouders van vrouwen en in combinatie met een baan zorgt dat voor overbelasting. Dat vrouwen nu minder tijd aan huishoudelijke taken besteden dan een halve eeuw geleden, hebben ze eerder te danken aan de was- en afwasmachine dan aan de betrokkenheid van mannen bij het huishouden.

De laatste twee decennia verslechtert de situatie opnieuw. We zijn in de 3x80-realiteit beland: vrouwen hebben 80 procent van de lagelonenbanen, 80 procent van het deeltijds werk, en dragen 80 procent van de eenoudergezinnen. In de recessie kondigen zich drastische besparingsplannen aan in de gezondheidszorg, de sociale sector en het onderwijs, die vooral de vrouwen dreigen te treffen.

We schreven al hoe Hartz IV in Duitsland vrouwen opnieuw in een afhankelijke positie van de mannelijke kostwinnaar duwt. Nochtans is het dat "Duitse model" dat door zowat alle politieke partijen vandaag als nec plus ultra wordt voorgesteld. "Vrouwen zijn in ons land het slachtoffer van discriminatie. De zogenaamde gelijkwaardigheid zorgt alleen maar voor een dubbele uitbuiting: op de arbeidsmarkt, waar de arbeidsvoorwaarden voor vrouwen zoveel slechter zijn dan voor mannen, en thuis waar de vrouw de zorg voor het huishouden en de opvoeding van de kinderen draagt. Die precaire sociale situatie wordt door de crisis alleen maar erger." Dat zei Josi Schiesser op de internationale vrouwendag 2011 in Berlijn.[46]

Het socialisme is geen wondermiddel, het zal nog veel energie vragen om de machogewoontes in onze samenleving weg te werken, ook onder het socialisme. De vrouw en de samenleving daarvan bevrijden zal veel potentiële krachten loswerken.

Het zou een flink verschil maken wanneer een goede, betaalbare kinderopvang gegarandeerd is en ouders niet langer alle crèches moeten afschuimen of zich al op de wachtlijsten moeten inschrijven nog voor de baby geboren is. Wanneer het zwangerschapsverlof wordt uitgebreid zodat moeders geen schrik moeten hebben dat ze hun baan verliezen. Wanneer de samenleving instaat voor een belangrijk deel van de opvoeding en ontwikkeling van de kinderen, en niet alles tot in het laatste detail van het gezin afhangt. Wanneer in de wijken voldoende speelruimte en groen voorhanden is. Wanneer de mensen in de wijken via participatie aan het bestuur en via collectieve activiteiten elkaar opnieuw leren kennen. Wanneer op die manier in de leefomgeving van elk kind een sociaal netwerk gegarandeerd is, met ook sociale controle en bescherming zodat niet iedereen moet nagelbijten als haar of zijn kind met de vriendinnetjes of vriendjes de straat op trekt. Wanneer de scholen warme maaltijden voorzien, eventueel ook voor de ouders die dat wensen. Wanneer het onderwijs ook de sportieve en culturele ontwikkeling organiseert.

Dan zouden mama of papa na het werk niet meer moeten racen tegen de tijd. Dan zou niet langer elk gezinnetje individueel naar de winkel moeten hollen, eten klaarmaken, en intussen zoon- of dochterlief naar de muziekschool, de turnles, het voetbal of de jeugdbeweging brengen. Een collectief systeem dat toegankelijk is voor wie dat wil, zou een grote verlichting van de huishoudelijke taken meebrengen. Het zou in de eerste plaats tijd vrijmaken voor vrouwen.

In de opvoeding zullen ouders uiteraard een belangrijke rol blijven spelen maar het accent kan dan werkelijk liggen op kwaliteitstijd in plaats van stresstijd. Er zullen heel veel krachten en talenten vrijkomen om de samenleving van morgen met vindingrijkheid en creativiteit vorm te geven.

Veiligheid

Veiligheid is een basisrecht zoals werk en onderwijs. De degeneratie van het kapitalisme gaat gepaard met brutaal geweld. Economisch geweld, fiscale fraude en valsmunterij, witteboordencriminaliteit die onbestraft blijft. Oorlogsgeweld en ontmenselijking in de jacht naar olie en andere grondstoffen of in het kader van geostrategische programma's om regio's te overheersen. Geweld als kijkvoer in barbaarse videogames, liters bloed op het tv-scherm. Terrorisme, gewapende bankovervallen en gijzelingen. Geweld van mensenhandelaars, drugdealers, pooiers en andere afpersers, carjackers, homejackers en georganiseerde bandieten.

De Amerikaanse gevangenissen tellen om en bij twee miljoen inmates en zijn zo de vierde grootste "stad" van de VS. De Verenigde Staten zijn absolute koploper op het vlak van de massale opsluiting van eigen burgers. Maar daar zitten geen bankiers van Goldman Sachs bij, geen oorlogsgeneraals die witte fosfor gebruikten, geen driesterrenmilitairen die opdracht gaven tot de folteringen in Abu Ghraib, Guantanamo of andere black holes. Het is een systeem van "straf de armen", legt de Franse socioloog Loïc Wacquant uit. En ondanks deze gigantische gevangenisindustrie daalt de criminaliteitsgraad niet. Steeds meer buurten worden "risicowijken", een steeds groter deel van de samenleving wordt als "probleembevolking" omschreven. Tot iedereen die lager op de sociale ladder staat als een potentiële crimineel wordt beschouwd en alle uitgeslotenen preventief gestigmatiseerd worden.

Op die bodem gedijt de cultus van de angst en de onveiligheid en de manie van media en politiek om alles door elkaar te halen. Criminaliteit, armoede en immigratie zijn stilaan synoniemen. In zijn boek *Straf de armen* toont Loïc Wacquant aan dat dit "veiligheidsdenken" nauwelijks iets van doen heeft met misdaadbestrijding, maar alles met een "nieuw beleid van sociale onzekerheid".[47] Kortom, veiligheid is meer dan ooit een maatschappelijk probleem geworden.

De georganiseerde criminaliteit is een spiegel van de maatschappij.

De neurose van het kapitalisme herleidt veiligheid tot repressie. Toch blijft de belangrijkste preventie tegen zware criminaliteit de sociale preventie. Als een hoog gehalte aan sociale zekerheid en sociale gerechtigheid gegarandeerd wordt aan de grootste lagen van de bevolking, kan een gevoel van sociale geborgenheid ontstaan, een onbezorgd gevoel voor de dag van morgen. Wie de georganiseerde zware criminaliteit wil wegnemen, zal een zekere zorgeloosheid moeten creëren voor de elementaire levensbehoeften. Dan krijgen criminelen het moeilijk een netwerk van luitenantjes en dealertjes te rekruteren onder uitgeslotenen in de maatschappij die geen andere mogelijkheid meer zien of niet anders geleerd hebben dan het snelle geldgewin.

Dan zullen ook andere normen en waarden de bovenhand halen en een streep trekken door de dubbele moraal die zerotolerantie en massale opsluiting predikt voor de ene vorm van geweld en het oorlogsgeweld, het bankiersgeweld en het tv-geweld ongemoeid laat.

Het socialisme zal een dubbel spoor moeten volgen. De misdaad effectief bestraffen maar ook de maatschappelijke voedingsbodem van de criminaliteit uit de weg ruimen en iedereen voorzien van de sociale ruimte om zichzelf te realiseren.

Gezondheid

Psychoanalyticus Paul Verhaeghe is bezorgd: één op vier mensen in ons land kampt met ernstige psychische problemen. "Evaluatiegesprekken, targets, flexibel zijn, vernieuwen, veranderen, groeien. In zo'n systeem ontstaat onvermijdelijk een heel sterke competitie en concurrentie, want je wordt beloond als je efficiënter bent dan de ander. Het is ieder voor zich. Pakken wat je pakken kan. Hard tegen hard. De solidariteit verdwijnt, de sociale banden worden doorgeknipt en een gevoel van vijandigheid en wantrouwen grijpt om zich heen. Plus de frustratie. Want de kansen zijn veel minder dan vroeger."[48] Als de prestatienormen en verwachtingen die de samenleving oplegt, zo hoog liggen dat veel mensen er niet aan kunnen beantwoorden, dan zie je dat aan de geestelijke gezondheid. Het ritme van het kapitalisme is dat van de dividendenmaat en dan sneuvelt de mensenmaat.

Een zo goed mogelijke gezondheid is een mensenrecht. Gezondheid is meer dan alleen afwezigheid van ziekte. Het gaat om het hele welbevinden: lichamelijk, psychisch, sociaal. Die gezondheid staat niet los van een gezonde maatschappij. Het behouden en verbeteren van de volksgezondheid zou een centraal criterium van elke beleidsbeslissing, nationaal en lokaal, kunnen worden.

De gezondheidszorg hoort de samenleving toe, net als energie, het bankwezen en transport. Gezondheid kan geen koopwaar zijn. De uitbouw van een algemeen publiek gezondheidssysteem is vereist. Daarin staan de promotie van gezondheid en preventie voorop. Een hoogstaande curatieve gezondheidszorg waarin ook de rehabilitatie en sociale omkadering zijn geïntegreerd. Die context maakt het ook mogelijk de geestelijke gezondheidszorg maatschappelijk te bekijken en niet meer te medicaliseren: pilletje hier, relatine daar en hup met de prestatiegeit.

Een menselijk ritme is essentieel voor de gezondheid. Dat is zo voor wie onder de werkstress en flexibiliteit gebukt gaan maar ook voor de kinderen. "Kinderen worden van hot naar her gesleept, van de muziekschool naar de circusschool. Ze hebben tegenwoordig al een agenda! Net als papa en mama, die alle twee werken en pas om zeven uur thuiskomen, waarna er nog snelsnel moet worden gegeten. We leven nu eenmaal in een ADHD-wereld, dan moeten we niet versteld staan als we ADHD-kinderen produceren", zegt Paul Verhaeghe.[49]

Een publieke gezondheidszorg kan instaan voor voldoende geschoold medisch en paramedisch personeel. Anders dan nu zal onderzoek en ontwikkeling naar medicamenten tegen de belangrijkste ziekten worden gestimuleerd. Het kapitalisme zuigt onderzoek naar de winstgevendste investeringen. Zo komt het dat van de 1393 nieuwe geneesmiddelen die de laatste kwarteeuw ontwikkeld werden, er amper dertien bestemd waren voor tropische ziektes zoals malaria. En maar vier voor tbc, waar de meerderheid van de wereldbevolking nochtans mee te maken heeft. Onderzoek van Artsen zonder Grenzen bracht aan het licht dat de zeven grootste farmaceutische firma's minder dan één procent van hun onderzoeksbudget besteden aan veel voorkomende ziektes zoals tbc en malaria. In het socialisme wordt het omgekeerde mogelijk: daar staan investeringen in functie van de noden en behoeften.

In een geëchelonneerd gezondheidssysteem heeft de huisarts een centrale plaats als ingangspoort, begeleider en synthesepunt van zijn patiënten. Huisartsen werken in groep in wijkgezondheidscentra, die samen met wijkorganisaties en het lokale bestuur verantwoordelijk zijn voor een gezonde leefomgeving. Toegankelijke en kwaliteitsvolle wijkgezondheidscentra zijn vitaal voor een democratische samenleving.

Vrijheid

Er is een collectieve vrijheid en een individuele vrijheid. Het socialisme 2.0 zal ze allebei moeten garanderen. Vandaag is de collectieve vrijheid problematisch. In een samenleving waarin de verdeling van de rijkdom totaal scheef zit, wordt de vrijheid acuut beperkt. Armoede en sociale uitsluiting zijn een belediging voor de vrijheid. Wie alle energie moet gebruiken om de maand door te komen, kan geen levensplannen maken, is niet vrij. De maatschappelijke huishouding van vandaag is zoals de grote schilder Jeroen Bosch ze ooit tekende: de grote vis eet de kleine op. Iedereen kan van de ene dag op de andere op straat worden gezet. Iedereen kan van de ene dag op de andere een deel van zijn spaargeld of pensioen in rook zien opgaan. Iedereen kan onverwacht in een sukkelstraatje terechtkomen, als hij de pech heeft dat zijn lichaam het laat afweten en zijn hospitalisatiekosten te hoog oplopen. Er is pas sprake van zelfontplooiing en vrijheid, als er een economische en sociale basis voor is gelegd.

Krijgt de gemeenschap terug controle over de productie, maar nu over een hoog ontwikkelde en geëvolueerde productie, dan gaan ongeziene mogelijkheden open. Dan is een mens niet langer afhankelijk, noch van de sociale status waar hij mee geboren wordt, noch van de rijkdom die hij erft.

Maar ook dan zal vrijheid niet zijn: staren naar de eigen navel en naar het grote ik, ten koste van de rest. Vrijheid zal niet zijn: dik zijn eigen goesting doen. De arbeid, de eigen activiteit en creativiteit, het initiatief en de ontplooiing van het individu worden de graadmeter van zijn ontwikkeling. Tijdens de loopbaan komt er dan voldoende tijd om zich bij te scholen zodat niet iedereen zijn leven lang dezelfde functie moet uitoefenen. Inspraak op de werkvloer betekent dan ook dat mensen uit hun functie kunnen worden gezet, omdat ze hun job niet aankunnen of bureaucratisch aanpakken of gewoon te lui zijn. Een actief socialisme kan geen passe-partout zijn voor levenslange benoeming, onafhankelijk van wat men ook doet. Het zal er wel voor zorgen dat de kanker van de massawerkloosheid, die we ten onrechte als vanzelfsprekend zijn gaan beschouwen, weggesneden wordt en dat iedereen een baan heeft en een bijdrage aan de maatschappij kan leveren. Kortom, wij willen een sociale en maatschappelijke basis creëren waarin het motto "verantwoordelijkheid voor het leven opnemen" realiseerbaar wordt. Zodat we in de richting van een samenleving gaan waar de mens ook maker van zichzelf wordt.

De mens is een sociale diersoort net zoals de dolfijn, de hyena, de olifant en onze neven de chimpansee en de bonobo. De mens is een groepswezen, nauwelijks in staat om op z'n eentje te overleven. "Onze aannames over de menselijke natuur zijn dan ook aan een grondige herziening toe", schrijft de biologieprofessor Frans De Waal in zijn boek *Een tijd voor empathie*. "Op anderen afgestemd zijn, activiteiten coördineren en zorgen voor behoeftigen beperkt zich niet tot onze soort. De menselijke empathie heeft de rugdekking van een lange evolutionaire geschiedenis."[50] De Waal onderbouwt deze stelling met de resultaten van fascinerend nieuw onderzoek naar de oorsprong van altruïsme en gerechtigheid, zowel bij de mens als bij (andere) dieren. Dikwijls wordt empathie beschouwd als een complexe eigenschap waar mensen bewust over beslissen. Maar Frans De Waal stelt dat empathie deel uitmaakt van "een erfgoed dat even oud is als de klasse van de zoogdieren". Dat maakt van empathie een robuuste eigenschap. Ze is niet zomaar een laagje vernis dat pas recent door de beschaving aangebracht werd. Empathisch gedrag rendeert op lange termijn voor de mensensoort en is daarom ook door het evolutiemechanisme geselecteerd, besluit De Waal. Het "zelf" kan niet zonder het "ander".

Hayek, de voorvechter van het klassieke liberalisme, probeerde het idee erin te hameren dat collectivisme en individu elkaar uitsluiten. Het is volgens hem het een of het ander. Niets is minder waar. "Alleen in een gemeenschap vindt elk individu de middelen om zijn talenten in alle richtingen te ontwikkelen. Persoonlijke vrijheid wordt enkel mogelijk binnen een gemeenschap", zo schreven Marx en Engels. Het eigen welzijn is onverbrekelijk verbonden met het algemeen sociaal welzijn. Dat betekent ook dat individuele vrijheid niet kan weggesneden worden uit een omgeving van collectieve vrijheid, beide zijn onlosmakelijk met elkaar verbonden.

Het socialisme zal ook de privacy, de levens- en gewetenskeuzen en de creativiteit van alle mensen – de individuele vrijheid dus – moeten garanderen. Ver weg van het concept van het Europese justitieapparaat dat iedere inwoner bij voorbaat als verdacht beschouwt en de persoonlijke gegevens van alle Europeanen preventief opslaat. Ver weg ook van het "sturen" van de keuzevrijheid door tonnen en tonnen reclame en grote consumptiedruk nu. Binnen een context van collectieve vrijheid, sociale bescherming en sociale zekerheid is het essentieel dat mensen hun eigen keuzes kunnen maken. Welke ontwikkeling zij willen, welke culturele expressie zij kiezen, hoe ze zich in hun vrije tijd organiseren, of in hun privésfeer gelovig zijn of niet.

Duurzaamheid

Een van de allerbelangrijkste uitdagingen voor het socialisme 2.0 is het streven naar een productie van duurzame goederen en diensten. Weg van de wegwerpmaatschappij van vandaag.

De printer van Marco begeeft het. Een pop-up leidt Marco naar een hulpscherm dat droogjes meldt: "Your printer requires replacement". Toch wil Marco niet van zijn printer af, hij heeft het toestel nog geen zes jaar. Hij trekt naar winkels die HP-printers verkopen. Overal hoort hij hetzelfde liedje: "Mijnheer, het loont de moeite niet, kost zeker 110 à 120 euro om uw printer te repareren en u hebt tegenwoordig al printers voor 69 euro." Marco gaat erop door en laat informaticus López zijn printer uit elkaar halen. Die vindt uiteindelijk een chip in de printer, chip IC4, die ervoor zorgt dat de printer er na 18.000 bladzijden de brui aan geeft. Het aantal is gewoon op voorhand geprogrammeerd en heeft niets met de levenskracht van de printer te maken. Gelukkig zijn er vrijbuiters, internetpiraten worden ze genoemd, die op het internet een programmatje ter beschikking stellen om de teller van uw printer weer op nul te zetten.

Het verhaal van de HP-printer komt aan bod in de ontluisterende documentaire *Prêt à jeter - Obsolescence Programmée*.[51] Het is een ontnuchterend verhaal over de botsing tussen duurzaamheid en een productie die aangedreven wordt door winstmakerij.

In 1972 ontdekten de brandweerlui van Livermore in Californië dat in hun kazerne, boven hun knalrode brandweerwagens, de oudste gloeilamp ter wereld hing. De lamp was al dienstig sinds 1901. In 2001 werd het honderdjarige bestaan van deze gloeilamp gevierd. De lamp was ontworpen door Adolphe Shaillet met het doel dat ze zou blijven branden. Een lamp die meer dan een eeuw meegaat?

De documentaire gaat op zoek naar het geheim en komt terecht in het Genève van Kerstmis 1924. Daar wordt een van de eerste kartels ter wereld gevormd. Een kartel, dat is de samenwerking tussen verschillende productiereuzen om de wereldmarkt onderling te verdelen en prijsafspraken te maken. Het gloeilampenkartel, met onder meer Philips, luisterde naar de naam nv Phoebus. Het boog zich ook over het probleem van de duurzaamheid. Als een gloeilamp te lang meeging, hadden de producenten een probleem. Wie zou er nog een nieuwe kopen? Het was beter dat de consumenten regelmatig een nieuwe gloeilamp kochten. Op het einde van de twintigste eeuw maakte de Berlijnse onderzoeker Helmut Höge de documenten van het kartel openbaar. Genoteerd staat: "De gemiddelde levensduur van de lampen moet niet voor meer dan 1000 uren gegarandeerd, gepubliceerd of aangeboden worden."

Op dat ogenblik was de gemiddelde levensduur van een lamp 2500 uren. De gloeilampenfabrikanten halveerden die levensduur in onderlinge afspraak tot het niveau van de allereerste gloeilampen van Edison, op het einde van de negentiende eeuw. De creativiteit van slimme ingenieurs werd aan het werk gezet, om lampen te ontwerpen die... meer fragiel waren. Het kartel controleerde de vooruitgang, de achteruitgang dus, rigoureus. Vandaag zegt de achterkleinzoon van de familie Philips, Warner Philips, "Wegwerpproducten worden gepropageerd omdat er economische motieven zijn om dat te doen. Het is interessanter voor een bedrijf een product te ontwikkelen dat maar drie jaar of duizend uur meegaat, want zo kan men meer producten verkopen. Maar onze planeet kan dat niet dragen, de natuurlijke energiebronnen zijn niet onuitputtelijk."

De New Yorkse vastgoedmagnaat Bernard London stelde op het einde van de jaren 1930 een radicaal nieuw concept voor om uit de crisis te geraken: "de depressie beëindigen door ingecalculeerde veroudering". Het was meteen de titel van het eerste hoofdstuk in zijn boek *New Prosperity*. London stelde voor dat er voor elk product verplicht een bepaalde leeftijdsverwachting werd opgelegd, zodat mensen weer nieuwe versies moesten kopen. Wanneer iemand toch een artikel zou behouden boven de "vervaldatum", kon hij beboet worden. Zo zou de consumptiemolen blijven draaien. Uiteindelijk werd zijn voorstel niet gevolgd, en werd zijn ingecalculeerde veroudering nooit door wettelijke verplichting opgelegd.

In de jaren 1950 dook het idee weer op. De industrieel ontwerper Brook Stevens tekende nu voor het vaderschap: "ingecalculeerde veroudering, het verlangen van de consument naar iets dat wat nieuwer is, een beetje beter, een beetje vroeger dan nodig". Niet meer de harde, verplichte weg die London had voorgesteld maar de zachte weg van de verleiding.

"Anders dan de vroegere Europese aanpak – het beste product maken dat zolang mogelijk mee gaat – is de Amerikaanse aanpak: de consument ongelukkig stemmen over het product waar hij een tijdje van heeft genoten. Dat product doet hij dan op de tweedehandse markt van de hand om een nieuw aan te schaffen, de nieuwste versie, met de nieuwste look." Dat vertelde Brook Stevens toespraak na toespraak aan wie het maar horen wilde. Design en marketing werden pijlers van the American way of life in de jaren vijftig. De boodschap van Stevens werd het nieuwe evangelie van de reclame-industrie. Daar kwam later bij: het kopen op krediet om aan de verwachtingspatronen van de kapitalistische consumptie te voldoen.

Toen chemiereus DuPont in de jaren veertig en vijftig de eerste nylonkousen op de markt bracht, was dat een schot in de roos. Maar er dook al snel een probleem op: de kousen waren te goed, te resistent. En dus liep de productie terug. "Mijn vader, die bij DuPont werkte, moest met zijn collega's terug naar de ontwerptafel met een nieuwe opdracht: zorgen dat de nylonkousen fragieler zouden worden, en niet zo lang zouden meegaan", vertelt journaliste Nicols Fox. Dezelfde ingenieurs die resistente kousen hadden ontworpen, moesten nu hun kennis gebruiken om een minderwaardig product te maken. Toch waren er veel ingenieurs die op hun beroepseer stonden en die de opgelegde Product Death Dates verwerpelijk vonden. "Onze samenleving maakt van onze ingenieurs vernielers", schreef een woedende ingenieur in het magazine *Design News*, waar het debat aan bod kwam. Maar geleidelijk verdrong de managementschool deze arbeidsfierheid voor de "logica van de markt", en dat wordt vandaag in gespecialiseerde cursussen aangeleerd. Wegwerp is vandaag de norm en in de hogescholen voor design en ontwerp wordt les gegeven over de "levenscycli van consumptiegoederen", een eufemisme voor de "ingecalculeerde veroudering".

Het eerste verzet tegen de wegwerpconsumptie kwam van consumentenorganisaties, het Amerikaanse Test-Aankoop, zeg maar. Zij bereikten na twintig jaar dat er wetten kwamen om de consument te beschermen. Niet de heilige markt maar ingrijpen vanuit de overheid, onder maatschappelijke druk, zorgde voor de kwaliteitsnormen. Maar de botsing tussen duurzaamheid en winstgedreven productie bleef. Dat bleek ook met de Crocs, een hype in de beginjaren van deze eeuw. Het bedrijf ging bijna ten onder aan het eigen succes: de schoenen bleken zo goed als onverwoestbaar, niemand kocht nog nieuwe.

De CEO's blijven hun ingenieurs aansporen de duurzaamheid van de producten in te perken. De lithiumbatterijen van de iPod bijvoorbeeld zijn ontworpen om niet te lang mee te gaan.

De afvalkant van de verspileconomie bevindt zich in landen als Ghana waar, ver weg uit ons zicht, de afgedankte rommel met containers wordt aangevoerd naar wat stilaan de vuilbak van de wereld wordt.

Om naar duurzame productie over te schakelen zijn twee grote maatregelen nodig. De basisregel is dat de anarchie in de productie wordt opgeheven. Nu plant en produceert elke multinational voor zichzelf, met het doel een zo groot mogelijk deel van de markt in te palmen.

Maar de grote productie zal sociaal moeten worden, verenigd in een gezamenlijk doel, om op een duurzame manier in de behoeften van mens en planeet te voorzien.

Ten tweede is inspraak nodig in de ontwikkeling van de productie. Met een getrapt democratisch systeem over de planning. Met inspraak van de producenten – de arbeiders, bedienden en technici die de producten maken –, én met inspraak van de markt. Ver weg van de huidige werwerpproductie, en die eindeloze eenvormige consumptie- en reclamecultuur. Maar dan niet om in een karikatuur van grijzemuizensocialisme met één kledinglijn, één autolijn, en één koelkastlijn te vervallen. Het socialisme 2.0 zal kleurrijk, divers en duurzaam zijn of zal niet zijn. Een grootbedrijf is perfect in staat diverse producten te produceren, ook in een socialistische samenleving. Op voorwaarde dat de vindingrijkheid en creativiteit van de producenten en gebruikers van tel zijn. Dan kunnen kwaliteitscontrole en productverbeteringen effectief een duurzame en creatieve productie nastreven.

Zelf opnieuw toekomstmakers worden

Het gaat niet om een detail hier of een detail daar. Het gaat om de toekomst. Het gaat erom dat iedereen recht moet hebben op een menswaardige baan. Het gaat erom dat alle jongeren kunnen studeren zonder zich in de schulden te moeten steken. Het gaat erom dat je je niet schuldig moet voelen wanneer je heel je leven hebt gewerkt en eindelijk op pensioen bent. En dat je bovendien een leefbaar pensioen zou moeten krijgen. Het gaat erom dat je je geen zorgen zou mogen maken over gezondheidskosten. Het gaat erom dat de elektriciteit betaalbaar moet zijn. Het gaat erom dat iedereen kan wonen, in een goed huis. Het gaat erom dat justitie de mensen beschermt: tegen de vriendjespolitiek, tegen de corruptie, tegen de uitbuiting en tegen alle mistoestanden. Het gaat erom dat er geen racisme meer is, geen discriminatie of geweld. Kortom, socialisme 2.0 draait om een heel andere samenleving.

Sommige mensen noemen dat dromen. Uiteraard is zich inbeelden van wat nog niet is, een vorm van dromen. Ik probeer slechts een voorzet te geven tot debat, de poorten van het pragmatisme open te breken. Want het dagdagelijkse aanvaarden maakt ons kapot. Ik verdedig het recht op die dromen, om de kinderen te zien opgroeien in een rechtvaardige samenleving die niet draait om de dividenden van een elite, die niet draait om winsten uit olie en oorlog maar die draait om inspraak, om collectieve rechten, om vrede. Alle bellenblazers, poenslurpers en andere oligarchen noemen dat een utopie, omdat zij geen behoefte hebben zichzelf een andere samenleving voor te stellen. Maar voor een groeiende groep mensen, en voor de herstelkracht van de planeet die ze bewonen, wordt nieuwe zuurstof om te leven meer en meer een noodzaak. Het socialisme is geen onbereikbare illusie, het is een droom die kan worden waargemaakt, in een creatieve versie 2.0, als kind van onze tijd. Dat zijn we iedereen die na ons komt verschuldigd: zelf opnieuw toekomstmakers worden. Zoals een van de grootste woordkunstenaars die ons land heeft gekend, Jacques Brel, het omschreef: "De grootste vorm van waanzin is deze wereld te accepteren zoals hij is en niet te strijden voor een wereld zoals hij zou moeten zijn."

Noten

Deel 1.

1. *Electrabel betaalt al jaren slechts 0,04 procent bedrijfsbelasting.* De Morgen, 19 november 2010
2. *Belastingen betalen is iets voor dombo's.* Knack Online, 10 februari 2011
3. De Ochtend, 7 december 2010. De discussie is te herbeluisteren op: http://www.pvda.be/nieuws/artikel/audio-peter-mertens-in-de-ochtend-radio-1.html
4. Belgium-Japan Association, *Belgium and its neighbour's business climates compared.* Brussel, 2010, blz. 6
5. Wakker op Zondag, 12 december 2011. http://www.youtube.com/watch?v=Jzocpo3dDDk
6. Sven Speybrouck, *De UA houdt van haar sponsors. Wiens brood men eet, diens woord men spreekt.* De Standaard, 24 september 2011
7. Jan Blommaert, *Reactie UA: het grote taboe.* DeWereldMorgen, 6 oktober 2011
8. De Tijd online, 19 september 2011
9. *Weer in topvorm, na gezond herstel en crashdieet. Totale winst industriële bedrijven zit op een record.* De Tijd, 26 maart 2011, blz. 3)
10. Johan Depoortere, *Obama spreekt steeds meer de taal van de republikeinen.* De Morgen, 1 augustus 2011
11. Dries Lesage, *De crisis van links en het belang van ideologische weerbaarheid.* Samenleving en politiek, Jaargang 16, 2009, nr. 9, blz. 6 tot 15
12. Jan Cap, *In Naam van mijn klasse.* EPO Berchem 1987 blz. 95
13. *Wereld telde nooit meer rijken.* Trends, 22 juni 2011
14. Credit Suisse Research Institute, *Globale Wealth Report 2011.* Zurich, oktober 2011. www.credit-suisse.com
15. Le Monde, 28 september 2004
16. http://www.ilo.org/global/about-the-ilo/press-and-media-centre/news/WCMS_166397/lang--fr/index.htm
17. Paul B. Farell, *Tax the super-rich or riots will rage in 2012.* MarketWatch, 16 augustus 2011
18. Marc De Vos, *Laten we de superrijken de crisis betalen?* Knack online, 29 augustus 2011
19. *Qué? De PVDA organiseert fietstochten langs de huizen van miljonairs.* Humo nr. 3644, 6 juli 2010, blz. 56-57
20. http://www.vlaamsabvv.be/files/OCMW-bevraging_Pensioen.pdf
21. Studie uitgevoerd door Stepstone: http://www.stepstone.be/Over-StepStone/heb-jij-stress-op-het-werk.cfm
22. Enquête van Idea-consult bij 1.700 werknemers uit 600 verschillende bedrijven
23. Studiedienst van de Vlaamse regering: http://aps.vlaanderen.be/cbgs/content/106.html
24. Gilbert De Swert, *Het Pensioenspook.* EPO Berchem, 2011, blz. 56
25. Koning Boudewijnstichting, *De sociale ongelijkheid inzake gezondheid blijft hardnekkig hoog in België.* 2010
26. Ricardo Guttierrez, *72 % des travailleurs arrivent malades à la pension.* Le Soir, 8 november 2011
27. Pieter Marechal, *99 procent van de verontwaardigden heeft gelijk.* De Morgen, 18 oktober 2011
28. Pieter Marechal, *Jongeren betalen het gelag.* De Standaard, 30 september 2011
29. Persdienst ACV, oktober 2011

30. Gilbert De Swert, *oud-chef ACV-studiedienst over 'Het Pensioenspook'*. Solidair nr 41, 3 november 2011
31. De Tijd, 11 augustus 2011
32. Gilbert De Swert, *oud-chef ACV-studiedienst over 'Het Pensioenspook'*. Solidair nr 41, 3 november 2011
33. Onderzoek van professor Plasman, ULB, 2008. Geciteerd in *Statutair rapport ABVV 2010*, blz. 52. www.abvv.be
34. Dries Lesage, *De crisis van links en het belang van ideologische weerbaarheid*. Samenleving en politiek, Jaargang 16, 2009, nr. 9 (november), blz. 6 tot 15
35. Peter Mertens, *Op mensenmaat*. EPO Berchem, 2009, p. 232
36. Alter-EU, *Bursting the Brussels Bubble. The battle to expose corporate lobbying at the heart of the EU*. Brussel, Alter-EU, 2010
37. Alter-EU, o.c. blz. 88
38. TI EU, *License to kill: Banking experts discuss EU crisis managment proposals*.18 februari 2011. http://blog.transparency.org/2011/02/18/licence-to-kill-banking-experts-discuss-eu-crisis-management-proposals/
39. John O'Donell, *Special Report: How lobbyist rewrite Europe's Law*. Reuters.com, 18 maart 2011
40. Persmededeling PVDA, *Uitgelekt geheim pv van Antwerps stadsbestuur onthult drastische afbouw dienstverlening en schrapping 550 jobs*, 27 oktober 2010
41. Persmededeling PVDA, *De gemeente- en districtsraadsleden van de PVDA+ verzetten zich tegen een kapitaalverhoging van de Gemeentelijke Holding door de gemeenten*, 25 september 2009
42. *'Alleen de winst deed ertoe'*. De Morgen.be, 19 oktober 2011
43. Johan Van Geyte, *Uw bestuurders doen aan casino-kapitalisme*. Gazet Van Antwerpen, 18 oktober 2011
44. Koen Hostyn, *Dexia gered, Gemeentelijke Holding in vereffening: De burger betaalt 8 miljard*. Solidair, 25 oktober 2011.
45. Patrick Janssens: *'Ik wil vergoeding Dexia graag teruggeven'*. De Standaard.biz, 31 oktober 2011
46. Peter Mertens, *Op mensenmaat*, o.c. blz 85
47. Andrew Ross Sorkin, *Too Big to Fail: The Inside Story of How Wall Street and Washington Fought to Save the Financial System - and Themselves*. Viking Penguin New York, 2009
48. *'Pile, les banques gagnent; face les Etats perdent.' Interview Eric Briys*. Libération, 12 juli 2011
49. *Econoom en Nobelprijswinnaar Joseph Stiglitz*. MO* Magazine, november 2009, blz. 21
50. Dirk Barrez, *Gokstaat België - nu het Dexia stof gaat liggen, wat hebben we geleerd?* DeWereldMorgen, 11 oktober 2011

Deel 2.

1. *De Wever wil hervormen naar Duits model*. De Standaard, 31 mei 2011
2. Michel Vandersmissen, *Made in Germany scoort weer. Het voorbeeld ligt in het oosten, het nabije oosten, meer bepaald in Duitsland*. De Standaard, 9 oktober 2010
3. Geciteerd in Duitslandweb.nl, gesprek met Jeroen Kuiper, 31 juli 2009
4. Johannes Schulten, *Recht auf Streik*. Junge Welt, 28 juni 2011, blz. 15
5. *Fischer: Hartz IV führt nicht zu massenhafter Armut. Außenminister attackiert Lafontaine und Gysi*, 26 augustus 2004. http://www.pnn.de/titelseite/92342/
6. *Rund 70 Prozent aller Sanktionen gegen Hartz-IV-Bezieher sind nicht gerechtfertigt. Ein Gespräch mit Martin Künkler*. Junge Welt, 7 september 2011, blz. 8
7. *Hartz IV hält Richter auf Trab*. Junge Welt, 21 januari 2011, blz. 5
8. *Werklozen betalen het gelag*. Vacature Magazine, 13 november 2010

9. *La Voie Flamande. Entretien avec Bart De Wever par Martin Buxant.* Politique Internationale nr 132, zomer 2011
10. Luc Cortebeeck, *Duitsland, geen voorbeeld.* De Standaard, 31 mei 2011
11. OESO, *Growing Unequal? Income Distribution and Poverty in OECD Countries,* oktober 2008. www.oecd.org
12. Hans-Werner Sinn e.a., *Die Agenda 2010 und die Armutsgefährdung.* Ifo Schnelldienst nr 17, Munich, 2009. Geciteerd in Till Van Treeck, *Victoire à la Pyrrhus pour l'économie allemande.* Le Monde Diplomatique, september 2010
13. 'Duitsland is zeker géén voorbeeld voor België.' *Günter Wallraff over de achterkant van de Duitse mirakeleconomie.* De Standaard, 28 mei 2011
14. World Wealth Report 2011. http://www.capgemini.com/insights-and-resources/by-publication/world-wealth-report-2011/
15. *Steuergeschenke an Unternehmen und Reiche kosteten dem Staat seit 1998 Hunderte Milliarden Euro. Wachstumsimpulse Fehlanzeige.* Junge Welt, 10 september 2011, blz. 5
16. Pierre Huylenbroeck, *Duitse pot verwijt Griekse ketel.* De Tijd, 2 juli 2011, blz. 13
17. Andreas Wehr, *Griechenland, die Krise und der Euro.* Papyrossa Köln 2010, blz. 15
18. Pierre Huylenbroeck, *Duitse pot verwijt Griekse ketel.* De Tijd, 2 juli 2011, blz. 13
19. *Der Trend geht zum Zweitjob.* Junge Welt, 19 september 2011, blz. 2
20. Friedrich Ebert Stiftung, *Fiskalische Effekte eines gesetzlichen Mindestlohns.* WISO Diskurs, mei 2011
21. Pieter Timmermans, *Duitsland, wel degelijk een goed voorbeeld.* De Standaard, 6 juni 2011
22. UN Committee on Economic, Social and Cultural Rights, *Conclusions on Germany,* 20 mei 2011
23. Daan Ballegeer en Gianni Duvillier, *Minimumloon bron van werkloosheid. Een les voor Duitse en Belgische vakbonden.* Voka-studie, maart 2009
24. Alexander De Croo, *Schröder of Mathot: wat wordt het, Elio?* De Morgen, 9 juni 2011
25. Henri Houben, *Stratégie de Lisbonne: attention, chute d'emplois!* Gresea Brussel, september 2010
26. *Minijobs sind ein typisch westdeutsches Phänomen.* Junge Welt, 6 september 2011, blz. 8
27. 'Duitsland is zeker géén voorbeeld voor België.' *Günter Wallraff over de achterkant van de Duitse mirakeleconomie.* De Standaard, 28 mei 2011
28. Ibidem
29. Khue Pham, *Wo ist das Geld der griechischen Reichen?* Die Zeit, 5 juli 2011
30. Kristof Van Damme, *Ontspoorde staatsfinanciën in Griekenland.* Vrede nr 406, november-december 2010
31. Radio 1, *Bezuinigen op z'n Grieks.* 26 mei 2011
32. De Telegraaf, 30 juli 2011
33. DPA, 18 mei 2011
34. Ingeborg Beugel, *Heus, Grieken werken 41 uur per week en zijn niet verder uit te persen.* NRC, 28 mei 2011
35. James Petras, *Pasok: Pan Hellenic Socialist Kleptocrats,* 7 mei 2011. http://petras.lahaine.org/?p=1866
36. La Tribune, 19 juni 2011
37. The New York Times, 13 februari 2010
38. Les Echos, 3 maart 2010
39. Ingeborg Beugel, *Heus, Grieken werken 41 uur per week en zijn niet verder uit te persen.* NRC, 28 mei 2011
40. De reportage werd uitgezonden op 16 juni 2011
41. Frankfurter Allgemeine Zeitung, 15 mei 2010
42. De Tijd, 9 juli 2011
43. *Vier von zehn Autofahrern zahlen nicht.* Junge Welt, 28 januari 2011, blz. 8

44. Trends, 12 juli 2011
45. http://diplomatie.belgium.be/nl/Diensten/Op_reis_in_het_buitenland/reisadviezen/europa/griekenland
46. *PES leader addresses Pasok National Council*, 6 maart 2011. http://www.athensnews.gr/portal/8/38624
47. Geciteerd in Alain Salles, *L'odyssée de Papandréou*. Le Monde, 16 september 2011
48. Ingeborg Beugel, *Heus, de Grieken werken 41 u per week en zijn niet verder uit te persen*, NRC 28 mei 2011
49. Solidair, 24 oktober 2011
50. Costas Douzinas, *Greece's lines now are clear*. The Guardian, 20 oktober 2011
51. Günter Tews, *Ein 'finanzieller Völkermord'*. Die Presse, 22 september 2011
52. Cijfers uit *Indicatoren voor Sociaal Beleid Herman Deleeck*, www.centrumvoorsociaalbeleid.be
53. Leigh Philips, *Ordinary Greeks turning to NGO's as health system hit by austerity*. EU Observer, 6 oktober 2011
54. *Une étude dénonce les ravages de la crise sur la santé des Grecs*. L'Humanité, 10 oktober 2011
55. Leigh Philips. EU Observer, 6 oktober 2011
56. *Pharmakonzern stoppt Lieferung an griechische Krankenhäuser*. Der Spiegel Online, 17 september 2011
57. *Kriegsminister des Tages: Evangelos Venizelos*. Junge Welt, 27 juli 2011, blz. 8
58. Costas Douzinas, *Greece's lines now are clear*. The Guardian, 20 oktober 2011
59. Atilio Boron, *Ce n'est pas la Grèce qui est en crise, c'est le capitalisme*. Cubadebate.cu, 25 juni 2011
60. *East Capital: Baltische tijgers grommen*. Fem Business&Finance, 7 mei 2008
61. *Geen angstzweed*. IEX-magazine, maart 2002
62. *Analysis: Estonia test case for post-crises euro zone expansion*, Reuters, 14 december 2009
63. Jesse Frederik, *Het Baltische drama*. Follow the Money, www.ftm, 8 september 2011
64. Andreas Wehr, *Griechenland, die Krise und der Euro*. Papyrossa Köln, 2010, blz. 41
65. Frankfurter Allgemeine Zeitung, 9 september 2009
66. Andreas Wehr, o.c. blz. 44
67. Ibidem
68. The Independent, 19 april 2010
69. Geciteerd in The Times, 24 november 2010
70. Geciteerd in Renaud Lambert, *Les quatre vies du modèle irlandais*. Le Monde diplomatique, oktober 2010
71. http://workforall.net/NL_Belgie_sociale_zekerheid_betaalbaar.html
72. *Ondernemend Vlaanderen. Welvaart voor iedereen*. Economisch programma van het Vlaams Belang, 2006, blz. 32-33
73. Geciteerd in: Renaud Lambert, o.c.
74. Financial Times, 23 mei 2010
75. Michael Burke, *Portugal gets offer it can't refuse*. The Guardian, 8 april 2011
76. Alexander Jung, *At the End of Europe. Seeking a Path out of the Crisis in Portugal. Part 2: A Country that Produces Too Little and Consumes Too Much*. Der Spiegel, 27 juli 2011
77. Het Laatste Nieuws, 16 augustus 2011
78. Jan Van Criekinge, *Portugese regering kondigt nieuwe ronde harde besparingen aan*. DeWereldMorgen, 14 oktober 2011
79. Dietrich Muylaert, *Nationale Vereniging van Sergeanten steunt het Portugese volk*. DeWereldMorgen, 24 oktober 2011
80. Atilio Boron, *Ce n'est pas la Grèce qui est en crise, c'est le capitalisme*. Cubadebate.cu, 25 juni 2011

81. Verdrag tot oprichting van de Europese Economische Gemeenschap, 1957, preambule, §3
82. Johan Van Overtveldt, *Is de systeemcrisis nu begonnen?* Trends, 11 juli 2011
83. Geciteerd in: Henri Houben, *Europa stapsgewijs: de Europese staat als eindpunt?* Marxistische Studies nr. 57, Brussel, januari-maart 2002, blz. 23
84. Geciteerd in *Dossier interne markt. Deel 1 Een visie voor de interne markt*, p. 1, www.eu4journalists.eu
85. Karl Marx en Friedrich Engels, *Het Communistisch Manifest* [februari 1848]. EPO Berchem 2010, blz. 36
86. Peter Mertens, *De arbeidersklasse in het tijdperk van de transnationale ondernemingen.* Marxistische Studies nr. 72, Brussel, oktober 2005, blz. 89-90
87. Geciteerd in: Henri Houben, *Europa stapsgewijs: de Europese staat als eindpunt?* O.c. blz. 35-36
88. ERT, *Europa vernieuwen*, Brussel, september 1991, blz. 46
89. Ludo Martens, *Imperialistisch Europa smeedt zijn wapens.* Brussel, 1 mei 1989
90. Frankfurter Allgemeine Zeitung, 6 december 2008
91. Geciteerd in: Henri Houben, *Europa stapsgewijs: de Europese staat als eindpunt?* O.c. blz. 41
92. Andreas Wehr, o.c. blz 65
93. *Euro-Stop, verslag en handelingen*, 11 december 1993
94. Andreas Wehr, o.c. blz. 137
95. Zeventig economen, *Met deze EMU kiest Europa de verkeerde weg.* De Volkskrant, 13 februari 1997
96. Frankfurter Allgemeine Zeitung, 24 december 2008
97. Merill Lynch Wealth management, *World Wealth Report 2011*
98. European Round Table, rapport september 1991
99. Jan Luiten van Zanden, *De zegeningen van die vervloekte euro.* NRC, 11 juni 2011
100. Geciteerd in John Vandaele, *Het onnavolgbare Duitse model.* MO* magazine, mei 2011, blz. 31
101. Geciteerd in Eduardo Galeano, *Ondersteboven.* EPO Berchem, 1998, blz. 136
102. *Scheitert Europa?* Handelsblatt, 19 augustus 2011
103. Geciteerd in Naomi Klein, *De Shockdoctrine.* De Geus Breda, 2007, blz. 15
104. ERT, *European Governance for greater competitiveness*, november 2002
105. Ibidem
106. Andreas Wehr, o.c. blz 99
107. ERT, *Vision for a competitive Europe in 2025*, februari 2010. www.europeontrack.eu
108. BusinessEurope, *Declaration on Economic Governance*, 22 oktober 2010
109. Henri Houben, *Stratégie de Lisbonne: attention, chute d'emplois!* Gresea Brussel, september 2010
110. Petra Pinzler, *Een EU gemaakt door Duitsland.* Die Zeit, 3 februari 2011
111. Euractiv.de, *Wir sagen anderen nicht: 'Friss oder stirb'*, 9 februari 2011
112. *Business against Europe: BusinessEurope celebrates social onslaught in Europe*, 23 maart 2011
113. Handelsblatt, 19 maart 2010
114. Frankfurter Allgemeine Zeitung, 15 februari 2011
115. Persbericht Sahra Wagenknecht, *Binnenmarkt stärken statt Sozialkürzungen erpressen*, 8 november 2011
116. http://www.voka.be/startpagina/nieuws/Documents/Bijlage%20PB%20EU-top%2011-03-2011.pdf
117. MO* Magazine, mei 2011
118. Conclusions of the Heads of State or Government of the Euro Area, 11 march 2011, Annex 1: A Pact for the Euro

119. http://www.ert.be/DOC%5C09130.pdf
120. Corporate Europe Observatory, *Business against Europe: BusinessEurope celebrates social onslaught in Europe*, 23 maart 2011
121. http://www.philippelamberts.eu/Economic-governance-package-EP-misses-opportunity-to-push-for-fairand-comprehensive-EU-economic-governance_a137.html

Deel 3.

1. Persbericht Voka 24 juni 2010. http://www.voka.be/startpagina/nieuws/Pages/Vokatopluidoeninformateurromanuit1957cadeau.aspx
2. De Standaard, 12 juli 2011
3. Geciteerd in Corey Robin, *The reactionary mind. Conservatism from Edmund Burke to Sarah Palin*. Oxford University Press New York, 2011, blz. 90
4. Geciteerd in Corey Robin, o.c. blz. 91
5. Geciteerd in Corey Robin, o.c. blz. 89
6. Geciteerd in Paul Mason, *Meltdown. The end of the age of greed*. Verso Londen, 2010, blz. 201
7. Paul Mason, *Meltdown. The end of te age of greed*. Verso Londen, 2010, blz. 121
8. Naomi Klein, *De shockdoctrine. De opkomst van rampenkapitalisme*. De Geus Breda, 2007, blz. 95
9. El Mercurio (Chili), 12 april 1981
10. Naomi Klein, *De shockdoctrine*. O.c. blz. 110-111
11. Bart De Wever, *Het is allemaal de schuld van de banken!* De Morgen, 27 maart 2007
12. De Morgen, 28 april 2007, blz. 15
13. Theodore Dalrymple, *Leven aan de onderkant. Het systeem dat de onderklasse instandhoudt*. Spectrum Antwerpen, 2011, blz. 19
14. Andrew Grice, *Slum UK: housing crisis that shames the nation*. The Independent, 8 september 2011
15. Theodore Dalrymple, o.c. blz. 104
16. Theodore Dalrymple, o.c. blz. 76
17. Theodore Dalrymple, o.c. blz. 59
18. Staf Henderickx en Hans Krammisch, *Dokter ik ben op*. EPO Berchem 2009, blz. 134 e.v.
19. Staf Henderickx en Hans Krammisch, o.c. blz. 12
20. Theodore Dalrymple, o.c. blz. 94
21. Theodore Dalrymple, o.c. blz. 92
22. Theodore Dalrymple, o.c. blz. 93
23. Theodore Dalrymple, o.c. blz. 94
24. De Morgen, 23 juli 2011
25. Lieven Seoen, *Weg met de bijstandscultuur. Interview Theodore Dalrymple, de conservatief die Bart De Wever inspireerde*. De Standaard, 6 mei 2011
26. Yves Desmet en Jos Geysels, 'Bart De Wever en Theodore Dalrymple. Over conservativisme, leven aan de onderkant en normen en waarden' in *Doeners en denkers. Vlaamse politici en hun inspiratiebronnen*. Bezige Bij Antwerpen, 2010
27. Lieven Seoen, '*Weg met de bijstandscultuur.*' Interview Theodore Dalrymple, de conservatief die Bart De Wever inspireerde. De Standaard, 6 mei 2011
28. Francine Mestrum, *Snoeien in 'het algemeen belang'*. Uitpers nr. 130, april 2011
29. Richard Wilkinson en Kate Pickett, *The Spirit Level. Why more Equal Societies Almost Always Do Better*. Penguin Books Londen, 2009
30. Yves Desmet en Jos Geysels, o.c.
31. Theodore Dalrymple, o.c. blz. 16-17
32. Theodore Dalrymple, o.c. blz. 34

33. Theodore Dalrymple, o.c. blz. 117
34. Film en Televisie, nr. 511, april 200
35. Owen Jones, *Chavs: The Demonization of the Working Class*. Verso Londen, 2011
36. Theodore Dalrymple, o.c. blz. 22
37. Tjeerd Wiersma, *De City heeft niks geleerd*. DePers.nl, 8 juni 2011
38. Corey Robin, o.c. blz. 8
39. Edmund Burke, *Reflections on the revolution in France* [1790]. Harvard Classics, Vol. 24, Part 3. P.F. Collier & Son, New York 1909-14., blz. 133. http://www.bartleby.com/24/3/6.html
40. Jacques R. Pauwels, *Het Parijs van de sansculotten*. EPO Berchem, 2007, blz. 15-28
41. Edmund Burke, *Reflections on the revolution in France*, o.c. blz. 133
42. Edmund Burke, *Thoughts and details on scarcity*, [november 1795] in *The works of the right honourable Edmund Burke*. Volume IV, Wells and Lilly Boston, 1826, blz. 231 http://books.google.be/
43. Edmund Burke, *Thoughts and details on scarcity*, o.c, blz. 231
44. Edmund Burke, *Reflections on the revolution in France*, o.c. blz. 80
45. Edmund Burke, *Letters on a Regicide Peace*. Liberty Fund Indianapolis, 1999, blz. 73
46. Edmund Burke, *"Speech on the Army Estimates"* [9 gebruari 1790]. Geciteerd in Corey Robin, o.a. blz. 13
47. Edmund Burke, *Letter to Earl Fitzwilliam* [1791]. Geciteerd in Corey Robin, o.c. blz. 16
48. Edmund Burke, *An Appeal from the New to the Old Whigs*. Geciteerd in Corey Robin, o.c. blz. 24
49. Valère Staraselski, *Domenico Losurdo*, Fête de l'Humanité, 2007. http://www.comite-valmy.org/spip.php?article484
50. Conor Cruise O'Brien, *The Great Melody: A Thematic Biografy of Edmund Burke*. University of Chicago Press Chicago, 1992, blz. 418-419
51. William Graham Sumner, 'The Absurd Effort to Make the World Over', in *On Liberty, Society and Politics. The Essential Essays of William Graham Sumner*. Liberty Fund Indianapolis 1992, blz. 254

Deel 4.

1. André Mommen, *Rechts radicalisme in Europa. Verslag van een conferentie in Boedapest*. Vlaams Marxistisch Tijdschrift, jaargang 45, nummer 3, hersft 2011, blz. 55
2. Junge Welt, 4 oktober 2011
3. Die Zeit, 7 januari 2011
4. Sigmar Gabriel, *Europa braucht tiefere Integration*. Die Zeit, 15 september 2011
5. *La Voie Flamande. Entretien avec Bart De Wever par Martin Buxant*. Politique Internationale nr 132, zomer 2011
6. Bart De Wever, *Identiteit in tijden van Expeditie Robinson*. De Standaard, 2 maart 2010
7. Paul Goossens, *De goede en de slechte Vlamingen*. De Morgen, zaterdag 1 september 2007
8. Geert van Istendael, *Het Belgisch labyrint*. De Arbeiderspers Amsterdam, 2005, blz. 23
9. Jan Peumans, *11 julitoespraak. Identiteit en autonomie*. 11 juli 2010. http://www.janpeumans.be/files/parlementair/generated/persbericht/20100711_11julitoespraak_identiteit_en_autonomie.pdf
10. *Bourgeois: 'VRT-steun aan Belgavox-concert kan niet'*. Het Laatste Nieuws online, 12 mei 2009
11. Hugo Claus, *De legende Uilenspiegel*. Toneelspel in twee delen naar het boek van Charles de Coster. De Bezige Bij Amsterdam, 1965, blz. 61-62

12. Geert Bourgeois: 'Clouseau-single "Leve België" is een propagandalied'. Gazet Van Antwerpen online, 2 september 2009
13. http://docs.vlaamsparlement.be/docs/handelingen_commissies/2009-2010/c0m-045bin4-10112009.pdf
14. Interview met Dominique Arban voor France Culture, december 1966. Geciteerd in: Johan Anthierens, *Jacques Brel. De passie en de pijn*. Olympus, 2003, blz. 186
15. Geert van Istendael, *Het Belgisch labyrint*. De Arbeiderspers Amsterdam, 2005, blz. 114
16. Geert van Istendael, o.c. blz. 115
17. Geciteerd in Imelda Haesendonck, *De Fabriek*. EPO Berchem, 1999, blz. 295
18. August De Winne, *Doorheen arm Vlaanderen*. Van Halewijck Leuven, 2001, blz 33-34
19. Geciteerd in Els Witte, Jan Craeybeck, Alain Meynen, *Politieke geschiedenis van België van 1830 tot heden*. Standaard Uitgeverij Antwerpen, 2005, blz. 73
20. Geert van Istendael, o.c. blz. 23
21. Els Witte, Jan Craeybeck en Alain Meynen, o.c. blz. 63
22. Maarten Vanginderachter, *Het rode vaderland. De vergeten geschiedenis van de communautaire spanningen in het Belgisch socialisme voor WOI*. Lannoo Tielt, 2005, blz. 223
23. Els Witte, Jan Craeybeck en Alain Meynen, o.c. blz. 321
24. *La Voie Flamande. Entretien avec Bart De Wever par Martin Buxant*. Politique Internationale nr 132, zomer 2011
25. *Alleen in de cinema winnen de goeien*. Interview met Robbe De Hert. Knack, 28 september 2011, blz. 80
26. Geciteerd in Johan Anthierens, *Jacques Brel. De passie en de pijn*. Olympus, 2003, blz. 180

Deel 5.

1. *Spandoekenoorlog tussen Limburgse afdelingen VOKA en ABVV*. Het Belang Van Limburg, 20 september 2010
2. De Morgen, juni 2009
3. Naomi Klein, *Kapitalisme à la Sarah Palin*. De Morgen, 3 augustus 2009, blz. 10
4. Tussen het derde trimester van 2008 en het eerste trimester van 2010. Eurostat, *Emploi par sexe, trance d'âge et nationalité*, 2010
5. Karl Marx en Friedrich Engels, *Het Communistisch Manifest*. EPO Berchem, 2010, blz. 39
6. De Tijd, 22 oktober 2010
7. De Tijd, 12 augustus 2010
8. *Econoom en Nobelprijswinnaar Joseph Stiglitz*. MO* Magazine, November 2009, blz. 21
9. Le Soir, 3 oktober 2008
10. The Wall Street Journal, 12 augustus 2011
11. UNDP, Human development Report 2010, New Tork, 2010 (cijfers van 2008)
12. *The World's Richest people*. The Economist, 17 maart 2007
13. Geciteerd in Willem Middelkoop, *Overleef de kredietcrisis*. Nieuw Amsterdam Amsterdam, 2009, blz. 28
14. Geciteerd in Paul Mason, *Meltdown. The end of the age of greed*. Verso Londen, 2010, blz. 201
15. De Morgen, 4 april 2011
16. The Washington Post, 19 juni 2011
17. Pierre Huylenbrouck, *Armoede der naties*. De Tijd, 13 juli 2011
18. Naomi Klein, *Kapitalisme à la Sarah Palin*, De Morgen, 3 augustus 2009, blz. 10
19. Jan de Zutter, *De socialistische winkel is gesloten. Interview met Martin Schulz - fractieleider Europese socialisten*. Samenleving en Politiek, november 2009

20. France Soir, 15 januari 2011
21. De Morgen Magazine, 1 oktober 2011
22. Tom Naegels, *Zoetwatersocialist*. De Standaard, 26 april 2011
23. *Tobback begrijpt de jongeren niet meer*. De Standaard, 22 mei 2011
24. International Labour Organisation, *Global Employment Trends for Youth: 2011 Update*. Genève, oktober 2011
25. Wawrzyniec Smoczy ski, *Maak kennis met de nieuwe onderklasse*. Warschau, Polityka, 15 september 2011
26. http://www.dewereldmorgen.be/sites/default/files/attachments/2010/02/28/2010-voka_nieuwjaarsspeech_waasland_2010.pdf
27. *'Silent majority' backs economic government of Europe*. EUobserver, 5 oktober 2011, http://euobserver.com/19/113823
28. Yves Desmet, *VIP*. De Morgen, 19 april 2011
29. *Honderden geheime operaties van staatsveiligheid*. De Tijd, 4 mei 2011, blz. 8
30. Persbericht Orde van Vlaamse Balies, 10 maart 2010
31. Belga, 27 september 2011
32. http://www.youtube.com/watch?v=2G8ck20 gig&feature=player_embedded#at=19
33. *Fremskrittpartiet = Vlaams Belang?* Vlaams Belang, 2 oktober 2005 http://www.vlaamsbelang.org/0/991/
34. Rapport van het Italiaanse Europarlementslid Giovanni Claudio Fava
35. The Washington Post, oktober 2005
36. Gene LaRoque geciteerd in Eduardo Galeano, *Ondersteboven*, EPO Berchem, 2004, blz. 253
37. Humo 3707, 20 september 2011, blz. 30
38. http://www.thebureauinvestigates.com/2011/08/10/most-complete-picture-yet-of-cia-drone-strikes/
39. *Te Gek, Paul Verhaeghe, Hoogleraar psychologie en therapeut*. Humo nr. 3711, 18 oktober 2011, blz. 140
40. *Straight-talking Monti boosts Italy's hopes*. Financial Times, 10 november 2011
41. Johan Van Overtveldt, *Hoe on-Grieks is Lucas Papademos?* Trends, 9 november 2011
42. Frankfurter Allgemeine Zeitung, 30 juni 2011
43. David Rothkopf, *What Power Looks Like*. Newsweek, 14 april 2008 http://www.carnegie.ru/publications/?fa=20032
44. *Eurozone debt crisis: can the European ideal survive?* Daily Mail, 25 oktober 2011
45. *The Appalling Greek Solution: A Military Coup*. Forbes, 26 oktober 2011
46. *Soziale Situation von Frauen hat sich noch verschärft*. Junge Welt, 11 maart 2011, blz. 8
47. Loïc Wacquant, *Straf de armen. Het nieuwe beleid van de sociale onzekerheid*. EPO Berchem, 2010
48. *Te Gek, Paul Verhaeghe, Hoogleraar psychologie en therapeut*. Humo nr. 3711, 18 oktober 2011, blz. 135
49. Ibidem
50. Frans De Waal, *Een tijd voor empathie. Wat de natuur ons leert over een betere samenleving*. Contact Amsterdam, 2010, blz. 9
51. Arte, *"Prêt à jeter - Obsolescence Programmée"*. http://www.youtube.com/watch?v=iB8DbSE0Y90